제주 섬공간 가로지르기
토론영, 도툭영, 쿰은영

■ 김치완(金治完, Ph.D. Kim, Chi-Wan)

제주대학교 철학과장, 제주대학교 기초교양교육원장, 제주대학교 신문방송사 주간, 제주대학교 교육혁신본부장을 거쳐 제주대학교 탐라문화연구원장직을 수행하고 있다. 제주대학교 총장추천관리위원장, 제주대학교 탐라문화연구원 편집위원회 위원장, 전국국공립대학 주간협의회 회장, 언론중재위원 제주지부 위원을 역임했다. 『제주의 로컬리티 담론 공간과 철학』(제주대학교 탐라문화연구원, 2015)을 비롯한 다수의 단독저서와 『섬, 위기의 바람과 변화의 물결』(목포대학교 도서문화연구원, 민속원, 2023)을 비롯한 공저를 펴냈다. 「모빌리티로 본 근현대 도시공간 제주의 지형 변동」(『도서인문학연구』 16권 1호, 서울시립대학교 도시문학연구소, 2024)를 비롯한 다수의 논문을 발표했다. 2023년 9월부터 '쿰다'로 푸는 제주 섬의 역사와 난민사업단 연구책임을 맡고 있다

제주 섬 공간 가로지르기: 트드멍, 도투멍, 쿰으멍

초판 인쇄   2024년 06월 05일
초판 발행   2024년 06월 13일

집필자   김치완
발행인   쿰다인문학사업단
발행처   제주대학교 탐라문화연구원
　　　　등록 1984년 7월 9일 제주시 제9호
　　　　63243 제주특별자치도 제주시 제주대학로 102(아라일동 제주대학교)
　　　　전화 064)754-2310   홈페이지 www.tamla.jejunu.ac.kr

펴낸이   신학태
펴낸곳   도서출판 온샘
등　록   제2018-000042호
주　소   서울시 용산구 한강대로62다길 30, 트라이곤 204호
전　화   (02) 6338-1608   팩스   (02) 6455-1601
이메일   book1608@naver.com

ISBN   979-11-92062-38-9   93300
값 40,000원

탐라문화학술총서 33
쿰다난민기획총서 05

제주 섬공간 가로지르기
토산명、도둑명、쿰은명

제주대학교 탐라문화연구원
'쿰다'로 푸는 제주 섬의 역사와 난민 사업단

도서출판 온샘

간행사

〈쿰다로 푸는 제주 섬의 역사와 난민〉을 주제로 2019년 인문사회연구소사업에 선정되어 1단계 3년 사업을 수행했고, 2단계 2년차를 마무리하는 시점에 이르렀다. 2단계 1년차 중반에 공동연구원에서 연구책임자로 자리를 바꾸었으니, 2년차 마무리와 3년차 기획은 물론, 사업 재진입을 위한 준비만으로도 벅차다. 난민의 출현을 마주하고서 "왜 지금 난민"을 물었던 우리의 인식에서부터 출발한 6년의 연구 성과는 단단했다. 우리가 처한 지금(Nunc)을 시간의 다발인 역사 속에서 발굴하면서, 난민의 시간이 켜켜이 쌓인 여기(Hic) 제주의 두께를 가늠하였고, 그러한 '제주 섬'의 역사로 다가가기 위한 이론의 우회를 모색했기 때문이다.

이렇게 해서 『왜 지금 난민: 난민의 출현과 인식』(2021)과 『어떻게 여기 난민: 난민 경험과 기억』(2022), 『이미 언제나 잡종이었던 우리: 이주, 난민, 혼종』(2022) 등 세 권의 쿰다난민연구총서를 펴냈다. 1단계 3년의 성과와 2단계 진입 직후의 성과를 담은 쿰다난민연구총서에 대한 관심은 예상보다 뜨거웠다. 『왜 지금 난민: 난민의 출현과 인식』은 2022년 교육부 학술·연구지원사업 우수성과 50선에 선정되었고, 2023년 세종도서 학술부문 추천도서에 선정되었다. 2021년에 창립된 한국인문사회연구소협의회가 주관한 우수성과교류학술대회에서는 2022년 제1회에 이어 2023년 제2회에도 우수성과로 선정되었다.

쿰다난민연구총서만이 아니라, 『제주인권활동가 이야기 사람과 사람 2』(2021), 『한국문학과 코리안디아스포라』(2022), 『예멘, 난민, 제주: 나의 난

4

민 일기』(2022), 『제주인권활동가 이야기 사람과 사람 3』(2023) 등 네 권의 쿰다난민기획총서를 펴냈다. 특히, 『제주인권활동가 이야기 사람과 사람』 시리즈에는 국가인권위원회 광주인권사무소 제주출장소가 참여했다. 제주여민회, 제주장애인인권포럼, 제주여성인권연대, 제주평화인권연구소 왓, 나오미센터, 제주이주민센터, 제주여성영화제, 제주참여환경연대, 제주여성장애인상담소, 제주장애인자립생활센터 등에서 활동하는 제주인권활동가와 난민의 이야기를 담았다.

쿰다난민기획총서 3권인 『예멘, 난민, 제주: 나의 난민 일기』에서는 제주에 도착해서 현재 서귀포시 남원 사람으로 살고 있는 예멘난민 모하메드(Alghaodri Mohammde Salem Duhaish)의 일기 원문과 번역, 그리고 예멘의 '역사와 난민'에 대한 해설을 담아 반향을 불러일으켰다. 2권인 『한국문학과 코리안디아스포라』는 쿰다난민연구단에 참여하고 있는 강진구 연구교수의 코리안디아스포라에 관한 연구 성과를 실었다. 국문학 전공자로 다문화 연구에 매진하면서 한국 문학이 코리안디아스포라를 호명하는 방식과 정체성, 그리고 세계 각지에 흩어진 코리안디아스포라의 삶을 연구해온 결과물로 주목받았다.

연구 성과의 면면에서 확인할 수 있듯이, 연구 성과는 단단하였으되, 그 너비는 광활하고 깊이는 헤아리기 어렵다는 것이 당면한 문제다. 문학과 역사, 철학 등 전통적인 인문과학 분야는 물론, 사회학의 학제간 연구가 이루어졌기 때문이다. 난민의 공간으로 재인식된 제주 섬 공간의 역사는 시간이 켜켜이 쌓여 은하수를 잡아당길 만큼 높아 '한라(漢拏)'라는 이름을 가지게 된 제주의 산만큼 깊이를 가지고 있다. 어디 그뿐이겠는가. 깊이를 헤아리기 힘든 시간의 지층 가운데 인류세(人類世, Anthropocene)로 국한해도 제주는 이미 오래전부터 세계 경향 각지에서 몰려들고, 거꾸로 세계

곳곳으로 퍼져나간 광활한 삶의 너비를 가졌다.

　이러한 까닭에 6년의 연구를 갈무리하면서 다음 단계를 준비하는 지금, 이러한 '제주 섬 공간 가로지르기'를 정리하고, 다시금 '제주 섬 공간 가로지르기'를 시도한다. 제주 섬에 옮겨와 머물면서(移駐) 쿰다난민연구단 공동연구원에서 연구책임자로 옮겨온 과정을 돌아다보니 제주 섬 공간을 가로지르는 '몽생이'가 따로 없어서이기도 하다. 제주에 옮겨와 머문 지 십 년이 채 안 되어서 탐라문화학술총서 17권『제주의 로컬리티 담론 공간과 철학』이라는 설익은 연구 결과를 펴낼 때도, 다시 십 년이 채 안 되어서 탐라문화학술총서 34권, 쿰다난민기획총서 5권을 펴내는 지금도 '따로 정해진 길이 없다'는 듯이 제주 섬 공간을 가로지르고 있기 때문이다.

　그래서『제주 섬 공간 가로지르기: 트드멍, 도투멍, 쿰으멍』으로 서명을 정하고, '제주 섬 공간의 정체성을 찾기 위한 이론의 여정'으로 제명의 서문을 썼다. '제주 섬 공간 가로지르기'는 '트드멍, 도투멍, 쿰으멍' 늡뜬(날뛴) 몽생이의 일기(日記)다. '헐뜯고, 다투면서, 품는 것'은 쿰다난민연구단이 주목한 '제주 섬에서 사는 방식'이기도 하다. "트드멍 도투멍 화해허멍 살아사 잘 산댄 헙디다(헐뜯고, 다투며, 화해하면서 살아야 잘 산다고 합니다)."라는 제주 말은 '일상일용(日常日用)의 덕(德)'을 강조하는 유학의 경전『중용(中庸)』을 떠올리게 한다. 이 변명 덕분에 전공인 성리학보다는 제주 섬 공간과 정체성에 천착(穿鑿)할 수 있었다.

　'제주 섬 공간의 정체성을 찾기 위한 이론의 여정'으로 미간행된 연구 성과 12편을 가려내어 제주 섬 공간과 모빌리티, 동아시아 세계관과 제주 공간, 제주 섬 가로지르기, 제주 모빌리티의 주체와 정체성 등 4부로 배치했다. 서양철학을 전공하지는 않았지만, 인식에서 존재로, 그리고 가치와 실천으로 펼치는 것이 학문 특성상 자연스럽다는 것 정도는 알고 있다. 그런데도 유교와 불교, 동학의 공간 개념에 대한 논의로 구성한 동아시아 세계관과 제주 공간을 2부로 삼은 까닭은 제주 섬 공간과 모빌리티가 이 책의 서론에 해당하기 때문이다. 제주 모빌리티의 주체와 정체성을 4부로 삼은 까닭은 이 책의 결론이자, 다음 사업을 구상하는 출발점이기 때문이다.

서론에 해당하는 제1부에서는 섬[島]-공간의 개념적 접근, 한라산 인문학 공간의 개념적 검토, 섬 이동 설화의 모빌리티를 다루었다. 우선, 동서양 공간론을 활용하여 '섬'이라는 공간에 개념적으로 접근함으로써 '일상적 공간'으로서의 의미를 도출하고자 했다. 이를 바탕으로 지역문화진흥정책 추진과정에서 논의되었던 한라산 역사문화권 담론에서 제안했던 '포개진 공간', 곧 인문학적 공간에 대한 논의를 이었다. 섬 이동 설화에 '모빌리티'를 덧붙인 까닭은 섬 공간이 그 자체로서 '동적인 세계'라는 점에 주목했기 때문이다. 이렇게 1부에서는 '정책인문학'으로 제안한 '쿰다인문학의 면면'과 난민 문제를 모빌리티 담론으로 이행할 가능성을 엿보았다.

2부에서는 동아시아 세계관을 통해서 본격적으로 제주 공간을 탐색하기 위해, 유학의 공간 담론, 화엄의 공간 담론, 동학과 근현대 담론을 다루었다. 유학과 화엄의 공간 담론을 활용하여 제주를 '문화 공간'으로 호명했고, 이렇게 호명된 제주의 방향성을 모색하기 위해 로컬리티와 커먼즈 등 근현대 담론과 동학의 유사점을 살펴보았다. 조선시대 지배 이데올로기로 작동했던 성리학은 정치적 공간, 유입 이래로 사회통합의 이념으로 작동했던 불교는 사회적 공간, 신제국주의의 침탈 과정에서 대항 담론으로 작동했던 동학은 대안적 공간이라는 점에서 재구성될 수 있다. 이 책에서는 각각을 '재생', '희망', '대안'의 공간으로 명명했다.

3부에서는 '제주 섬 가로지르기'가 실천되었던 면면을 다시 가로지르고자 했다. 그동안 제주에서 수행되었던 연구 가운데 제주 여성 연구, 제주에서 변용되었던 여성신앙, 제주 공간과 사람을 다룬 문화콘텐츠를 시선과 양상, 재현이라는 주제어로 톺아보았다. 학술과 종교, 문화 분야에서 제주를 대항하는 공간, 보살피는 공간, 가로지르는 공간으로 만들었다고 보았기 때문이다. 제주 여성 연구의 시선을 톺아보면, 제주 여성이 처한 일상을 신화화함으로써 현실에 대항하는 공간을 구축했음이 확인된다. 제주 여신신앙은 불교와 도교, 기독교의 신성을 '보살피는 공간'에 주목하여 변용하였고, 제주 문화콘텐츠는 제주 역사 공간을 가로지르는 공간으로 재현하였다.

　4부에서는 결론이면서, 다음 단계로 이행할 가능성을 엿본다는 점에서 사유와 로컬, 주체의 '교섭'을 다루었다. 서양의 종교와 동양의 학문이 교섭한 결과물인 보유론적(補儒論的) 서학(西學)에서는 사유의 교섭이 경계를 무너뜨릴 때 가능함을 확인할 수 있다. 제주 유학자 변경붕(邊景鵬)의 삶에서는 로컬의 원문화와 중심의 이주지 문화가 교섭한 결과물인 이중문화 정체성을 확인할 수 있다. 이중문화 정체성은 그곳이 어디건 뿌리내리는 터전으로 삼을 힘이 된다. 이러한 힘이 넘치는 제주 공간에서는 다양한 주체가 '가로지르기'를 실천하고 있으며, 그러한 '가로지르기'가 우리가 찾으려고 했던 제주 섬의 정체성을 이룬다.

　이렇게 12편을 묶었다. 그런데 '미간행'된 연구 성과 가운데 '제주 섬 공간 가로지르기'와 관련된 12편을 가려 뽑았지만, 이러한 기획을 염두에 두고 연구를 수행하지는 않았다. 제주로 옮겨와 머문 초기에는 로컬리티 담론에, 조금 지나서는 커먼즈 담론에 몰두하였다. 그러면서도 내내 섬 정체성에 천착했다. 제주대학교 SSK(사회과학연구) 사업단과 목포대학교 도서문화연구원 HK+(인문한국플러스) 사업단에 합류한 덕분이다. 2019년에 쿰다인문학사업단에 합류한 이후로도 '난민'을 중심으로 그러한 문제의식을 심화시켰다. 하지만 이와 관련된 연구 성과는 이미 각 사업단에서 간행되었고, 간행 예정이다.

그래서 쿰다난민기획총서로 12편을 묶었으되, 성글다. 『중용』 20장에서는 참된(誠者) 하늘의 도리(天之道)와 참되게 하는(誠之者) 인간의 도리(人之道)를 나누면서 인간의 도리는 '잘하는 것을 가려서 그것을 한결같이 지키는 것(擇善而固執之者)'이라고 말했다. 그래서 그것을 널리 배우고(博學), 깊이 묻고(審問), 신중히 생각하고(愼思), 분명하게 가려내고(明辨), 도탑게 실천(篤行)하는 것이 공부라고 일렀다. 널리 배우려고는 했으되, 깊이 묻지도, 신중히 생각하지도, 분명하게 가려내지도, 도탑게 실천하지도 못했으니 의욕만 앞선 탓이다. 그나마 다행인 것은 아직 묻고, 생각하고, 가려내고, 실천하는 것을 그만두지 않았다는 사실이다.

『중용』에서는 배우지 않고, 묻지 않고, 생각하지 않고, 가려내지 않고, 실천하지 않을지언정 배우고, 묻고, 생각하고, 가려내고, 실천하고자 하였으면 그것을 이루지 않고는 그만두지 말라고 말했다. 그러면서 남의 열 배, 백 배 노력을 기울이면 어리석어도 깨우칠(雖愚必明) 것이고 물러도 굳건해질(雖柔必强) 것이라고 격려했다. 아직 그만두지 않았으니 깨우치고 굳건해질 기회가 남았다. 이것을 변명으로 삼아 졸저(拙著)를 펴내는 부끄러움을 이겨내려고 한다. 하지만 제주대학교 탐라문화연구원 식구와 쿰다인문학사업단 동료에게 송구한 마음은 떨칠 수가 없다. 그래서 다음에는 꼭 박학, 심문, 신사, 명변, 독행하겠다고 약속한다.

원장이 바뀌고 한 주에 한 번꼴로 행사를 치르느라 노고가 많은 탐라문화연구원 행정실 식구에게 지면을 빌려 감사한 말씀을 전한다. 연구책임자가 바뀌고 타의로 일중독(Workaholic)에 빠진 쿰다인문학사업단 공동연구원, 연구교수, 학생 연구원에게도 송구하다는 말씀을 전한다. 가장과 가족 구성원을 탐라문화연구원과 쿰다인문학사업단에 빼앗기다시피한 가정에도 심심한 사죄의 말씀을 올린다. 같은 이유로, 어느새 어른이 된 세 아들, 민성, 익성, 도형과 '주님'이라는 별칭으로 알려진 아내 이은주에게 미안하고 고맙다는 말을 전한다. 성글기 짝이 없지만, 이렇게 결과물을 내는 호사를 누리는 것은 다 가족 덕분이다.

2015년에 단독저서를 출간하고 난 이후 1940년생으로 갑장(甲長)인 두 분을 여의었다. 『제주의 로컬리티 담론 공간과 철학』 머리말을 통해 감사 말씀을 올렸던 지도교수 선산(鮮山) 김승동 교수님을 2019년 연말 황망하게 여의었다. '숨 잘 쉬고 술 잘 마시는 것 말고는 배워갈 게 없다'던 농담은 제주대학교 철학과에서 대를 잇고 있다. 다른 한 분은 지난해 9월 소천하신 장인어른이다. 출장길에 나선 첫새벽에 '주무시다 돌아가셨다'는 소식을 들었으므로 말 그대로 '창졸지간에 당한 망극한 일'이었다. 장인어른은 부족한 사위를 너른 마음으로 품어 안아주셨다. 감사의 마음을 담아 장인어른의 함자를 쓴다. 경주 '이'씨 익제공파 '을(乙)'자 '우(雨)'자를 쓰신다.

익제공파에 장가든다니 '명문(名門)이로구나!'라고 축하해주시던 지도교수님과 지도교수님을 평생 은인으로 여기고 살라시던 장인어른을 기리는 말로 긴 간행사를 마무리한다.

2024. 6.
제주 섬 산천단 연구실에서
명재(明齋) 김치완(金治完)

10

차 례

12

차 례

서문
'제주 섬' 공간의 정체성을 찾기 위한 이론의 여정

그동안 우리는 동양과 서양의 공간 인식을 선(線)과 면(面), 여백(餘白)과 채움, 입축(立軸)과 횡폭(橫幅)으로 대비시켰다. 서세동점(西勢東漸) 이후로 오리엔탈리즘이 작동한 탓이다. 2차원 평면 위에서 3차원을 구현하는 3D 시대를 거쳐, 감각적 경험을 구현하는 4D 시대에 이른 지금 이런 식의 대비는 유효하지 않다. XR(eXtended Reality, 확장 현실) 기술은 VR(Virtual Reality, 가상현실), AR(Augmented Reality, 증강현실), MR(Mixed Reality, 혼합현실) 등으로 이미 일상에 자리 잡았기 때문이다. 그런데 2차원 평면 위에서 구현된 섬은 육지에 일점투시하고 있어서 경계선이 닫힌 육지와 동떨어진 점으로 표시되거나 생략된다.

플라톤과 노자의 주장에 따르면, 공간이 당연히 실재한다고 생각하면서 살아가고 있지만, 그것은 '비어-있음'이라는 독특한 존재 방식을 가진다. 플라톤과 노자가 목격한 감각세계의 모순은 그것이 모방물이라는 점에서 우리의 인식이 현실에 현혹되지 않아야 함을 기억해내는 일종의 미끼다. 노자의 공간 담론에서 길[道]은 '여기'와 '저기'라는 경계와 좌표를 해체하면서, 구체적으로 걷는 행위를 통해서 새롭게 구성되는 실천공간이다. 플라톤의 공간 담론에서 코라(χώρα)가 모든 생성의 수용자로서 유모(τιθήνη)에 비유되는 것도 같은 이유이다. 그것은 '자리를 차지하고 있지는 않으면서도 있는 것'으로서 우리말 '비어-있음'으로 표기할 수 있다.

'비어-있음'이라는 공간의 존재 방식을 인식하려면, 감각 경험되는 현실에서 '본래 그런 것'인 자연(自然)과 이데아(ἰδεα)를 잘라내어야 한다. 그래야 현실과 현실에서 추구하는 것이 '언제나 존재하는 것의 모방물(τῶν ὄντων ἀεὶ μιμήματα)'이라는 사실을 인식할 수 있기 때문이다. 그런데 이러한 인식의 목적은 자르는 것이 아니라 모순된 현실을 보충하는 것이므로 '잘라-깁기'로 표기할 수 있다. 잘라-깁기를 통한 인식 과정은 노자에게서 확인되는 '덜어-내줌'이라는 실천을 촉발한다. 노자는 인간성을 확장시키는 공간보다 인간의 실천이 이루어지는 일상적 공간에 주목했기 때문이다. 따라서 일상적 공간인 섬은 생략되거나 점으로 표기될 수 없다.

일상적 공간인 섬은 문화와 환경을 화두로 하는 오늘날 새로운 도전에 직면했다. 관광산업 또는 문화산업의 상품이 되었기 때문이다. 60년 전 호르크하이머(Max Horkheimer)와 아도르노(Theodor Adorno)가 '문화산업(culture industry)'이라고 표현한 것은 문화와 산업이 길항적(拮抗的) 관계에 놓인 것으로 간파했기 때문이다. 그런데 오늘날 문화는 인간 삶을 기만하고 하고 결박하는 상품인 문화 콘텐츠(cultural contents)가 되었고, 인간의 몸을 비롯한 모든 것이 교환가치에 결박되었다. 상품성의 전제인 '차이'는 교환가치를 관리는 자본에 의해 '조정, 조작되어 일시적으로 제공되는 기만'에 불과하다.

이렇게 해서 문화산업(cultural industries) 시대에 접어든 오늘날, 국내 유일의 자연경관을 가진 관광지 제주는 문화융성의 최적지로 옷을 갈아입었다. 때마침 로컬리티(locality) 담론이 활성화되면서 지역문화진흥정책이 추진되어, 탐라문화 또는 제주문화라는 오래된 기표 대신 '한라산 역사문화권'을 제안하는 담론의 장이 열렸다. 그런데 중심의 논리에서 벗어나 현장의 정체성을 모색하자는 취지에도 불구하고 한라산 역사문화권은 현실 어디에도 없다. 제주, 그리고 한라산이 인문학적 공간이 된다면, 그것은 '몸(본모습)을 감추고 없는 곳이 되는' 현실과 그곳에서 이루어진 다양한 담론의 공간을 포섭하는 '지금, 여기'에서 출발해야 한다.

그것은 환경자원으로서의 '자연-경관'이 아닌 제주에서 인간의 삶이 시작된 이래로 '자연-경관'을 이용한 제주 사람의 삶터로 이해하는 것을 의미한다. 한국문화의 옛 형태를 간직하고 있는 것으로 이해된 '문화-유산'도 마찬가지다. 절해고도(絶海孤島)라는 환경적 요인으로 일어난 문화 지체 현상을 제주의 정체성이라고 말하는 것은 그곳에서 이루어진 다양한 실천의 축적을 외면한 결과다. 대표적인 제주 문화로 손꼽히는 본풀이는 기원을 해명(explanation)하고, 삶의 다양한 양상을 해석(interpretation)하며, 당면한 문제를 해결(resolution)하는 실천이다. 따라서 제주 공간은 본풀이를 비롯한 다양한 실천이 포개진 '실천-현장'이다.

이렇게 다양한 실천이 포개진 공간이라는 점에 주목한 동양 전통에서 세계는 동적(動的)인 것으로 파악되었다. 노마드(nomad)는 근대 이후 가속화되고 경화(硬化)된 경계 짓기로 패인 홈을 흘러넘치는 '매끄러운 면'으로 만들자는 대항 담론으로 제안되었다. 그런데 세계를 동적인 것으로 파악한 동양 전통에서는 국가 경계는 물론 지표 현상도 떠다니는 것으로 이해되었다. 이것이 국토부동관(國土浮動觀)이다. 국토부동관은 근대주의의 기획이 실패했다는 전제 아래 이념화, 자본화된 노마드적 삶이 오히려 현실의 노마드적 삶을 착취하는 노마디즘이 될 수 있다는 우려를 해소할 방안을 제공한다.

풍수도참(風水圖讖)은 세계가 늘 생성하고 변화한다는 인식을 기초로 한다. 오늘날의 분과학문 가운데 인문지리학에 해당하는 풍수도참은 중국의 음양오행(陰陽五行)을 우리식으로 변용한 것이다. 풍수도참의 골자인 비보(裨補)와 압승(壓勝)은 인문지리적 환경이 인간 삶의 다양한 조건에 따라 쇠퇴하거나 왕성하게 된다는 지리쇠왕설(地理衰旺說)과 자연환경의 영향을 받는 산천순역설(山川順逆說)을 전제로 한다. 인간과 자연이 상호 영향을 주고받는 관계에 놓여 있다고 본 것이다. 그래서 지리환경의 부족한 조건을 더하고 북돋는 비보와 지리환경의 과한 여건을 빼고 누르는 압승의 개념이 성립된 것이다.

인간이 삶의 공간을 구축하고 재창조한다는 적극적인 태도는 국토부동 관에서 언표(言表)를 통해 구축되는 질서로 드러난다. 국토부동관은 국토 의 본풀이에 해당하기 때문이다. 제주의 섬 이동 설화인 비양도(飛揚島) 설 화에서는 섬이 그곳에 있게 된 내력을 풀이하는 언표와 섬이 그곳에 있게 된 직접적인 원인으로서의 언표가 중첩된다. 이렇게 중첩되는 언표에는 두 화자(話者)가 등장한다. '저기 섬이 떠온다'라고 말함으로써 떠다니는 섬을 멈추어 세운 여성 화자와 그러한 내력을 풀어내는 화자이다. 여성 화자는 이동의 방해자로서 원망의 대상이 되기도 하지만, 그의 언표는 경계 짓기 가 '경계-넘기'의 실천을 가능하게 하는 힘을 가진다.

이러한 힘은 유학과 불교, 그리고 동학(東學) 등 동양의 대표적인 사상 의 공간 담론에서 이미 논의되었다. 특히, 한대 이후로 주류사상을 차지한 유학에서는 『중용』과 『대학』을 통해 사적 공간과 공적 공간에서 공간이 어떻게 재생되는가를 설명하려고 했다. 한때 정치적 공간에서 "조자룡 헌 칼 쓰듯" 내걸었던 거버넌스(Governance)는 정치가 참여라는 유가적 전통 과도 잇닿아 있다. 문제는 협치(協治)로 번역된 이 용어가 서구자유주의의 변천 과정을 통치성(governmentality) 개념으로 설명한 푸코의 우려를 벗 어나지 못한다는 것이다. 인류학자인 아이와 옹은 푸코의 우려에서 한 걸 음 더 나아가 신자유주의의 이중통치구조를 비판하기도 했다.

사서(四書) 가운데 가장 늦게 등장한 『중용』에서는 문화 질서와 인간 본 성에서 존재 일반으로 담론을 확장시킴으로써 '인간 생명과 그것이 영위하는 공간'을 아감벤의 용어를 빌리면 '사적 생명(私的 生命, ζωή)과 그 공간 (οἶκος)'으로 제안했다. 첫머리에서 인간 생명의 본질을 존재 일반의 본질과 무차별적인 것으로 선언하지만, 이 선언 덕분에 생명 활동을 하는 '인간 개 체'가 부각되었다. 세계 내 존재 일반이 갖춘 원리가 인간에게도 적용된다 는 선언은 인간 일반이 갖춘 원리가 개체 생명인 한 인간에게서 출발한다 는 선언을 포섭하기 때문이다. 일상을 살아가는 힘이 생명 원리라는 점을 강조하면, 개인에게 특별한 의무나 희생을 강제할 수 없다.

『대학』은 아감벤의 용어를 빌리면 '공적 생명(公的 生命, βίος)과 그 공 간(πόλις)'에 해당하는 '인간의 공적 생명, 그리고 그것이 영위되는 사회'를 발산과 수렴하는 공간으로 촘촘히 구성했다. '밝은 덕을 밝히고[明明德], 백성을 새로이 하며[新民], 가장 잘하는 것에 머문다[至於至善]'라는 이른바 세 가지 강령[三綱領]과 '격물(格物), 치지(致知), 성의(誠意), 정심(正心), 수 신(修身), 제가(諸家), 치국(治國), 평천하(平天下)' 등 여덟 가지 조목[八條 目]이 수렴되면서 되짚어 발산되는 중층적 구조로 이루어져 있기 때문이 다. 이것은 사회적 삶이 주체와 타자의 관계성을 전제로 하며, 따라서 도덕 적 의무가 주체인 자신에게 부여된 것임을 의미한다.

협치를 말하면서도 통치성을 전제로 책임을 전가하는 행태는 행위 주체 인 자신을 망각하는 것이다. 교조(敎祖)의 탄생 기사에서 '세계에는 오로지 나만이 있다(天上天下唯我獨尊)'고 말한 불교에서는 행위 주체인 자신에 대한 인식을 강조했다. 특히, 세계를 뭇 생명[衆生]이 얽히고설켜[緣起] 끝 없이 겹친[重重無盡] 현상[法界]으로 이해하는 화엄(華嚴)의 세계관에서는 중앙과 변방, 주변과 중심 등 공간이 서로 넘나들고, 포섭하는 관계[相卽相 入 相卽相容]로 파악된다. 그동안 소외의 요인이었던 '변방'이 문화산업의 시대에 접어들면서 상품화됨으로써 '주변의 중심'으로 주목받게 된 제주의 현실에서도 이러한 점을 확인할 수 있다.

화이론(華夷論)은 동아시아 세계관에서 '중앙과 변방'에 대한 이념적 근거가 된다. 중화주의(中華主義)는 세계의 중심이 한자 문화권의 중심인 한족(漢族)과 그의 통치성이 발휘되는 공간에 있음을 뜻하기 때문이다. 이는 공자가 『논어』 「팔일」 편에서 "오랑캐에게 임금이 있는 것이 제하(諸夏, 중국)에 임금이 없는 것만 못하다(夷狄之有君, 不如諸夏之亡也)"라고 한 말에서 확인된다. 공자의 말은 통치자의 역량보다는 문화 질서의 건립이 중요하다는 뜻이지만, 현실적으로는 탐라 또는 제주를 동남쪽 변방에 있는 점 하나로 표기하게 했다. 사정이 이러하므로 제주가 지도에서 표시된 것은 원대에 이르러서이며, 실제와 비슷하게 표시된 것은 청대 이후이다.

근대화 과정에서 제주는 주목받고 있다. 문제는 '타자(他者)에 의해 소비되는 대상'으로서의 중심, 곧 '주변의 중심'이라는 데 있다. 이러한 문제는 제주를 태평양 시대의 중심에 두는 이념적 전회에서도 발견된다. 이를 해결하려면 '삶의 현장으로서 동아시아의 보편성을 전제로 하여 자신의 정체성을 찾아 나갈 때 독자적 중심성이 확보된다'는 점을 상기시켜야 한다. 제주의 공간 자체가 '비동시대적인 것의 공존'이라는 특성을 가진다고 할 때, 그것은 중심과 주변, 중앙과 변방이 포개진 공간임을 의미한다. 이것이 화엄이 추구하는 '세계관적 갈등을 해소하여 무한, 보편, 평등한 세계관을 갖게 하는' 절대적 세계관으로의 전환이며, 희망의 공간이다.

화엄이 추구한 절대적 세계관은 다양성을 인정하는 것이므로, 다문화시대에 접어들었다고 하더라도 그것이 고유(固有)의 상실을 의미하지는 않는다. 하지만 오늘날 우리가 이르게 되었으며, 인구절벽시대에 이르러 수용할 수밖에 없는 이념이 된 다문화에서는 서구 중심의 가치관이 자리 잡고 있음을 발견하게 된다. 서세동점과 조국 근대화를 겪으면서 서구 중심의 가치관이 구축되었기 때문이다. 문화란 그 자체로 독특한 단일성을 가지면서도 보편적 다양성을 확보한다. 이렇게 볼 때 문화의 시대로 접어든 오늘날, 현지성에 바탕을 두고 인간의 보편적 가치와 이념을 해석한 이념 체계이면서 실천 운동이기도 한 동학의 새로운 접근이 요구된다.

동학은 서양 중심의 정치적 세계화 논리가 강요되던 신제국주의 시대에 탄생했다. 삶의 주체였던 농민을 중심으로 출발한 동학에서는 신분사회의 틀을 깨고 보편적 인간으로서 자신을 자각하고, 그것을 실현하기 위해서는 자신의 주체성을 먼저 확립해야 함을 강조했다. 문화접변 이론에 따르면 동학은 '외래사상이 공동체의 존속과 발전을 위협할 것이라는 인식과 약한 주체·자주의 관성이 조합된 발상의 산물'인 저항과 융합의 절충으로 평가할 수 있다. 이렇게 해서 위대한 이념 체계이면서 절실한 실천 운동인 동학은 정치, 경제, 문화 전반으로 전개되면서 농민전쟁, 독립운동, 신흥종교 운동 등으로 발전했다.

동학은 근현대의 주요 담론인 로컬리티와 커먼즈 담론에서 제안된 이념형을 실현했다. 로컬리티 담론에서는 지역과 지역의 관계 속에서 만들어지는 '지금(現)-여기(場)'의 생동하는 특성에 주목한다. 이러한 특성으로 로컬은 추상적이고 필연적인 관계를 전제하고 요구하는 글로벌과의 관계를 자신의 조건 또는 맥락에 따라 전혀 다른 양상으로 재구성할 수 있기 때문이다. 동학은 19세기 조선이라는 '현-장'에서 소외된 이들이 '현-장'을 구체적인 형태로 재구성하려는 움직임이다. '공유지의 비극'에 대한 비판으로 출발한 커먼즈 담론에서는 '함께(共)-공변(公)'이라는 대안에 주목한다. 동학의 공동체 원리와 조직체계 등에서는 이러한 대안이 발견된다.

동학에서 대안근대(altermodernity) 담론과의 유사성을 발견할 수 있다면, 오늘날 제주 여성 연구의 시선에서는 '대항하는 공간', 여신신앙의 변용 양상에서는 '보살피는 공간', 문화적 재현에서는 '가로지르는 공간'이라는 대안근대의 다양한 공간을 발견 할 수 있다. 대안근대는 네그리가 시기적 구분인 포스트모던과 구분하여 근대적 보편과 그것을 넘어서는 특이성의 적대에 주목하면서 사용한 단어이다. 제주 여성 연구와 여신신앙의 변용, 문화적 재현 등은 근대적 보편이 특이성에 의해 어떻게 인용되고, 변용되며, 재현되는지를 잘 보여준다.

제주 여성은 바람, 그리고 돌과 함께 오래전부터 제주의 특이성을 보여준다는 점에서 관심의 대상이 되어왔다. 이러한 관심은 중심의 자리를 꿰찬 타자의 '시선'에 비롯된 것이었다. 문제는 그러한 관심에 자극받은 주체의 시선도 타자의 시선에서 벗어나기 어렵다는 데 있다. 민주화 운동을 기점으로 제주 여성신화 연구가 활성화된 것은 그것이 대항담론적 성격을 가지기 때문이다. 그런데 남성 중심의 주류문화에 대항하는 여성 원리의 원형을 제주 여성신화에서 찾고자 하는 시선에서도 제주 여성을 타자로 보는 문제점이 드러난다. 이러한 문제점은 제주 여성을 주체의 시선으로 보는 일상의 신화적 연구에서도 발견된다.

근대화 과정을 거치면서 여성 노동력의 가치가 절하되어 남녀의 경제적 불평등이 심화되는 경향 속에서 전통적 삶의 주체로서 제주 해녀를 소재로 한 연구가 증가했다. 이들 연구에서는 제주 해녀의 신화화에 대한 비판적 시선을 가지고 있으므로, 여성성의 신화가 탈신화화 되어야 한다고 주장하였다. 이에 비해 2000년 이후 제주 여성 연구는 '기억의 주체'로서 여성에 집중하였다. 제주4·3을 기억하고 증언하면서 제주 여성은 '남성성에 대립하는 이념'으로서의 여성성, 곧 '젠더적 이미지'를 넘어선 '자기 응시'를 하는 주체가 되었다. 이러한 자기 응시가 '제주의 여성'에 국한되지 않고 문화이주민을 포함한 여성 일반으로 확대될 때 특이성을 넘어설 수 있다.

제주 여성 연구의 시선에서 주목한 제주 여신신화에서는 불교의 관음신앙과 도교의 성모 신앙, 그리고 기독교의 마리아 신심의 변용 양상을 살펴볼 수 있다. 우리의 여신신앙은 원형 그대로 전하지 않지만, 국조신화의 지모신(地母神)이나 서사무가의 '할망', 민간신앙의 '할미' 등과 같은 다양한 원형을 가지고 있는 것으로 추정된다. 이 원형은 대개 구전되다가 문헌으로 정착하는 과정에서 유교와 불교, 도교 등에 영향을 받은 흔적이 많아서 한국철학사상이 그러하듯 고유의 것이 없고, 모두 외래의 것이라는 착오를 일으킨다. 하지만 인도의 관음이 중국을 거치면서 여성화되고, 우리나라에 이르러 어머니, 또는 할미가 되는 것은 고유의 변용으로 보아야 한다.

인도 대승불교의 본원사상(本願思想)을 중심으로 발전된 관세음보살사상은 중생구제라는 원력을 세우고 자비를 실천하기 위한 대자비심의 화현으로, 기원전 1세기경 초기 대승불교의 흥기에 기원을 둔다. 관세음보살의 어원은 'Avalokita(관찰)'와 'svara(음성)'의 합성인데, '중생의 음성을 살핀다'는 뜻이다. 대승불교에서 힌두교 신을 보살로 수용하는 과정에서 탄생한 관세음보살은 본생담에서도 확인되듯이 남성성을 가진다. 그런데 2세기경 내륙과 해양을 통해 유입된 관세음보살신앙은 중국 내륙의 여신인 낭랑(娘娘)과 만나 낭랑관음(娘娘觀音), 중국 주산군도(舟山群島)의 여신인 남해대사(南海大師)와 만나 남해관음(南海觀音)으로 변용된다.

우리나라의 여신도 내륙형인 건국시조를 낳고 키우는 지모신 또는 산신과 해양형인 제주 선문대할망과 영등할망 등으로 나뉜다. 관음신앙이 우리나라에 들어온 시기는 법화경과 화엄경이 전해진 삼국시대로, 이후 우리

설화에서는 수행자를 깨우치는 여인으로 화현한다. 인도발 관음신앙이 중국에서 여성화된 것은 도교의 시조모(始祖母)인 성모(聖母)라는 근원적 모델을 만났기 때문이다. 지형적 특성상 북쪽에서는 산신격인 태산원군으로, 남쪽에서는 해신격인 남해대사라는 다른 이름을 가지지만, 민간의 다양한 요구 가운데서도 자녀 출산의 요구를 들어주는 여신으로 형상화한다.

중국 원시신앙을 습합한 도교의 여신격 가운데 주목할만한 인물은 서왕모(西王母)이다. 전국시대에 등장하는 서왕모는 반인반수(半人半獸)이지만, 훗날 동왕공(東王公)과의 대대적(待對的) 관계에 있는 여선(女仙)으로 정착하게 된다. 이로써 서왕모는 신선과 신선의 세계를 낳는 창조자인 대모신(大母神)의 신격을 갖추게 되었다. 신선과 신선의 세계를 낳는 창조자라는 표상은 뒤늦게 유입된 성모 마리아 신심에서도 확인된다. 성모 마리아 신심은 여신으로 숭배(latria)하거나 흠숭(adoratio)하는 것이 아니라, 인간이지만 신성을 낳은 모성에 대한 최대의 존경(hyper-dulia)이나 공경(veneratio)을 표하는 것으로 설명되기 때문이다.

2000년에 걸친 오랜 변용의 기간을 거치면서 우리의 여신신앙은 원형을 알 수 없을 만큼 변했다. 하지만 우리의 여신신앙은 동아시아 해양문화의 보편적 전개양상과 특성을 가지면서도, 변용 전개 과정에서 '자기희생을 정체성으로 하는 어머니'라는 독자적인 특성을 구축한 것으로 볼 수 있으며, 이는 선문대할망 설화에서도 확인된다. 이러한 여신신앙의 변용 양상은 오늘날 문화적 형식 가운데 하나인 영화에서 이루어지는 재현에서도 발견된다. 재현의 어원은 'repraesntatio'로 '다시(re) 눈앞에 나타나게 하는 것(praesentatio, 現前)'이다. '눈앞에 존재하지 않거나 스스로를 표현하지 못하는 실물을 표현하는 행위'나 '그러한 것을 대리하는 행위'를 가리킨다.

스터컨(Marita Sturken)은 재현을 수동적으로 기억을 운반하는 단순 수단이 아닌, 기억을 공유하고 생산하며 의미를 부여하는 적극적인 '기억기술(technology of memory)'로 규정했다. 코젤렉(Reinhart Koselleck)은 역사가 과거와 현재라는 이중적 현실(dual reality)을 다루고 있다고 주장했다. 이 두 주장에 따르면 문화적 형식에서 재현은 '지나간 미래의 발굴 형식'이라고 할 수 있다. 이에 따르면, 1999년부터 2013년까지 제주를 영화라는 문화적 형식으로 재현한 세 작품에서는 '근대-해항-도시'라는 '제주의 지나간 미래' 발굴 양상을 발견할 수 있다. 제주가 근대-해항-도시라는 측면에서 양가성(兩價性, ambivalence)을 노출하고 있기 때문이다.

박광수 감독의 1999년작 〈이재수의 난〉은 1901년 제주에서 일어난 신축교안(辛丑教案)을, 오멸 감독의 2013년작 〈지슬－끝나지 않은 세월 2〉는 '1947년 3월 1일 기점으로 하여 1948년 4월 3일에 발생했고, 1954년 9월 21일에 끝난' 제주4·3을, 이용주 감독의 2012년작 〈건축학개론〉은 '금융위기가 발발하기 직전인 1996년이라는 과거의 시간'을 신자유주의 경제체제가 완전히 자리 잡은 2011년 제주 공간을 통해 발굴하였다. 이 세 편의 재현은 제주의 근대와 개항이 서구와 동아시아에 의해 강제되었고, 미국식 근대화를 상징하는 도시화가 신자유주의로 완성되었음을 기억하고, 발굴한다. 이 세 시간대가 포개진 것이 현실의 제주 공간이다.

현실의 제주 공간이 가진 양가성을 해소하려면, 모빌리티 패러다임을 통해서 '교섭'이라는 이동 행위와 양상, 현장, 결과를 살펴보아야 한다. 어리(John Urry)의 모빌리티 담론에 따르면 이동이 수행되거나 드러나는 방식과 현상에서부터 기술, 수단, 시스템, 주체와 대상, 주도성, 활동과 경험 및 정서, 제도와 규칙, 불평등, 능력이나 권리, 관점으로서의 패러다임 등에 이르는 모든 것이 모빌리티에 해당된다. 모빌리티 패러다임은 사회를 보는 렌즈이며, 모빌리티 현상은 외면적으로 드러나는 이동 양상이다. 모빌리티 기술은 모빌리티 현상이 이뤄질 수 있도록 하는 것이며, 이러한 기술이 단단히 결합하여 모빌리티 시스템을 이룬다.

모빌리티 현상으로서 보유론적(補儒論的) 서학(西學)은 사유를 이동의 주체로 한다. 보유론적 서학과 그 파생물인 천주교는 유럽과 동아시아, 로마가톨릭 교회와 중국 유교가 교섭한 대표적인 산물이기 때문이다. 특히, 지식인 계층을 중심으로 전개된 수준 높은 철학사상과 문화의 교류라는 점에 주목할 수 있다. 여기에 참여한 유럽과 동아시아 지식인은 예수회 선교사의 문화적응주의적 선교 방식과 동전한문서학서를 통한 한국천주교회의 성립 등에서 확인되듯이 상호주의적 문화 태도를 표방했다. 그 결과 2차 바티칸 공의회에 이르러서야 공식적으로 허용되었던 천주(天主) 개념과 제사 문제에 대해 시대를 앞선 이해가 이루어질 수 있었다.

하지만 로마 가톨릭교회 내부에서 선교보호권(Padroado)을 둘러싸고 선교방침 혼란이 발생하였고, 이는 조상제사를 둘러싼 중국의례논쟁을 불러일으켰다. 조선 천주교회에서는 폐제분주(廢祭奔主)라는 극단적인 형태가 일어났다. 이민족 정부로서 관용주의적 종교정책을 펼치던 중국 정부는 선교금지 정책으로 선회했으며, 조선 정부는 제국주의 열강에 대한 배타적인 태도와 함께 천주교를 박해하였다. 중국과 조선 정부의 반천주교 정책 실시는 양반 지식인 계층의 대거 이탈과 함께, 기층민중의 내세 중심 종교 운동으로의 변화를 추동했다. 이러한 변화는 사회변혁을 기대하던 계층이 천주교와 서양 제국주의를 동일시하는 경향을 낳았다.

서양 제국주의와 천주교의 동일시는 서양과 일본 제국주의에 의해 개항된 이후, 선교 자유화 시대에도 민중에 의해 지역민의 저항(resistance)과

거부(rejection), 충돌(conflict)이 지속되는 결과를 낳았다. 천주교회와 교민은 정복주의적 선교 방침에 충실한 순수성과 통일성을 미덕으로 생각하면서 현지에서 고립되어갔고, 정치권력은 이들을 사회불안요소로 규정함으로써 권력을 유지하는 데 급급했기 때문이다. 만남과 대화에서는 주도권(hegemony)보다는 상호주의적 태도가 우선되어야 한다는 사실이 망각된 결과이다. 그런데 여기서 요구되는 상호주의의 전범은 보유론적 서학 등장과 천주교의 탄생 이전에도 존재했다.

제주의 조선 유학자 일재(一齋) 변경붕(邊景鵬)은 고향인 제주에서 유학을 배워 과거시험에 응시하느라 한양(漢陽)에 오가다가 늦은 나이에 급제하여 내직과 향직을 두루 거쳤다. 그는 제주 사람이면서 제주적인 것과 제주적이지 않은 것을 내면적으로 잘 융합시킴으로써 전형적인 이중문화 정체성을 확보했다. 그의 문집에서는 출신지 문화(원문화)인 제주 문화에 대한 거리두기가 확인된다. 제주의 자연경관이나 독특한 문화에 대해 자세히 서술하지 않거나 유보적인 태도를 보였기 때문이다. 이에 비해 이주지 문화인 조선유학을 이해하려는 다양한 노력이 확인된다. 하지만 조선 유학자 문집을 차록(箚錄)하는 데 그쳤다는 한계를 보인다.

이주민은 자신의 원문화를 가지고 이주지에 정착하는 과정에서 원문화와 이주지 문화 사이에서 자신의 정체성을 재구성한다. 이것을 이주민이 지닌 '이중문화 정체성(bicultural identity)'이라고 하는데, 이주지의 가치나 사고방식에 적응하면서도 원문화를 유지하려는 독자성을 가지는 것을 말한다. 선행연구에서는 이주민이 원문화와 이주지 문화의 가치를 어떻게 설정하느냐를 기준으로 네 가지 유형의 태도로 분석했다. 변경붕은 이 가운데 원문화와 이주지 문화 가치를 모두 높게 보는 이중문화 정체성을 지니고 있는 것으로 볼 수 있다. 그가 이주지 문화에 동화되지 않았던 까닭은 문화정체성의 갈등을 능동적으로 관리하려는 의지가 있었기 때문이다.

보유론적 서학과 천주교가 교섭을 통해 '무너지는 경계'를 보여주었지만, 그렇게 해서 만들어진 공통지대가 교섭의 단절로 무너지는 전범이라면, 이중문화 정체성을 확보한 변경붕은 옮겨 머무는 이주(移駐)에서 옮겨 '뿌리내리는 터전'으로서의 이주(移住)의 전범이다. 이러한 전범은 오늘날 문화이주민의 대량 유입으로 이주(移駐)의 섬이 된 제주가 이주지(移住地)로서의 정체성을 확보하는 길라잡이가 된다. 정체성(identity)이 동일성(同一性)이라는 철학적 개념과 연관된다고 할 때, 동일성은 시간적·공간적으로 다른 사물이 그 성질로 보아 구별할 수 없는 것을 의미한다. 따라서 제주의 정체성은 원문화와 이주지 문화 모두를 포괄한다.

제주발 이주민에게 제주의 정체성은 원문화이며, 제주행 이주민에게 제주의 정체성은 이주지 문화가 된다. 원문화로서 제주 정체성은 잃어버린 기억, 탐라 천년의 정체성을 호명한다. 이때 호명되는 탐라 천년은 고대 한국보다 앞선 독자적 문화를 구축한 고대 해상왕국으로서의 자부심을 담고 있다. 원문화의 관점에서 제주 서사무가는 건국신화 위주의 한국 신화를 압도한다. 이러한 점을 근거로 제주가 신화의 수도(首都)로, '기록 신화로서 그리스·로마 신화가 중심이라면, 구비 신화로서는 제주가 세계 중심'이라고 주장하기도 한다. 여기에서는 '섬'이라는 공간적 동일성과 '고대'라는 시간적 동일성, 그리고 '신화'라는 심리적 동일성을 발견할 수 있다.

한반도에 병합되면서 고대 해상왕국 탐라의 기억은 잊혔다. 하지만 강력한 중앙집권체제를 추진하던 조선시대에도 국정교학인 유학이 제주 풍습인 음사(淫祀)를 압도하지는 못했다. 이는 18세기 초에 입도한 목사 이형상(李衡祥)의 신당(神堂) 철폐 사건과 임진왜란과 병자호란 등을 겪으면서 유산(遊山) 풍조에 심취했던 조선 지식인 계층에서 유배지 제주를 이상향으로 보고 영주십경(瀛洲十景)을 품제한 데서도 확인된다. 경계인의 시선에서 문화정체성의 갈등이 관리된 것이다. 이는 오늘날 근대인의 욕망으로 각종 열풍의 중심에 선 제주에서 벌어지는 갈등마저도 상호주의적 관점에서 관리될 때 제주 정체성 가운데 하나가 됨을 시사한다.

〈쿰다로 푸는 제주 섬의 역사와 난민〉에서 '쿰다'는 표준어 '품다'를 뜻하는 제주어이다. 2018년 예멘 난민의 출현과 함께 반다문화와 반난민 분위기가 사회 전반에서 조성되는 것을 목도하면서 '포용'이 필요함을 직감하고 찾아낸 제주어. 우리는 예멘 난민의 출현이 유럽발 난민사태의 여파로 발생했음을 알고 있었다. 그래서 독일의 환대문화(Willkommenkultur)로 대표되는 유럽식 포용정책이 아닌 우리식 포용정책이 필요할 뿐 아니라, 혐오의 감정을 넘어서는 새로운 인문학적 이론의 선회가 필요함을 절감했다. 쿰다난민연구총서 1권 『왜 지금 난민: 난민의 출현과 인식』에서는 그러한 절박함을 담았다.

지난 5년간 쿰다인문학사업단은 제주어 '쿰다'를 토대로 한 정책인문학으로서 '쿰다인문학'을 정립하려고 애썼다. 우리는 '쿰다'가 '드르쌍 내불멍(간섭하지 않고 내버려두면서) 드르쿰는(끌어안아 품는)' 제주의 문화를 가리키는 말이라고 이해하고, 정의했다. 난민에 대한 인문학적 이론의 선회라는 점에서는 '더불어'를 뜻하는 라틴어 '쿰(cum)'과 한자어 '다(多)'를 조합한 'CUM多'로, 정책인문학이라는 점에서는 '민주주의 광장에서 뿌리 뽑힌 이주민을 살게 하라(Cultivate Uprooted Migrants in Democratic Agora)'는 슬로건의 두문자인 'CUMDA'를 사용했다. 이를 기반으로 쿰다인문학(CUMDA humanities)이라는 용어를 만들었다.

본문에는 쿰다인문학을 바탕으로 한 〈'제주 섬' 공간의 정체성을 찾기 위한 이론의 여정〉을 성글게 묶었다. 『왜 지금 난민: 난민의 출현과 인식』이 출간된 이후에 수행했던 연구 가운데서 이미 간행된 연구 성과를 싣지 못하였지만, '트드멍, 도투멍, 쿰으멍(헐뜯고, 다투면서, 품는 것)'은 쿰다난민연구단이 주목한 '제주 섬에서 사는 방식'이자, 유럽의 환대문화와는 다른 우리식의 상호주의적 포용이다. "제주 섬 공간을 가로지르기"는 쿰다인문학사업단의 연구와 궤를 같이하지만, 부족한 점은 모두 저자 개인의 탓임을 알려둔다. 아울러 기회가 주어진다면, 개정·증보를 통해서 책임을 다할 것을 약속한다.

제1부
제주 섬 공간과 모빌리티

제1장
섬[島]-공간의 개념적 접근

Ⅰ. 펼치지 않은 육지, 섬[島]

대중적 인기를 끄는 영화는 대개 웹툰(webtoon)을 원작으로 한다. 그 원인에 대해 다양한 분석도 나왔다. 이 가운데 공간 활용과 관련하여 주목할 만한 분석은 '전통적 만화의 칸이 웹툰에서는 세로 스크롤(scroll) 방식으로 구성되고 있다.'라는 것이다. 이 분석에 따르면, 전통적 만화의 칸은 분할된 각각의 정지화면을 연속적으로 보이게 하는 역할을 한다. 그런데 웹툰에서 채택하고 있는 세로 스크롤 방식은 하나의 칸이 세로 길이를 극대화한 것이다. 그래서 독자는 스크롤바를 내려가는 시간의 흐름을 통해 영화의 페이드 인이나 페이드 아웃과 같은 효과를 체험할 수 있다. 전통적 만화가 칸의 선택과 절제를 중시한다면, 웹툰은 하나의 칸이 화면의 반복을 통해서 서정적 분위기를 극대화한다는 말이다.[1]

동양과 서양을 나누기 좋아하는 관점에서는 공간인식도 선(線)과 면(面), 여백(餘白)과 채움, 장방형의 입축(立軸)과 입방형의 횡폭(橫幅) 구도 활용이라는 점으로 대비한다.[2] 이러한 대비에 따르면, 동양 전통의 공간 인식은 웹툰의 공간 구성 방식과 유사하다. 중국 회화의 특징을 (1) 세로로 긴 입축, (2) 이동시점 투시법, (3) 회화의 매달아 거는 기능과 말아 보관하는 기능[卷縮化]이라고 하면, 웹툰의 세로 스크롤 방식 공간구성과 비슷하기 때문이다. 당나라 때에 조성되었다는 돈황벽화 속에 활용된 일점투시법이 지속되지 못하고 곧바로 쇠퇴하였다는 사실도 이러한 추정을 뒷받침한다. 3차원 공간의 깊이감을 드러내는 일점투시법이 중국인의 '은폐되었던 시간과 공간이 무한히 펼쳐진다'는 기본 관념에서 벗어나는 것이었기 때문이다. 아울러 실제로 '말고 펼치는 형식'은 수장(守藏)의 편리함뿐만이 아니라, 무한하고 유동적인 현실 공간의 연속적인 전개라는 미학적 요소도 있다.[3]

2차원 평면 위에 전개된 현실 공간의 재현으로부터 논의를 시작하는 까닭은 그것이 우리의 공간 인식이 가지는 한계를 드러내고 있기 때문이다. 오늘날 우리는 2차원 평면 위에서 3D(Three Dimensions)를 구현하는 기술 시대를 거쳐 4D 기술 시대를 살고 있으며, 작품(work)을 넘어선 텍스트(text) 시대를 살고 있지만, 그것은 여전히 2차원 평면 위에서 구현되고 있다. 그러면서도 그것이 지향하는 바는 '이미, 그러나 아직 온전히 실현되지 않은(already, not yet)'[4] 현실 공간이다. 아무리 구현 기술이 발달해도 여기에는 우리가 생활하는 공간에서 발견할 수 있는 가상과 실재, 분할과 중첩, 표층과 심층의 이항대립적 구조가 전제되어 있다. 따라서 현존재의 존재와 인식, 실천 공간에 대한 논의도 점과 선이 횡단하는 2차원 평면 위에서 출발하여야 한다.

2차원 평면 위에서 섬[島]은 경계선이 닫힌 육지와 동떨어진 점(點)으로 표기되거나, 아예 생략된다. 육지에 일점투시하고 있기 때문이다. 그래서 요즘에는 그 투시점을 해양으로 옮기자는 논의가 활발하게 이루어지고 있다. 경계선이 닫힌 육지는 동서(東西)를 횡단한다 해도 중심(nation)과 경계(local)로 구분되기 때문이다. 그런데 경계선이 열린 바다로 투시점을 옮긴다 해도 '섬[島]-공간'은 선을 잇는 노드(node)나 중간 기착지 이상으로 표기되기 어렵다. 입방형의 한 화면(컷)에 흩어진 마디와 선을 모두 담아낸다고 해도 마디 속에서 관계 맺고 있는 복잡다단한 네트워크를 다 표시해 낼 수는 없기 때문이다. 따라서 입방형에서 장방형으로 그 틀을 바꾸고, 일점투시에서 이동투시로 지평을 옮겨가는 획기적인 시도가 필요하다.

이런 문제의식에서 출발해서 이 장에서는 '섬[島]-공간'을 장방형의 틀 속에서 아직 펼쳐지지 않은 '삶의 공간(Raum im Leben)'으로 전제하고자 한다. '삶의 자리(Sitz im Leben)'라는 말 대신 '삶의 공간'이라는 말을 고집하는 까닭은 우선, 우리의 삶이 이루어지는 공간이 매끈한 표면(surface) 은 아니기 때문이다.[5] 이것은 '이동'의 투시점을 육지가 아닌 해양으로 옮겨가고 있지만, 장소로서의 개념틀에서는 벗어나지 못하고 있음에 대한 이의제기다. 비유컨대 이런 상황에서는 해표면에 발을 딛고 하늘을 올려다보는 예수의 기적이 이루어져도 미끄러지듯 나아가는 '이동' 외에, 자맥질하고 솟구치는 인간 삶의 다양성을 담아내기는 어렵다. 따라서 기왕에 이동투시로 지평을 확장시킬 수 있다면, 점(點)-선(線)-면(面)을 넘어서 "인간이 존재하고 인식하고 실천하는 실제적 삶의 공간"으로 개념틀을 확장시킬 수 있을 것이다.

이 장에서 주목하고 있는 '섬[島]-공간'은 입방형의 면에서는 하나의 점으로 표시될 수밖에 없지만, 장방형으로 무한히 연장되는 공간 속에서는 아직 말려있어서 펼쳐지지 않았을 뿐 '삶의 공간'으로서 두께를 가지고 실재하는 공간, 그렇지만 수많은 틈[사이]과 모호함을 허용하는 가능적 공간이다. 여기에서 한 단계 더 확장하면 2차원 평면에 재현되었지만, 실제로는 선(線)과 면(面)이 아니라 두께를 가지고 말린[捲縮, warp] 공간을 통해이쪽에서 저쪽으로 단숨에 옮겨 가면서도(tele-port), 연장(延長)되고 확장되는 공간으로서의 가능성을 엿보려고 한다.

이를 위해서 우선 전통적 철학 분과 구분인 존재와 인식, 실천으로 나눈 공간에 대한 논의를 플라톤과 노자의 텍스트를 인용하여 검토하고자 한다. 이를 토대로 무수한 점과 선으로 이루어진 평면, 평면이 쪼개지고 포개진 입체, 그리고 입체를 이루고 있는 수많은 '사이/-'로 공간을 분류하여 각각의 철학적 논의와 연계시킴으로써, '섬[島]-공간'의 존재와 인식, 그리고 실천의 문제를 포괄적으로 다루고자 한다. 이러한 논의 과정을 통해 무(無) 또는 허(虛), 그리고 공(空) 등 동양철학의 주요 개념이 공간 인식과 미학적 탐구에서 여백(餘白)이나 모호성(模糊性, ambiguity)으로 규정됨으로써 빚어졌던 혼란을 어느 정도 해소할 수 있을 것으로 기대한다.

Ⅱ. 비어-있음

인간은 공간 속에서 살아간다. '공간'은 인간이 살아가는 '**어떤 것**'을 가리키는 말이다. 그러므로 우리는 우리가 살고 있는 '**어떤 것**'을 공간이라고 생각하면서 살아간다. 특히, '시간'과는 달리 그것은 '여기' 혹은 '저기'로 옮겨 다닐 수도 있으므로, 그것이 실재(實在)한다고 믿는다. 하지만 돌이켜 보면 '**어떤 것**'이 실재하는지, 그렇다면 무엇인지, 어떤 방식으로 실재하는지에 대해서 우리는 모르고 있다. 우리는 강의실이라는 공간에서 나와서 캠퍼스라는 공간에 도달하게 되고, 캠퍼스 정문을 나와서 집이라는 공간에 도착하기까지 '도로'라는 공간을 이동하게 된다. 그런데 강의실과 캠퍼스, 그리고 도로와 집이 같은 것으로서 '**어떤 것**'인가, 다른 것으로서 '**어떤 것**'인가를 묻고, 각각의 '**어떤 것**'이나 또는 전체로서의 '**어떤 것**'이 차지하는 너비가 얼마나 되는지, 그 기준은 무엇인지를 물으면 사실상 대답하기 곤란하다.

플라톤은 이 점에 주목했다. 그래서 그는 『티마이오스(Τίμαιος)』에서 '지성에 의해서만 알 수 있는 것인 形相(ἓν μὲν ὡς παραδείγματος εἶδος ὑποτεθέν, νοητὸν καὶ ἀεὶ κατὰ ταὐτὰ ὄν)'과 '그 모방물들로서 생성하고 가시적인 것들(μίμημα δὲ παραδείγματος δεύτερον, γένεσιν ἔχον καὶ ὁρατόν)' 외에, 이른바 '어렵고 분명치 않은 종류의 것(χαλεπὸν καὶ ἀμυδρὸν εἶδος)'인 셋째(τρίτον) 것을 구분해야 한다고 말했다.[6] 플라톤이 생각하는 '실재인 세계'는 우리가 익히

알고 있듯이 '이데아(ιδεα)'이다. 우리가 경험하는 감각적 세계는 이데아의 모방물에 지나지 않는다. 그런데 그는 실재인 세계가 모방인 세계로 드러나는 '**어떤 것**'을 앞선 두 가지와 별개의 것으로 구분하여, '셋째'라고 부른다. 이것이 플라톤의 '코라(κώρα)'이다.[7]

플라톤 이전 서양철학사에서는 밀레토스의 자연철학자로부터 소피스트에 이르기까지 세계의 시원(始原) 또는 만물의 근원(根源)에 대해서 숙고해 왔다. 그래서 자연철학자들이 활동하던 시기에는 그것을 지수화풍(地水火風)의 네 가지 원소로 정리했고, 소피스트의 시대에 들어와서는 세계가 물질을 넘어선다는 생각에 따라 인간(ἄνθρωπος)과 그 정신(νοῦς)에 주목하였다. 이 과정에서 헤라클레이토스와 엘레아학파에서 확인되듯이 생성과 존재가 펼쳐지는 장으로서 공간에 대한 논의가 이루어졌지만, 인도철학에서 보듯이 공간을 아르케(ἀρχή)로 생각하지는 않았다.[8] 그러던 것이 플라톤에 이르러서 비록 어렵고 분명치 않은 것이지만 '있는 것'으로서 논의되기에 이르렀다.

플라톤은 '코라(κώρα)'를 모든 생성의 수용자(εἶναι γενέσεως ὑποδοχὴν)로서 유모(乳母, τιθήνη)에 비유했다.[9] 이데아가 감각세계에 펼쳐지는 것도, 감각세계의 불완전한 모방물이 본래의 것으로 돌아가는 것도 바로 '**어떤 것**'에서 벌어지는 일이기 때문이다. 그러면서도 '**어떤 것**'은 자기 동일성을 유지하고 있으므로 우리는 '**어떤 것**'을 '**어떤 것**'이라고 부를 수 있다. 이것을 두고 플라톤은 모방물이 '그 안에 언제나 생성되어 나타났다가 거기서 사라지지만, 정작 그 자신은 동일성을 유지하고 있다.'라고 말하였다.[10] 플라톤이 이렇게 '코라(κώρα)'를 유모(乳母)에 비유하면서 이데아와 감각세계와 다른 것으로 따로 논의한 까닭은 '가시적이고 운동하는 것으로서 생성 소멸하는' 감각적 세계가 성립하는 토대를 밝히려고 했기 때문이다.[11]

플라톤의 '코라(κώρα)'는, 그래서 (1) 그것이 비록 **가시적인 것은 아니지만 비어-있지는 않고**, (2) 아리스토텔레스가 말하는 '**최초의 질료**'나 '**어떤**

특성을 지닌 장소'가 아닌 운동의 장소이며, (3) 그 속에서 운동하고 있는 사물의 구성에 관여(關與, μεθεξις)한다는 점에서 단순한 공간의 의미를 뛰어넘는다는 존재론적 특징을 가지고 있다.[12] 여기서 논란이 되는 부분은 '**어떤 것**'에서 생성과 운동이 이루어지지만, '**어떤 것**'이 그 생성에 관여하는 이른바 수용자라는 것이다. 이런 논란은 이 둘이 모순되지 않고 자연(自然)이라는 하나의 대상에 적용된다고 생각하는 데서 비롯되는 것인데, 근대 자연과학에서도 이와 비슷한 시도가 있었다. 근대 자연과학에서는 "사물에 대해 비수학적 규정을 수학적 규정으로 환원시키려"고 하였는데, "아리스토텔레스에 따르면, 두 규정은 서로 다른 범주에 속하며 서로 연결되지도 않는" 것이다.[13]

이 문제를 해결하려고 아리스토텔레스는 "무엇인가를 둘러싸는 물체의 경계" 혹은 "둘러싸는 도구의 외피"로서 "일종의 움직이지 않는 그릇"인 '토포스(τοπος)' 개념을 제시했다. 아리스토텔레스의 '토포스'는 "사물 간의 관계 체계가 아니라, 어느 사물이 차지한 부피를 바깥에서 구획한 경계"이고, "둘러싸는 외피에 의해 경계가 정해지는 빈 곳"으로서 자리를 차지하고 있는 실재이다. 그 공간은 나란히 놓여 구획되는 면이 아니라, "작은 공간이 큰 공간 속에 들어 있는 식으로 서로 겹치거나 둘러싸"는 것이다.[14] 이로써 '**어떤 것**'은 인간이 인식할 수 있는 범주, 곧 하늘 아래 있는 것으로서 테두리를 가질 뿐 아니라, 내부적으로도 연속적인 각각의 테두리를 가지고 실재한다.[15]

이러한 서양 전통의 공간 개념에 대비되는 것으로서 노자의 공간 개념은 독일의 건축이론가인 반 데 벤(Van de Ven)이 주목하였듯이, 『도덕경(道德經)』11장을 "**유형화(有形化)된 비실재(非實在)**"로 해석하고 이를 바탕으로 논의하는 경우가 많다. 그런데 이러한 논의에서는 "첫째, 근본적으로 선행되어야 할 물질과 공간의 순환적 원리를 정의하지 않은 점, 둘째, 건축 공간을 서구의 유물론적 관점에서 실재의 존재적 가치를 우선시 한 점, 셋째, 공간을 실증적으로 추출하는 과정에서 도가사상에 집적된 진정한 비움의 가치를 건축공간으로 번역하지 못했던 점" 등과 같은 공통된 문제점이 드러나기도 한다.[16]

여기에서 공통된 문제점이라고 한 것은 『도덕경』 11장을 "유형화된 비실재"로 규정하고, 그에 따라 각각의 단락을 구축법적(構築法的, tectonic) 형태, 절석법적(截石法的, stereotomic) 형태 등 19세기 독창적 공간유형의 선행(先行)으로 정의하는 한편, 그렇게 해서 구축된 공간을 내부공간과 외부공간의 경계선상에서 작용하는 과도적 공간(過渡的 空間, transitional space)로 한정할 수 있느냐 라는 문제를 제기할 수 있다는 말이다.[17] 『도덕경』 11장만 놓고 볼 때는 위와 같이 분석할 수도 있지만, 노자의 공간은 '**없는 것[虛, 無, 餘白]'이 아니라**, 플라톤이나 아리스토텔레스가 말했던 공간으로서 '**비어-있는 것**'이기 때문이다.

노자의 공간은 그의 말대로 굳이 별명을 붙이자면 '길[道]'이고, 억지로 이름을 붙이자면 '큰 것[大]'이다. '**어떤 것**'은 하늘과 땅이 생기기 이전에 이루어진 것으로서 모든 것의 어머니가 될만한 것인데, 그것이 본받는 것은 '스스로 그러한 것', 곧 자연(自然)이다.[18] 『도덕경』 25장의 이런 진술은 사실상 『도덕경』 6장의 '계곡의 정신(谷神)'과 '그윽한 암컷(玄牝)의 문(門)'[19], 그리고 20장의 '식모(食母)'[20]를 전제한 것인데, 이렇게 본다면 플라톤이 유모(乳母)에 비유한 '코라(κώρα)'가 연상된다. 노자의 '길[道]'은 비어-있는 덕(德)으로 형상화되면서도, 사물이 되는 것이기 때문이다. 곧, '**어떤 것**' 가운데 생성 변화하는 사물이 있지만[21], '**어떤 것**'은 한결같아서 모이면 본래적인 것으로 돌아가고 흩어지면 그릇이 된다.[22]

플라톤과 노자에게 있어서 공간은 '**자리를 차지하고 있지는 않으면서도, 있는 것[實體, οὐσία]**'이기 때문에 '**비어-있음**'으로 표현할 수밖에 없다.[23] 이렇게 표현할 수밖에 없으므로 플라톤은 '코라'에 대한 자신의 설명이 '서출적 추론(庶出的 推論, λογισμῷ τινι νόθῳ)'이라고 털어놓았고[24], 노자는 '말할 수 없는 것(不可致詰)'이라고 선언했다.[25] '서출적(νόθος)'이라는 것은 사실상 모순된다는 것을 뜻하는 것인데, 그것은 '생소하고 익숙하지 못한(ἀτόπου καὶ ἀήθους)'이다.[26] 노자의 '말할 수 없는 것(不可致詰)'도 같은 맥락에서 이해할 수 있다. 이렇게 우리가 '**어떤 것**'에서 존재하는 '**어떤 것**'이 당연히 있다고 생각하면서 '**어떤 것**'을 가로지르면서 살아가고 있지만, 실제로 그것은 '**비어-있음**'이라는 독특한 존재양식을 가지고 있다. 이로써 이 문제는 존재가 아니라 인식의 문제로 넘어가게 된다.

Ⅲ. 잘라-깁기

공간을 '**어떤 것**'이라고 표기한 데서도 확인되듯이, 인간의 인식이나 가치판단과 엄밀하게 구분된 존재 공간을 논의하는 일은 사실상 불가능하다. 플라톤을 인용하자면, 그것이 항상 '자기 자신과 동일적이며, 절대적으로 변하지 않는 것'으로서 생득적(生得的)인 것이라고 하더라도, 그것을 상기(想起, ἀνάμνησις)할 수 있도록 감각적인 지각을 통해서 자극받아야 하기 때문이다.[27] 공간이 객관적으로 주어진 것이라고 해도, 그것을 인식하는 인간 없이는 존재할 수 없다는 말이다. 가령 '어떤 것'이 있다고 해도 '스스로 그러한 것[自然]'일 뿐이다. 그러므로 '정해진 좌표의 중심점이 없다거나, 어느 방향도 다른 방향보다 우월하지 않다'[28]는 수학적 공간의 균질성도 사실상 부질없는 진술에 지나지 않는다.[29] 하지만 인식 주체인 인간을 배제한다는 것도 사실상 의미 없으므로, 인식의 문제는 주체에게 주어진 대상이 객관적인가라는 질문에서부터 출발한다.

"認識(epistēme)은 무엇보다도 認識對象이 認識主觀에게 客觀的으로 주어"[30]져야 한다. 그런데 지수화풍(地水火風)의 4원소조차도 생성 변화의 과정에 놓여 있으므로 시작부터 우리는 난관(προαπορηθῆναι)에 부딪히게 된다.[31] 그래서 플라톤은 '**이것이 아닌 이와 같은 것**(μὴ τοῦτο ἀλλὰ τὸ τοιοῦτον)'이 불이라 그때마다 일컫는 것이, 그리고 물도 이것이라 하지 않고 언제나 이와 같은 것이라 하는 것이 가장 안전한 편'[32]이라고 말한다. 우리가 지각하는 현상은 변화하기 때문에 불변하는 표현인 '이것(τόδε)'이라든가, '저것(τοῦτο)'이라는 표현을 사용할 수 없다. 그렇다고 해서 모든 것이 완전히 변화하는 과정 중에 있어서 특정할 수 없지는 않은데, 반복적으로 유사하게 나타나기(περιφερόμενον ὅμοιον) 때문이다.[33] 그러므로 '**이와 같은 것**(τὸ τοιοῦτον)'이라고 불러야 한다.

이렇게 해서 인식 대상의 객관성 문제는 인식 주체의 문제로 옮겨 가게 된다. '그 자체로 존재하는 자체의 것들(αὐτὰ καθ' αὐτὰ ὄντα)'[34]이건 그것의 모방물이건, 아니면 수용자(ὑποδοχὴ)로서 "그 자신의 성능(dynamis)에서 벗어나는 일이 전혀 없는 것"[35]이건 "참된 판단(의견)이 지성과 어떤 점에서도 다르지 않다면, 우리가 육신을 통해 지각하게 되는 그 모든 것을 이번에는 가장 확고한 것들로 간주해야만 하기"[36] 때문이다. 따라서 그것을 인식하는 일이 어떻게 가능한가 하는 문제가 제기된다. 이 문제는 사실상 플라톤이 『메논(Μένων)』에서 다음과 같이 말한 데서 비롯되었다.

> 인간은 그가 아는 것을 추구할 수 없고, 또 그가 알지 못하는 것을 추구할 수도 없다. 왜냐하면 전자의 경우에서는 그는 그것을 이미 알고 있기 때문에 그것에 관해서는 그 이상의 何等의 追求가 필요하지 아니하기 때문이요, 또한 後者의 경우에서는 그가 알지 못하는 것을 追求할 수도 없다. 왜냐하면 그는 그가 무엇을 찾아야만 할 것인가를 아직 알지 못하기 때문이다.[37]

플라톤의 말대로라면 인간은 지성에 의해서건 참된 판단에 의해서건 무엇인가를 추구한다는 것이 불가능하다. '인식'으로 말할 것 같으면, 무엇인가를 인식했다면 더 인식할 여지가 없고, 인식하지 않았다면 그 가운데서 어떤 것을 인식할 것인가를 아느냐 하는 것을 알지 못하기 때문이다. 가령, 인식주체가 객관적인 인식대상과 만났다고 하더라도 어떻게 그것이 인식의 대상이라는 것을 알 수 있느냐는 "認識論의 파라독스"[38]에 빠지게 된다.

플라톤은 이 문제를 "불멸하는 영혼은 육체 속에 들어오기 전에 이미 인식의 객관적 대상인「이데아」들을 모두 보아 認識하였다는 것이요, 우리가 모른다는 것은 정확히 말하여 이미 알고 있는 인식이 忘却되어져 있음을 말할 뿐이다. 이 忘却된 인식을 回復(analabōn) 함으로써 認識은 성립한다."[39]라는 상기설(想起說)로 해결한다. 이것을 증명하기 위해 기하학의 예를 들어, '상기'가 인식대상의 내용에만 국한되어 있지 않고 인식대상 상호간의 추론에까지 적용된다는 것을 주장했다. 앞서 살펴보았듯이 이렇게 확실하게 주어지지 않은 것을 인식하는 데는 가설적 방법이 적용될 수 있다고 말하기도 했다.[40]

플라톤의 주장에 따르면, 인식은 생성(生成)이 존재화(存在化)될 때부터 이루어진다. 여기서 '생성이 존재화된다'는 것은 지각내용이 사고작용에 의해 존재화됨을 뜻한다. 그런데 인식 주체와 대상의 관계가 필연적이지는 않기 때문에 거짓이 가능하다. 이 거짓을 없애기 위해서는 지각작용에 의해 받아들여진 내용이 영혼의 사고 과정상 그 이전에 이미 이데아계(ἰδέα界)에서 한 번 일치 되었어야만 하고, 상기(想起)를 통해 그것이 재현되어야만 한다. 그리고 이렇게 해서 거짓이 없는 보편적인 인식이 가능하다.[41] 플라톤의 '코라(χώρα)'에 대한 진술에서도 이러한 생각이 드러난다. 그는 신(神, θεός)이 도형과 수(數)로 형태를 만들어서 질서를 부여하기 전에는 코라(χώρα) 안에 있는 모방물이 '비례도 없고, 척도도 없는 상태로 있었다(ἀλόγως καὶ ἀμέτρως)'고 말함으로써, 감각적 사물의 생성과 성질을 기하학적 도형에 토대를 둔 수학적 관점에서 설명했다.[42]

이렇게 비수학적 규정을 수학적 규정으로 환원하려면 절대적 공간을 전제해야 하고, 이를 위해서는 감각 사물을 기체나 물질의 질적 성질로 설명하는 이데아론을 포기해야만 한다. 하지만 플라톤은 감각적 사물을 비수학적 이데아를 통해, 감각적 사물의 변화를 수학적 이데아를 통해 설명하고자 했다. 그러므로 언제나 그렇듯이 "수학적 설명 자체는 참되지만, 그 적용은 그럼직하다"는 문제를 낳게 된 것이다. 이렇게 해서 초래된 모순은 '예측불가능한 것'을 내용으로 하지만, 그 목적은 '모순 없는 인식을 모방함으로써 우리의 모순된 인식을 극복하는 데' 있다.[43] 플라톤은 모순된 인식의 틀 속에서 모순 없는 인식을 모방함으로써 우리의 모순된 인식을 극복하고자 했던 것이다.

같은 이유로 노자는 '이것이 아닌 이와 같은 것(μὴ τοῦτο ἀλλὰ τὸ τοιοῦτον)'에 대한 논의를 『도덕경』 첫머리에 배치해둠으로써 일종의 선언적 기능을 하도록 하였다. "길[道]이라고 할 수 있는 길은 변함없는 길[常道]이 아니고, 이름[名] 붙일 수 있는 이름은 변함없는 이름[常名]이 아니다."라는 선언이 하늘과 땅의 시작[天地之始]과 만물의 어머니[萬物之母]에 앞서 선언되었기 때문이다.[44] 이 선언을 되짚어 들어가면 하늘과 땅이 시작하여 만물을 낳은 것[生成, γένεσις]은 사실상 이름만 다를 뿐인 '이름 있음과 없음'인데, 그 이름이 아닌 이름과 같은 것, 또는 그 길이 아닌 길과 같은 것이 그 이전에 선언된다. 이 선언은 그러므로 플라톤의 설명에 따르면, 인식 주체와 대상의 관계가 필연적이지 않기 때문에 거짓이 가능함을 뜻하는 것이다.

노자도 플라톤처럼 거짓이 없는 세계를 가정한다. 그가 만물을 짚으로 만든 개처럼 여기기 때문에 어질지 않다고 말한 천지(天地)가 바로 그러한 세계를 뜻하는 것이다. 이 세계는 분명히 수학적 이데아의 세계이다. 만물을 짚으로 만든 개처럼 여긴다는 것은 좌표도 방향도 없음을 뜻한다. 우리의 인식은 모순의 가능성을 가지고 있으므로, 노자의 이러한 설명을 들으면서 우리는 익숙한 '분할된 공간'이 잘려 나가는 당혹감을 느끼게 된다. 그다음 순간 "이 천지의 사이[天地之間]은 비어-있되 찌그러지지 않고, 움직일수록 오히려 더 내어 놓는다."라는 말에서 잘려 나간 공간이 편집되면

서 새로 생성되고 있음과 마주하게 된다.[45]

플라톤과 노자는 모방물의 감각세계에 '모순'을 떡밥으로 던진다. 그것을 모순으로 '인식(認識)'하는 순간, 올바른 인식이 자리 잡고 시작될 수 있기 때문이다. 노자 『도덕경』에서 만나는 수많은 은유가 역설(逆說)인 이유도 여기에 있다. 노자는 우리가 추구하는 현실의 모든 이상이 플라톤의 '언제나 존재하는 것의 모방물(τῶν ὄντων ἀεὶ μιμήματα)'로서 가짜라고 말한다. 그는 '큰 길[大道]이 막히자 인의(仁義)를 비롯한 여러 가지가 나오게 되었다.'[46]라고 말했는데, 이것은 인의(仁義)가 대도(大道)를 대체하였다는 의미가 아니라 사실상 그것이 모방물에 지나지 않는다는 것을 뜻한다.[47] 그래서 플라톤의 경우에는 상기(想起)를 통해 감각세계의 사물에 대한 인식이 예전에 그랬던 것처럼 이데아계와 일치를 이루는 실천이 필요하듯이, 노자에게 있어서는 함이 없음[無爲]을 통해 스스로 그러한 것[自然]으로 돌아가는 실천이 필요하다. 이것이 잘려 나간 공간이 다시 잘려 나가면서 붙여지는 '잘라-깁기'라는 인식 과정이다. 이 문제는 감각세계에서 실현되어야 하는 구체적인 실천의 문제로 넘어간다.

Ⅳ. 덜어-내줌

플라톤과 노자의 공간에서는, 비록 어떤 것이 그 자체로 존재하는 것이 아니라 모방한 것이라도, 감각세계에서 우리가 존재하는 것으로 인식하는 온갖 것이 '생성(生成)'된다. 그러한 공간은 그렇게 생성되는 것의 유모(乳母) 또는 식모(食母)로 비유될 만큼 모방자의 생성에 작용한다. 플라톤과 노자는 이 힘을 명확하게 말하지는 못했지만, 오늘날 우리는 이러한 힘이 작용하는 공간을 '힘의 장(field of force)'이라는 개념으로 정리해내고 있다.[48] 이 공간은 그 속에서 일어나는 운동을 설명하기 위한 개념으로서의 시간이 아니라, 각각의 존재에 있어서 이질적인 흐름으로 고유한 것으로서의 시간과 분리될 수 없다. 그 속의 것은 낱낱이 분리되어 있지 않고, 상호 침투하는 일시적인 흐름인 이질적인 것이 우연히 응집된 결과로 설명된다.[49]

　여기서 우리는 '그것'으로 표현되는 공간이 실재하는지, 그렇다면 무엇인지, 어떤 방식으로 실재하는지를 다시 물어볼 필요가 있다. 아직도 이 질문에 대답하기는 어렵지만, 우리는 우리 외부에 있는 실체적인 공간과 우리가 인식하는 개념적 공간, 그리고 이 두 공간 사이에 존재하는 삶의 터전으로서 공간을 떠올리게 된다. 앞서 언급했던 '힘의 장(場)'처럼 자연과학적 탐구의 대상인 공간은 우리 외부에 있는 실체적인 공간인 데 비해, 플라톤과 노자의 공간은 주로 개념적인 공간이다. 이 둘 중에서 우리가 살고 있는 구체적인 삶의 공간이 삶의 터전으로서의 공간이다.[50] 오늘날에는 플라톤과 노자는 물론, 근대와 현대의 수많은 철학적, 물리학적 영역에서 이루어진 탐구 덕분에 삶의 터전으로서의 공간에 대한 논의가 구체화되었을 뿐 아니라, "기존의 물질적 기반을 바탕으로 해서, 이 물질적 기반을 초월하는 새로운 공간"[51], 곧 사이버(cyber) 공간으로 논의가 확장되고 있다.

　이제 공간은 그것이 출렁이는 힘의 장(場)이건, 쪼개지고 결합하는 생성이 이루어지는 충만한 공간이건, '인간의 삶이 지속하는 현장'으로서 주목받고 있다.[52] 실제로 로컬리티를 비롯한 포스트모던의 공간성 개념은 부단히 움직이고 유동하면서 지속적으로 모이고 재형성되는 장소로 요약될 뿐 아니라, 육체적 신체를 '이동 수단'에서 '장소와 운동을 감각하고, 그것과 결합하여 정서적 지리학을 구성하는 수단'으로 여기게 되었다. 그래서 오늘날 공간에 대한 논의는 오히려 더 복잡한 양상을 띠게 되었다. 관계를 맺으려는 인간의 의지에서 비롯된 이동성과 물질성의 연관관계, 여기에서 출발하는 이동성이 주도하는 삶이 사회경제 및 사회하부구조는 물론, 거주자의 심리적 형성까지도 추동하는 템포까지 논의되기 때문이다. 이 과정에서 복잡한 관계성의 체계가 출현된다.[53]

오늘날 공간 담론은 철학과 물리학은 물론, 문학과 사회학, 정치학, 경제학, 민속학, 다문화주의, 여성주의 등 다양한 분야에서 쪼개지고 결합되면서 예측하기조차 어려운 '다양한 형태'로 생성되고 있다. 이렇게 해서 고전적 의미의 공간은 구체적이지만 엄청난 의미의 혼란을 허용하는 '장소(τοπος)'에게 그 자리를 내주게 되었다. 장소가 이렇게 다양한 의미를 허용한다는 것은 구체적이고 특수한 인간 삶을 '있는 그대로' 보여준다는 점에서 상당히 의미있다. 한편으로 이렇게 구체성과 특수성에 매달리는 대신 "보편적인 것들에 매달림으로써 매우 많은 것들을 알 수 있음에도, 눈을 가린 채 엉뚱한 방향으로 슬슬 나아가서 무한정한 차이들로 이루어졌다고 짐작된 불투명한 세계로 빠져드는 일은 너무나 터무니없다."[54]라고 비판할 수도 있다. 그래서 "장소의 거리화(현전/부재, 공간 규모), 전유, 지배, 생산 사이의 관계를 또한 동시에 가로지르면서"[55] 이른바 '공간적 실천을 통한 장소 건설', 곧 다시 공간으로 옮겨가야 한다는 주장까지 나오게 되었다.

여기에서 우리는 플라톤과 노자의 공간에서 감각세계의 사물이 각자의 이데아 또는 본성으로 회귀하려고 하면서도, 예측할 수 없이 다양한 방식으로 생성 운동을 하고 있다는 점을 되새겨볼 수 있다. 유신론자였던 플라톤에게 있어서 이데아와 질서는 신(神)인 데미우르고스(δημιουργός)에 의해 주어진 것인데 비해, 초월을 이해하지 못했던 노자에게 있어서 이 질서는 '본연적으로 그러한 것'이라는 차이가 있다.[56] 노자의 경우에는 '본받아야 할[法]' 위계를 상징적으로나마 제시하고 있는 데 비해, 플라톤의 경우에는 그것들을 통칭하여 하나의 완전한 세계를 구축했다는 차이가 있다.[57] 하지만 이러한 공간에서 이른바 불완전한 모방물이 다양한 삶을 전개하면서도, 결과적으로는 그것이 진정한 자기실현이라고 한다면 본연으로 회귀하는 실천 운동을 한다는 공통된 인식을 드러낸다.

실천적 공간을 구축한다는 의미는 플라톤의 '코라(χώρα)'보다 노자의 '도(道)'에서 좀 더 구체적으로 드러난다. 앞서 언급한 반 데 벤(Van de

Ven)처럼 오늘날 우리는 흔히『도덕경』11장을 '비어-있음'에 초점을 맞추어 읽는다. 바퀴살이 한데 모이는 바퀴통(hub, 轂)이나 그릇의 빈 공간, 집의 빈 공간은 그만큼을 덜어냈기 때문에 성립되는 것이다. 이 점에서 노자의 '도(道)'는 플라톤의 '코라(κώρα)'에 실재성을 부여한 아리스토텔레스의 '토포스(τοπος)'를 넘어선다. 아리스토텔레스의 '토포스(τοπος)'는 경계의 포개짐을 통해 실제로 우주 전체로 확대되었지만, 실재하는 공간으로서 자리를 잡고 있다. 이에 비해 노자의 '도(道)'는 자신의 존재를 '덜어-내줌'으로써 각각의 존재가 살아갈 수 있도록 한다. 그래서 노자는『도덕경』11장을 "그것이 있음은 이롭게 되고, 그것이 없음은 쓰임이 된다."라는 말로 마무리한 것이다.[58]

'있음'과 '없음'이 서로 기대어 있을 뿐 아니라, 더 나아가서 '있음'과 '없음'을 근원적으로 해체한다는 점에서 노자의 '도(道)'는 경계를 넘어선다. 그래서 노자의 '도(道)'는 형이상학적 실체나 원리로 이해되곤 한다. 하지만 노자는 자리를 차지하지 않음으로써 유한성을 뛰어넘을 수 있음을 말한 것이지, '여기가 아닌 저기'를 가리킨 것은 아니다. '도(道)'라는 표현에서도 드러나듯이, 노자의 도(道)는 애당초 '여기와 저기의 좌표가 없는 길[道]'을 뜻하기 때문이다. 실제로 노자는 세상 모든 것이 그것 아닌 것 때문에 존재하는 것으로 선언했고, 그래서 "만물이 일어나도 마다하지 않고, 살면서도 있지 않으며, 행하면서도 기대하지 않으며, 일을 이루면서도 차지하고 살지 않는다."라고 말했다.[59]

구체적인 생활의 필요성으로 채우지 못하면 공간이라는 말을 사용하는 것 자체가 무의미하므로, 이미 공간에는 어떤 질서가 이미 전제되어 있다.[60] 이 질서는 존재나 인식의 질서라기보다는 그것이 각각 생성-전개-소멸해 가는 과정의 질서라고 할 수 있다. 앞서 살펴보았듯이 노자가 '어떤 것'에 억지로 이름을 붙이자면 '큰 것[大]'이라고 한 까닭은 이미 그렇게 알고 있는 질서뿐만 아니라 예측할 수 없이 다양한 움직임까지도 포괄하는 것이기 때문이다. '어떤 것'에 굳이 별명을 붙이자면 '길[道]'이라고 한 까닭은 '저기, 언젠가'로 표현되는 출발지와 목적지가 아닌 '여기, 지금'을 보았기 때문이다. 따라서 이 공간은 인간의 실천이 이루어지는 공간이지, 그것이 인간성을 확장시키는 공간은 아니다.[61]

V. 일상적 공간

우리는 사이버공간을 더 이상 '상상의 공간[the imagined space]'이라는 뜻에서 '가상공간(假想空間, virtual space)'이라고 부르지는 않는다. 소프트웨어 기술 발전으로 하드웨어 일부가 생략되었지만, 실제 물리적인 상태가 존재하는 것처럼 구현한 공간이라는 점에서 여전히 '가상공간'이라고 부를 수는 있다. 그래도 이 공간은 말 그대로 '사실상-공간'이다. 이 공간이 '상상 속의 공간'이라면 인포데믹스(infodemics)를 우려한 실제적 조치, 예컨대 사이버모욕죄, 인터넷실명제, 인터넷 포털규제 등과 같은 법적 규제가 논의될 리도 없을 뿐 아니라, 현행 형법 제307조의 명예훼손 및 311조의 모욕죄는 성립될 수도 없을 것이기 때문이다.[62]

공간이 이렇게 '상상의 공간'에서 '사실상-공간'으로 전이된 양상을 보면, 실재공간으로서의 이데아계를 모방한 것이 생성하는 플라톤의 '코라(χώρα)'가 연상된다. '어떤 것'에 있는 것은 분명히 '있음직한 모방물'로서 '이것이 아닌 이와 같은 것'이지만, '사실상-있는 것'이다. 지금까지 철학에서 다루었던 '공간'이 개념상의 것이지만, 그것이 실재하는 이유는 '사실상-그러하게-있는 것'이었기 때문이다. 노자의 '도(道)'가 그렇듯이, '어떤 것'이라는 이름에 대응하는 구체적인 사물을 제시하지 못한다고 하더라도 '비어-있음'이라는 표현에서도 알 수 있듯이 '어떤 것'은 억지로나마 '어떤 것이라고 불리는 것'을 통해 자신을 드러낸다. 그렇다고 해서 '어떤 것이라고 불리는 것'이 '어떤 것'은 아니다. 가령 이 세계를 창조하고 그것에 질서를 부여한 창조신이 있다고 하더라도, 그 모방물인 우리가 그를 온전히 이해하는 일은 어려울뿐더러 플라톤의 주장대로라면 창조신조차도 예측할 수 없는 생성이 펼쳐지는 공간이 '코라(χώρα)'이기 때문이다. 더구나 창조신 관념을 결여한 노자에게 있어서 초월적 세계는 불필요할뿐더러, 오히려 그러한 것을 추구하는 것 자체가 이미 '인위(人爲)로서의 위(僞)'로서 잘라내어야 할 대상이다.

'섬[島]-공간'의 실재성도 마찬가지다. 「해양법에 관한 국제연합협약 (United Nations Convention on the Law of the Sea)」에서 섬은 "바닷물로 둘러싸여 있으며, 밀물일 때에도 수면 위에 있는 자연적으로 형성된 육지지역(제121조 1항)"으로 정의된다. 같은 조 3항에는 "인간이 거주할 수 없거나 독자적인 경제활동을 유지할 수 없는 암석은 배타적 경제수역이나 대륙붕을 가지지 아니한다."라고 명시하였으며, 제60조 8항에서는 "인공섬·시설 및 구조물은 섬의 지위를 가지지 아니한다. 이들은 자체의 영해를 가지지 아니하며 이들의 존재가 영해, 배타적 경제수역 또는 대륙붕의 경계획정에 영향을 미치지 아니한다."라고 명시하였다. 이러한 정의에 따르면, '섬[島]-공간'은 인간의 삶이 현실적으로 영위될 수 있는 육지지역으로서, 그 공간은 '자연적'으로 형성된 것이어야 한다. 이 장의 첫 머리에서 전제한 대로 '섬[島]-공간'은 그곳에 살지 않는 사람에게는 아직 펼쳐지지 않았을 뿐 '삶의 공간'으로서 실재할뿐더러, 절해고도(絕海孤島)니 주변이니 하는 말로 소외시킬 수 없는 공간이다.

우리는 여기서 '그것'이라는 이름에 대응하는 실재가 없는 것도 '사실상-공간'이라고 인식할 경우의 문제와 마주하게 된다. 전설로만 존재하는 섬을 '사실상-공간'으로 부를 수 있는가 하는 문제를 해결해야만 한다. 이 문제는 오늘날 해양으로 투시점을 옮겨가면서 실제로 각국에서 영해(領海, Territorial Sea) 분쟁이 심각해지게 되는 등 심각한 양상을 띠고 있다. 따라서 쉽게 논의할 수 있는 문제는 아니다. 하지만 개념적으로 말하자면 '그것'에서 자연적으로 구체적인 삶이 이루어졌다면 '사실상-공간'으로 인정되어야만 한다. 공간은 본래가 생성변화가 벌어지는 공간으로서 그 경계가 유동적이다. 본래 인식이란 이것 아닌 것을 이것에서 '잘라-붙임'으로써 성립되는 것이기 때문이다. 그것이 정치적, 경제적 이유때문에 어느 시대에 새삼 인위적으로 조작된 것이 아니라면, 그것은 실재하는 것으로 볼 수 있다는 말이다.

이렇게 공간에 대한 논의에 있어서 존재와 인식의 문제보다도 중요한 것은 실천의 문제이다. 계몽주의적 토대 위에 건립된 모더니즘의 기획이 그 이전보다 더 야만적이면서도 교묘한 권력을 낳았다는 것은 '포스트모더니즘'이라는 말로 묶을 수 있는 다양한 비판을 굳이 인용하지 않아도 이미 잘 알려진 사실이다. 이러한 비판이 자주 인용하고 있는 노자의 『도덕경』 19장에서는 우리가 추구하고 있는 이상이 사실상 거짓일 뿐이므로 본질적인 것을 회복하라고 선언한 바 있다.[63] 이 선언은 '섬[島]-공간'의 또 다른 인식 문제와도 연결된다. '섬[島]-공간'은 그곳에 거주하면서 삶을 이어가는 사람에게는 일상성의 공간이다. 하지만 '도시-공간'을 일상성의 공간으로 하는 사람에게 있어서 '섬[島]-공간'은 각자의 인식에 기초한 완전히 낯선 공간이 된다. 이 둘 중에 어떤 것이 소박(素樸)하게 실재하는 공간일까?

이 장에서 이 문제를 논의하기란 쉽지 않지만, 노자의 '도(道)'가 우리가 일상이라고 생각하는 것이 사실상 일상이 아님을 해체시키기 위해 제시된 것이라는 점에 주목해볼 필요가 있다. 노자의 '도(道)'는 르페브르(Henri Lefebvre)의 사회공간론을 연상시키기 때문이다. 르페브르는 혁명을 경제적·정치적·이데올로기적 측면이 아니라, 일상의 종식으로 정의하면서, 일상을 해체하고 변형시키기 위해, 우선 일상을 거부하고, 일상을 재구성한다고 말한 바 있다. 그는 자본주의 일상성의 조작과 비참함이 일상 본연의 위대한 축제성을 짓누르고 있다고 보았는데, 그래서 일상성과 축제성의 대립을 극복할 때 비로소 확대된 형태로서 축제를 되찾을 수 있고, 이것이야 말로 도시를 만드는 혁명이라고 말하였다.[64]

공간이 그 속에 있는 것을 만드는 것이 아니라 그 속에 있는 것이 삶의 공간을 구축한다. '섬[島]-공간'도 마찬가지다. 그 속에서 살아가는 사람이 '섬[島]-공간'을 구축하는 것이지만, 그 일상성은 전통적 삶의 고집이나 그러한 삶과 전혀 무관한 새로운 이데올로기의 주입을 내용으로 하지 않는다. 그것은 본질적으로 비참함과 위대함을 동시에 가지고 있다. 그 비참함은 그것이 본래 가지고 있던 위대한 축제성을 짓누르고 있는 데서 비롯된 것이다. 노자는 이렇게 위대한 축제성을 드러내려면 '꾸미지 않음을 보면서 질박함을 품으라[見素抱樸]'고 말했다. 이것은 주체와 타자의 시선이 익숙하고 낯선 공간에서 겹치면서 서로를 해체하면서 동시에 재구성하는 방식으로 실천될 때 이루어질 수 있음을 역설한 것이다.

제2장
한라산 인문학 공간의 개념적 검토

Ⅰ. 부재 공간, 한라산

'문화와 환경의 세기'를 살고 있는 우리는 오늘날의 문화산업(cultural industries)이 막스 호르크하이머(Max Horkheimer)와 테오도어 아도르노(Theodor Adorno)가 60년 전에 '문화산업(culture industry)'이라고 비판했던 '그것'이 아니라는 희망을 버리지 않고 있다. 철학, 사회, 문화 분야의 전문연구가 가운데는 문화의 산업화가 상품화라는 부정적인 측면만이 아니라 삶을 새로운 방향으로 이끌거나 혁신시키는 긍정적인 측면도 있다는 낙관론을 주장하는 이도 많다. 대중이 상품화된 문화를 더 이상 수동적으로 수용하지만은 않는다고 분석했기 때문이다. 여기에 기대어 비판철학자들이 대량 생산된 문화(mass culture)를 비판하기 위해 사용했던 '문화산업'이라는 용어는 이제 긍정적인 의미를 담은 'cultural industries'로 바꾸어 표기된다.[1]

하지만 호르크하이머와 아도르노가 '문화와 산업은 길항적(拮抗的)'이라고 주장했던 것을 폐기해도 좋을 만큼 상황이 낙관적이지만은 않다. "육체의 부당한 억압이 아니라, 정신의 황폐화를 걱정해야 할 지경"에 이르렀다는 염려는 진부하지도, 상투적이지도 않기 때문이다. 삶이란 정신적인 것으로 환원될 수 없지만 감각적 쾌락의 덩어리로 환원되지 않는 본능적이고 감각적인 몸의 활동으로 이루어진다. 몸에 대한 근대 이전의 억압을 벗어던지려는 이러한 시도 가운데 하나가 문화를 인간 삶의 흔적, 곧 후형질로 이해하는 것이다. 비판철학자들이 문화산업이라고 부른 '그것'은 몸을 단순한 질료 덩어리로 환원시켜 감각적 쾌락을 충족시켜 주었지만, 정작 위안(慰安)을 제공하지는 않았다. 오히려 욕구를 산출하고, 조종하며, 훈련시켜 소비하게끔 할 뿐, 위안 자체를 폐기해버렸다.[2]

오늘날 '문화'는 인간 삶을 기만하고 결박하는 상품, 곧 '문화 콘텐츠(cultural contents)'가 되어버렸으며, 인간의 몸을 비롯한 모든 것은 교환가치에 결박되었다. 문화를 먹거리(콘텐츠-상품)로 생각하기 전에는 때때로 '편하고 아름다운' 표준을 지향하도록 '계몽되어야 할 대상'으로 취급되기는 했어도, 다른 것과 교환될 수 있는 것으로 취급되지 않았다. 그런데 교환될 수 있는 것으로 여겨지면서 그것이 가진 본래의 정체성은 사라졌다. 우리가 '그것' 때문에 소비한다고 착각하는 '차이'는 더 많은 동질화, 더 많은 교환가치를 실현하기 위해 '조정, 조작되어 일시적으로 제공되는 기만'에 불과하다. 이렇게 '일시적으로 제공되는 차이'는 '본래 그것'과는 무관한 것이므로 교환가치를 관리하는 자본에 의해 언제든지 재생산될 수 있을 뿐 아니라, 대체될 수 있다는 것이 오늘날의 문제다.

'한라산 인문학 공간'을 소재로 한 이 장의 문제의식은 여기에서 출발한다. 문화의 세기가 되면서 국내 유일의 자연경관을 가진 관광지 제주는 '문화융성의 최적지'로 새로 옷을 갈아입었다. 저비용항공사 설립과 국내 관광객 유입에 이어, 2013년 중국 정부의 여유법(旅遊法) 시행으로 주춤하기는 했지만 '요우커(遊客)'가 일본 관광객과 국내 신혼 여행객이 떠난 관광지 제주의 빈 자리를 잘 채워 주었기 때문이다.[3] 그런가 하면 신자유주의적 예외를 꿈꾸지만 결국은 배제될 것을 두려워하는 도시인은 산업화가 비껴간 '제주도 푸른 밤'을 꿈꾸다가 지금의 제주 문화 이주 열풍을 만들어냈다.[4] 그동안 계몽되어야 할 '변방'으로 취급되던 제주가 이렇게 대한민국에서 가장 '뜨거운 장소(Hot Place)'로 주목받고 소비된다는 것은 긍정적이다.

하지만 밖에서 밀려드는 관광객이나 문화 이주민의 생각과는 달리 '그런 제주는 없다'. 이 사실은 역사성을 가진다. 변방의 섬, 절해고도(絕海孤島)로 불린 섬 제주는 본래 거기에 살던 제주 사람에게는 존재하지 않는 섬이었다. 대한민국 정부 수립과 함께 제주도(濟州道)로 불린 행정구역은 그 섬에 살던 제주 사람에게는 존재하지 않는 행정구역이었다. 일본인 관광객과 신혼부부의 여행지로 개발된 관광지 제주는 거기에 살던 제주 사람에게는 존재하지 않는 관광지였다. 중국인 관광객과 문화이주민이 한국적인 것을 경험하려고 들어온 문화공간 제주는 거기에 살던 제주 사람에게는 존재한 적이 없는 '문화콘텐츠'이다. 삶의 공간 제주는 이렇게 어떤 이름으로 불리는 순간 거기 사는 제주 사람과 그 몸(본모습)을 감추고 '없는 곳', 부재하는 공간이 된다.

그런데 제주, 그리고 한라산이 인문학적 공간이 될 수 있다면 역설적이지만 바로 '몸(본모습)을 감추고 없는 곳이 되는' 지점에서이다. 이 지점은 비판철학자들이 '문화산업'이라고 비판했던 것이 '창조산업(creative industries; cultural industries)'이 되는 곳이기도 하다. 근대는 시간의 변화에 따른 사회발전을 추구했기 때문에 공간보다 시간을 강조했다. 그래서 근대 이후의 반성은 그동안 소홀하게 취급되던 공간을 대표적인 융합연구의 주제로 재조명하는 것이었고, 이것은 인문학의 화두가 되었다. 근대 이후의 공간에 대한 반성은 '탈근대적 공간'이라는 개념을 낳았다. 탈근대적 공간은 시간을 담고 있고, 그 속에서 시간을 체험할 수 있는 "모순적이면서도 생산적인 사회적, 문화적 공간"으로 정의된다. 공간은 더 이상 물리적(物理的)이고 정적(靜的)인 것이 아니라, 움직이고 생산·경험·동화되는 문화적 경험 공간으로 탈바꿈한다.[5]

한 걸음 더 들어가면 이러한 담론의 공간도 포섭하는 것이 인문학적 공간이다. 그래서 제주의 인문학 공간을 가리키는 용어 '탐라문화'가 있음에도 불구하고 '한라산'을 대표로 하는 제주의 자연경관과 문화유산, 그것을 말하는 담론 공간을 함께 말할 수 있는 것이다. 여기서 말하는 '한라산'은 제주에 살고, 제주를 떠올리는 이들에 의해 구성된[Simulation] 헤테로토피아이다. 시뮬라크르(simulacre) 또는 헤테로토피아인 한라산 인문학 공간은 다양한 표상으로 가득하다. 이 장에서는 이렇게 다양한 표상을 활용하여 한라산 인문학 공간이라는 개념이 가능한지, 그리고 그것을 통해서 재생산되거나 대체될 수 없는 제주의 몸(본모습)이 드러날 수 있는지를 검토해보고자 한다.

II. 자연-경관

2005년 '세계평화의 섬' 공식 지정, 2006년 제주 올레 1코스 개장 및 제주항공 설립, 2007년 제주 올레 열풍, 2010년 제주 순이동률 증가와 제주이주 열풍은 지금 우리가 겪고 있는 '제주 열풍'의 약사(略史)이다. 제주는 이미 국제적으로 유명세를 탔다. 2002년 생물권보전지역 지정, 2007년 세계자연유산 등재, 2010년 세계지질공원 등록, 2011년 세계 7대 자연경관 선정 등이 그것이다. 이 가운데 논란이 되었던 2011년 세계 7대 자연경관 선정을 빼더라도 제주의 유명세가 '자연경관'에서 시작되었고 유지되고 있다는 것은 사실이다.[6]

이렇게 개발되지 않은 '자연경관'에 대한 관심이 여전히 유지되고 있고, 그것을 기반으로 한 인문 도시, 문화 관광형 상품으로 재조명되고 있는 연원은 관광을 기본 방향으로 한 '제주도 건설 종합계획'이 수립된 1964년으로 거슬러 올라갈 수 있다. 제주도 건설 종합계획에서 제주의 산업 분야를 '관광분야'로 특화하면서, 제주는 근대 산업화에서 '소외'될 수밖에 없었다. 오늘날 제주 열풍의 원인 가운데 하나가 근대 산업화 과정에서 벗어나 있는 자연경관 등을 손꼽을 수 있다고 할 때, 지금의 열풍은 그보다 앞선 40여 년 동안의 '소외' 또는 '지연'을 원인으로 한다는 말이다.[7] 이 점은 오늘날 제주가 도시의 경쟁적 삶에 지친 문화 이주민이 밀려들면서 이른바 '탈중심 열풍의 중심'이 되었다는 점에서도 확인된다.

우리나라 남단의 화산섬 제주는 120만 년 전부터 2만 5천 년 전까지 4단계의 화산 분출 활동을 거쳐 현재와 같은 형태가 만들어진 것으로 알려져 있다. 120만 년 전부터 70만 년 전 사이에 일어난 1단계 화산활동의 결과는 현재 제주 남동쪽에 위치한 산방산과 월라봉을 잇는 작은 섬에 불과했다. 그러던 것이 2단계 화산활동(약 60만 년 전~30만 년 전; 표선리와 서귀포 층)과 3단계 화산활동(약 30만 년 전~10만 년 전; 한라산체 주위)을 거쳐 4단계(10만 년 전~2만 5천 년 전) 마지막에 한라산의 백록담이 생겨나고 현재와 같은 형태를 갖춘 해안선이 형성된 것으로 알려져 있다. 한반도 다른 지역에 비해 해양성 기후의 특징이 두드러져 기온이 높고 강수량이 많은 편이며, 고도에 따라 온대와 난대, 한대 기후가 모두 나타나며 1,800여종의 다양한 식물이 수직적인 분포대를 형성한다. 기온과 강수량은 고도에 따라 다르지만 대체로 한라산의 남사면이 북사면보다 기온이 높고 강수량도 많다.[8]

화산섬 제주의 최대 자연경관은 누가 뭐래도 '은하수를 잡아당길 만큼 높은 산'이라는 뜻을 가진 한라산(漢拏山)이다. 『신증동국여지승람(新增東國輿地勝覽)』에 따르면, 1,950m의 높이로 우리나라에서 두 번째로 높은 산 한라산은 여러 이름으로 불렸다. 봉우리가 높고 둥글고, 평평하다는 뜻에서 원산(圓山)이나 두무악(頭無岳)으로 불렸는가 하면, 『사기(史記)』나 『열자(列子)』 등과 같은 중국 고전에 나오는 삼신산(三神山)과 닮았거나 그 가운데 하나라고 해서 영주산(瀛州山)이라고 불렀다. 이것은 화산섬 제주의 최대 자연경관인 한라산이 우리나라에서 찾아보기 어려운 독특한 경관적 요소를 갖추고 있는 데서 비롯된 일종의 상징조작일 수도 있다. 하지만 조선 후기로 접어드는 양란 이후 상황 속에서 조선 유학자들이 한라산을 영주산으로 부른 것은 일종의 창조적 문화행위다.

한라산을 최대의 자연경관으로 하는 제주는 전국시대 중국의 이상향이었던 영주산으로 불린 점에서도 알 수 있듯이 '바람'이 많다. 바람과 여자, 돌이 많은 섬, 곧 삼다도(三多島)라는 별칭은 제주가 화산섬이라는 점을 드러내고 있다. 화산이어서 현무암이 많고, 어업을 기반으로 한 경제활동 때문에 여초현상(女超現象)이 드러났으며, 제주 섬 주변의 4계절 기압배치와 한라산 지형 때문에 바람이 많다. 제주는 서귀포에 비해 평균적으로 풍속이 강한데, 특히 기압배치가 서고남저(西高南低)로 변하는 겨울에는 북서계절풍이 발생하여 제주를 그대로 통과하는 데 비해 한라산이 서귀포를 막아준다. 그래서 제주에는 겨울철에 북서방향의 계절풍이 강하게 불고, 서귀포는 북동방향의 계절풍이 상대적으로 약하게 분다. 제주가 바람의 섬이라는 것은 조선왕조실록이나 『만기요람(萬機要覽)』 등의 사료에서도 확인된다.[9]

제주의 자연경관 가운데는 한라산보다는 '섬[島]'이라는 점이 먼저, 그리고 더 많이 부각된다. 제주는 탐라국 시절 동아시아 해상에 있는 수많은 도서국가(島嶼國家) 가운데 하나였고, 성주(星主) 고봉례(高鳳禮)가 조선 정부로부터 좌도지관(左都知官)·우도지관(右道之官)이라는 관직을 받고 성주(星主)와 왕자(王者)라는 직함을 버리면서 한반도 서남단에 위치한 부속도서(附屬島嶼)가 되었다. '한반도 서남단에 위치한 부속도서'라는 자연경관은 제주를 대명률(大明律)의 삼천리 유배지에 해당하는 절해고도(絕海孤島)로 재구축하게 했다. 제주에 사는 섬사람[島民]에게 제주는 생활 터전이었지만, 유배인이든 관리든 육지 사람에게는 접근하기 어려운 섬이었다. 중앙정부에서도 제주를 중앙에서 파견된 관리와 지방 토호의 이중 수탈, 왜국의 빈번한 침입, 지나친 진상과 그에 따른 부역의 증대로 유민이 자주 발생하는 섬으로 인식했다. 그래서 인조 7년(1629)에 이르러서는 출륙금지

령을 내려 봉쇄된 섬으로 만들었고, 제주는 외부와의 교류가 차단된 지도상의 점(點)이 된 것이다.[10]

문화와 환경의 세기가 되면서 제주의 이러한 자연경관은 '천혜(天惠)'라는 수식어를 달게 되었다. 여기에 한몫한 것이 "세계 최초로 유네스코 자연환경분야 3관왕인 '트리플 크라운'이라는 위업을 달성"한 것이다. 2002년 생물권보전지역(Biosphere Reserve)으로 지정된 지역은 한라산국립공원, 영천, 효돈천, 문섬, 범섬, 섶섬 일대의 831㎢, 2007년 세계자연유산(World Natural Heritage)으로 등재된 '제주화산섬과 용암동굴' 대상 지역은 한라산천연보호구역, 성산일출봉 응회환, 거문오름 용암동굴계 등의 188.4㎢, 세계지질공원(Global Geoparks)으로 등록된 지역은 한라산, 만장굴, 성산일출봉, 서귀포층, 천지연폭포, 대포 해안 주상절리대, 산방산, 용머리 해안, 수월봉 등이다.[11]

오늘날 제주에서 이러한 자연경관은 "인간의 삶과 관계적 맥락 속에 있는 모든 객체"인 환경 가운데 하나인 자연환경 또는 그 전체로서 희소성(scarcity), 전유성(appropriability), 수요(demand)를 가진 '환경자원'으로 취급되고 있다. 여기서 말하는 환경자원은 자연환경자원, 지역환경자원, 생활환경, 인문·사회환경으로 구분되는데, 제주의 자연환경 자원으로는 식생, 야생동물, 지형·지질, 기상, 경관 등 5개 중범주, 지역환경자원으로는 습지, 오름, 곶자왈, 동굴, 천연기념물, 용천수, 문화·역사, 국내·외적 위상 등 8개의 중범주, 생활환경으로는 수질, 대기질, 소음, 폐기물, 토양오염, 인문·사회환경으로는 인구, 산업, 교통 등 3개의 중범주로 구분된다. 이러한 구분을 기초로 해서 2011년에는 한국환경정책평가연구원 주관으로 제주도 환경자원의 총량을 산정 평가하여, 1등급인 핵심환경지역에서 5등급 개발관리지역까지 환경자원등급별 관리방안을 제시한 바 있다.[12]

제주가 세계적인 자연경관으로 인정받고 있다는 점은 분명히 긍정적이다. 더구나 제주의 자연경관이 보호되어야 할 대상, "제주의 독자성과 정체성이 반영된 지속가능한 개발(environmentally sound and sustainable development)이 되어야" 하고, "개발의 명제로서 제주의 환경과 문화가 반영되어야 하며, 오늘의 개발행위에 대한 결과가 미래 후손의 선택권리를 제한해서는 안 되며, 자원의 이용을 통한 개발을 현세대와 미래세대의 형평성을 확보하는 관점에서 이루어져야 한다."라면 한라산 인문학 공간은 당연히 자연경관, 또는 환경자원에서부터 출발하여 융복합적 관점에서 "자연과 조화된 공간을 조성"하는 데 집중되어야 한다.[13] 그러나 여기서 살펴본 해상항로상의 한 지점, 동아시아 패권을 위한 전초기지, 화산섬, 한라산, 바람, 유네스코 자연환경분야 3관왕은 분명히 실재하는 제주의 공간이면서도 그 공간을 인식하고 활용하는 인간 없이는 존재하지 않는 공간이다. 이 역설은 '환경자원', 곧 '그것을 이용하여 얻은 수익을 배타적으로 보호받을 수 있는 희소한 것'이라는 말에서도 이미 성립한다. 하지만 제주의 공간은 환경자원이 아니라, 역사 이래로 그것을 이용해온 사람의 터전이다.

III. 문화-유산

2010년을 기점으로, 관광이 아닌 이주를 목적으로 제주를 찾는 외지인이 늘었다. 이들은 제주 이주 열풍이라는 새로운 현상을 주도했고, 지금도 주도하고 있다. 한편, 이주 준비나 국제학교 진학 등을 목적으로 하지 않은 단순 관광의 경우에도 체험과 관광을 접목한 체험 체류형 관광이 늘고 있다. 그런데 매년 10%씩 성장했다는 제주 관광산업은 질적 향상 방안을 모색하기 위해 관광산업의 틀 자체를 재고해야 할 상황에 놓였다. 긍정적으로 평가하자면 단체 패키지 관광에서 개별 관광이 차지하는 비율이 늘어나고 있어서 이른바 '가성비가 좋은 관광지', 곧 저가 관광지라는 인상을 지울 수 있는 계기가 되었다고 보기도 한다. 하지만 저가형 단체 패키지 관광 때문에 여행의 질이 하락하고, 그에 따라 재방문율이 감소한다는 관련 업계의 문제의식도 상당한 수준에 이르렀다.

2015년 한 해 제주 관광객 수가 사상 처음으로 1,300만 명을 돌파한 이래로, 대중국 정치 상황의 변동과 팬데믹 상황에서도 제주의 관광업계는 활황을 누렸다. 이러한 활황을 누리던 2016년 제주 관광업계에서는 질적 향상 방안을 모색하는 포럼을 개최하였다. 앞서 언급했던 문제의식 탓이다. 이 포럼의 결론이 "결국은 '공생'으로, 보물섬 제주가 지닌 자원의 가치를 관광객과 지역 주민이 어우러진 '참여형' 프로그램으로 활용하는 노력부터 시작해야 한다."는 데 이른 것은 진부하고 상투적이었다. 하지만 "도민의 정체성을 담보로 한 관광상품이 부족"하다는 원인 분석만큼은 아무리 들어도 식상하지 않다.[14]

자연경관 면에서 한반도 유일이라고 해도 좋을 만큼 차별성을 가지고 있는 제주는 생활양식 면에서도 육지와 다른 점이 많다. 지금까지는 이런 생활양식이 자연경관 위주의 관광프로그램 가운데 하나의 볼거리로 취급되었다. 볼거리로 취급된 생활양식의 빈곤함이 '도민의 정체성을 담보로 한 관광상품이 부족하다.'라는 분석으로 이어지는 것은 당연하다. 하지만 체험·체류형 관광이 늘면서 생활양식이 더 주목받는 상황에서도 여전히 도민의 정체성에 대한 고민은 해결되지 않은 채로 남아 있다. 제주는 특히 민속학과 방언 분야에서는 자연경관만큼이나 독자적인 영역을 구축하고 있을 뿐 아니라, 이를 기반으로 한 지역학 분야에서도 1960년대부터 '제주학'이라는 용어가 통용되었을 정도로 선도적이었다. 하지만 '다르다'하는 부분만을 강조했을 뿐, 그것이 어떻게 다른지에 대한 논의가 부족했던 것도 사실이다. 이러한 사실은 선행연구에서도 확인된다.

일제강점기에 제주의 자연과 인문을 탐구하여 제주학의 선구자로 평가되고 있는 석주명(石宙明)은 제주의 자연환경과 그 속에 생존하는 생물의 분포를 통해 ① 제주가 한반도와는 떨어진 섬이라는 점, ② 하지만 일본과

도 근본적으로 구분되므로 한반도에 부속하는 섬으로 보아야 한다는 점, ③ 그럼에도 불구하고 한반도의 고형(固形, 古型)을 간직한다고 볼 수 있을 만큼 변이가 덜 이루어진 형태가 많다는 점을 기초로 하여, 제주의 인문환경도 ㉠ 한반도와 상이한 부분이 많고, ㉡ 동아시아 각지와의 유사성이 드러나는 점이 많음에도 불구하고 ㉢ 우리 문화의 원형을 비교적 잘 보존하고 있다고 분석 기록한 바 있다. 외지인으로서 타자의 시선에서 벗어나기 어려웠다는 한계가 인정되어야 하겠지만, 문제는 오늘날 우리도 석주명의 분석에서 더 나아가지 못하고 있다는 데 있다.

"동아시아 보편성(②, ㉡) 속에서도 한반도의 부속섬(③, ㉢)이라는 지역 특수성에 기초한 독자성(①, ㉠)을 확보하고 있다"는 제주의 정체성은 지역 특수성에서 벗어난 독자성(①, ㉠)이 구체적으로 제시되고 보편적인 공감을 끌어내지 못하면 공허하다. 지금껏 지역학으로서 제주학 연구에서 늘 지적해왔듯이 '주변부', '변방', '소외'와 같은 부정적인 개념만이 나올 뿐이기 때문이다. 중심과 주변, 그리고 육지와 해양 담론 공간에서 무게중심이 주변과 해양으로 옮겨오는 과정에서 제주가 새롭게 조명되기도 한다. 하지만 동아시아지도를 뒤집어 제주를 그 한가운데 위치하도록 해도 제주는 주변-해양이라는 지역 특수성을 넘어서지 못한다. 제주가 동아시아문화지도 가운데를 차지할 수 있다면, 그 이유는 그동안 생략되었거나 점으로 표기되었지만, 그곳에서 살면서 역사의 현장으로 만든 사람이 있었고, 그 결과 수많은 동아시아사적 사건이 발생한 현장이 되었기 때문이다.[15]

영주산이 되어버린 한라산만 해도 지역 특수성에 기초한 독자성만으로 만들어진 것이 아니다. 중국 동쪽 바다에 있으면서 내륙과 연결되어있고, 그 봉우리가 평평한 모양이며, 꼭대기에 눈이 쌓여 있어서 사물이 온통 희게 보이는 곳이면 어디건 전설의 삼신산이 될 수 있었다. 그러므로 한라산이 전설의 삼신산으로 여겨진 시기에 주목해보아야 한다. 중국 삼신산이 우리나라에 있다는 인식이 확산된 시기는 양란 이후 유산(遊山)의 풍조가 확산된 17~18세기라는 것이 일반적인 생각이다. 이때는 "한국 중세사회의 해체"에 직면한 시기로 평가된다. 그렇다고 해도 완전히 성리학적 질서가 붕괴되지는 않았기 때문에 당시 문화전성기를 맞이한 명(明)나라, 그 뒤를 이은 청(淸)나라와의 관계에서 정치적으로는 굴욕적 사대관계를 맺을 수밖에 없는 상황을 보상하려는 심리가 한라산에 투영된 것으로 볼 수 있다. 이러한 심리는 제주 출신으로서 제주 역사를 『영주지(瀛州誌)』라는 문헌으로 남긴 고득종(高得宗)에게서도 동일하게 발견된다.[16]

한라산을 영주산으로 만드는 데 일조한 바람도 마찬가지다. 제주의 세찬 바람은 제주를 이상향으로도, 그와는 반대로 유배지로 만드는 요인이었다. 조선시대 제주에 유배된 270여 명 가운데 제주와 관련된 기록을 문집에 남긴 이들은 대부분 바람 이야기를 빼놓지 않았다. 이들은 바람을 기다려 유배지 또는 부임지 제주로 들어와야 했고, 풀려나 육지로 돌아갈 바람을 안고 살아야 했으며, 바람을 기다려 육지로 돌아가야 했다. 그러므로 제주의 바람은 단순한 자연현상이 아니라 문화요소로 보아야 한다. 이 점은 바람이 유배지로 잠시 거쳐 가는 이들보다는 제주 사람의 삶에 더 크고 절대적인 영향을 끼쳤다는 점에서도 확인된다. 강한 바람을 극복해야 했던 제주 사람은 고팡, 지붕, 바람벽, 밭담 등의 독특한 주거, 농경문화를 만들었을 뿐 아니라, 바람에 많은 이름을 붙여 구분하는 데서 더 나아가 바람을 신격화한 영등할망 신화를 만들었다.[17]

영등할망 신화를 비롯하여 다양한 신화전설이 창세무가로 남아 있어서 제주는 '신들의 고향'으로 불리기도 한다. 제주의 민속학적 공간이라고 해도 좋을 이 공간은 삼성혈(三姓穴)과 혼인지(婚姻池), 산방산(山房山), 한라산, 백록담, 영장매코지, 관탈섬, 그리고 360개의 오름 등 제주지역 곳곳에 퍼져있다. 신의 이야기가 덧붙여진 신화적 공간이 풍부한 까닭은 당(堂)을 중심으로 신이 각 마을을 관할하는 제주의 특수성에서 비롯된 것이다. 신에 대한 이야기는 제주 사람의 정체성을 표상하는 서사이자 가장 핵심적인 전통이다. 이 전통은 '심방'이 춤, 노래, 이야기를 통해 신에게 제사의례를 올리는 '본풀이'를 통해 전승되고 재연된다. 본풀이는 세상이 어떻게 만들어졌는지, 해와 달은 왜 하나인지, 사람은 어떻게 생겨났는지 등, 말 그대로 본(本; 起源)을 풀어내는 내용이다.[18] 본풀이는 "인간과 인간을 둘러싼 세계의 근원을 해명(explanation)하고, 그 세계 속에서 인간이 삶을 영위하면서 그려내는 다양한 양상을 해석(interpretation)하며, 그러한 삶의 궤적 속에서 벌어지는 문제를 해결(resolution)함"을 자기 정체성으로 하는 것이다.

이렇게 제주의 문화유산은 "바다로 둘러싸인 환경과 화산섬지대, 농사를 짓기에는 다소 척박한 자연환경"을 해석하고, 그 속에 감추어진 본래의 모습을 해명해내고, 삶의 현장에서 제기되는 문제들을 해결해내는 과정에서 축적되었다.[19] 이러한 축적 과정을 고려하지 않았기 때문에 제주의 정체성이 한국문화의 고형(固形, 古型)을 간직하고 있다는 것이라고 주장하는 것이다. 제주 열풍에서도 확인되듯이 제주가 접근하기 어려운 섬이어서 서구 근대화과정을 비껴간 것은 사실이다. 하지만 주변부인 제주의 정체성이 몇 세대 전에는 중심이었던 '조선의 문화'를 유지하고 있는 것으로 규정될 수는 없다. 본풀이를 비롯한 제주의 문화유산이 밀려드는 외부 자본에 의해서 장소성을 잃어버린다고 하더라도, 숙종 18년(1702)에 제주목사로 부임한 병와(瓶窩) 이형상(李衡祥) 목사의 신당철폐를 통한 교화정책이 무속과 불교가 습합된 '유교식'의 제주문화를 만들어 지금까지 유지시키는 데 그쳤듯이 어떤 형태로든 해석, 해명, 해결되는 과정을 거칠 것이기 때문이다.

고려 의종(毅宗) 16년(1162)에 최초의 외관으로 탐라령(耽羅令)에 부임한 최척경(崔陟卿)의 후임이 폭정을 가하자 최척경을 다시 부임시켜달라고 요구하며 반란을 일으킨 이래 제주 민란은 언제나 목사의 탐학을 제거하고, 과중한 군역과 요역, 그리고 조세에서 벗어나려는 현실적 요구를 목표로 하였다. 이형상 목사에 의해 무속에 기반을 둔 토착세력이 무너진

18~19세기에 이르러서는 그 성격이 조선왕조 자체를 부정하고 새로운 국가를 건설하는 데로 확장되기도 했다. 이러한 변화도 당시 현실적으로 문제가 되었던 이중 권력과 이중 수탈을 해결하려는 과정에서 비롯된 것이다.[20] 이 과정이야말로 제주의 공간을 현실적인 삶의 터전, 곧 실천현장으로 구체화하는 것으로 볼 수 있는데, 그러한 것이 축적된 것이 문화유산이라고 할 수 있다.

IV. 실천-현장

오늘날 제주는 관광객이 찾는 공간이면서 다양한 삶을 계획하는 이주민이 밀려드는 공간이 되었다. 제주 섬 전체가 토박이에게는 선대로부터 내려오는 삶터로, 관광객에게는 얼마간 머물면서 낯선 경관을 보고 즐길 수 있는 관광유람지로, 이주민에게는 본래 살던 곳에서 계획했던 다양한 것을 실현할 새로운 이주지가 되었다. 이렇게 해서 제주 섬은 이른바 '복합문화공간(Multi Purpose Cultural Facilities)'이 되었다. "복합공간이란 두 개 이상의 기능, 용도가 복합된 경우를 말하며, 복합공간이란 일반적으로 공연과 전시 등 예술 활동 기능, 교육, 정보의 공유기능, 여가, 휴식 등 휴게 기능 등 다양한 프로그램을 포함하는 공간"이다.[21] 따라서 화산섬 제주, 특별자치도 제주를 '문화시설(Cultural Facilities)'이라고 부르는 것은 온당치 않다.

하지만 "'세계자연유산 제주', '유네스코 트리플크라운섬', '세계 7대 자연경관' 등 천혜의 자연현상과 독특한 문화를 내세워 매력적인 관광지로 부상"한[22] 제주 섬에서는 세계 도처에서 벌어지고 있다는 "로컬의 자연과 사회, 문화가 상호작용하면서 생성된 다양하고 상이한 전통경관들이 흔적 없이 사라지거나 혹은 거주민들의 일상적 삶과 무관하게 '관광자원'으로 선택되어 보존해야 할 '문화유산'으로 취급하는 현상"[23]과 함께 다양한 삶을 계획한 문화 이주민이 밀려드는 현상이 동시다발적으로 벌어지고 있다. 이러한 현상이 "행정당국과 외부자본에 의해 지역민이 아닌 외부의 시선으로 '개발'되고"[24] 있는 양상을 보이기 때문에 제주 섬은 그 전체가 하나의 시설이 되어가고 있다.

2009년까지만 하더라도 "2002년 55만 명 돌파 이후 증가폭이 더디면서 제주국제자유도시종합계획상 2006년 58만 3,000명 목표가 차질을 빚은 데 이어 2011년 62만 명 달성도 요원해지고 있다."[25]라고 걱정할 정도로 제주는 주목받지 못하는 섬이었다. 그러나 제주는 이동이 제한된 팬데믹의 영향으로 다소 주춤했지만, 지금도 "인구 증가에 따른 지역주민과 이주민 간 갈등, 주택·의료·교통·환경 문제 등 부작용"[26]을 걱정해야 할 정도에 이르렀다. 이러한 인구급증현상의 원인을 "2006년 특별자치도 출범 이후 지속적인 투자활성화 정책과, 세계자연유산 청정 섬 등 제주만이 갖고 있는 자연적인 매력과 환경적 장점 때문으로 분석"[27]하고 있으므로, 당분간 제주특별자치도의 정책 방향은 '지속적인 투자활성화와 제주 자연경관의 관광자원화' 기조를 유지할 것으로 보인다.

이 지점에서 인구 증가폭이 더딘 것을 걱정했어야 했던 2009년에 나온 연구 성과에 주목해볼 필요가 있다. 이 연구에서는 당시 제주의 문화기반시설, 문화단체, 주민의 문화생활과 문화의식 수준 현황을 기초로 '제주도민의 문화생활과 문화의식 실태'를 조사 분석하고, 도출된 문제점을 해결할 방안으로 문화예술 향유환경(amanity) 조성, 문화예술지원(mecenat) 운동 활성화, 문화예술품 유통시장의 조성과 거래 활성화, 문화예술활동 참여유도를 위한 체계적 지원, 문화예술의 섬 표방 등을 제시하였다.[28] 이 중에서 당시 제주의 문화기반시설이 접근성이 떨어지는 도심 지역에 집중되어 있고, 규모가 영세하며, 관리 운영상의 문제가 있음에도 불구하고 인구수 대비로는 전국 평균 수준을 웃돌고 있다는 것이 눈에 띈다. 또한 열악한 재정 때문에 소규모 동호회 유형의 활동이 제한적으로 이루어짐에도 불구하고 문화단체는 오히려 양적으로 증가하고 있을 뿐 아니라, 시간과 비용문제에도 불구하고 제주 도민의 문화생활 향유수준과 욕구수준도 전국 평균보다 훨씬 높다는 조사결과도 제시되었다.[29]

　본격적으로 문화이주가 시작되기 전의 연구 결과이지만, 이렇게 당시 제주의 문화기반시설, 문화단체, 문화생활 향유수준과 욕구수준이 전국 평균 수준을 웃돌고 있었다는 것은 오늘날 제주로 이주하는 사람을 '문화 이주민'이라고 부르는 것과 상당한 관련이 있어 보인다. 당시 제주가 대도시에 못지않은 문화기반시설, 문화단체, 문화생활 향유수준과 욕구수준을 가지고 있었기 때문에 제주로 이주하는 이가 증가하였을 것이라고 추정할 수 있다. 하지만 2015년 6월 EBS에서 방영된 〈하나뿐인 지구〉에서 다룬 제주 이주 열풍의 이면을 보면, 이런 추론은 근거 없는 추정에 불과하다. 구좌읍 월정리 부근의 부동산 가격은 3-4년 사이에 30배 가까이 올랐고, 이곳을 비롯한 제주 도내 카페는 2010년 100여 개에서 2014년에는 열 배가 늘었다. 부동산 가격은 올랐지만, 그 전에 부동산을 처분했던 토박이의 자산은 늘지 않았다. 토박이는 일상을 방해하는 관광객이 달갑지 않고, 문화적 차이로 갈등을 빚는 이주민이 달갑지 않다.[30]

　제주 열풍의 계기였던 '제주 올레'도 마찬가지다. 2006년 9월에 순례길인 '까미노 데 싼띠아고(Camino de Santiago)'를 다녀온 제주 사람 서명숙 씨가 구상하고 추진하여 2007년에 1코스가 개장된 올레는 그렇게 해서 제주 곳곳을 도보 여행한 이들의 블로그와 입소문을 통해 제주를 문화 이주의 섬으로 만든 일등공신이다. 하지만 제주올레에는 관광객과 토박이가 공유할만한 낯설음과 익숙함이 없다. 지금도 걷기열풍을 선도하고 있는 제주 올레가 언제든 지리산과 북한산의 둘레길, 녹색길 등 제주올레의 파생상품으로 대체될 수 있는 까닭은 '제주'는 없고 '길'만 있기 때문이다. 제주어 '올레'가 가지고 있는 정체성은 '집으로 가는 길'이다. '올레'라고 부르는 그 낯선 길에 '집으로'라는 익숙한 공간이 겹칠 때 제주올레는 대체할 수 없는 정체성을 확보할 수 있다. 제주올레 열풍에도 불구하고 개발이 끊임없이 진행되고 있을 뿐 아니라, 구도심 골목길은 변형되거나 사라지고 있으며, 제주올레로 개발된 길 외에는 산책할 수 있는 길조차도 찾기 어렵다는 점은 제주올레에서 '제주'가 소외되고 있음을 보여주는 근거이다.[31]

제주 공간에서 제주가 소외되고 있는 또 하나의 사례는 제주4·3이다. 알박스(Maurice Halbwachs)는 어떤 사회의 과거나 고유의 정체성에는 그 구성원의 집합기억(collective memory)이 중요한 요소를 이루면서 형성과 변화에 영향을 미친다고 주장했다. 그의 주장에 따르면 집합기억은 (가) 일정한 시공간적 맥락 속에서 일어나는 복잡한 사건들의 총체성을 파악하기, 그리고 (나) 사물에 이름을 부여함으로써 그 개별성을 인식하기와 같은 약정(convention) 체계를 거느리게 되는데, 이 양자가 개별적으로 작용하면서도 연합하여 상호 강화한다.[32] 그런데 제주4·3은 (가) 맥락 속에서 총체성이 파악되지 않은 채 50년을 지속해왔고, (나) 이름 붙이기가 아직도 이루어지지 못하고 있다. 다행히 지금까지 이른바 "기억 투쟁"을 통해서 국가의 통제에 다양한 방식으로 개인기억(individual memory)이 반영되었고, 어느 정도 성과를 거두었다. 하지만 제주 사람은 잘 알고 있으면서도 말하지 못하는 제주4·3의 기억을 낯선 '평화'라는 기표로 봉인하도록 강요받음으로써 삶의 공간으로부터 소외당하는 것이다.

제주 공간은 제주에서 이루어진 서로 다른 공간적 실천이 포개져 만들어진 것이다. 공간재현 때문에 이 공간과는 무관한 추상공간이 만들어져 제주에 사는 사람의 구체적인 경험과 갈등을 만들어낸다. 그런데 이 갈등 때문에 저항적 실천이 구체적으로 이루어진 것이 재현의 공간이다. 우리는 지금까지 제주에서 벌어지는 갈등을 봉합하려고 했다. 갈등은 다양한 이해집단 간 소통의 방식으로, 사회의 운영 방식과 발전 방향을 잡아가는 과정에서 나타나는 대립을 통해서 오히려 사회발전이 이루어질 수도 있다. 따라서 사회갈등을 무조건 부정적으로만 인식하고, 사회통합을 그 대척점에 서 있는 긍정적인 것으로 인식하는 것이야말로 경계해야 한다.[33] 르페브르 의 주장에 따르면 갈등을 통해서, 그리고 기억 투쟁을 통해서 제주 공간은 언제나 재창조되어 본래 있던 것과 포개지는 것이기 때문이다.

V. 포개진 공간

이 장은 오늘날 '문화와 환경'이 절대적 가치로 표방되고 있지만 실제로 는 '소비-콘텐츠'로 취급되고 있다는 문제의식에서 출발했다. 문화의 세기 가 되면서 국내 유일의 자연경관과 문화유산을 가지고 있는 관광지 제주는 관람객과 문화 이주민이 밀려들면서 '문화융성의 최적지'로 떠올랐다. 제 주특별자치도와 중앙정부의 정책방향도 자연경관과 문화융성을 기반으로 한 관광·문화분야에 중점을 두고 있지만, 결국은 제주를 얼마나 값비싼 상 품으로 만들고 소비하는가에 초점을 맞추고 있다. 그런데 그러한 것들에 현 혹되어 제주로 밀려드는 관광객이나 문화 이주민의 기대와는 달리 '그런 제 주는 없다.'는 것과 그것이 역사성을 가진다는 것이 이 장의 출발점이었다.

'자연경관'에서 시작된 제주에 대한 관심은 다행히도 지금까지 유지되 고 있다. 문화 이주민이 늘어나면서도 자연경관이 관심의 중심에 놓여 있 는 까닭은 1964년에 관광을 기본 방향으로 한 '제주도 건설 종합계획'이 수립된 이래로 제주가 근대 산업화에서 소외되었기 때문이다. 과거 제주가 '한반도에서 찾아보기 어려운 화산섬'이라는 말 그대로 천혜의 자연경관을 관광자원으로 하였다면, 오늘날에는 '근대 산업화 과정이 비껴난 인문사회 환경'을 관광자원으로 하고 있다는 말이다. 이렇게 제주는 중심에서 벗어 난 주변이기 때문에 소비되었고, 소비되고 있다. 이 말은 제주가 여전히 주 변일 뿐 아니라, 앞으로도 오히려 더욱더 주변이 되어야 한다는 압력을 받고 있음을 뜻한다.

문화와 환경의 세기가 되면서 고립된 공간 제주는 천혜(天惠)라는 수식어로 재조명되기에 이르렀다. 접근하기 어렵고, 그나마 봉쇄되기까지 했던 덕분에 제주는 '세계 최초로 유네스코 자연환경분야 3관왕인 트리플크라운'이라는 위업을 달성'한 것으로 추켜세워졌다. 그런데 이러한 위업이 인간 삶의 후형질인 문화행위의 결과가 아니라 제주 섬이 생겨나기 시작한 120만 년 전의 천연상태를 유지하는 데 초점을 맞춘 것이라는 데 문제점이 있다. 제주가 자연경관, 또는 희소성, 전유성, 수요를 가진 '환경자원'으로 취급되는 것이 불편한 이유는 바로 여기에 있다. 한라산 인문학 공간, 탐라문화의 공간은 당연히 자연경관에서 출발하여 그 속에 어울리는 공간을 조성하는 데 집중되어야 한다. 이러한 논리에 따르면, 제주 면적의 40.87%에 해당하는 1등급 핵심환경지역(28.91%)과 2등급 환경자원지역(11.96%)이 제주의 핵심 환경자원으로서 공간적 가치를 지니고 있는 셈이다. 그런데이 공간은 지금껏 거기서 살아온 사람의 삶이 배제된 곳이다.

제주, 그리고 한라산이라는 공간은 천혜의 자연경관, 그 속에서 이루어진 삶의 궤적이 포개진 공간이다. 지금까지 그래왔듯이 그 공간에는 토박이에게는 선대로부터 내려오는 삶터로, 관광객에게는 얼마간 머물면서 낯선 경관을 보고 즐길 수 있는 관광유람지로, 이주민에게는 본래 살던 곳에서 계획했던 것들을 실현시킬 수 있는 이주지로의 실천이 포개지고 있다. 그것 하나하나는 다 실재(實在)하는 것이면서 부재(不在)하는 것이 된다. 이 실재하면서 부재하는 공간이 인문학적 공간으로 구축되는 까닭은 르페브르의 공간 이론에 등장하는 '공간적 실천, 공간의 재현, 재현의 공간'이라는 계기와 벤야민이 역사인식의 전제조건으로 제시한 '잊어버리지 않기[不忘]'가 실현되고 있기 때문이다.

인문학적 공간이란 그 공간에서 사는 사람의 삶, 곧 각자 다른 공간적 실천을 통해 구축된다. 전문가는 이렇게 구축된 공간을 계획하고 구획 지어서 매끈하게 배열된 공간으로 만든다. 각자 다른 공간적 실천을 통해 획득된 구체적인 몸의 체험은 본래 제각각일 수밖에 없다. 그것을 인식하고 통제하려면 추상적인 공간으로 재현해내어야 한다. 그런데 이렇게 재현된 공간은 추상적이기 때문에 구체적인 경험에 입각한 몸들이 갈등을 만들어낸다. 이러한 갈등을 원인으로 하는 저항적 실천이 이루어져 새롭게 구축되는 것이 재현의 공간이다. 이러한 공간적 실천, 공간의 재현, 재현의 공간이 정반합의 변증법을 꼭 따르는 것은 아니지만, 인문학적 공간의 실천은 그래서 역사성을 가진다. 그래서 제주, 한라산 공간도 역사성을 가지는 것이다. 이 역사성은 사실상 벤야민의 '잊어버리지 않기'로 구현된다.

제주와 한라산의 인문학적 공간을 가리키는 말에는 '탐라문화' 또는 '제주학'이라고 하는 용어가 이미 있다. 그런데도 한라산 인문학 공간이라는 용어를 새롭게 쓸 수 있지 않을까 하는 점을 검토해본 까닭은 120만 년 전의 자연경관과 그러한 자연경관 속에서 독특한 삶의 형태를 유지해왔던 토박이와 이주민의 실천이 오늘 여기에서 여전히 포개지면서 새로운 공간을 창출해내고 있기 때문이다. 아직 우리에게 해결되지 않은 시급한 문제 가운데 하나는 조선실(朝鮮室)에서 멈추어져 있는 국립제주박물관의 전시가 외면한 일제강점기와 대한민국정부수립기의 4·3을 비롯하여 오늘날 제주 열풍에 이르기까지의 제주 공간을 잊어버리지 않고 기억함으로써 제주의 인문학 공간을 재구축해내는 일이라고 할 것이다.

제3장
섬 이동 설화의 모빌리티

I. 흐르는 섬, 노마드적 이상

해양과 우주로 눈을 돌린다고 하더라도 인간의 삶은 지금껏 지표(地表) 공간에서 이루어져 왔다. 그래서 공간에 대한 해명은 신화의 시대부터 인간 존재의 신원을 묻는 일과 관련하여 지금까지 지속되고 있다. 창조설화에서도 지표 공간은 창조의 시점에 존재했던 거인의 신체가 변한 것이라든가, 창조를 담당했던 유일신이 혼돈 속에서 물과 뭍을 나누면서 생성되었다는 식으로 진술된다. 이러한 진술은 그렇게 질문하고 있는 인간 존재의 신원을 풀어내려고 하는 노력 가운데 하나이다. 이러한 노력은 오늘날 과학적 방법을 토대로 한 지리학의 대륙이동설과 맨틀대류설, 해저확장설, 판구조론 등에서도 이어진다.

그런데 공간에 대한 이런 논의에서는 한 가지 공통된 관점을 발견할 수 있다. 인간 삶의 터전인 공간이 변화하고 있다는 관점이다. 노자(老子)의 말을 빌리자면, 세계가 처음 만들어지던 때는 물론 지금까지도 공간의 변화가 '지속'되고 있다는 관점에는 '변함이 없다'. 따라서 신화적 진술이라고 해서 비과학적이라고 평가할 수만은 없을뿐더러, 인간 존재가 삶을 이루어나가는 공간, 곧 세계가 생성, 변화하고 있다는 인식에 대해서도 철학적으로 접근해볼 가치가 있다.

우리 구비전승에서도 지표 공간이 생성, 변화한다는 관념을 찾아볼 수 있는데, 선행연구에서는 이러한 관념을 '국토부동관(國土浮動觀)'이라고 규정했다. 국토부동관이란 우리나라 전역에서 발견되는 '섬이 떠내려오다 멈추었다든지, 산(山)이 어떤 특정 공간으로 옮겨가다 멈추었다는 등'의 설화에서 공통적으로 나타나는 관념을 가리킨다.[1] 여기에서 다루는 지표현상에 대한 논의는 자연 지리적 대상으로서의 자연현상이 아니라, 그러한 자연현상 속에서 삶을 이어가야 하는 인간이 인식하고 만들어가는 인문 지리적 대상이다. 그러므로 그 속에서는 조륙운동(造陸運動, epeirogenic movement)이나 조산운동(造山運動, orogenic movement) 등의 용어로 설명되고 있는 지형변화보다는 그것을 인문학적으로 인식하고 이해하는 과정에 더 주목해볼 수 있다.

창세무가를 제외하고는 창조신화가 남아 있지 않은 우리나라에서는 국토부동관과 관련된 선행연구가 주로 구비문학 분야에서 많이 이루어졌다.[2] 이 가운데 섬 이동과 관련된 주요 연구로는 조석래의 「떠내려 온 섬(島) 전설 고찰」(1985), 김문태의 「'浮來島' 전승의 원초적 의미와 습합양상 - 고대전승을 중심으로 한 공시적 고찰」(1988), 현승환의 「섬 이동 설화 고 - 비양도 전설을 중심으로」(1990)와 「飛揚島 說話의 樣相과 國土浮動觀」(1991), 정인진의 「〈목섬〉 설화의 전승 양상과 전승 의미」(1993) 등을 손꼽을 수 있다. 이들 연구는 주로 1980년대와 1990년대에 걸쳐 이루어졌는데, 전국에 산재해 있는 섬 이동 설화를 분석하여 그 원초적 의미와 문화사적 의미를 도출해내려고 하는 공통점을 가지고 있다. 특히 현승환은 "신성시되는 산이 움직여 와서 멈춰 섰다는 설화"의 범주에서 섬 이동 설화를 이해하면서, 지체(地體)인 산과 섬이 이동하여 자리한 분포양상을 분석하고, 이를 통해 설화향유층의 '섬' 관념을 추출하고자 하였다는 점에서 의의를 가진다.

이 장에서는 기존 연구에서 논의되었던 바를 바탕으로 하여[3] 첫째, 지표현상을 움직이는 것으로 묘사한 세계관을 지리도참(地理圖讖)과 나란히 두고 분석해보고자 한다. 이를 통해 전통적인 공간 관념, 더 나아가서는 세계관의 전개 양상을 살펴볼 수 있을 것이기 때문이다. 둘째, 이들 설화에 공통적으로 나타나고 있는 '이동-방해-설명'의 모티브에서 주요한 의미를 차지하는 여성화자의 언표와 공간질서의 문제를 나란히 두고 분석해보고자 한다. 신화적 이동을 멈추게 함으로써 공간의 질서를 확보하는 발화자(發話者)가 대부분 여성임에도 불구하고, 그것이 부정적으로 논의되는 이유를 도출할 수 있을 것이기 때문이다. 마지막으로 포스트모더니즘의 노마디즘을 비판적으로 검토해보고자 한다. 오늘날 우리는 근대주의의 기획이 실패했다는 전제 아래 노마드(nomad)적 삶을 이념화하고 있지만, 이런 접근이야말로 노마드적 삶을 착취하는 노마디즘이 될 수도 있다는 비판의식을 확장시킬 수 있을 것으로 기대하기 때문이다.

II. 생성-변화

인간이 세계를 인식하는 주체라고 할 때, 인간 존재의 해명은 인식 대상인 세계의 기원으로부터 출발할 수밖에 없다. 그런데 인간이 있기도 전에 있었던 이 세계의 기원을 논의한다는 것은 사실상 불가능하다. 세계를 인식하는 주체로 인간 존재를 전제한다면, 세계가 인식의 대상으로 존재하게 된 시점으로 거슬러 올라갈 수밖에 없다. 그렇게 해서 나온 진술이 동서(東西)를 막론하고 "없음으로부터 있음이 생겨났다[有生於無]."라는 것이다. 이 대답은 인식하는 존재로서 인간을 해명하는 과정에서 제출된 것이므로, 존재론적인 진술이라기보다는 인식론적인 진술로 볼 수밖에 없다. 우리가 물은 것은 이 세계가 어떻게 해서 존재하게 되었는가가 아니라, 그것이 인식의 대상으로서 존재하는 바로 그 시점이기 때문이다.[4]

서양철학은 이 질문에 충실히 대답했다. 그래서 세계에 대한 경이(驚異,

taumazein)에서 출발하여 그 구성 원소(元素)를 탐구하는 자연철학으로 전개되었다. 고대 그리스의 식민지였던 이오니아 지방에서 밀레토스학파가 오늘날 우리가 자연철학이라고 부르는 탐구를 시작하였고, 운동과 생성에 대한 논의가 일정 정도 진행된 이후에야 소피스트와 소크라테스에 의해서 인간으로 논의의 대상을 옮겨가게 된 것도 인식 주체로서 인간 존재의 기원을 밝히고자 하는 과정의 산물이라고 볼 수 있다. 이에 비해 동아시아 전통에서는 세계의 기원에 대한 구체적인 논의를 과감히 생략하고 있다. 그 이유에 대해서는 여러 가지 주장이 제기된 바 있지만, 오늘날에 이르러서는 인간 존재의 기원보다는 인간 존재의 실천 문제에 더 집중했기 때문이라고 보는 경우가 많다.[5]

동아시아적 전통에서도 세계의 기원에 대한 논의한 흔적을 찾아볼 수 있다. 중국만 하더라도 최초의 거인인 반고(班固)가 죽어서 천체와 온갖 것이 나왔다는 거인설화설(巨人化生說), 혼돈상태의 우주(宇宙)가 개벽하여 하늘과 땅이 갈라졌다는 천지개벽설(天地開闢說), 하늘은 둥글고 땅은 네모지다는 천원지방설(天圓地方說) 등 세계신화에서 찾아볼 수 있는 다양한 흔적이 발견된다. 이런 전승이 본격적인 철학적 탐색으로 이어지지 못한 까닭은 세계창조에 대한 원시관념이 『역(易)』의 음양(陰陽) 원리를 통해서 인간을 포함한 모든 세계사물이 생생불식(生生不息)한다는 세계관으로 전개되었기 때문이다. 인문주의적 전통이 상대적으로 일찍 자리 잡았기 때문에 인간을 둘러싼 세계에 대한 경이(驚異)의 감정보다는 세계 내 존재로서 인간이 다양한 사회관계 속에서 이행해야 하는 도덕적 의무를 더 중요하게 여기게 되었다. 이러한 세계관의 문제는 우리나라의 전통에서도 드러난다.

동아시아 전통 중에서도 특별히 우리나라에서는 고대사유의 흔적을 찾아보기가 쉽지 않다. 한국학을 논할 때 으레 등장하기 마련인 '끊임없는 외침(外侵)'과 근대 이후의 분단 상황 때문에 문헌은 물론 구비전승에서조차도 쉽게 확인할 수 없기 때문이다. 다만 제한적이지만, 창세무가에서 천지개벽설(天地開闢說)의 흔적을 찾아볼 수 있을 뿐 아니라, 그 속에서 『역(易)』의 변화생성 관념은 물론, 불교의 세계관을 수용한 흔적도 찾아볼 수 있다. 이런 분석을 기초로 할 때 국조신화에서도 세계창조의 과정은 비록 생략되어 있지만, 인간 삶의 공간이 생성되는 지점에 대해서는 앞서 살펴본 중국의 사례보다는 더 구체화시킬 수 있는 점이 발견된다.

우리나라의 국조신화(國祖神話)에서는 세계의 기원에 대한 논의를 찾아볼 수 없으므로 이른바 "기원을 묻지 않는 대전적(大全的) 세계관"이라고 평가하기도 한다.[6] 중국과 마찬가지로 우리나라에도 "천지개벽신화가 무속 의례양식(巫俗儀禮形式)에서 불리워지는 무가(巫歌) 속에 잠겨 있는 것이 발견"된다. 그래서 세계창조에 대한 논의가 생략되어 있다는 주장은 망언(妄言)에 불과하다고 비판하기도 한다.[7] 그런데 세계창조에 대한 논의가 생략되어 있다고 해서 이렇게 비판할 필요는 없다. 세계창조에 대한 논의가 과감히 생략되어 있음에도 불구하고 우리나라의 창조신화 내지는 국조신화에서는 "천상생명과 지상생명과의 결합, 새로운 인간생명의 확충을 묘사한 것"으로서, 이 세계를 "'생명의 흐름(the flux of life)'으로 충만한 세계"로 보는 관념이 드러나기 때문이다.[8]

이러한 세계관은 인간 생명의 기원을 '완전한 무(無)'에서부터 생겨난 것(creatio ex nihilo)'으로 보는 전통과는 다른 점이 있다. 세계창조를 존재론적 관점에서 해명하고 받아들이는 과정에는 창조신의 위치를 차지한 절대자의 권능이 은연중에 강조된다. 문제는 이런 관점을 전제로 한다면, 그렇게 절대적 권능을 가지고 있는 창조신에 의해 구축된 세계와 인간이 가지고 있는 결점에 대해서 또 다른 설명이 필요하다는 데 있다.[9] 가령, 타당하게 설명했더라도, 창조 시점의 생성과 변화는 긍정적이지만, 그렇게 완전한 형태로 구축된 이후에 벌어지는 생성과 변화는 그 원인이 어디에 있든 부정적일 수밖에 없다는 비판에 직면할 수밖에 없다. 이러한 비판에 따르면 첫 번째 창조 이후의 변화 생성은 균열 또는 전락으로서 인간 현실은 그러한 위험에 노출될 수밖에 없는 불안한 상태일 수밖에 없다.

서양 전통에서는 이 문제를 '자유의지(liberum arbitrium voluntatis)'로 해결해왔다. 창조신은 이 세계를 창조한 그 자신만큼이나 완벽하게 세계와 인간을 창조했지만, 자신을 닮은(Dei imago) 인간에 대한 애정으로 자유의지를 선물했고, 그것이 작용될 수 있도록 이 세계를 창조한 것이다. 따라서 자유의지 탓으로 균열이 생기더라도, 그러한 세계를 창조한 창조신의 결함 때문은 아니다. 이렇게 해서 창조신의 결함 때문이 아니라는 점은 해결되지만, 여전히 변화와 생성을 부정적으로 보는 관점은 해결되지 않은 채 남아 있다. 이와는 달리 우리나라의 창조신화에서는 별다른 설명을 거치지 않고서도 새로운 생성과 변화, 곧 신생(新生, renewal, rebirth)을 긍정적으로 풀어낼 수 있다. 이 세계는 '결합을 통한 확충'을 용인하는 곳이면서, '생성하는 생명의 흐름'이 이루어지는 곳으로 파악되기 때문이다.

이렇게 생성과 변화를 긍정하는 우리나라의 세계관은 풍수도참(風水圖讖) 사상에 기초한 비보사상(裨補思想)으로 자연스럽게 이어진다. 풍수(風水)는 춘추전국시대의 음양가(陰陽家)와 오행가(五行家) 사상을 기초로 한 것으로서 바람으로 상징되는 기(氣)의 흐름이 지형(地形)에 따라 변화하는 양상을 설명하는 동양 전통의 천문지리학이었다. 이에 비해 도참(圖讖)은 중국 고대의 미언대의(微言大義) 관념을 반영한 것으로서, 상징과 예언을 통해 인간 행동의 보정(補正)과 결단을 요구하고, 이로써 사회발전을 꾀하는 일종의 인문사회학이었다. 따라서 풍수와 도참은 비과학적이고 미신적인 술수라기보다는 인문사회적 환경을 자연환경과 관련하여 해명하고자 했던 노력의 결과로 볼 수 있다.[10]

우리나라에서는 풍수 도참이 도선(道詵)에 이르러 비보(裨補)와 압승(壓勝)을 골자로 하는 비보(裨補) 사상으로 구체화 되었다. 도선은 신라 말엽의 선승(禪僧)이었지만, 고려건국설화와 긴밀하게 연결되었던 탓에 우리나라 풍수의 비조(鼻祖)로 더 잘 알려져 있다.[11] 그 덕분에 일반적인 풍수가와는 달리 "비보풍수"라는 독자적인 영역을 갖추고 있는 것으로 평가된다. 아울러 우리나라의 풍수가 중국과 차별되는 지점도 바로 여기에 있는 것으로 이해된다. 하지만 도선과 관련된 자료는 기존 연구에서 확인되듯이 도선 사후 몇 백 년 후의 자료들로, 사실적인 기록이라기보다, 상상력이 가미된 설화적인 측면이 많고, 동일한 사건에 대하여 상이한 점이 많다. 이런 사정 때문에 비보사상의 연원에 대해서도 학계에서 상당한 이견이 제기된 바 있다.[12]

도선의 비보사상은 인문지리적 환경이 인간 삶의 다양한 조건에 따라 쇠퇴하거나 왕성하게 된다는 지리쇠왕설(地理衰旺說)과 자연환경의 영향을 받는다는 산천순역설(山川順逆說)을 전제로 한다. 지리쇠왕설은 취락의 형성과 전개, 쇠퇴가 자연환경의 영향을 받는다는 산천순역설의 토대 위에, 그 공간 속에서 살아가는 인간의 행위가 거꾸로 영향을 미친다는 적극적인 생각을 구축한 것으로 볼 수 있다. 취락은 이미 주어져 있는 지표현상에 따라 형성되지만, 취락이 발달하면서 지표현상도 처음과 다른 양상을 띠게 된다. 이 변화된 양상은 거꾸로 취락이 쇠퇴하는 중요한 요인이 된다. 그래서 지리환경의 부족한 조건을 더하고 북돋는 원리인 비보(裨補), 그리고 지리환경의 과한 여건을 빼고 누르는 원리인 압승(壓勝)의 개념이 나오게 되었다. 이렇게 비보사상은 사실상 인간이 삶의 공간을 구축하고 재창조한다는 적극적인 태도를 반영한 것이다.

이러한 논리가 한대(漢代) 동중서(董仲舒)의 천인상응설(天人相應說) 등과 같은 식으로 전개되면 일종의 정치 이데올로기화 내지는 목적론적 신학화된다는 것이 오늘날 우리의 보편적인 인식이다. 이런 인식에 한몫한 것은 다름 아닌 '근대화'를 기치로 내건 근대자연과학 만능주의이다. 하지만 동적(動的) 세계관의 관점에서 본다면, 세계가 변화 생성의 과정을 거치고 있다는 것을 인정하고, 그래서 기존 질서와는 다른 재이(災異) 현상이 일어나더라도 인간이 바로 잡을 수 있다는 적극적인 태도를 찾아낼 수 있다.

오늘날 우리가 주목하고 있는 탈근대의 담론도 대부분 근대가 표방했던 '합리'나 '과학'이 사실은 편협하고 오히려 더 비과학적이라는 반성을 공통점으로 하고 있다는 데서 이러한 주장은 설득력이 있다.

이런 맥락에서 본다면 '세계 창조의 때'나 '옛날 옛적'으로 표현되는 어떤 시간의 특이점에서 발생하는 사건에 대한 우리의 전승은 그러한 것이 벌어지는 삶의 자리(Sitz im leben)가 가지는 생성 변화의 가능성과 지속 가능성에의 희구를 담고 있다. 섬 이동 설화도 섬이 움직이는 것 자체로 비정상적인 사건임에는 틀림이 없지만 그것을 통해서 비정상적인 일이 해결된다는 점에서는 긍정적으로 볼 수 있다. 그런데 그러한 사건이 완결되었을 때 기대되는 것이 긍정적이냐 부정적이냐에 따라서 섬의 이동 사실에 대한 평가가 달라지기도 한다. 이동 그 자체만으로는 긍부정적인 평가가 이루어지지 않고, 그 결과에 따라서 긍부정적인 평가가 이루어진다는 말이다. 기대되는 것이 긍정적일 경우에는 그러한 이동을 멈추는 것은 일종의 방해로서 부정적으로 평가되는 데 비해, 반대의 경우에는 이동을 멈추게 하는 것이 기존질서를 유지하게 한다는 점에서 오히려 긍정적으로 평가되기 때문이다. 하지만 대부분의 설화에서 그러한 지표현상이 일어난 내력을 풀어내는 것으로 완료된다는 점에 주목할 필요가 있다.[13]

III. 언표-질서

세계 기원에 관한 우리의 전승은 그 내력을 풀이하는 데서 완료된다. 그 내력의 풀이에서 '언어'가 중대한 역할을 한다는 점에 주목할 수 있다. 지표현상이 일어난 내력을 보고하는 수단인 '언표(言表)' 속에 지표현상의 원인으로서 지목되는 '언표'가 보충대리(補充代理) 하는 구조로 분석될 수 있기 때문이다. 섬 이동 설화를 예로 들면, 섬이 그곳에 있게 된 내력을 풀이하는 언표와 섬이 그곳에 있게 된 직접적 원인으로서의 언표가 중첩되고 있다는 말이다. 이 구조에는 언표가 존재와 그 이유를 설명하고, 그러한 언표와 관련된 두 화자(話者)가 존재하게 된다. 이 점을 좀 더 구체화하기 위해서 언표의 문제를 살펴보고자 한다.

근대 이후 서양철학에서는 인식론의 한계를 절감했다. 그래서 그 돌파구를 주체인 인간의 의사소통으로서 인간이 아니라, 주체와 무관하게 있는 언어에서 찾고자 하는 움직임이 일어났다. 소쉬르(Ferdinand de Saussure)는 이러한 움직임을 대표하는데, 그의 저작을 통해서 완성된 사상체계가 건립된 것이 아니라, 사후에 제자에 의해 구체화되었다고 한다. 하지만 체계적인 구조를 이루고 있는 언어와 그 언어를 사용하는 개개의 주체 사이에 관한 이러한 논의 과정에서 주체를 중심으로 회전하던 근대철학이 그 중심에서부터 해체되었다는 것이 오늘날의 평가이다. 따라서 소쉬르의 '언어'에 대한 주의환기는 근대 이후 인간 존재와 인식을 해명하는 데 있어 큰 역할을 한 것으로 볼 수 있다.[14]

이에 비해서 동양철학에서는 그 기원이라고 할 수 있는 공자, 그리고 공자의 편저로 알려진 『역(易)』에서부터 언어와 의미, 대상과 주체에 대해 주목해왔다.[15] 그 이유는 논리학이 발달하기 쉽지 않은 고립어(孤立語, isolating language)인 한어(漢語)의 한계에서 찾을 수 있다. 한어는 단음절어로서 동음사가 많고 단어의 형태가 변하지 않는 전형적인 고립어로서, 특히 고대 한어는 단음절어 위주의 언어 특성 때문에 동음이의어가 많아서 시각적으로 구분이 쉬운 표의문자인 한자(漢字)가 필요했다. 그래서 중국인은 개념을 표현할 때 구상성(具象性)과 개별성을 중시하는 사유 방식을 가지고 있고, 문자를 음성적인 접근보다 자의(字義)를 먼저 생각하는 특징을 가지고 있는 것으로 분석된다. 의미상 혼란을 줄 수 있는 수많은 동음이의어 가운데 한 두 개의 동음자로 바꾸는 방법으로 기복(祈福)하거나 풍자(諷刺)하는 사유체계를 가지고 있다고 분석하기도 한다. 하지만 이렇게 한어와 한자 자체가 다양한 해독(解讀)을 허용한다는 점은 논리학이 발달하기 쉽지 않았다는 평가의 주요 논거가 된다.[16]

『역(易)』「계사(繫辭)」의 "말은 뜻을 다 드러내지 못한다[言不盡意]."[17]거나『논어(論語)』「자로(子路)」의 "(정치를 하게 된다면) 분명히 이름을 바로잡을 것이다[必也正名乎]."[18]라는 선언은 이렇게 다양한 해독을 허용하는 한어와 한자에 대한 문제의식에서 비롯된 것으로 볼 수 있다. 언어가 뜻을 모두 실어내지 못한다고 하는 생각은 유가(儒家)의 전형적인 사고방식은 아니다. 유가는 이런 한계에도 불구하고 보편적인 가치 표준을 세우려고 노력했다. 그런 유가를 직접적으로 비판한 장자(莊子)를 포함한 도가에서는 언어의 한계에 대해서 더 집중적으로 비판했다. 그뿐만 아니라 명가(名家)로 분류되는 혜시(惠施)의 역물십사(歷物十事)와 공손룡(公孫龍)의 백마비마론(白馬非馬論) 등에서는 언어와 인식, 존재의 문제가 집중적으로 다루어진다.

이렇게 해서 언부진의론(言不盡意論)은 장자의 민시비론(泯是非論)을 수용한 위진현학(魏晉玄學)에 이르러서는 '언어가 의미를 모두 표현해내지는 못하므로, 뜻을 파악하면 언어를 잊으라'는 주장인 득의망언론(得意忘言論)으로 확대되었다. 이렇게 언어를 부정적으로 보는 입장에 대한 반발로 비록 언어가 사유를 모두 표현해내지 못한다고 하더라도 언어를 통해 뜻을 실어낼 수밖에 없다는 주장인 기언출의론(寄言出意論)도 나왔다. 이렇게 상반되는 두 가지 주장은 당시 언어가 의미를 다 표현해낼 수 있는지 없는지와 맞물리면서 다양한 담론으로 발전하였다. 이들이 본래 다루려고 했던 문제는 우주(宇宙) 본체(本體)에 대한 논의인데, 이 주제는 사실상 언어를 넘어서는 것으로 볼 수 있다. 하지만 이것이 일단 인식(認識)의 대상이 되면 언어와 형상(形象) 가운데 있는 것이 되기 때문에, 이들은 우주 본체를 인식할 수 있는지 없는지에 대해 이야기하는 대신 언어와 의미의 문제로 논의 주제를 옮긴 것이다.[19]

이에 비해 공자 이후 유가에서는 언어와 존재, 그리고 가치의 문제를 명실론(名實論)으로도 불리는 정명론(正名論)으로 발전시켰다. 언어가 존재 가치의 표준을 제시할 뿐 아니라, 실제로 제한하기까지 한다는 명분론(名分論)으로 발전 전개된 것이다. 그 사례는 『논어(論語)』의 여러 곳에서 찾을 수 있지만, 대개 「안연(顏淵)」의 "선생님께서는 '임금은 임금다워야 하고 신하는 신하다워야 하며, 아비는 아비다워야 하고 자식은 자식다워야 한다.'라고 말씀하셨다[子曰 君君臣臣父父子子]."와 「팔일(八佾)」의 "공자께서 계씨를 가리켜 '팔일무를 앞뜰에서 추게 하니 이렇게 할 수 있다면 못할 것이 무엇이 있겠는가!'라고 말씀하셨다[孔子謂季氏 八佾舞於庭 是可忍也 孰不可忍也]."를 그 대표적인 것으로 본다. 특히 「팔일」의 내용은 공자의 저작으로 알려진 역사서 『춘추(春秋)』의 중심사상인 포폄(褒貶) 사상의 기초가 되는데, 훗날 맹자는 이를 두고 "공자가 춘추를 완성하니 난신적자(亂臣賊子)들이 두려워했다."[20]라고 평가한 바 있다.

고립어이든 아니든 언어는 의미를 모두 실어내지도 못할뿐더러, 명확하게 전달하지도 못한다. 이것은 언어 자체의 문제라기보다는 그것으로 의사소통하는 인간에게 그 책임이 있다고 할 것이다. 같은 맥락에서 언어는 인간이 세계를 창건하는 데 가장 큰 역할을 했다. 이 점을 자각한 고대 근동 사람은 '빛이 있어라'라는 '말'을 통해 세계가 창조되었는데, 그렇게 해서 세계가 창조되기 이전에도 그러한 '말(logos)'이 있었다고 표현했다. 근현대에 이르러 비트겐슈타인(Ludwig Josef Johann Wittgenstein)이 '세계(언어)의 근본 토대는 언어(세계)의 논리적 형식에서 비롯한다.'라고 말했던 것도 이와 같은 맥락의 진술로 볼 수 있다.[21] 공자 이후의 유가도 같은 맥락에서 『논어』 자로 편에서 언급된 '정치와 현실에 이르기까지 언어가 가장 큰 요체가 됨'을 강조해왔다.

언어가 이렇게 세계 내 존재를 해명할 뿐 아니라, 존재와 인식, 그리고 실천의 면에서 중요한 역할을 한다고 할 때, 서사무가에서 '화자(話者)'로 표현되는 인물의 '진술'에 대해서도 새롭게 접근할 수 있다. 지금까지 우리는 무당 또는 제사장의 진술은 세계의 비밀을 풀이하는 것으로 인정하면서도, 서사무가를 비롯한 구비전승에서 여성 화자의 진술을 부정적인 관점에서 이해했다. 섬 이동 설화에서도 섬으로 대표되는 지형의 비일상적 변화를 목격하고 발설하는 이는 주로 여성 화자이다. 여성화자의 발화(發話) 행위가 벌어지자마자 비일상적 변화가 멈추었다고 하면서, 이러한 내력을 보고하는 또 다른 화자(話者), 곧 설화의 전승자는 그 결과의 설명적 모티브에서 원망(怨望)을 시사한다. 그 발화자가 고대사회에서 남성에 비해 금기 사항이 많았던 여성이라는 점이 설화의 해석에 큰 영향을 끼친 것이다.[22]

이렇게 여성화자가 부정적으로 평가받는 이유로는 유가적 질서의 수용이라든가 신화의 여성상징이 가지고 있는 부정성 등을 손꼽을 수 있다. 가부장적 질서가 유지되는 한에 있어서, 그리고 신화를 전하는 고대시인이 남성인 한에 있어서 여성은 부정적으로 평가되기 마련이다. 구비전승이 시대상황을 반영하여 수많은 이본(異本)을 허용하기 때문에 유가적 질서의 수용에 따른 여성화자의 부정적인 평가도 가능하다는 점도 고려할 수 있다. 또한 변화와 생성을 긍정하는 세계관 속에서 그것을 방해한 여성 화자의 발화가 부정적으로 평가될 수도 있다.

하지만 '위험한 능력을 갖춘 입을 통한 말이기에 그 말 속에는 이미 주술성을 잠재적으로 가지고 있었던 것'이라는 관점[23]에 좀 더 유의할 수 있다. 섬이 떠내려오는 비일상적 상황을 목격하고, 그 상황을 진술하는 인물이 왜 하필이면 남성이 아닌 여성인가라는 질문이 변화와 생성의 지속을 방해했다는 결과의 평가보다는 먼저 해결되어야 하기 때문이다. 신화에서 등장하는 여성부정관(女性不淨觀)은 월경과 출산에 동반되는 피[血] 때문이다. 하지만 피[血]는 그 자체로 생명 현상을 가능하게 하는 것으로서, 더러움보다는 희생과 경외의 심상을 불러일으킨다.[24] 그런데 여성부정관이 설화뿐만이 아니라 세시풍속과 관련된 속담 등에서도 등장하는 것은 여성이 변화와 생성을 멈추는 부정적이거나 소극적인 이미지를 가지고 있어서가 아니라, 오히려 비밀의 담지자로서 언표를 통해서 재이(災異)를 항상성의 질서 속으로 끌어들이는 주술사라는 점을 인식한 결과로 볼 수도 있다.[25]

섬 이동 설화에서 "섬이 떠 흐른다는 관념이 여자의 언동에 의해서 그 자리에 멈췄다는 사실"이 의미하는 바는 "남성 중심의 어로문화가 여성 중심의 농경문화와의 갈등에서 나타난 한 현상"으로서, "그들이 관념하는 배는 곧 섬으로 확대된다. 배의 출범이 여자로 인하여 중단될 때 배는 멈춰 서는 것으로 그것은 파선을 의미할 수도 있다."라고 한 분석은 퍽 설득력이 있다.[26] 이런 분석과 평가는 제주문화가 사실상 남성 중심의 어로문화와 여성 중심의 농경문화가 결합한 것이라는 여러 근거로 충분히 뒷받침될 수 있다. 하지만 어로나 유목 문화와 농경문화를 남성과 여성으로 대비시키고, 그것을 남성 중심으로 해석하는 관점이 오늘날에도 적용될 수 있는 것은 아니다. 왜냐하면 앞서 살펴보았듯이 변화와 생성이라는 점에서는 오히려 여성성이 더 원초적인 자리를 차지할 뿐 아니라, 오늘날 설화의 향유자는 가부장적 질서가 유지되던 시대정신에서 벗어나 있기 때문이다.

IV. 경계-넘기

인간 이성으로 세계의 모든 비밀을 풀어낼 수 있다는 근대주의의 기대가 무너지자 근대주의의 기획을 반성하기 시작했다. 그 반성의 과정에서 중요한 것 하나는 인간 스스로 주체로 규정하다보니 인간 아닌 타자(他者)를 소외시키고 결국은 인간 자신마저 소외시키게 되었음을 깨달았다는 것이다. 그래서 우리 자신을 포함한 타자(他者)에게 화해를 요청하기 시작했다. 계몽주의의 일방적인 의사전달 방식에서 벗어나 쌍방향의 소통을 이야기하고, 그러한 소통의 도구일 뿐이라고 생각했던 언어에 대해 이야기하게 되었다. 신화 또는 설화 등의 구비전승을 인류 지성사 안으로 포섭한 것도 이때부터이다.

인간 삶의 터전인 공간에 대한 논의도 마찬가지이다. 서양 고대철학에서 공간은 "빔(void) 또는 공허(vacuum)로서 물질의 부재를 의미하는" 한편, "장소(topos), 물체의 장소, 즉 물체를 수용하는 장소"를 뜻했다. 이 유산을 이어받은 중세철학에서는 두 의미가 "하나로 결합되면서 공간은 세계의 한계 또는 경계로서 파악되고, 세계 밖에 존재하는 공간의 무한성이 논쟁" 되었다. 근대에 이르러 "공간의 명칭들이었던 빔(void, empty), 틈(interval), 공허(vacuum) 등은 공간(space)의 성질로 파악되면서" "공간을 사물에 독립적으로 존재하는 실재로 파악하는 과학, 그리고 이에 대립하여 공간을 주관적 관념으로 파악하려는 철학, 양자 사이의 드라마틱한 대결"이 이루어졌다. 이러한 근대공간론은 "자연을 공간에 배속함으로써 자연에 대한 인간의 주권을 선언"하였다는 점에서 긍정적으로 평가할 수 있지만, 결과적으로는 "공간을 실재적인 것으로 파악하는 절대 공간론이 보편적인 관점으로 우위에 서면서 공간에 대한 인간의 소외를 극대화하는 방향"으로 전개될 수밖에 없었다.[27]

근대공간론은 IT(Information Technology), ICT(Information & Communication Technology), 그리고 CT(Culture Technology)가 발달하는 과정에서 산업구조의 재편과 함께 탈출구를 모색하게 되었다. 자본이 시대 정신을 압도하고 있는 상황은 여전하지만, 때마침 학계에서 정주민(定住民) 문화가 공간에 확정적이고 사실적 경계를 긋는 소유지배구조를 부추긴다는 반성이 일었다. 이렇게 해서 고대의 공간 관념은 '노마디즘(Nomadism)'이라는 명분으로 다시 조망되기에 이르렀고, 산업자본주의도 이러한 조류에 동참했다. 그래서 '디지털 노마드(Digital Nomad)', '네티즌(Netizen)', '잡 노마드(Job Nomad)' 등이 마치 근대의 공간론을 비판하는 "탈근대 사회의 또 다른 징후"인 듯이 선전되기에 이르렀다. 하지만 "전세계를 빛의 속도로 움직이며 돈을 사냥하는 자본의 이동, 불법의 고통을 감수하며 국경을 넘는 노동자들의 이동, 혹은 '유연성'이라는 이름 아래 취업과 실업 사이에서 끊임없이 이동해야 하는 비정규직 노동자들의 증가"가 그 이면에 있다.[28]

노마드는 '탈(脫)경계하는 인간'에 주목한다. 근대주의와 그것을 기초로 한 자본주의가 경계에서 출발한다고 보기 때문이다. 실제로 근대에 이르러 경계, 곧 울타리치기(enclosure)는 이전의 소유관계를 해체함으로써 경계 내 토지에 대해 배타적 우위의 권한을 가진 소유자를 낳았다. 그 결과 점유자나 이용자, 그리고 공동체는 토지로부터 축출되어 원치 않는 대규모의 이동을 경험하게 된 것이다.[29] 이런 관점에 따른다면, '이동'은 잘못된 선택이 아니라 필연적인 것으로서, '잘못된 것을 바로잡는 에너지를 내재한 것'이라고 볼 수 있다. 따라서 그러한 이동을 멈추게 하는 것이야말로 '방해'이다.

하지만 "노동력의 흐름과 대중의 흐름이 겹쳐지고 포개지는 한, 노동력의 흐름을 그대로 방치한다는 것은 정치적인 전복의 위험을 자초하는 것"[30]이 되지 않는다. 자본은 "분양의 형식을 빌려 노동자에게 집을 사게 하고, 노동자의 삶을 가족으로 영토화하는 가족주의 전략"[31]을 통해 그러한 이동을 통제할 뿐 아니라, 때로는 역설적으로 노마디즘의 환상을 통해 '엔크로저 안의 소유자'를 탐욕스러운 대상으로 묘사함으로써 소유에서 이중으로 소외시키기 때문이다. 이것이 "자본의 '노마디즘', 곧 노마디즘을 착취하는 노마디즘"[32]이다.

섬 이동 설화에서 발화자(發話者)인 여성을 '이동의 방해자'로 보는 것은 '탈근대공간론을 착취하는 탈근대공간론'의 관점이라고 비판할 수 있다. 설화는 근대 이전의 산물이므로 오늘날의 관점으로 근대 이전을 풀이하는 것은 위험한 발상이다. 인문학은 과거의 내력을 풀어냄[解明]으로써 현실에서 직면하게 되는 문제점을 풀어내는[解釋] 단서를 찾아내고, 그러한 단서를 통해서 현실의 문제점을 풀어냄[解決]으로써 미래의 삶을 풀어내는 것을 그 내용으로 한다. 따라서 과거의 어느 시점에 "왜 하필이면 여기에 섬이 있는가?"하는 질문에 대답하기 위해 그보다 앞선 어느 시점의 내력을 풀어낸 것[解明]이 설화라면, 그 설화를 오늘날의 관점에서 풀어내는 것[解釋]이 또한 우리의 의무 가운데 하나라고 할 것이다. 그러므로 가부장적 질서에서 여성부정관 때문에 섬이 저기에 있는 내력을 섬 또는 그것으로 상징되는 남성 입장에서 여성에 대한 원망으로 풀어냈다고 한다면, 오늘날 그것에 대한 접근은 사실상 이전과는 다른 양상을 보여야 할 것이다.

섬 이동 설화에서 먼저 해결해야 하는 대목은 '섬 또는 지표현상의 이동'에 대한 전승자의 태도이다. 섬 이동 설화는 '섬 또는 지표현상이 왜 저기에 있는가?'라고 하는 사실에 대한 질문이다. 그러므로 그 질문에는 도덕적 판단이 개입될 필요가 없다. 구비전승이 그렇듯이 단순히 그것이 거기에 있는 이유에 대해서 해명하기만 하면 된다. 그래서 "어떤 사람이 흘러 들어오는 무엇인가를 서야 할 것으로 선언해버렸기 때문에 그것이 멈추어 저기 섬이 되어버렸다."라고 하는 대답도 사실 진술로서 받아들이면 그만이다. 그런데 그 어떤 사람을 '금기시 되는 여성'으로 구체화하는 순간, 도덕적 질문으로 환원되어버린다는 데 문제가 있다. 더 큰 문제는 그것을 오늘날에도 되풀이하고 있다는 데 있다.

이런 문제의식에 따르면 다음과 같이 질문해볼 수 있다. 이미 세계 창조가 완료된 마당에 '제자리에 서 있어야 할 것'이 유영하고 있다는 것이 과연 도덕적으로 찬양받을만한 것인가? 그리고 현실이 너무 괴로워서 후천개벽을 간절히 원한다고 하더라도, 가부장적 질서가 확립된 때라면 그 간절함은 오히려 여성의 몫이 아닐까? 섬을 비롯한 지표현상이 배[船舶]이고, 남성을 상징하는 것이라면 자기가 구축한 질서에서 벗어나고자 하는 것이야말로 탈근대주의적인 희망이 아니라, 결국은 자기 소외 의식의 발로가 아닐까?

이상의 질문은 오늘날 노마디즘에도 적용될 수 있다. 앞서 살펴보았듯이 노마디즘에서 주목하는 공간은 자유로운 흐름을 허용하는 '매끄러운 공간'이다. 그러한 공간에서의 이동은 홈을 파고 벽을 세우고 남은 여백에서 이루어지는 것이 아니라, 말 그대로 흘러넘치는 것으로서 유영(遊泳)이다.[33] 그것은 외부의 어떤 힘에 어떤 방향성을 띠게 되는 것이 아니라, 본래 가지고 있던 내부의 힘과 패턴을 구현하는 것이 된다. 달리 말하면 그것은 "이동의 능력을 확보하는 것, 이동을 통제하는 권력과 투쟁하는 것, 그러면서 불모가 된 땅에서 유목하며 살아가는 능력을 확보하는 것"[34]이다.

지금 이런 능력이 필요하다고 주장하는 까닭을 역설적으로 생각해보면, 본래 가지고 있어야 하는 것을 상실했기 때문이다. 섬 이동 설화라면, 상실의 원인은 남자가 아닌, 내가 아닌 그 무엇에서 찾을 수 없을 뿐 아니라, 찾아서도 안 된다. 왜냐하면 내가 본질적으로 가지고 있었던 것이라면 내가 어떤 이유로든 양도하지 않는 한 빼앗길 수 없기 때문이다. 그것을 넘어설 수 없으므로 공간에 길게 난 경계 탓을 할 수는 없다. 경계를 넘어설 수 없다는 것은 '나'의 판단이지 비록 홈이 파였고, 전류가 흐른다고 하더라도 '내가' 경계를 넘어설 수 없는 이유가 되지는 않기 때문이다. 그러므로 노마디즘의 이상이 정말 흘러넘치는 유영(遊泳)에 있다면 그것은 점, 선, 면의 차원에서 논의될 성질의 것이 아니다.

인간 삶은 때때로 2차원 평면에서 재현되지만, 실제로 3차원의 공간과 시간의 흐름에서 구현된다. 2차원 평면에서 이루어지는 것은 삶의 재현, 곧 흔적이다. 지표현상이 안정적으로 펼쳐져 있고 그 속에서 자리 잡고 산다고 하더라도 인간 삶은 그러한 지표현상에 거꾸로 힘을 미친다. 지표현상이 불안정하여 자리하기 힘들어도 인간 삶은 그러한 곳에 어울리는 방식으로 구현된다. 매끄러운 면, 또는 공간의 문제는 점에서 선으로, 선에서 면으로 횡단한다는 기획으로 해결될 수 있는 것이 아니다. 오히려 그것이야말로 '노마디즘을 착취하는 노마디즘'이 될 수 있기 때문이다.

굳이 노마디즘을 말하고 정주생활의 질서보다 유목민의 횡단하는 삶이

탈경계로서 영예롭다고 할 때는 관념이 아닌 실천이 뒤따라야 하고, 무엇보다도 그 누구도 소외시키지 않아야 한다. 이런 맥락에서 르페브르(H. Lefebvre)의 사회공간론을 재고할 필요가 있다. 르페브르는 혁명을 경제적·정치적·이데올로기적 측면이 아니라, 일상의 종식으로 보았다. 이런 관점에 따라 그는 일상을 해체하고 변형시키기 위해, 우선 일상을 거부하고, 일상을 재구성해야 한다고 말한 바 있다. 그가 말하는 일상성은 자본주의하에서의 일상성이고, 따라서 조작과 비참함 때문에 일상 본연의 위대한 축제성이 억압된다고 말한 것이다. 그러므로 일상성과 축제성의 대립을 극복할 때 비로소 확대된 형태로서 축제를 되찾을 수 있고, 이것이야말로 도시, 즉 공간을 만드는 혁명이라고 말하였다.[35]

Ⅴ. 동적인 세계

동양 전통의 세계는 동적(動的)이다. 그것은 2차원 평면에서 재현되지만, 본래 시간을 포함한 현실 공간에서 구현된다. 이러한 사실은 유가적 전통에서 주목할 필요가 없던 우주론을 담고 있다는 점에서 배척되었던 『중용(中庸)』에서도 확인된다. 중(中)은 2차원 좌표 가운데로 표기되지만, 실제 공간에서는 내부의 중심을 지향하는 한에 있어서 표면 어디에 두어도 좋을 자리를 뜻한다. 그리고 용(庸)은 가치가 현실을 초월한 '저 너머'에 있는 것이 아니라, 일상생활 속에서 발견되는 것임을 뜻한다. 이렇게 본다면 동양 전통의 세계관에서 명명(命名)을 통해서 존재를 규정하는 것은 매끄러운 공간에 홈을 파고 벽을 세우는 행위가 아니다. 그것은 내부의 힘을 확보하는 수준에서 그치는 것이 아니라, 실천하게 하는 것이다.

섬 이동 설화에서 '말[言表]'은 사건 자체가 긍정적이건 부정적이건 그러한 사건을 멈추고 그 신원을 묻게끔 하는 모티브로 이해될 수 있다. 섬은 '흐르다 멈추어, 섬'이고, 지형변화에 따른 인문지리적 환경의 수정이 필요함을 공표하는 것이기 때문이다. 따라서 발화자인 여성의 말은 '저기 흐르다 멈추어 섬(서야 할 것)이 실현되어야 한다.'라는 선언이 된다. 이렇게 볼 수 있는 또 하나의 이유는 세계 여러 신화에서 여성이 가지는 신성성이 우리나라에서는 주로 지모신(地母神)의 능력과 자리차지로 드러난다는 점이다.

이러한 전승의 말미에 붙은 설명적 모티브에는 '이동 방해의 결과'라고 이름 붙일 수 있을 만큼, 당시 가부장적 중심의 사회 분위기를 반영하는 부정적 요소가 붙여지기도 한다. 하지만 "그대로 서버렸다"거나 "자리를 잡고 앉았다"는 등으로 서술되는 경우가 대부분을 차지하고, "목숨을 많이 건졌다"던가, "그 곳에 묘를 쓰면 그 집은 부자(富者)로 산다는 이야기가 전한다."라는 등 긍정적으로 서술되는 경우도 많다.[36] 이러한 것으로 보건대 여성을 이동의 방해자로 보는 모티브는 훗날 덧붙여지는 과정에서 당시의 남존여비(男尊女卑) 관념이 끼어든 것이다.

발화자인 여성을 긍정적으로 이해할 수 있는 또 다른 근거로는 중국에서는 섬 이동 사건이 창조적 질서를 위배한 누군가에 의해 발생된 것으로 묘사된다는 점을 들 수 있다. 『열자(列子)』「탕문(湯問)」에 기록된 삼신산의 유래에 따르면, 본래 발해 동쪽에 있었던 산의 개수는 모두 5개이다. 상제는 이 산들이 서쪽 끝으로 흘러갈 것을 염려해서 거대한 자라 15마리로 이것을 받치게 하였으나, 용백지국(龍伯之國)의 대인(大人)이 자라 다섯을 잡아서 가버렸기 때문에, 대여(岱輿)와 원교(員嶠) 두 산이 북극(北極)으로 흘러가 대해(大海)에 가라앉았다. 이에 상제가 크게 노하여 용백지국을 점점 협소하게 만들고 그 백성의 키를 작게 만들었다.[37] 이 전설에서는 큰 키가 원시적 생명력을 상징하는데, 산이 움직이게 된 동기를 창조질서를 위배한 거인에게서 찾고 있다. 제주 삼방산의 유래도 이와 유사한 방식으로 설명되고 있다.

섬은 '멈추어' 있고, 있어야만 하는 것이다.[38] 그것이 어떤 이유에서건 흐르게 되었을 때 그것의 본래적 정체성을 회복하게 하는 것은 원시적 생명력을 유지하고 있는 여성의 선언과 마주하였을 때이다. 이것은 기독교 문화권에서 창조가 말을 통해서 이루어졌다는 것과 유사한 것으로 볼 수 있다. 아울러 여기에서 확장한다면, 섬 이동 설화에서는 오늘날 포스트모더니즘의 주류를 차지하고 있는 노마디즘의 '이동'이라는 모티브가 설화 향유층인 해양어로민에게 있어서는 '유영(遊泳)'한다는 입체적 공간으로서의 모티브로 확산될 가능성도 엿볼 수 있다. 이 모티브는 '섬(sum; 존재)'이 소유를 넘어서, 불모지(不毛地)에서의 삶이라도 지속할 수 있는 능력을 회복할 수 있게끔 한다는 담론을 가능하게 한다. 이 담론은 "'생명의 흐름(the flux of life)'으로 충만한 세계" 내 존재로서 인간이 어떻게 새로운 질서를 구축해나갈 수 있는지로 확장될 것이다.

제2부
동아시아 세계관과 제주 공간

제4장
유학의 공간 담론과 문화 공간

I. 참여하는 정치

지난 2014년 7월 1일 원희룡 제37대 제주도지사가 취임하면서 "더 큰 제주, 새로운 성장으로 세계의 중심이 되는 제주를 만들어내겠다."라는 취임 포부를 밝힌 일이 있다. 취임사에서는 "제주가 지닌 사람과 문화, 자연의 가치를 제대로 키운다면 우리의 꿈은 현실이 될 것"이라면서 "수많은 역경을 딛고 변방의 섬 작은 제주를, 세계의 보물로 만들어 온 도민 모두가 꿈을 현실로 만들어낼 주인공"이라고 강조했다.[1] 취임 직전인 6월에는 인수위원회격인 새도정준비위원회에서 "문화협치를 통한 도민문화시대", "문화생태계 조성을 통한 '문화예술의 섬' 구현", "제주문화 정체성 확립을 통한 창조시대 발판 마련", "문화예술로 풍요롭고 행복한 제주 창조", "문화재생을 통한 지속가능한 마을과 도시의 공존 모색", "한류, K-Pop 등 공연사업육성을 통한 문화산업시대 진입" 등을 문화분야 도정과제로 제시하기도 했다. 그런데 원희룡 도지사의 취임사에서 무엇보다도 눈길을 끄는 것은 이러한 과제들을 이른바 '협치', 곧 거버넌스(Governance)를 통해 추진하겠다고 밝힌 부분이다.

2014년 6월 4일에 실시된 전국지방선거를 전후하여 '국내에서 처음 시도되는 새로운 정치 발전모델'이라는 점에서 주목 받았던 '협치'는 당시에도 문제 제기된 바 있듯이 그 개념적 정의가 사실상 모호하다.[2] '협치'로 번역된 'Governance'라는 개념은 학문 분야나 학자의 관점, 또는 지역에 따라서 다양한 의미로 사용되고 있기 때문이다. 용례들이 공통적으로 내포하고 있는 의미를 추적해 들어가면, "과거의 일방적인 정부 주도적 경향에서 벗어나, '정부, 기업, NGO 등 다양한 행위자가 공동의 관심사에 관한 네트워크를 구축하여 문제를 해결하는 새로운 정부 운영의 방식'이라고 정의"할 수 있고, 이는 "기존의 시민참여의 개념보다는 좀 더 적극적으로 민간부문이 협력과 참여로서 공공문제를 해결해 나가는 방식"을 가리킨다. 이렇게 긍정적인 의미에도 불구하고 다른 한편에서는 정부와 시장이 실패했던 것처럼 거버넌스도 실패할 것이라는 우려도 제기되고 있다.[3]

　　로컬 공간을 '문화공간'으로 구축하기 위해 로컬 거버넌스라는 '정치공간'을 구축하겠다는 제주도정의 야심찬 선언은 그 미래가 불투명하다. 그 이유를 알려면 우선 서구자유주의의 변천과정을 '통치성(governmentality)'이란 개념으로 설명한 푸코의 이른바 생명정치학에 주목해야 한다. 푸코는 '통치'를 '행위의 관리(conduct of conduct)'로 정의하면서, 본래 인간의 '행위'에 대한 통제를 뜻하던 통치가 오늘날에는 인간을 포함한 '생명체 전반'을 대상으로 하게 되었다는 점을 우려했다.[4] 인류학자인 아이와 옹(Aihwa Ong)은 아감벤(Giorgio Agamben)의 용어를 빌려 이러한 우려를 좀 더 구체화 한다.[5] 그는 권력이 정부를 통해 지시되고 명령되는 수준(통치)에 그치지 않고, 오히려 '통치'를 통해 권력이 우리의 일상과 행동방식, 그리고 궁극적으로는 생명활동에로 들어와 있다고 주장한다. 이어서 오늘날 신자유주의가 시장과 이익창출을 위해 우리의 행동과 사고방식, 그리고 생명을 총체적으로 관리하는 지배적인 '통치 테크놀로지(governing technology)'가 되었다고 주장한다. 그래서 아이와 옹은 신자유주의의 문제점을 '예외/배제(exception)', 곧 '배제로서의 신자유주의'와 '신자유주의로부터의 예외'라는 이중통치 구조를 가진다는 데서 찾는다.[6]

아이와 옹의 이러한 분석은 로컬 거버넌스(Local Governance) 실험이 이루어지는 현장에서도 여전히 정부 주도의 '창조'가 그대로 재진술되고 있는 우리의 상황을 고려할 때 시사하는 바가 크다. 앞서 살펴본 민선 6기 제주도정의 문화정책과제들은 '협치'를 이상적 방법론으로 하여 제시된 것임에도, 그 목표는 그동안 '신자유주의에서 배제되었던 제주'를 '경쟁력을 갖춘 예외 상태'로 올려 놓겠다는 데 머무르고 있다. 그러면서도 그 성패가 이른바 '협치'라는 정치 공간의 재생 또는 조성 여부에 따라 결정된다는 인상을 준다. 그러다 보니 정책과제 속에 여러 번 등장하는 '창조'의 책임은 '협치' 때문에 도정(道政)이 아닌 도민(島民)에게로 떠넘겨졌고, 정책과제 전면에 내세운 '문화'는 현재의 제주 도민의 삶과는 별개로 이익과 가치를 창출해낼 수 있는 '상품'이 되어버린 모양새다. 이런 상황에서는 협치 실험이 성공하더라도 통치 테크놀로지가 성공적으로 작용한 것에 지나지 않을 뿐더러, 제주 도민도 성공한 몇몇을 제외하고는 신자유주의로부터 배제당한 상태를 벗어나지 못할 것이라는 우려가 제기될 수밖에 없다.

II. 일상성의 긍정

주자를 포함한 송대 유학자는 정치(精緻)한 형이상학적 체계를 지니고 있던 불교와 도교의 도전을 받던 중이었기 때문에 공자와 맹자의 심성론(心性論)을 어떤 방식으로든 확장해야만 했다. 이런 위기의식은 『중용장구(中庸章句)』의 서문에서도 가감 없이 드러난다.

> 『중용』에서 말하는 천명(天命)과 솔성(率性)은 도심(道心)을 일컬은 것이고, '택선고집(擇善固執)'이라고 말한 것은 유정유일(惟精惟一)을 일컬은 것이며, '군자시중(君子時中)'이라고 말한 것은 '집중(執中)'을 일컬은 것이다.[7]

주자는 『중용』을 신유학 체계의 핵심 주제에 짜 맞추지만, 정작 그 내용은 공자와 맹자의 심성론과는 거리가 있다. 공자는 주(周) 문화 체제와 인간성 회복을 동일선상에서 이해했고, 맹자는 그 이론적 근거를 성선설(性善說)에서 찾았다. 공자와 맹자가 대상으로 삼은 것은 천지자연(天地自然)을 포괄하는 것이 아니라, 인간 삶에 국한된 것이었다. 그러므로 공자와 맹자가 말한 성(性)이란 인성(人性)에 국한된 것이지, 존재 일반의 본질로 확장될 수 있는 것이 아니다. 그런데 『중용』에서는 전체 내용을 포괄하는 첫머리에서 천명(天命)과 성(性)을 동일한 것(天命之謂性)으로 선언함으로써 공자와 맹자의 담론 공간을 존재 일반으로 확장시킨다. 이 지점에서 『중용』이 다루고 있는 의제는 선진유가의 범주를 넘어선다. 하지만 바로 그 지점에서 『중용』은 송대 유학자에게 주목받게 된 것이다.

존재 일반으로 확장된 『중용』의 담론공간에서 다루어지는 '인간 생명, 그리고 그것이 영위하는 공간'은 아감벤 식으로 말하자면 '사적 생명(私的 生命, ζωή)과 그 공간(οἶκος)'이 된다. 『중용』 첫머리에서 인간 생명의 본질을 존재 일반의 본질과 무차별적인 것으로 선언하지만, 이 선언 덕분에 생명 활동을 하는 '인간 개체'가 부각되기 때문이다. 『중용』이 '하나의 이치가 잘게 나뉜다[理一分殊]', '인간 종이 타고난 특성도 존재 원리다[性卽理]'라는 등의 역설을 통해서 자연철학에 기반을 둔 형이상적 체계를 구축하게 되는 것도 이 지점이다. 세계 내 존재 일반이 갖춘 원리가 인간에게도 적용된다는 선언은 인간 일반, 곧 인류의 원리가 개체 생명인 한 인간에게서 출발하는 것이라는 선언을 포섭한다. 뒤집어 말하면 개인이 일상의 삶 속에서 구현하고 있는 생명의 원리가 존재 일반의 원리로 확장되는 것이므로, 개인에게 세계 내 존재 일반과 차별화된 특별한 의무나 희생을 강제할 수 없다.

군자의 길[道]은 크지만 감추어져 있다. 평범한 사람들의 어리석음으로도 함께 알 수 있지만 지극함에 이르러서는 성인(聖人)이라고 하더라도 알지 못하는 바가 있다. 평범한 사람들도 못남으로도 잘할 수 있지만 지극함에 이르러서는 성인이라고 하더라도 잘할 수 없는 바가 있다. 세상[天地]이 크다 해도 사람들은 오히려 불안한 것이 있다. 그러므로 군자가 큰 것을 말하면 세상에 다 실을 수 없고, 군자가 작은 것을 말하면 세상을 쪼갤 수 없다. 『시경』에서 "솔개는 하늘을 날고 물고기는 못에 뛰논다."라고 하였으니, 위아래를 살펴 말한 것이다. 군자의 길은 평범한 사람들에게서 출발하지만, 지극함에 이르러서는 세상에서 살피는 것이다.[8]

「비이은(費而隱)」 장으로 알려진 『중용』 12장에서는 "세상의 큰 바탕[天下之大本]"[9]이라는 중(中)과 '어리석음' 또는 '오래 유지하다'를 뜻하는 용(庸)이 함께 쓰이는 까닭이 구체적으로 드러나 있다. 세상의 이치[中]를 깨닫는 일은 평범함[庸], 곧 솔개가 하늘을 날고 물고기가 못에서 뛰노는 것과 같이 당연한 생명활동에서부터 출발하지만, 그 원리를 제대로 깨닫고 구현하는 일[和]은 성인(聖人)이라고 하더라도 쉽게 해내지 못한다는 것이다. 이것은 중용(中庸)이 추구하는 바가 천(天)과 귀신을 모시는 사천학(事天學)이 아니라, '일상성(日常性)의 긍정'에 있다는 것을 의미한다.[10]

'일상성의 긍정'은 12장뿐만이 아니라 『중용』 곳곳에서 선진유학의 의제를 보완하는 형태로 드러난다. 1장에서는 아직 일상의 삶이 구현되기 전과 후를 중(中)과 화(和)로 구분하고 있는데, 그에 앞서 일상의 삶 속에서도 생명의 원리를 벗어날 수 없음을 "길[道]이란 잠깐이라도 벗어날 수 없다. 벗어날 수 있다면 그것은 길이 아니다. 그러므로 군자는 보이지 않은 것에 경계하고 삼가며, 들리지 않는 것에 두려워하고 우려한다."라는 말로 풀어냈다. 이렇게 생명의 원리가 일상의 삶에서 구현되고 있다는 사실은 "숨어 있는 것과 자질구레한 것보다 잘 보이고 분명한 것은 없다."라는 말에 이은 "그래서 군자는 혼자 있음을 삼가야 한다."라는 말에서도 분명히 제시되고 있다.[11] 신독(慎獨)은 일상의 삶이 영위되는 사적(私的) 공간에서도 존재 일반이 공유하는 생명의 원리가 적용된다는 점을 깨달아서 '분명히 드러나지 않는 일상의 삶'에도 경계하고 삼가며, 두려워하고 우려해야 함'을 뜻하기 때문이다.

일상의 삶이 영위되는 사적 공간에서도 생명 공통의 원리가 적용되기 때문에, 자질구레한 일상에 관심을 기울여야 한다는 선언은 '생물학적 삶을 영위하는 공간인 오이코스(οἶκος)가 정치적 삶을 영위하는 공간인 폴리스(πόλις)보다 원초적인 것'이라고 전제하는 아감벤의 논리를 넘어서고 있다. 아감벤은 사적 생명 공간을 권력이 침투되지 않아야 할 곳으로 전제하고, 현대의 권력이 이 사적 생명 공간에도 관심을 가지고 통제하는 것을 부정적으로 평가했다. 하지만 계신공구(戒愼恐懼)가 대상으로 하는 사적 공간은 '절대 권력이 벌거벗은 생명(ζωή)을 두려움에 떨게 하는 곳'이라기보다는 오히려 '쉼 없이 생겨나는 곳[生生不已]'이다. 여기에도 신자유주의와 같은 '통치 테크놀로지(governing technology)'가 침입해 들어갈 수는 있다. '인간의 삶은 본래 부조화(不調和)와 불연속(不連續), 부중절(不中節)의 연속이며, 갈등이 상존'해있기 때문이다.[12] 하지만 존재 일반으로 확장된 이 공간에서는 신자유주의와 같은 통치 테크놀로지도 포섭하여 무화(無化)시킬 수 있는 생명 원리가 끊임없이 작용한다.

한편, 『중용』의 생명 원리는 그 자체로 원리[誠]이면서 구체적인 실천 방법[誠之]이라는 데 그 특징이 있다. 생명의 원리는 살아있는 지점에서 적용되는 원리로서 거짓이 있을 수 없으므로, '삶' 그 자체의 원리는 그 자체로 참된 것[誠]이다. 그 원리는 존덕성(尊德性)과 도문학(道問學), 신독(愼獨)과 시중(時中), 충서(忠恕)와 택선고집(擇善固執), 치중화(致中和) 등 각각의 삶의 국면에 적용되고, '적용된 바로 그 곳'에서 실제로 발휘된다. 원리와 실천 방법으로서의 성(誠)을 관통하는 것은 '인간의 순선한 본성의 발로인 생명에 대한 쉼 없는 의지에 대한 긍정'이므로, 결과적으로 '생명 원리의 긍정'이 된다. 이러한 낙관적 자세는 인간 존재를 존재 일반의 네트워크 속에서 파악하는 데서 비롯된 것이다. 이 존재 일반의 네트워크는 인륜적 질서의 의지와 도덕적 가치를 추구하여 물리적이고 타율적인 '예(禮)'를 강요할 수 없는 생명의 질서로 이루어져 있다.[13] 그래서 그 자체로 공존 공생하지 않는 '예외'나 '배제'가 존재할 수 없다.

『중용』은 "천명지위성(天命之謂性)"의 선언으로부터 출발하여 『시경』 「대아(大雅)」 문왕지십(文王之什)을 인용한 "상천지재(上天之載) 무성무취(無聲無臭) 지의(至矣)"에 이르기까지 천(天)을 앞세워 형이상학적 체계를 구축하려고 한 것처럼 보인다. 하지만 여기에서 말하고 있는 천(天)을 '존재 일반을 포괄하는 세계, 또는 그 원리'로 이해하면, 평범한 일상의 삶 속에서 구현되고, 구현되어야 하는 삶의 원리를 의제로 삼고 있다. 이 원리는 인간에게만 적용되는 것이 아닐뿐더러, 사실상 인간의 도움을 요구하지 않지만, 이러한 원리가 있다는 것은 개체로서의 인간이 살아가는 일상의 삶에서 확인된다. 존재일반인 천(天)이 참된 것[誠者]이라는 선언은 그것을 구현해내는[誠之者] 개인에게서 확인되기 때문에, 일상의 구체적인 삶에서 출발해야 한다는 역설이 적용될 수 있는 것이다. 유가나 근대주의를 비판하는 쪽에서는 『중용』의 세계, 곧 쉼 없이 삶을 이어가고 있는 사적 생명의 공간을 '물아일체(物我一體)의 전일적(全一的) 세계'라는 거대담론으로 오해하기도 한다. 하지만 이러한 관점은 탈맥락적이다. 중용의 사적 공간이야말로 이러한 거대담론을 '생생불이(生生不已)'하는 시스템 속에서 무화(無化)시키는 보편적이면서도 구체적인 삶의 공간이기 때문이다.

III. 관계성의 긍정

송대 지식인은 불교와 도교에 대한 비판적 대응, 인간이 우주 내에서 갖는 도덕적 주체성에 대한 새로운 인식, 송대 정치 환경의 변화에 따른 중앙집권체제의 강화 등이라는 시대적 여건과 마주하고 있었다. 그래서 신유학자는 이전과는 다른 가치 기준을 가지게 되었다. 가치관념의 근원이 인간 존재의 본질에 있으므로 성선설이 올바른 인성론일 수밖에 없고, 공부를 통해서 도덕을 보편적으로 실현할 수 있으며, 개인적인 삶은 물론 사회적 삶에서도 유학이 실학화(實學化) 되어야 한다는 점 등이 그것이다. 이 가운데서 가장 근원적이고 집요한 가치 기준으로 들 수 있는 것이 '유학의 실학화'이다. 신유학자의 견해에 따르면 송대 이전의 유학은 소수 전문 지식인이나 정치 담당자의 전유물이었고, 그 밖의 사회 구성원에게는 '혜택을 받는' 것으로 인식되었을 뿐이다. 신유학자는 유학을 '누구에게나 개방되어 그것에 참여할 수 있는 확실한 근거로서 의의를 갖는 학문'으로 재정립하려고 했다.[14]

신유학자의 이러한 가치관이 출발하는 지점이 『대학』이다. 그래서 주자도 사서(四書)를 읽는 순서를 『대학』, 『논어』, 『맹자』, 『중용』 순으로 제시했다.[15] 경전의 난이도를 고려한 학습의 효용성 때문이었겠지만, 송대 신유학자의 가치 기준을 적용한다면 『대학』이야말로 "'나'의 도덕 실천과 사대부로서 국가 사회의 운용에 직접 참여하는 사회 참여의 실천"을 하는 실학(實學)으로서의 유학 체계를 일목요연하게 잘 드러내고 있기 때문이다. 이에 비해 『중용』은 오늘날까지도 형이상학적 이념을 담고 있는 고원한 철학서 또는 동양적 환경, 생명철학적 요소를 담고 있는 것으로 여겨진다. 그래서 유학 전반에 대한 이해가 부족한 상태에서 『중용』을 읽는다면, "거의 이해를 못하거나, 실이 없이 고원(高遠)한 문구를 희롱하고 다닐 위험성"이 있다.[16] 그런데 『대학』은 윤리·철학·정치 이론 가운데 어떤 것에 의거하고 있는지에 따라 다양하게 해석된다는 점을 고려하더라도, 그 담론 공간을 인간의 공적 생명, 그리고 그것이 영위되는 사회로 제한하고 있어서 현실적으로 접근할 수 있다.

'인간의 공적 생명, 그리고 그것이 영위되는 사회'로 제한된 『대학』의 담론공간은 아감벤의 구분에 따르면 '공적 생명(公的 生命, βίος)과 그 공간 (πόλις)'이 된다. 주자가 분류한 삼강령과 팔조목 체제를 인정하지 않거나, 같은 맥락에서 『대학』이 옛날 태학에서 사람을 가르치는 법으로서 대인 (大人)의 학문'이라는 주자의 해설을 반대하는 이들도 있다.[17] 그런데 이들 도 『대학』이 인간의 사회적 삶으로 그 담론공간을 제한한다는 점에는 동 의한다. 『대학』의 목표가 주자의 『대학장구(大學章句)』「서(序)」에서 언급 된 '성인(聖人)에 의한 인간 본성 회복'이라는 데는 논란이 없다는 말이다.

> 『대학(大學)』이라는 책은 그것으로 옛날 대학(大學)에서 사람을 가르치던 법
> 이다. 대개 하늘이 백성을 내려보냄으로부터 이미 인의예지(仁義禮智)의 성(性)
> 을 부여해주지 않음이 없었지만, 그 기질(氣質)의 품부됨이 똑같을 수 없기도
> 하므로, 모두가 그 성(性)이 지닌 바를 알고 그것을 온전히 할 수 있는 것은 아
> 니다. 총명예지를 가지고 그 성(性)을 다할 수 있는 사람이 그 사이에서 한 사람
> 이라도 나오기만 하면, 하늘은 반드시 그에게 명하여 억조의 군사(軍師)로 삼아
> 그로써 그들을 다스리고 가르쳐서 그 성(性)을 회복시키도록 하였다.[18]

여기서 말하는 성(性)은 세계 내 존재 일반에게 부여된 원리가 아니라 '백성을 내려보낼 때의 성(性)', 곧 인간 존재의 원리인 인성(人性)이다. 신 유학적 표현에 따르면 '인간 존재에게 주어진 천명지성(天命之性)'이지만, 그것은 사실상 인간 존재만이 부여받은 기질지성(氣質之性), 곧 인류라는 종의 특성이다. 그래서 인간 개체의 사적인 생명과 그 삶을 영위하는 생물 학적 공간을 대상으로 하는 것이 아니라 공적인 생명과 그것이 구현되는 사회적 공간을 대상으로 한다. 여기에서는 인간이 존재 일반과 달리 특별 하게 구현해내어야 하는 의무 또는 희생이 강조될 수밖에 없다.

> 큰 배움의 길[道]은 밝은 덕을 밝히는 데 있고, 백성을 새로이 하는 데 있으

며, 지극한 선(善)에 머무름에 있다. 머무를 데를 안 뒤에 정(定)하는 것이 있고, 정(定)해야 고요하며, 고요해야 편안할 수 있고, 편안해야 생각할 수 있고, 생각해야 얻을 수 있다. 만물에는 근본과 말단이 있고, 일에는 끝과 시작이 있으니, 먼저 할 것과 나중에 할 것을 알면 길에 가까워진다. 그 옛날, 세상에 밝은 덕을 밝히려고 하는 사람은 먼저 그 나라를 다스리고, 그 나라를 다스리려고 하는 사람은 먼저 그 집안을 가지런히 하며, 그 집안을 가지런하게 하려고 하는 사람은 먼저 그 몸을 닦고, 그 몸을 닦으려고 하는 사람은 먼저 그 마음을 바르게 하며, 그 마음을 바르게 하려고 하는 사람은 먼저 그 뜻을 참되게 하고, 그 뜻을 참되게 하려는 사람은 그 뜻을 참되게 하려는 사람은 먼저 그 앎을 이루려고 하였으니, 앎을 이루려고 함은 만물을 대함에 있다. 만물을 대하여야 앎에 이르고, 앎에 이르러야 뜻이 참되며, 뜻이 참되어야 마음이 바르게 되고, 마음이 바르게 되어야 몸이 닦이며, 몸이 닦여야 집안이 가지런해지고, 집안이 가지런해져야 나라가 다스려지며, 나라가 다스려져야 세상이 바로 잡히는 것이다. 천자(天子)부터 서민에 이르기까지 하나같이 모두 몸을 닦는 것을 바탕으로 삼아야 한다. 그 바탕이 어지러운데도 말단이 다스려지지는 않고, 그 두텁게 여겨야 할 것을 엷게 여기고, 그 엷게 여겨야 할 것을 두텁게 여기는 경우는 없다.[19]

「경(經)」 1장은 '밝은 덕을 밝히고[明明德], 백성을 새로이 하며[新民], 지극한 선(善)에 머문다[至於至善]'라는 이른바 세 가지 강령[三綱領]과 '격물(格物), 치지(致知), 성의(誠意), 정심(正心), 수신(修身), 제가(諸家), 치국(治國), 평천하(平天下)' 등 여덟 가지 조목[八條目]이 수렴되면서 되짚어 발산되는 중층적 구조로 이루어져 있다. 삼강령에서는 인간 존재라면 누구나 타고난 명덕(明德)을 밝히고, 백성들과 가까이 지내서 올바른 상태, 곧 명명덕과 친민을 잘 해내는 상태에까지 이르게 되어야 함을 선언한다. 오늘날의 표현을 빌리자면 사회적 존재로서 인간에게 주어진 능력을 잘 발휘하여 사회화 과정을 잘 거쳐 공적 생명을 잘 이루어내는 상태에 이르는 것을 선언적으로 드러낸 것이다. 주자가 '백성을 가까이 함[親民]'을 '백성을 새롭게 함[新民]'으로 고친 것도 사적 생명을 공적 생명으로 사회화함, 곧 교화(敎化)에 초점을 맞추었기 때문이다.[20]

팔조목에서는 삼강령의 이상인 사회화의 과정이 사회적 욕구의 발산과 그것의 수렴적 실현이라는 쌍방향으로 좀 더 구체화 된다. 세상을 바로 잡으려고 한다면 그보다 개별화된 국가를 다스리는 데로 수렴되어야 하고, 국가를 다스리려고 한다면 그보다 개별화된 가정(家庭)을 가지런히 하는 데로 수렴되어야 한다는 식으로 개별화, 또는 수렴되는 과정이 제시되고 있다. 이렇게 해서 개인이 본래 얻어 가진 원리를 함께 하는 존재 일반의 층위로 완전히 수렴되면 거꾸로 하위수준에서부터 상위수준으로 발산되는 일반화의 과정이 되짚어진다. 또한, 각각의 층위에서는 본말(本末)의 연쇄 관계가 설정되어 있으므로 정치지도자에서부터 일반 서민에 이르기까지 인간이라면 누구나가 각각의 층위에서 구현해내어야 하는 이른바 수신(修身)이 다시 한번 강조된다.

공적 영역의 출발점인 사적 영역, 곧 수신(修身)의 밑바탕에 만물의 원리를 깔아두고 각각의 수준별로 중층적이고 연쇄적으로 오르내리는『대학』의 구조는「전(傳)」10장의 "기준을 맞추는 법[絜矩之道]", 곧「전(傳)」9장의 '헤아림[恕]'을 구체화한 데서도 그 특징을 드러내고 있다. 인간사회는 본래 주체와 타자의 관계를 전제로 한다. "나의 길은 하나로 꿰뚫었다."라고 선언한 공자의 말에 증자가 "선생님의 길은 정성을 다해 헤아리는 것일 뿐이다."라고 부연한 것을 떠 올리면,『대학』의 삼강령과 팔조목은 사회적 삶을 영위하는 데 필요한 한 가지의 원리를 말하는 데 목적을 둔 것이다.[21] 사회적 생명을 유지해가기 위해서는 내가 바라는 바를 기준으로 하여 타자의 욕구를 헤아리고, 개별적 사태로부터 일반화해 가며, 일반적 원리를 개별적 수준에서 구현해 나가야 한다는 것이 서(恕)이다.「경」1장에서 수신(修身)이 재차 강조된 까닭도 우리의 사회적 삶은 주체와 타자의 관계성을 전제로 할 수밖에 없다는 것과 이때 도덕 의무는 그것을 구현하여야 할 자신에게 부여된다는 것을 강조하기 위한 것으로 보아야 한다. 『대학』에서 다루고 있는 인간 생명은 사회적 관계의 구축과 헤아림의 원리를 실현하는 책임을 진 존재로 정의될 수 있다. 따라서 『대학』이 겨냥하는 것은 "관계 원리의 강조"라고 할 수 있다.

Ⅳ. 공공성의 회복

동·서양 할 것 없이 인간 존재는 이념과 현실 두 가지로 균열, 갈등을 겪는 모순적 생명으로 이해되어왔다. 이상을 꿈꾸지만 녹록치 않은 현실을 경험할 수밖에 없는 탓이다. 더 모순적인 것은 이러한 균열과 갈등이 사실상 '자기'라는 하나의 존재에서 진행된다는 점이다. 인식을 중시하는 전통에서 말하면 "단순히 이성만의 주장이 아닌 감정적 육체적 몸의 만남이 있고 그 만남의 소통장소가 몸이란 전제에서 몸속의 '자기', 이성과 정서, 의식과 무의식, 이론과 실천이 분열된 것이 아닌 몸을 가진 개인에서 진행되는 일들이고 나아가 그것이 사회로 국가로 확대"됨을 우리는 이미 자각하고 있다.[22] 실천을 중시하는 전통에서 말하면 인간은 인욕(人欲)과 천리(天理)의 대립항 사이에서 어슬렁거리는 존재이기 때문에 '천리의 본바탕을 지키고[存天理之本然] 싹트려고 하는 인욕을 막는[遏人欲於將萌] 것'[23]이야말로 참된 인간이 되는 길[道]임을 우리는 이미 자각하고 있다. 그래서 우리는 신과 악마, 영혼과 육신 등과 같은 한 쌍의 대립적 추상 개념을 만들어내었고, 이 대립항 사이를 방황하는 존재로 자신을 인식해왔다.

이런 자각은 인류 역사만큼이나 오래되었지만, 특히 서양의 근대(近代), 그리고 동양의 송대(宋代)에 이르러 구체화·체계화되었다는 점에 주목해볼 수 있다. 이 시기에는 인간 존재가 스스로 도덕 주체로 재인식할 수 있는 여러 가지 시대적 여건이 성숙했다. 그래서 니체와 신유학자의 인간 존재에 대한 이해는 교차지점을 가지고 있는 것처럼 보이는 것이다. 서양의 근대주의와 송대 신유학은 인간 존재 자체의 모순과 균열이 해소될 수 있어야 함을 강조하는 계몽적 성격 때문에 오늘날 비판받기도 한다. 하지만 그나마 인간적 한계를 넘어서 인간성을 극대화한 초인(超人) 또는 성인(聖人)을 추구할 수 있다는 근대의 소박한 기대가 무너진 지 오래되었을 뿐 아니라, 또 다른 의미에서의 비인간화(非人間化)가 촉진되고 있다. 아감벤의 문제의식을 빌리지 않더라도, 우리는 인간의 대립항에 동물적 생명이 아닌 기계적 비생명이 놓이고 있음을 절감하고 있다. 그러므로 생명의 회복, 재생, 그리고 조성 등을 다양한 방식으로 논의하는 것이다.

민선 6기에 들어선 제주도정은 앞서 살펴보았듯이 그동안 자연환경에 주목해왔던 한계를 극복하려고 문화생태적 공간을 구축하고, 도민이 삶을 영위해온 역사문화적 공간을 되살리겠다고 천명했다. 이러한 의지야말로 『중용』과 『대학』에서 주장하는 "뜻을 참되게 함"이고, 여기서부터 참된 인간의 삶이 실현된다는 점에는 이견이 없다. 하지만 거버넌스를 통해 이렇게 원대한 기획을 성취하겠다는 전략과 함께 제시된 정책과제에서 우려되는 것은 '인문학적 성찰의 부재(不在)'이다. 우리가 비인간화되고 있는 까닭은 이념이 부족해서가 아니라, 오히려 이념이 넘쳐나기 때문이다. 그 이념의 홍수 속에서 불안해하고 있는 생명을 도탑게 해 줄 낙관적 태도가 부족하다는 것이 더 큰 문제이다. 사정이 이러하므로 통치를 넘어선 협치라는 좋은 의미의 거버넌스조차도 오히려 신자유주의적 배제를 정당화하는 이른바 '떠넘기기'에 불과하다는 우려마저 든다.

오늘날 우리는 국내 굴지의 엔터테인먼트 그룹은 물론, 정치권과 대학에 이르기까지 "문화가 경쟁력입니다."라는 구호에 함몰되어 있다. 문화는 사적인 생명 활동과 공적인 사회 활동의 결과가 교직(交織)된 후형질이 아니라, 부가가치를 창출해내는 상품이 되어버렸다. 일상에서 사용하는 변기가 뒤샹을 만나 '샘'이라는 작품이 된 것을 보면서 제주의 '통시'를 도민의 일상적 삶에서 떼어서 관람상품으로 만들려는 '음모'를 꾸미고 있다. 그러나 개인적 삶의 공간에서 떼 내어 박제·전시된 문화는 아감벤이 지적하였던 것처럼 '개개인의 생명 공간조차도 대상화함으로써 비인간화하는 권력'에 의해 만들어진 가짜에 불과하다. 같은 의미에서 문화나 도시공간의 재생, 또는 복원 문제가 이제는 사라진 예전 삶의 공간을 회복한다는 행위 자체에만 함몰되면 안 된다. 그것이 되살려졌을 때, 그것을 실제적인 삶의 공간에서 어떻게 활용될 수 있는지가 먼저 고려되어야 한다. 그렇게 할 때 비로소 삶의 공간에서 배제나 예외를 허용하지 않는 것으로서 문화의 생명력과 본질적 가치를 확보할 수 있기 때문이다.

'천혜의 자연경관'이 더 이상 매력 넘치는 상품이 못 된다는 자각에 대해서는 공감한다. 그동안 배제된 대한민국의 1%로서 제주가 생명을 유지하려면 그동안 이런 것도 상품이 될 수 있었나 싶었던 것까지도 팔아야 한다는 위기의식에 대해서도 공감한다. 배제된 이의 "같이 먹고 살자."라는 말은 이념이 아니라 절규이기 때문이다. 이러한 절규에 대한 대답이 '듣는 도민'은 물론 답하는 쪽에서조차도 분명히 이해하지도 규정하지도 못하는 구호로서의 문화, 상품으로서의 문화, 이념으로서의 문화라면 그것은 오래 지속될 수 없다. 공유되지 않는 이념은 허상에 불과하다는 말이다. '문화협치, 도민문화, 문화생태계, 문화예술의 섬, 제주문화 정체성, 창조시대, 문화재생 등' 구체성을 상실한 개념의 범람도 문제지만, '한류, K-Pop 등 공연사업육성을 통한 문화산업시대'는 민선 5기 도정이 지난 2013년 12월 관광객 1000만 시대 개막을 기념하기 위해 제주월드컵경기장에서 개최한 '케이팝 인 제주(K-POP in Jeju)' 공연의 결과에서도 확인되듯이 관광객이 아닌 제주 도민의 얄팍한 주머니를 터는 결과를 낳는다.[24]

문화는 인간의 사적이고 공적인 생명 활동의 흔적이다. 『중용』에서 살펴보았듯이 인간 생명은 존재 일반의 생명원리를 공유하지만, 각각의 삶에서는 우주적 생명 원리가 끊임없이 스스로 재생해내고 있다. 비록 그것이 본 모습을 상실했다고 하더라도 실낱같은 생명력이라도 유지하는 한에서는 되살아낼 뿐 아니라, 상처받은 흔적까지도 다음 순간의 원형질로 포섭한다. 따라서 우리는 이 개별적 생명 공간에서 작용하는 생명원리를 긍정해야 한다. "솔개가 하늘을 날고 물고기는 못에 뛰노는" 풍경에 공감하고 낙관하듯이, 도민이 각자 삶의 현장에서 실현해내고 있는 생명원리를 공감하고 낙관하면 된다. 이런 맥락에서 본다면 원도심 재생을 포함한 제주문화공간의 재생은 과거 어느 한 시점의 형태를 복원해내는 것이 아니라, 지금 여기에 삶의 터전을 잡은 이가 일상의 삶을 잘 영위할 수 있도록 하는 데 초점을 맞추어야 한다. 책상 위에 펼쳐 놓은 도면에 줄긋기 방식으로 추진되어서는 안 될 일이라는 것이다. 골목 어귀 1960년대 개발독재시절에 지어져 이제는 허름하다 못해 생뚱맞기까지 한 담배 가게 한 귀퉁이에서도 지난 시절의 제주와 오늘의 제주가 뿜어내는 생명력이 이어질 수 있도록 하는 것이 제주 문화공간의 재생에 필요한 전제이다.

문화는 주문화(周文化)나 탐라문화(耽羅文化)라고 불릴 때처럼 특정 시대의 가치를 반영하기도 한다. 인간은 존재일반이 가진 생명의 원리를 공유하면서도 인간만이 가진 독특한 생명의 원리를 구현해내어야 할 의무를 진 존재이기 때문이다. 『대학』의 기준[尺]이 필요한 것은 이 지점이다. 이 지점에서는 인간 존재가 존재일반과는 다른 의무를 지닌 존재라는 점이 강조되므로, 역설적으로 '나'를 기준으로 하여 '남'을 헤아리는 보편성이 요구된다. 그러한 보편성이야말로 '거버넌스'의 성공에 필요한 전제조건이다. 공적인 생명의 원리는 일반화와 개별화, 수렴과 발산이 중층적으로, 연쇄적으로 긴밀하게 실현될 때 제대로 기능한다. 따라서 문화협치체계와 그것을 통한 문화의 섬 조성은 상향식 또는 하향식으로 구상되어 어느 한 방향으로 제시되거나 떠넘기는 것이 아니라, 쌍방향으로 치열하게 소통하는 과정의 산물이 되어야 한다. 문서 한 장으로 고지되는 정책이나 등 떼밀려

추진되는 정책이 되어서는 안 될 일이라는 것이다. 도민은 물론, 소길댁으로 불리는 한류스타도, 육지를 떠돌다 정착한 문화이주민도, 제주를 찾은 관광객도 모두 '이것이야말로 제주적인 것'이라고 공감할 수 있는 보편적인 것이야말로 역설적으로 제주만이 가진 독특한 문화이기 때문이다.

V. 재생의 공간

이 장에서는 민선 6기 제주도정이 내건 '문화 협치를 통한 문화융성 정책과제' 가운데서도 제주 공간을 재생 또는 조성하는 과정에서 고려해야 할 것을 유학의 공간 담론 분석을 기초로 검토해보았다. 흔히 신유학 이전의 유가는 우주 본체론적 주제에 관심을 보이지 않았으므로 공간의 재생 또는 조성과 관련하여 논의할 것이 없다고 생각하지만, 공간을 네트워크로 파악하는 오늘날의 관점에서 출발하면 유가의 세계관이야말로 삶의 공간에 대한 깊은 성찰을 주요 내용으로 삼고 있다. 이러한 점에 착안하여 유학의 공간담론에서는 인간의 생명과 천지자연의 생명이 따로 또 같이 함께 논의된다는 점에 주목했다. 그리고 오늘날 주목받고 있는 '협치(Governance)'를 유학의 공간담론에서 논의되고 있는 정치적 공간으로 전제하였다. 이 두 가지 전제를 통해서 오늘날 재생되어야만 하고 재생될 수 있다고 믿어지는 '삶의 공간(생명 공간)'으로서 제주를 지속 가능한 삶의 공간으로 만드는 데 필요한 인문학적 전제를 도출하고자 하였다.

유학의 공간 담론 가운데서 『중용』이 겨냥하고 있는 것은 고대유학에서는 관심을 두지 않았던 존재론적 세계이다. 그래서 오늘날에는 『중용』이 한대 이후의 저작이라고 보지만, 주자를 비롯한 송대 성리학자는 『예기』의 한 편에 지나지 않았던 『중용』에 주목했다. 오늘날 우리가 영위하고 있는 삶의 공간을 지속할 수 있도록 인간 아닌 것으로 관심을 확장하는 것과 같은 이유이다. 송대 성리학자는 "모든 존재는 '본래 가지고 있는[天命]' 것이 있으므로, 그 어떤 존재도 배제되어서는 안 된다."라고 선언한 『중용』의 첫머리에 주목했다. 이 선언은 인간 존재에게 집중된 담론을 존재 일반으로 확장하는 것이었지만, 오히려 그 때문에 인간 종 전체가 아닌 개인의 삶을 긍정하는 결과를 낳았다.

개인의 삶이 영위되는 공간은 '일상성의 공간'이다. 『중용』에서는 이 일상성의 공간을 "솔개는 하늘을 날고 물고기는 못에 뛰논다."라는 『시경』의 구절을 빌려 표현한다. 우리의 삶을 관통하고 있는 원리로서 중(中)이란 사실상 평범한 일상에서 이루어지는 용(庸)의 다른 표현에 지나지 않기 때문이다. 일상성의 긍정은 존재 일반이 동일한 원리를 가지고 있다는 보편성의 긍정이면서, 동시에 한 개체가 그러한 보편적 원리를 가지고 있을 뿐아니라 사실상 보편적 원리란 한 개체의 원리에서부터 확장되어 나가는 것이라는 점을 긍정하는 것이다. 이 개인적 공간은 절대 권력이 벌거벗은 생명을 두려움에 떨게 하는 공간이라기보다는 쉼 없이 생겨나서[生生不已] 모든 억압과 강제, 그리고 배제를 무화(無化)시킬 수 있는 공간이다. 현실의 공간이 부조화(不調和)하고 불연속(不連續)하며 부중절(不中節)해서 갈등이 일어날 수밖에 없는 곳이라고 하더라도, 그러한 것은 일상성을 긍정하는 순간 삶의 원리[誠]에 포섭되어버린다.

한편, 세상을 구제해야 한다는 우환의식(憂患意識)을 공유하고 있던 신유학자는 유학사상의 전체규모에 입각한 실천 강령을 『대학』에서부터 찾았다. 신유학자는 내성외왕(內聖外王)과 수기치인(修己治人)하는 실학(實學)의 전승자로 자처했기 때문에 구체적인 현실에 대해 염려하고 실천 방안을 모색하는 이른바 '우환의식(憂患意識)'을 가지고 있었다. 이들이 염려한 것은 인간의 손길이 미치지 않을 뿐 아니라 미칠 수 없는 존재 일반의 세계가 아니라, 지식인의 손길이 미치면 즉각적으로 효과를 볼 수 있는 현실 사회였다. 그러므로 『대학』이라는 책에서 겨냥하고 있는 대상은 그 옛날 대학이라는 교육기관에서 리더십을 함양하던 차세대 정치지도자로 국한되었다. 그 덕분에 대학의 담론 공간에서 다루어지는 인간은 개인이 아니라 세계 내 존재와는 차별되는 전체 인간으로 확장되었고, 이들 사이의 관계성을 긍정하는 결과를 낳았다.

사회적 삶이 영위되는 공간은 '관계성의 공간'이다. 『대학』에서는 이 관계성의 공간의 구조를 삼강령과 팔조목이라는 이중구조로 도식화한다. 그리고 이 둘은 물론 각각 서로 연쇄적이고, 중층적인 구조로 되어 있다고 선언한다. 인간만이 타고난 능력을 잘 실현하는 것[明明德], 그러한 존재가 되는 것[新民], 그러한 것이 잘 이루어지는 상태를 지속하는 것[止於至善]이라는 삼강령은 각각 서로의 근거이면서 결과가 되는 것으로서, 다른 한편으로는 그것을 실현하는 방법이면서, 바로 삼강령이라는 전제 때문에 실현될 수 있는 팔조목(八條目; 格物, 窮理, 誠意, 正心, 修身, 齊家, 治國, 平天下)과 쌍방향으로 구성되어 있다. 삼강령 내부적으로도 서로 중층적으로 도식화되어 있을 뿐 아니라, 팔조목과의 관계 속에서도 중층적으로 구성되어 있다. 팔조목도 격물에서부터 평천하에 이르는 발산적 방식과 평천하에 이르기 위해 각각 앞 단계를 필요로 하는 수렴적 방식이 중층적으로 이루어져 있는 것이다. 이렇게 본다면 『대학』은 그 전체가 '관계 원리'의 중요성을 드러내고 있는 것이다.

이러한 유가의 공간 담론을 오늘날 제주 공간의 재생, 특히 문화적 공간으로서의 제주 공간의 재생과 연결하여 본다면 우선 일상성의 원리에서부터 출발해야 한다. 문화란 일상적인 삶의 후형질이다. 구체적인 현장과 유리된 구호나 박제 전시되어 관람을 기다리는 것들은 문화가 아니라, 문화라는 이름으로 포장된 상품에 불과하다. 상품은 소비자의 기호에 따라 언제든 변할 수 있을 뿐 아니라, 사실상 변하여야 하며, 유통기한 때문에라도 새롭게 되어야 한다. 그러나 문화는 외부의 조건이나 유통기한 때문에 변할 필요가 없다. 바로 일상성의 원리 덕분에 문화는 언제나 늘 새롭게 생겨나고 그만큼의 깊이를 더하기 때문이다. 아울러 문화적인 공간의 재생 혹은 조성은 관(官)과 민(民), 원주민과 이주민, 과거와 미래 등이 중층적으로, 연쇄적으로 시도될 때 비로소 실현될 수 있다. 관계성의 원리란 의무의 행위자로서 자신을 규정하는 타자(他者)의 존재를 인정하는 것이고, '우리'라는 개념이 성립될 수 있는 출발점이 되기 때문이다.

제5장
화엄의 공간 담론과 문화 공간

Ⅰ. 연기하는 법계

　최근 공간이론의 경향이 "공간(space)을 이미 주어진 텅 빈 장소로 생각하지 않"고, "서로 갈등하는 공간적 실천에 의해 구성되는 것"으로 선언되는 쪽으로 기울고 있다[1]는 점은 그다지 낯설지 않다. 왜냐하면 "공간은 텅 비어 있지 않기 때문에 언제나 행위, 관계, 상호작용의 산물이지만 그러한 공간은 행위, 관계, 상호작용에 인과적 영향을 끼친다."[2]라는 설명 방식은 '생성과 변화의 장이면서 생성과 변화에 관여함으로써 실재한다.'라는 플라톤의 코라(χώρα)나 '사물이 존재하는 바깥 경계라는 존재의 자리를 차지하고 있다.'라는 아리스토텔레스의 토포스(τοπος) 등 서양철학의 공간이론에 기대고 있기 때문이다.[3] 그리고 "이런 맥락에서 제주의 공간으로 인지되고 체험되는 자연환경과 사회환경은 '언제나 이미' 제주인들의 행위 또는 실천의 전제이지만(인과적 힘을 갖지만) 그 행위와 실천을 통해 지속적으로 재구성될 수밖에 없다."라면서, '엄청난 힘을 가진 것처럼 보이는 추상적 공간이지만 우리 몸과 자연의 한계를 고려하지 못하여 저항을 동반할 수밖에 없기 때문에 주변이어서 더 구체적인 공간 제주에서 비동시대적인 것의 공존이라는 희망을 발견할 수 있다'[4]라는 결론에 이르는 논리구조도 낯익다.

공간에 대한 형이상학적 논의는 동양과 서양, 고대와 근현대가 다르지 않다. 오늘날 대부분의 공간 담론은 공간이 '살아 움직이는 실천의 현장'이어야 한다는 데로 귀결된다는 유사성을 가진다. 그런데도 공간의 개념과 그것들의 틀을 제공하는 세계관에 대한 검토가 늘 새롭게 요구되는 까닭은 공간에 대한 담론의 양만큼 질적인 변화가 이루어지지 않고 있기 때문이다. 그리고 담론의 대상인 공간이 이쪽에서 저쪽까지라는 면(面)을 가지고 있는 고정된 사물이 아니라 시시각각으로 생성하고 변화하는 삶의 현장이기 때문이기도 하다. 그러므로 선행 담론이 어떻게 귀결되었건 그만큼 살아 움직여 변화한 공간에 대한 담론은 지속된다.[5] 선행연구와 맥락을 같이하는 이 글에서 동아시아와 제주의 공간을 문화공간이라는 점에서 주목하고 있는 까닭도 인간 삶의 흔적이 켜켜이 쌓인 것으로서의 문화, 그리고 그러한 공간이어야 하지만, 오늘날의 공간은 소비되는 상품, 또는 강제되고 조작된 복제 이미지에 불과하다는 문제의식을 가지고 있기 때문이다.

오늘날 우리 사회는 문화산업을 신성장동력, 차세대성장동력산업분야로 주목하고 있다. 그 덕분에 한류(韓流)가 동아시아의 주목을 받게 된 것인지, 동아시아의 주목을 받는 한국의 연예사업(entertainment)을 한류로 포장했는지는 따져보아야 할 일이지만, 문화산업은 이제 '엔터테인먼트(entertainment)'라는 용어를 '감히' 쓸 수 없을 정도로 높은 지위를 차지하고 있다. 사정이 이런 것은 우리나라뿐만이 아니다. 중국에서도 제18기 5중전회에서 문화산업을 향후 5년간 경제성장을 이끌 신성장동력으로 손꼽을 정도이다.[6] 이렇게 보면 '문화야말로 차세대 먹거리가 된다.'라는 주장은 한류의 중심지인 한국을 넘어 동아시아 전체에 통용되고 있다고 해도 지나친 말이 아니다. 이런 분위기를 고려한다면, '낯선 경관'을 콘텐츠로 한 관광과 감귤 산업 외에는 이렇다 할 산업기반을 갖추지 못한 제주가 그동안 홀대받던 '변방(邊方)'이라는 이미지를 차별화된 상품으로 내세울 수 있는 전기(轉機)를 맞이했다는 것도 사실이다.

제주는 일본에 편중되어있던 외국 관광객이 중국과 동아시아 전반으로 확대되면서 예전과는 다른 양상을 보인다. 관광을 목적으로 단기 체류하던 내국인이 모여들던 것과는 달리 문화 이주가 확대되고 있는 양상을 보이는 것이다. 이러한 변화와 함께 지역주민의 삶의 공간도 상당한 변화에 직면하고 있으며, 그만큼 폭주하는 안팎의 요구에 따른 역기능도 상당 부분 노출되고 있다. 사정이 이러하므로, 이제 제주라는 공간이 동아시아문화지도에서 차지하는 위치와 그러한 제주 공간을 이루고 있는 겹겹의 층위(層位, Layer)[7]를 분석하고 검토해볼 때가 되었다. 가령 지금의 상황이 지역주민들에게는 물론 제주라는 공간을 소비하고 재생산하는 이주민과 관광객에게도 긍정적이라고 한다면, 그것이 현실적으로 지속할 방안을 모색해볼 좋은 때이기도 하다. 그래야 실제로 부딪히게 되는 현실적인 갈등은 물론, 추상적 공간과 구체적 공간의 갈등도 해소할 수 있을 것이기 때문이다.

　이 장에서는 공간에 대한 개념틀로 화엄(華嚴)의 세계관을 차용하고자 한다. 화엄종의 소의경전(所依經典)이기도 한 『대방광불화엄경(大方廣佛華嚴經)』의 요체는 '중중무진(重重無盡)의 법계연기(法界緣起)'와 '현상과 본질의 대립을 해소하는 육상원융(六相圓融)'에 있다고 한다. 난해하기 짝이 없는 불교 형이상학 가운데서도 그 정점(頂点)에 서 있다고 하는 세계관을 빌려오는 까닭은 사실상 대립과 갈등 관계로 분절된 이항(二項) 개념을 가능하게 하는 인식과 논리구조에서 벗어날 때 '삶의 현장으로서 제주문화공간이 재발견, 재인식, 재구축될 것'이라는 기대 때문이다. 이 장에서는 본래 제주적인 것이 무엇이고, 그것과 무관하게 이제부터 새롭게 소비될 형태로 재생산되는 제주를 되돌려 놓을 방안이 무엇인가에 대해서는 대답할 수 없다. 그리고 탐라국부터 제주특별자치도에 이르기까지 제주의 지난(至難)했던 이중소외의 역사를 구구절절이 되풀이하는 것으로 채울 생각도 없다.[8] 하지만 오늘날의 화두가 문화인만큼 인식의 변화야말로 접근 태도의 실질적 변화를 가져올 것이라는 기대를 버릴 수 없다.

이러한 문제의식을 바탕으로 하여 이 장에서는 아직도 선명하게 표시되어 있는 변방이라는 제주의 층위를 검토하고, 그와는 반대로 로컬리티 담론을 비롯한 다양한 공간담론에서 요청되는 이른바 '중심인 로컬'이라는 제주의 층위를 검토하고자 한다.[9] 마지막으로 현상공간과 추상공간, 그리고 글로벌과 로컬이 인식의 변화라는 인문학적 실천을 통해 평등(平等)하면서도 '두께'를 가진 네트워크를 형성할 수 있는지를 검토해보고자 한다. 이 장에서 찾고자 하는 것은 '제주문화공간이 추구해야 할 삶의 공간으로서의 위치와 그 켜켜이 쌓인 층위(layer)는 어떻게 이해될 수 있으며, 그 층위의 가장 바깥 면인 오늘날의 층위는 어떤 방향성을 추구해야 하는가?'라는 원론적이면서도 현실적인 질문에 대한 대답이다.

II. 중앙의 변방

제주를 변방(邊方)으로 인식하게 된 원인으로는 여러 가지를 손꼽을 수 있겠지만, 가장 오래되었고 직접적인 원인은 중국 한(漢)·당대(唐代)에 한자, 불교, 유교, 율령 등이 한국과 중국, 그리고 일본 등의 동아시아국가들에 전파됨으로써 제주가 포함된 동아시아에 이른바 중화주의(中華主義)에 바탕을 둔 한자문화권이 성립된 일이다. 잘 알고 있듯이 중화주의란 "초기 문명 단계 이후 동아시아에서 가장 선진된 문명을 유지, 발전시켰을 뿐 아니라 가장 강대한 정치조직을 배경으로 주변의 분산적이고 후진적인 제집단 위에 군림하기 시작한 … '中原(黃河中, 下流域)에 위치한 … 왕조의 주인공들이 … 자신의 문화를 단순한 최고가 아닌 '유일한 문화'로, 자신의 왕조는 단순한 초강대국이 아니라 지상의 모든 국가와 민족을 포괄적으로 지배하는 유일한 보편적 통합 질서 그 자체로 주장한 것"[10]이다. 이런 관점에 따르면 천명(天命)과 왕도(王道) 등과 같은 유가(儒家)의 고아한 형이상학적 개념은 화이론(華夷論)이란 분열적이고 대립적 세계관에 입각한 지배 이데올로기에 불과할 수도 있다.[11]

화이론(華夷論)은 세계의 중앙에 문명의 중심인 화(華)를 두고, 동서남 북 사방(四方)에 문명의 혜택을 받지 못하여서 문명화해야 할 숙명을 가진 변방(邊方) 이(夷)를 대치시켜 둔 세계관이다. 이에 따르면 천명을 받은 "天子의 일원적 지배하에 당위적으로 통합되는 공간"인 천하(天下) "안의 모든 영토와 주민은 '王者'에 귀속되는 것"이다. 이러한 "천자의 지배(王化)는 곧 '유일한 문화'의 구현이었던 만큼 그것에의 편입 여부는 단순한 정치권력에 대한 참여 또는 복속의 문제가 아니라 문명과 야만의 갈림길로 인식" 되었다. 그래서 "전자를 '華' 후자를 '夷'로 구분하여 차별하는 이른바 華夷思想이 발전하였는데, 특히 '夷'가 王道에 참여하지 못한 이유가 주로 그들의 거주지와 자질 면에서 설명되었기 때문에 여기에 공간적 개념 즉 '내외' 또는 '中國'과 '四方'과 아울러 '人'과 '非人'의 개념이 결부"되었던 것이다.[12]

이러한 중화사상은 "다른 민족과의 교섭과정에서 여러 차례 굴절될 수밖에 없었"고, "천하의 제왕은 제하족이어야만 한다는 사상이나, 중국이 가장 우수한 문화를 가졌고, 경제적으로도 가장 수준이 높다는 생각도 근세에 와서는 여지없이 무너지고 말았"기 때문에, "외복(外服)이라고 일컬어지고 있는 이적들도 제하족이 이해하고 받아들인 것처럼 납득했는가의 문제"가 해소되어야만 한다. "중화사상이 주변에 있던 다른 민족에 의해 어떻게 이해되었느냐 하는 문제가 동시에 논의되어야" 동아시아문화권 또는 한자문화권이라는 개념이 성립한다는 말이다.[13] 중화사상에 입각한 동아시아문화지도가 실제로 있었다고 하더라도 그것은 사실상 중심부가 독점하는 논리라기보다는 중심부를 인식하는 주변부의 논리를 포함하여만 완성되는 것이다.

더구나 "漢民族의 우월적인 위치가 상실된 정도가 아니라 '中國' 영토의 일부 또는 전체가 異民族(夷)에 의해 정복 통치되는 이른바 '정복왕조'의 시대(결코 짧지만도 않았던)에도 화이사상이 이민족 지배에 대한 저항의 논리 뿐 아니라 그 지배의 정당성을 보증한 논리로도 기능하였던 것"[14]이라면, 중화주의에 바탕을 둔 동아시아문화지도에서 중심부와 주변부의 위치는 현실적으로 존재했다고 하더라도 가변적인 것이거나 실제로는 존재하지 않았던 외교적 술어에 불과하다. 이러한 의심에도 불구하고 오늘날 제주 공간의 인식 표층에서 "변방(邊方)", "주변부(周邊部)", "소외(疏外), 특히 이중소외"라는 개념이 유령처럼 떠돌아다니는 것은 우리나라 삼국시대에 성립되고 그 후 오랜 시간 동안 유포된 동아시아문화지도에서 탐라가 '동쪽 끝 변방의 남쪽 끝 변방'에 위치한 절해고도(絶海孤島)인 유배지(流配地)로 표기되어왔기 때문이다. 그것이 외교적 술어에 불과했다 하더라도 청나라 이전까지는 한 번도 국가명을 '중국(中國)'이라고 표기한 일이 없었던 하화족과 그들의 영토를 중심으로 한 문화지도[15]에서 탐라 또는 제주는 표기가 생략되거나, 표기된다고 하더라도 동남쪽 변방에 점 하나로 표기되었다.[16]

고대 독립 해상왕국 탐라(耽羅)는 중국 사료에 '섭라(涉羅)', '탐모라(耽牟羅)', '담라(儋羅)', '탁라(乇羅)' 등 다양한 명칭으로 표기되어왔다. 이 가운데서 당나라 때 이연수(李延壽)가 편찬한 『북사(北史)』에는 수(隋)나라에서 일본으로 가는 해상항로에 다음과 같이 탐라가 등장하는데, 이것이 '탐라'라는 지명이 등장하는 가장 오래된 기록이다.

"다음 해(608) 주상께서 문림랑(文林郎) 배세청(裵世淸)을 왜국에 사신으로 보내셨다. 백제(百濟)를 넘고 죽도(竹島)에 이르러 남쪽으로 탐라국(耽羅國)을 바라보며 도사마국(都斯麻國, 지금의 對馬島)을 거쳐 멀리 큰 바다로 들어갔다. 다시 동쪽으로 일지국(一支國, 지금의 一岐)에 이르렀다가 죽사국(竹斯國, 筑紫: 지금의 福岡 일대)에 이르렀고, 더 동쪽으로 가서 진왕국(秦王國)에 이르렀다. 그곳의 주민은 중국[華夏]과 같으며 이주(夷洲, 會稽郡 일대로 지금의 臺灣)라고 하는데, 의심스럽고 분명히 알 수 없다. 다시 10여 국을 거쳐 바닷가에 다다랐다. 죽사국부터 동쪽 [나라들은 모두 왜에 부용(附庸)한다."[17]

『삼국지(三國志)』에는 중국과 일본 사이의 왕래가 한반도 남해를 따라 항해하다가 오늘날 김해지역에서 대마도와 일지국을 거쳐 일본열도로 가는 해로를 이용한 것으로 나오는데, 『수서(隋書)』에서는 인용문처럼 백제(百濟)에서 죽도, 탐라국, 도사마국, 일지국, 일본열도 순서로 일단 백제 해안에서 출발하여 섬을 경유하는 항로를 이용한 것으로 나온다. 항로의 변경 덕분에 탐라가 중국 사료에 등장하기는 하지만, 경유지가 아니었기 때문에 구체적인 묘사는 되어 있지 않는 것으로 보인다.

〈그림 1〉 『광륜강리도(廣輪疆理圖; 日本 大倉集古館 소장)』

중국 고지도에서 탐라가 표기된 것은 이보다 훨씬 후대의 일로, 송대에 제작된 「화이도(華夷圖, 1136)」에도 예맥(濊貊), 삼한(三韓), 부상(扶桑), 왜국(倭國), 대막(大漠), 유구(流求) 등의 국명이 나오는 데 비해 탐라라는 명칭은 등장하지 않는다. 이 지도는 당대(唐代) 최고의 지도학자인 가탐(賈耽)이 제작한 「해내화이도(海內華夷圖)」를 1136년에 개정하여 서안(西安) 비림(碑林)에서 석각(石刻)한 것으로 알려져 있는데, 우리나라가 표시된 초기 지도의 대표적 사례로 손꼽히고 있다. 현존하는 중국 지도 가운데 제주가 최초로 표시된 것은 원나라 때 제작된 「광륜강리도(廣輪疆理圖)」이다.

이 지도는 1360년 청준(淸濬)이 제작했다고 하는데, 원본은 전하지 않고 그것을 기초로 그린 수정 목판본이 『수동일기(水東日記)』에 남아 있다. 목판본으로 제작하였기 때문에 생략된 부분이 많지만, 한반도 남쪽에 제주가 '탐라(耽羅)'라는 명칭으로 표시되어 있다. 원(元)나라에 이르러서야 탐라가 지도상에 등장하는 까닭은 당시에 원나라 직할령인 탐라총관부(耽羅摠管府)가 탐라에 설치되었기 때문이다.[18]

이렇게 원대의 지도에서부터 표시되기 시작한 탐라는 명대에 들어서 본격적으로 표시되지만, 대축척지도에서는 생략되었을 뿐 아니라 16세기의 대표적인 지도인 「대명국지도(大明國地圖; 일명 楊子器 跋 輿地圖)」에도 빠져 있어서 모든 지도에서 탐라가 표시된 것은 아니다. 그런데 1555년 제작된 「광여도(廣輿圖)」의 「조선도」에서는 '제주'라는 당시의 행정 명칭이 처음 등장하였고, 1602년에 제작된 마테오 리치의 「곤여만국전도(坤輿萬國全圖)」 이후로 마르띠니(Martino Martini)의 『신중국지도첩(1653)』을 비롯한 서양지도에서는 제주를 'I.Fungma(鳳馬島, 豊馬島)'로 표시하였다. 청대에 이르면 제주의 지도상 표시는 거의 실제와 비슷할 정도로 정교해졌다. 1718년의 「황여전람도(皇輿全覽圖)」에는 제주가 한반도의 남쪽에 자리잡고 있는데, 위도상 편차가 있으나 경도는 거의 실제와 일치한다. 「황여전람도」에 반영된 제주에 대한 사실에 가까운 인식은 19세기 위원(魏源)의

「해국도지(海國圖志)」와 1845년에 제작된 서구식 세계지도인 「만국대지전도(萬國大地全圖, 湯景 판각)」에도 반영되었는데, 특히 1905년에 제작된 「대청제국전도(大淸帝國全圖)」에는 제주가 섬지명인 '濟州島'라고 표기되어 있고 섬의 위치나 면적이 실제와 가깝게 표현되어 있다. 이것은 미지의 세계에 대한 지역정보가 축적되고 다양한 지도가 제작되면서 점점 명료해지는 현상으로서, 지도발달사적 맥락에서 볼 때 자연스러운 과정이라고 할 수 있다.[19]

한편, 중국 고지도에서 제주의 위치가 중국과 한국, 일본 중 어느 쪽에 더 가깝게 표시되는지의 차이가 있을 뿐 아니라, 특정 지도의 계보에 따라 생략되는 경우도 많다는 데 주목해볼 필요가 있다. 이것은 제주가 오늘날 동아지중해(東亞地中海)라고 불리기도 하는 동아시아 삼국의 해역에 있는 큰 섬임에도 불구하고, 과거 동아시아 문화지도에서 제주가 이렇다 할 문화적 차별성을 드러내지 못했다는 것을 의미하기 때문이다. 이와는 반대로 인간이 "'지도'라는 매체를 통해 세계를 전체적으로 조망할 수 있다."[20]라는 점을 전제로 한다면, 중국인의 지도에 제주가 등장하지 않았다는 사실은 제주가 중국인의 세계 인식에 포착되지 않는 미지의 세계, 곧 독립된 공간이었다는 것을 의미하기도 한다.[21] 이렇게 보면, 적어도 원나라에서 직할령을 설치하기 전까지 제주는 변방의 변방이 아니었다.

제주는 원대의 지도에 등장하기 전까지만 하더라도 한반도 고대국가, 그리고 통일제국과의 관계에서 독립을 유지했다. 제주에 변방의 층위가 덧씌워진 것은 성주(星主) 고봉례(高鳳禮)에 이르러서 성주(星主)와 왕자(王者)라는 직함을 버리고 좌도지관(左都知官)·우도지관(右道之官)으로 개칭하면서 실질적으로 천년왕국 탐라국(耽羅國, B.C.57~1402) 시대가 막을 내린 이후이다. 오늘날 전하는 사료 가운데 제주가 독자적 중심으로서 얼마나 활발한 삶의 공간이었는지를 유추할 수 있는 것은 구비전승 뿐이다. 이마저도 변방으로 포섭된 이후 내내 수많은 변형을 겪었을 것으로 짐작된다. 따라서 변방의식, 소외의식, 패배의식을 근거 없는 것으로 치부할 수만은 없다. 1402년 이후로 국한한다면 제주는 오래도록 한반도 서남쪽 끝에 위치한 절해고도(絕海孤島)로서 대명률(大明律)의 삼천리 유배지에 해당하는 일급 유배지였을 뿐 아니라, 특히 중앙관리와 지방토호의 이중 수탈, 왜국의 빈번한 침입, 지나친 진상과 그에 따른 부역의 증대로 발생한 유민 발생 억제 정책인 출륙금지령(인조 7년; 1629. 8. 13.) 이후로는 외부와의 교류가 차단된 지도상의 점(點)에 불과했다.

이렇게 동아시아문화지도에서 변방의 위치로 편입된 이후, 오히려 제주 공간은 한국과 중국, 그리고 일본이 교차하는 동아시아사적 사건의 무대가 되었고, 근현대에는 서양 선교사와 미군정(美軍政)까지 개입한 동서냉전의 최전선이 되기도 하였다. 그 과정에서 때로는 단절되고 고립된 공간이었으므로 산업화에 따른 사회, 문화구조의 변화에도 불구하고 전통을 유지할 수 있게 되었는가 하면, 그 덕분에 최근 몇 년 사이에는 국내외 관광객들과 문화 이주민에게 집중 소비되는 현상을 겪고 있다. 이렇게 본다면 오늘날 우리는 변방의 폐쇄성이 오히려 개방을 가속화할 뿐 아니라 그 과정을 단축시키는 결과를 경험하고 있다. 그런데 이것을 되짚어 말하면 '제주 열풍'이라고 해도 좋을 현재 상황은 더 이상 사용가치를 보유하지 못해서 시장에서 퇴출될 시기를 단축시키고 있다. 이 문제에 대해서는 제주를 중심으로 한 층위에서 일어나는 일이므로, 다음 절에서 구체적으로 검토해보겠다.

III. 주변의 중심

최근 5년 사이 제주는 그동안 변방이었던 설움을 한 번에 보상받는 듯한 이른바 '열풍'의 중심에 놓여 있다. 이 열풍을 가리키는 많은 지표가 있지만, 가장 극적이라고 할 수 있는 것은 제주 인구의 폭발적 증가 현상이다.[22] 그 요인 가운데 하나로 손꼽히는 것이 항공교통편의 발달에 따른 접근성의 확대이다. 2006년 제주항공이 저비용항공사로 설립되어 운항을 시작한 이후, 이스타항공, 진에어, 티웨이항공, 부산항공 등의 저비용항공사가 설립되면서 항공편 증가와 항공권 가격 하락이 이루어졌기 때문에 제주의 접근성이 확대되었다. 그런데 제주 접근성의 확대가 제주 열풍의 직접적인 요인이라고 보기는 어렵다. 제주 밖에서는 (1)제주를 육지와는 다른 섬으로 인식하지만 (2)접근성의 확대로 섬으로 여기지 않게 되었다는 논리는 설득력이 있지만, 그렇더라도 (1)인식이 (2)접근성보다도 중요한 요인이 되기 때문이다. 그리고 사실상 (1)과 (2)는 별개의 요인을 가지고 있을 수 있다는 점도 고려되어야 한다.[23]

제주항공을 비롯한 저비용항공사가 설립되어 제주 항공편이 확대된 시점은 2006년 9월에 '까미노 데 산띠아고(Camino de Santiago)'를 다녀온 서명숙씨에 의해 '제주 올레' 1코스가 개장되어서 전국적으로 올레 열풍이 일어난 때와 일치한다. 이보다 한 해 앞선 2005년에는 제주가 '세계평화의 섬'으로 공식 지정되면서, 각종 국제회의와 정상회담이 이루어지는 동아시아 외교 중심지이자 국제적 분쟁과 갈등을 예방, 해결하는 완충지대로 육성하는 다양한 정책이 시행되었다. 그러므로 항공교통편이 확대되었기 때문에 제주유입인구가 증가된 것이 아니라, 제주유입인구가 증가하는 다양한 요인 때문에 항공교통편이 확대되었을 개연성이 높다.

이는 2009년에만 25-30만 명의 제주올레 탐방객이 다녀갔다는 사실로도 뒷받침된다.[24] 그리고 이 2009년이 미국발 금융위기에 따른 세계금융위기로 한국의 실질 GDP 성장률이 0.3%에 그친 해라는 점도 눈 여겨 볼 필요가 있다. 제주 순이동률이 증가하기 시작한 2010년에는 6.3%로 반등했지만, 이후로는 2011년 3.7%, 2012년 2.3%, 2013년 3.0%, 2014년 3.4%로 2-3%를 유지하는 이른바 '한국식 장기불황' 상황을 보이고 있기 때문이다. 이런 지표에 따르면, 2007년의 '제주올레열풍'과 2010년의 '제주이주 열풍'은 한국식 장기불황과 그것에 대처하려는 정부의 정책, 그리고 그 사이에서 갈등하고 있는 경제주체의 요구가 맞물린 결과이다.[25]

돌이켜보면 이런 현상이 새삼스럽지만은 않다. 근대화 과정에서 제주는 타자(他者)에 의해 소비되는 대상일 때만 중심의 위치를 차지했다고 해도 과언이 아니기 때문이다. 1963년 '제주도건설연구위원회'가 설치되면서 시작된 제주 개발에 대한 논의는 이듬해인 1964년에는 '관광'을 기본 방향으로 한 '제주도 건설 종합계획'이 수립되면서 관광에 초점을 맞춘 개발로 집중되었다. 1980년대에 들어서는 국민 관광을 기반으로 국제 관광 활성화를 도모한다는 목표 아래 제주 개발이 추진되었는데, 1994년 '제주도 종합개발계획' 수립 과정에서는 20년간 이어졌던 제주 개발의 문제점이 표출되면서 전도민적인 특별법 제정 반대 운동이 일어나기도 하였다. 이때 제기되었던 문제점은 중앙정부 또는 관(官) 주도의 하향식 개발계획에 의한 개발추진, 외부 자본과 외재적 방법에 의존하는 개발 진행, 경제적 이익의 역외 유출, 도내 지역 간 불균형 발전, 관광 주도 개발에 따른 1차 산업 위축, 외지 자본의 제주 도내 토지 잠식과 투기 행태 증가, 위락시설과 상업적 개발에 따른 향락문화의 범람과 제주 사회 문화 환경의 파괴 등이었다. 한 마디로 제주를 중심에 두지 않았다는 문제제기이다.[26]

지방자치제도가 정착된 오늘날에도 제주를 중심에 두었다는 지방정부의 정책은 제주를 삶의 공간이 아니라, 소비되는 공간으로 전제하고 있다는 점에서 달라진 것이 없다. 2015년 7월 1일 원희룡 제37대 제주도지사는 취임사에서 "제주가 지닌 사람과 문화, 자연의 가치를 제대로 키운다면 우리의 꿈은 현실이 될 것"이라면서 "수많은 역경을 딛고 변방의 섬 작은 제주를, 세계의 보물로 만들어 온 도민 모두가 꿈을 현실로 만들어낼 주인공"이라고 강조했다.[27] 이보다 앞선 6월에는 새도정준비위원회에서 "문화협치를 통한 도민문화시대", "문화생태계 조성을 통한 '문화예술의 섬' 구현", "제주문화 정체성 확립을 통한 창조시대 발판 마련", "문화예술로 풍요롭고 행복한 제주 창조", "문화재생을 통한 지속가능한 마을과 도시의 공존 모색", "한류, K-Pop 등 공연사업육성을 통한 문화산업시대 진입" 등을 문화분야 도정과제로 제시하기도 했다. 시작부터 이 과제의 실현 가능성에 대한 우려가 제기되었지만[28], 과제의 면면을 살펴보면 앞서 문제 제기하였던 바와 같이 문화가 아닌 문화산업, 더 정확하게는 관광산업의 콘텐츠로서 문화, 상품화된 문화에 치중되어 있다.

이러한 우려는 학문적 탐구의 대상으로서 제주를 대하는 시각에서도 발견된다. 최근까지 지역학을 선도해온 제주학(濟州學)은 "제주도의 자연현상과 역사적 배경 및 사회문화적 특성들이 한국의 다른 어떤 지역과도 구별되는 특이한 양상"을 보여준다는 전제에서 출발한다. 이러한 전제가 가능한 까닭은 절해고도(絕海孤島), 곧 폐쇄된 섬이라는 제주의 지역적 특성 때문이다. 섬이라는 공통된 지역적 특성에도 불구하고 그 문화적 양상에 대해서는 다양한 접근이 가능할 뿐 아니라, 실제로도 다양한 접근이 있었다.[29] 그런데도 이들 다양한 접근이 시공간적인 배타적 차별성에 기대면서, 오히려 섬이라는 전제만 부각되기도 했다.[30]

> 제주학은 1차적으로 제주라는 지역에 관한 학문이다. 연구 장소로는 '제주도에서 하는 학문'이라는 2차적 단계를 생각할 수 있다. 연구 주체에서 '제주사람들이 하는 학문'이라는 3차 단계까지 설정할 수 있다. 세 단계는 행복하게 일치할 수도 있고 어긋나기도 한다. … 제주의 문화의 역사적 복합성과 다층성을 표상하는 이중구조에 대한 논의의 결론은 이상하게 지역특수성에 수렴되고 만다. 제주사람의 자기정체성을 논의하면 논의할수록 분리주의적 속성이 강화되어 그렇지 않아도 많지 않은 연구역량과 잠재적 연구자를 원천적으로 봉쇄하는 역기능도 생길 지경이다.[31]

제주라는 지역의 특수성을 중심에 두면 그에 따른 소외의식이 강조된다는 인용문의 주장은 역설적이지만 상당히 설득력이 있다. 요즘 들어 글로벌과 로컬, 그리고 육지와 해양 담론공간에서 무게중심이 로컬과 해양으로 옮겨오는 과정에서도, 제주가 여전히 '독자성'이라는 자기암시에서 벗어나지 못한 듯한 면이 있기 때문이다. 설립 이후 지역학으로서 제주학 담론을 선도해온 탐라문화연구원의 연구동향도 이와 같은 맥락에서 분석해볼 수 있다.

탐라문화연구원에서는 2007년도 인문한국지원사업에 응모하면서 '탐라문화의 정체성과 동아시아지중해 문화 네트워크-문화자원의 집적과 사회적 활용을 위한 토대 연구'를 아젠다로 내세움으로써 동아시아의 섬·해양·대륙문화의 네트워크가 신화·굿·제주어·해녀, 말[馬]이라는 주요요소를 가진 탐라문화를 중심으로 구축될 수 있을 것이라는 점을 강조한 바 있다. 이 점을 강조하려고 동아시아지도를 거꾸로 뒤집은 이른바 「동아지중해문화교류지도」를 제안하였는데, 동아시아지도를 뒤집어 제주가 그 한가운데에 위치하도록 하는 이 사고의 전환은 상당히 독창적이면서도 개방적이라고 평가할만하다.

그런데 (1)유럽문화의 출발점인 지중해를 패러디 또는 벤치마킹하였음에도 유럽문화에 비견할 수 있는 동아시아문화의 보편적 차별성을 제시하지 못하였고, (2)신화를 비롯한 탐라문화의 5개 요소가 동아시아지중해 문화의 중심요소가 될 수 있다는 주장의 논거가 제주를 기점으로 하여 권역내 북방문화와 남방문화가 교차하고 있다는 전제와 그 논거가 대부분이라는 점, (3)고립된 섬이라는 지리적 특성 덕분에 한국문화의 원형 복원은 탐라문화를 통해서 이루어질 수 있다는 주장 등을 분석해보면 표면적으로는 권역내 보편성이 강조되지만, 실제로는 차별성에서 출발하여 독자성으로 귀결되는 순환논증의 구조가 드러난다.[32]

동아시아지도를 거꾸로 뒤집어 제주를 중심에 넣은 「동아지중해문화교류지도」가 만들어질 수 있다면, 그것은 제주가 동아지중해 또는 태평양시

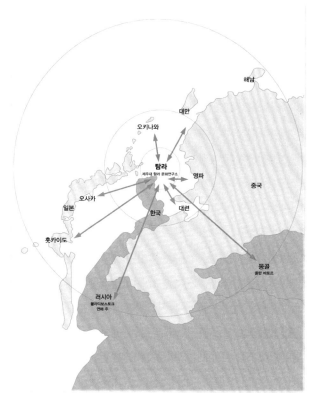

〈그림 2〉 동아지중해문화교류지도

대를 열어젖히는 전초기지가 될 수 있다는 낙관적 기대나 그렇게 되어야만
한다는 당위 때문이 아니다. 제주가 동아시아문화지도의 한가운데 들어갈
수 있는 이유는 그동안 생략되었거나 점으로 표기되었지만, 그곳에서 살면
서 역사의 공간으로 만들어온 사람이 있었고, 그 결과 수많은 동아시아사
적 사건이 발생한 공간이 되었기 때문이다. 개략적으로만 언급하더라도 제
주4·3과 대한민국정부수립, 일제 강점기의 해녀항쟁[1932], 신축교난(辛丑
教難, 1901)이라고 불리는 이재수의 난, 방성칠의 난으로도 불리는 제주 농
민항쟁[1898], 세 차례에 걸쳐 일어난 강제검의 난[1862], 출륙금지령[인조

7년: 1629)과 제주 역모사건[1601], 조선의 개국[1392]과 실질적 복속[1406], 고려 복속[1294], 원 복속[1275]과 탐라총관부설치[1273] 등, 동아시아문화 지도에 등장한 이래로 역사문화 공간으로서 제주는 한반도 국가의 흥망성쇠는 물론, 그것에 직·간접적으로 영향을 끼친 동아시아 국가와 근세에 동아시아를 침탈한 서양세력이 교직(交織)되는 '살아있는' 공간이었다.

제주가 중심이라는 층위에서 제주는 '삶의 공간'이다. 그러므로 이 층위는 해양으로 대륙으로 확대되는 '면(面)'을 가진다기보다는 개인적 삶과 공적(公的) 역사라는 '두께[積]'를 가진다. 그러나 이 두께에 주목하고, 그것이 강조된 적은 없는 듯하다. 그런 일이 있었다면 면(面)을 전제한 타자적(他者的) 시각이 제주를 중심으로 하는 겹겹이 쌓인 삶의 공간을 압도하는 일은 없었을 것이기 때문이다. 지금은 제주를 중심으로 하는 층위가 그곳에 사는 사람의 터전이 아니라, 그곳을 어떤 방식으로든 소비하려는 사람의 기호에 맞춘 상품이 되어버렸다. 극단적으로 말하면 제주 소비자의 기호가 '차별성'을 중시함으로써 '독자적 중심성'을 강조할 수 있는 '섬[島]', 로컬, 해양의 시뮬라크르(simulacre)가 무분별하게 복제되고 있다. 따라서 그 자체로 중심인 제주 사람과 공간에 겹겹이 포개짐으로써 두께를 가지게 된 시간의 층위가 일상의 사건을 통해 교차함으로써 완성되어간다는 문화지도 본래의 위상을 확보하지 못한 것이다.

Ⅳ. 공간의 원융

제주 공간이 '거기에 사람 사는 섬이 있었네!'라는 발견의 대상이 되어서는 안 된다는 것은 당위(當爲)로 보이지만, 엄연한 사실이다. 삶의 중심이라는 점에서 본다면 기원전 2,337년 전에 기원을 두고 있고, 관계를 통한 인식 범주로의 포섭이라는 점에서 보면 동아시아 중심으로 자처하던 중국지도에 등장하는 원대(元代) 이후에는 동아시아권역의 인식 범주에 이미 들어와 있었기 때문이다. 제주는 '천혜의 자연경관을 자랑하는 신비의 섬', '신자유주의 무한경쟁에 지친 현대인들을 위로하는 힐링의 섬', '미래첨단 산업을 견인하는 문화산업의 원형콘텐츠가 풍부하게 매장된 보물섬' 등으로 새삼스럽게 재발견되거나 개발될 필요가 없다. 하지만 오늘날 우리는 보존과 개발, 어느 쪽에서든 제주의 공간을 그대로 두려고 하지 않는다.

'제주 열풍'이라고 해도 좋을 정도로 제주 공간에 관심이 쏠리는 까닭은 낯선 자연경관 때문이기도 하지만, 근대 이후 자연경관을 포함한 제주가 '내버려졌다'고 해도 좋을 정도로 단절되어 있었기 때문이다. 그러한 이유로 '후기 산업화 사회에서 낯선 경관과 문화를 가지게 된' 제주 공간을 두고, 개발하려는 쪽은 물론 보존하려는 쪽에서마저도 '있는 그대로[自然]' 두지 않고, 또 다른 극실재(極實在, Hyper-reality)를 양산한다. 제주는 그곳에 사는 사람은 물론, 그곳을 이미지화하여 찾아든 사람에게조차도 '낯선 공간'이 되고 있다. 우리가 살았고, 살고 있으며, 살고자 하는 제주는 동아시아 어디에도 없었고, 한때 있었다 하더라도 '박제'된 채로 있으며, 앞으로 실현될 것으로 기대되지만 지금 이 순간에만 소비되는 복제품(simulacre)으로 있기 때문이다. 낯선 기표와 복제품들 사이에서 실제 삶의 공간인 제주는 부재한다.[33]

이러한 문제를 해결하려면 '삶의 현장으로서 동아시아의 보편성을 전제로 하여 자신의 정체성을 찾아갈 때 독자적 중심성이 확보된다.'라는 점부터 상기해야 한다는 사실을 우리는 잘 알고 있다. 그런데 이런 주장도 결국은 현실 제주와는 또 이상에 불과한 것으로서, 또 하나의 극실재를 만드는 것이 아닌가 하는 의구심을 떨칠 수 없다. 제주 열풍이 불고 있는 것도, 이주민이 증가하고 있는 것도, 증가된 이주민의 수만큼 복제품 제주가 늘고 있는 것도, 복제품 제주에 대한 문제의식이 늘고 있는 것도 오늘날 제주의 현실이고, 그런 점에서 그것이 실재하는 제주 공간이라고 할 수 있기 때문이다. 곧, "전통-근대-탈근대라는 비동시대적인 것이 동시적으로 존재하는 제주는 이러한 차이의 공간을 찾으려는 원초적인 몸짓과 웅얼거림으로 가득 차 있다."[34]라는 희망적 관점에서처럼 말이다.

이렇게 제주의 실제와 복제가 차이점을 가진다는 문제의식, 그리고 그 차이점을 해소하는 출발점이 제주의 공간 자체가 '비동시대적인 것의 공존'이라는 특성을 가진다는 점에 둘 수 있다고 할 때, 그러한 담론의 핵심은 '포개진 공간', '살아있는 공간', '공존' 등으로 요약될 수 있다. 이 점에서 불교 화엄학의 '법계연기(法界緣起), 법성원융(法性圓融)'이라는 세계관은 오늘날 제주의 공간 담론과 관련하여 시사하는 바가 크다. 왜냐하면 『대방광불화엄경(大方廣佛華嚴經)』을 소의경전(所依經典)으로 하는 화엄종에서는 "상대적 세계관을 절대적 세계관으로 전환시킴으로써 세계관적 갈등을 해소하여 무한·보편·평등한 세계관을 갖게 하는"[35] 무진법계(無盡法界)의 상즉원융관(相卽圓融觀)을 추구하기 때문이다.

인도철학에서 법(法)에 해당하는 개념 'dharma'는 현상(現象)과 본질(本質), 권력(權力)과 진리(眞理)라는 의미를 포괄한다. 그러므로 법계(法界, Dharma-dhātu)란 '진리의 영역'을 가리키면서 동시에 '현상 세계'를 가리키기도 한다. 인도철학은 그 자체가 철학과 종교를 구분하지 않고, 인생의 네 가지 목표 가운데 법(法, dharma), 부(富, artha), 애(愛, kama) 등 세 가지가 현실적 가치일 정도로 현실 중심적이다. 그래서 인생의 목표 가운데 하나인 법(法, dharma)이 현실적 권력 또는 의무 어느 쪽으로도 이해된다. 그런데 힌두교적 전통에 있으면서도 힌두교를 비판하는 태도를 가졌던 불교에서는 존재 일체를 괴로움[苦]이라고 전제하기 때문에 현상 세계와 진리의 영역이 동시에 법계(法界)라는 용어로 지칭되는 문제가 해결되어야만 한다. 이 문제를 화엄종(華嚴宗)에서는 유심론적이기는 하지만 (1)법계연기(法界緣起)와 (2)법성원융(法性圓融)의 논리를 통해 해결하려고 하였다.[36]

화엄종의 법계연기설은 화엄종 제2조인 지엄(智儼)과 그의 제자 제3조

법장(法藏)에 의해서 『대방광불화엄경(大方廣佛華嚴經)』의 세계관과 진리관을 나타내는 핵심용어가 되었다. 제1조인 두순(杜順)의 세계관인 삼중관(三重觀)을 설명하는 과정에서 현상과 이상의 개념인 사(事)와 리(理)의 개념이 결부된 것이다. 제4조 징관(澄觀)에 이르러서는 법계연기설과 법성원융문을 대입한 사법계(四法界)의 화엄 세계관이 구축되었고, 제5조인 종밀(宗密)에 이르러서 사종법계설(四種法界說)이 정리되었다. 이 사종법계설로 대표되는 법계연기의 세계관에 따르면, (1) 현상세계는 상호 연쇄적 요인에 의해서 펼쳐진 것[法界緣起, 重重無盡]이고, (2) 본래 가진 바를 가지고 각자의 영역을 지키면서 조화를 이루어나가는 것[法性圓融, 無二相]이다.[37]

(1) 현상세계가 상호 연쇄적 요인에 의해서 펼쳐진 것이라는 법계연기를 이해하려면 사법계(事法界), 이법계(理法界), 이사무애법계(理事無礙法界), 사사무애법계(事事無礙法界) 등의 사종법계(四種法界) 개념에서 출발해야 한다. 사법계(事法界)는 차별적인 현상계를 가리키는데, 제5조 종밀의 해설에 따르면 사(事)는 독립적으로 존재하지 못하기 때문에 삼중(三重)이라고 할 때는 생략할 수 있다. 이법계(理法界)는 차별을 넘어 있는 진리의 경계, 즉 모든 법(法)의 차별을 일관하여 존재하는 체성(體性)으로서 본체평등계(本體平等界)를 가리킨다. 이사무애법계(理事無礙法界)는 현상계인 사법계(事法界)와 실체계인 이법계가 일체불이(一切不二)의 관계를 이루는 것을 가리킨다. 사사무애법계(事事無礙法界)는 현상계의 일체 사물이 서로 걸림 없이 중중무진(重重無盡)하게 서로 융합[相融]되는 것으로서 모든 것이 상호 연쇄적 요인에 의해 펼쳐진다.[38]

우리는 흔히 진리의 세계, 본질적인 세계는 현상과 다르다고 생각한다. 그런데 징관은 사종법계 가운데 이법계에 해당하는 두순의 진공관(眞空觀)에 대해서 '진공(眞空)은 단멸(斷滅)의 공(空)이 아니고, 색(色)을 떠난 공도 아니다.'라고 주석했다. 진리의 세계는 현실 세계를 불완전한 것으로 생각하여 현상적 요소를 없앤 것도, 현실 세계를 떠난 것도 아니라고 말한 것이다. 현상은 진리를 실현해내는 것이므로, 현상이라고 하더라도 그 본질은 진리 그 자체이기 때문에 현상의 본질을 두고 진리의 세계라고 말한다는 논리이다. 같은 맥락에서 두순의 이사무애관(理事無礙觀)에 대해서는 진리와 현상이 상호의존적 관계이기 때문에 걸림이 없다고 설명한다. 마지막으로 사사무애법계에 해당하는 두순의 주편함용관(周偏含容觀)에 대해서는 현상은 각각 차이점이 있지만, 진리는 보편적인 것이므로 장애가 없다는 점을 전제한다. 이러한 전제를 바탕으로 진리로서 현상을 융합시키면 모든 현상 사물은 진리처럼 보편성을 확보할 수 있다는 결론에 이르는 것이다.[39]

사종법계의 관점에서 오늘날 제주의 현실 공간은 사법계로 말할 수 있다. 그런데 이 현실 공간은 그 자체로 독립적으로 존재할 수 없다. 이 현실 공간은 그곳에서 삶을 영위하고 있는 사람, 곧 토박이건 이주민이건 각자가 이상적으로 생각하고 기대하는 공간을 반영하고 있기 때문이다. 그러한 이상을 배제한 순수한 현실 공간을 걷어내어 따로 떼놓을 수는 없다. 그런데 거꾸로 말하면 현실에 기초하지 않고, 실현되지 않는 '이상 공간'은 있을 수 없다. 이상이라고 하는 것은 현실과 동떨어졌거나 현실을 벗어난 것이 아니기 때문이다. 이것이 이사무애법계(理事無礙法界) 또는 이사무애관(理事無礙觀)이다. 이러한 맥락에서 본다면 이주민과 토박이가 생활하고 있는 제주의 현실 공간은 서로 차이가 있을 수밖에 없지만, 그러한 차이로 장애가 발생하지는 않으며, 보편성 속에서 수용될 수 있는 것이 된다. 이러한 관점에 따르면, 현상 공간이 본질적인 면에서는 보편성을 갖추고 있다는 전제하에 이상 공간으로 수용된다.

'이상 공간이 현상 공간에서 비롯된 것이고, 현상 공간이 본질적으로 갖춘 보편성을 복원함으로써 이상 공간에 수용된다'는 논리는 모든 것이 상호 연쇄적 관계에 놓여 있다는 세계관을 구축하는 가장 중요한 전제이다. 화엄종에서는 이것을 열 가지로 설명하기도 하는데, 이것을 십현문(十玄

門)이라고 한다. 십현문은 현상 공간인 사사무애법계의 형태를 불교의 전통적인 10개의 공간 형식[十方; 東西南北, 間方, 上下]을 빌려 비유적으로 설명한 것이다. 화엄종 제4조 징관은 이 십현문을 큰 바다를 이루는 것은 수많은 시냇물이라는 것, 조그만 거울 속에서 천리를 볼 수 있는 것, 방 안에 있는 천 개의 등불이 빛을 서로 교차하고 있는 것, 금과 금색이 서로 배타적이지 않은 것, 조각달이 맑은 하늘에 있음에도 어둡고 밝은 차이가 있는 것, 유리병에 겨자씨를 많이 담은 것, 두 개의 거울이 서로 번갈아 무한히 비추는 것, 비유가 진리를 드러내고 진리는 비유되는 것, 하룻밤의 꿈이 백 년 동안 생생할 수 있는 것, 북극성이 있는 곳을 모든 별이 떠받드는 것 등으로 설명했다.[40]

십현문은 모든 현상이 현실적으로는 차이를 가지지만 본질적으로는 세계를 구성하는 보편성을 갖추고 있어서, 이 세계의 원인이면서 동시에 결과가 된다는 것을 열 개의 구체적인 사례로 예시한 것이다. 그래서 십현연기(十玄緣起)라고도 하는데, 특히 현상이 그 본질과 서로 대립이 아닌 융합하는 관계로서 장애가 없다는 것, 그리고 각 현상의 상호 관계도 서로 대립이 아닌 융합하는 관계라는 점에서 상즉상입(相卽相入), 또는 상즉상용(相卽相容)이라고 말하기도 한다. 이러한 관계는 중중무진(重重無盡)이라는 말에서 확인되듯이 하나의 현상, 국면, 층위에서 융합되는 것으로 완료되는 것이 아니라, 앞선 층위에서의 상즉상입이 다음 층위의 상즉상입을 가능하게 하는 원인, 현상, 국면, 층위가 되는 식으로 끊임없이 포개져 있는 것으로 이해할 수 있다.

⑵ 십현연기의 논리는 이상과 현실이 서로의 원인이 된다는 점에서 상즉상입이라고 할 수 있는데, 이것도 사사무애법계(事事無碍法界), 곧 현상 세계의 각 현상 사이에 장애 없음을 설명하는 논리이기도 하다. 이렇게 본다면 '본래 가진 바를 가지고 각자의 영역을 지키면서 조화를 이루어나가는 것'이라는 법성원융(法性圓融)의 무이상(無二相)을 다르게 표현한 것이

다. 그런데 화엄종에서는 법계연기론의 원융(圓融)을 설명하는 또 다른 방식으로 육상원융(六相圓融)이라는 개념을 사용하기도 한다. 육상(六相)은 총상(總相, 만유의 보편상), 별상(別相, 만유의 개별상), 동상(同相, 만유의 동일상), 이상(異相, 만유의 차별상), 성상(成相, 만유의 통일상), 괴상(壞相, 만유의 독립상)을 가리키는데 세친(世親)이 『십지경론(十地經論)』에서 보살행을 말할 때 사용한 개념이다. 이 개념을 지엄에 이어, 법장과 징관이 법계연기론의 원융(圓融)을 설명하는 논리로 완성했는데, 객관세계와 주관세계의 세계관이 다양한 데서 문제가 비롯되는 것이 아니라, 그 사이의 관계나 작용에서 문제가 비롯된다고 이해한 것이다.[41]

법계연기와 십현연기의 논리는 어떤 특정 현실 공간과 이상 공간의 차이를 인식하고 그것을 극복하는 방안으로 활용될 수 있다. 제주의 공간으로 말한다면 제주의 현실 공간과 이상 공간의 차이를 경험하게 되는 것은 현실 공간과 이상 공간을 별개의 것으로 보는 제한된 인식 때문이므로, 이상 공간이 구현된 것이 현실 공간이고 현실 공간의 본질을 회복하는 것이 이상 공간이라는 점을 깨우치면 그 차이가 해소된다. 이에 비해 육상원융은 현실의 수많은 차별적 공간이 어떤 차이를 가지고 있는지, 그 차이를 극복할 수 있는 방안이 무엇인지를 말하는 것이다. 제주의 공간으로 말한다면 동아시아문화지도에서 주변부였던 제주가 중심성을 확보하려고 하는 것보다는 동아시아의 보편, 동일, 통일을 전제로 하여 제주 공간의 개별, 차별, 독립상을 확보하는 것이 장애 없는 원융을 이룰 수 있는 방안이라는 말이다. 이렇게 보면 육상원융은 세계의 체계와 그 구성요소에 대한 설명으로 볼 수 있다.

법장은 『화엄오교장(華嚴五敎章)』에서 육상을 건물과 건물의 부분을 이용하여 설명했다. 그의 설명에 따르면, 총상은 건물, 별상은 서까래에 해당한다. 전체가 전체일 수 있기 위해서 부분은 전체를 형성하는 데 총체적 힘을 발휘하여야 한다. 여기서 말하는 총체적 힘은 전체 건물을 지탱하는 힘이다. 부분적 힘이라는 것은 서까래의 힘이다. 동상은 서까래와 기둥, 그리고 기와 등이 건물 전체를 이루는 각각의 조건으로서 하나의 동일성을 가지고 있는 것에 비유된다. 이에 비해 이상은 서까래와 기둥, 그리고 기와 등이 다른 것들과는 다른 정체성을 가지고 있어서 차이점을 가지는 것에 비유된다. 성상은 서까래와 기둥, 기와 등이 모여서 하나의 건물이 완성되는 것에 비유된다. 이에 비해 괴상은 서까래와 기둥, 기와 등이 전체에 함몰되지 않고, 각자의 역할을 수행하는 것에 비유된다.[42]

따라서 (1)현상세계는 상호 연쇄적 요인에 의해서 펼쳐진 것[法界緣起, 重重無盡]이고, (2)본래 가진 바를 가지고 각자의 영역을 지키면서 조화를 이루어나가는 것[法性圓融, 無二相]이라는 법계연기는 (1), (2)조차도 결과적으로 하나로 융합시키는 논리라고 하는 데 그 특징점이 있다. 이 논리는 부분인 하나가 전체를 이루는 개별자로서 독립성을 가지고 있지만, 그러한 독립성 때문에 전체를 이루는 통일성이 위배되면 안 된다는 것이다. 반대로 독립성을 가진 부분이라 하더라도 보편자를 이루는 부분으로서 통일성을 가지고 있는데, 그러한 통일성 때문에 부분이 가지고 있는 개별성이 함몰되어서는 안 된다는 것이다.

화엄의 법계연기 논리에 따르면, 1-(1)제주의 실제 공간과 복제된 극실재 공간, 도민의 생활 공간과 이주민의 이상 공간, 그리고 이 모두를 포괄하는 제주의 시간적 층위가 상호요인이 되어서 펼쳐지는 것으로서 이 순간에도 그러한 작용은 지속되고 있다. 그리고 1-(2)제주 공간을 이루고 있는 다양한 공간이 제주라는 공통된 공간을 이루고 있는 자신의 위치를 드러내어 실현될 때 각각의 공간이 현실적으로 드러내는 차이와 갈등이 해소되는 것이다. 이 논리를 동아시아문화지도로 확장하면 2-(1)동아시아 문화의 로컬과 글로벌, 주변과 중심이라는 문화적 위치와 그러한 시간의 두께를 포함한 층위도 상호 요인이 되는 것으로 지금도 지속 중이며, 2-(2)이미 전개된 공간의 시간적 두께를 가지고 현재 전개되고 있는 공간의 층위를 펼쳐낼 때 제주 문화공간의 실재가 구현되고 제주 문화공간의 자체적 중심성과 차별성이 확보된다.

V. 희망의 공간

국내외적으로 '문화'가 절대 우위의 헤시태그(#)가 되면서, 제주의 역사 문화도 지금까지와는 다른 관점에서 해석되고 있다. 1980년대 지역학을 이끌던 제주학 연구자들이 이중소외의 역사를 가진 제주가 변방의식에서 벗어날 수 있도록 하는 전략적 방안으로 제시했던 '한반도 문화 원형을 유지하고 있는 고도(孤島)'라는 상징에도 현대 문화산업의 다양한 이미지가 덧입혀졌다. 그래서 오늘날 제주, 제주 섬, 제주 섬을 둘러싼 해양 세계, 곧 동아시아문화지도에서 제주 공간은 상징조작(象徵操作, image manipulation), 또는 극실재(極實在, Hyper-reality)라고 해도 좋을 정도로 새롭게 주목받고 있을 뿐 아니라, 새로운 관점에서 재해석되고 있다. 지금까지 동아시아문화지도에서 아예 생략되거나 점으로 표기되었던 것에 비해, 제주 열풍이라고 해도 좋을 정도로 관심이 집중되고 있는 것은 긍정적이다. 하지만 현실적으로 그렇게 낙관할 수만은 없다는 우려도 있다.

그 가운데 하나가 문화 이주민이 급증하게끔 한 이미지인 '신자유주의 경쟁에 지친 현대인이 위안 받을 수 있는 힐링(healing)의 섬'이라는 것이다. 예전에 비해 인적 물적 교류가 확대되었지만, 육지에 비해 접근성이 떨어지는 섬이라는 점을 감안하면 유입인구가 늘어날수록 더 치열한 경쟁 양상이 초래될 수밖에 없다. 이 점은 현재 제주의 부동산 가격 폭등에서도 충분히 미루어 짐작할 수 있다. 바꾸어 말하자면 '힐링의 섬'이라는 이미지로 제주가 지금 급격하게 소비될 수 있는 까닭은 과거의 폐쇄성 때문이지만, 급격히 개방 소비되고 있는 지금의 상황으로 미루어 보건대, 제주는 이

제 '힐링의 섬'이라는 이미지로 소비될 수 있는 자원을 고갈하여 종언을 고할 시기를 얼마 남겨놓지 않았다.

최근 제주로 이주하는 문화 이주민의 의식 수준과 그에 따른 이주지 제주에 대한 기대치가 상당한 데 비해, 현실의 공간 제주는 그렇지 않다는 점도 문제다. 어느 지역이나 이주민과 선주민 사이에는 갈등이 있다. 그런데 '신자유주의 경쟁 논리'라는 생존 문제를 두고 갈등하고 있는 이들을 부추기는 제주의 이른바 '시뮬라크르'가 심각한 수준에 이르렀다는 것이 문제이다. 이주민이 상상하는 제주와 실제 직면하는 제주의 상(像)은 상당한 간극이 있는데, 이 간극의 책임을 어느 쪽으로 돌리느냐에 따라서 새로운 갈등 양상이 펼쳐진다. 도민(島民)이 제주 문화를 잘 보존하고 선양(宣揚)하지 못하고 있다고 탓하거나, 반대로 이주민이 제주 문화를 잘 알지 못하면서 가르치려 든다고 비판하여서 도민 대 이주민의 문화 갈등 양상이 벌어진다.

이 장에서는 이러한 문제의식에서부터 출발하여 제주 문화공간이 과거 동아시아문화지도에서 차지했던 위치와 오늘날 이상적으로 추구하고 있는 위치를 검토해보았다. 제주는 화이론적(華夷論的) 세계관에 기초한 동아시아문화지도에서 원대(元代) 이전까지는 생략되었고, 이후로는 한 개의 점 정도로 표기된 주변이었다. 그러므로 제주가 변방 또는 변방의 변방이라고 하는 주변성을 가지고 있는 것은 화이론적 세계관에서는 당연시되었다. 그런데 동아시아문화지도에서 변방의 위치로 편입된 이후로는 동아시아 국가 또는 서양세력까지도 개입된 세계사적 의미를 가진 공간이 되었다. 그리고 오늘날에는 변방의 폐쇄성이 오히려 개방을 가속화하면서 그 과정을 단축시키는 원인으로 작용하기도 한다는 점을 경험하고 있다. 이 점에서 제주 공간은 동아시아문화지도의 변방이라 하더라도 과거-현재-미래라는 시간적 흐름 속에서 각각의 층위가 포개진 두께를 가진 공간이라는 중심적인 측면도 가진다.

다음으로, 제주가 주변이면서 두께를 가진 중심 공간이라는 점을 바탕으로 할 때 제주 공간이 겪고 있고, 앞으로 더 격렬하게 겪게 될 수도 있는 문화적 차이와 갈등을 해소할 방안을 모색하였다. 이를 위해 화엄종의 법계연기(法界緣起)와 법성원융(法性圓融)이라는 세계관이 현실 공간과 이상 공간의 차이, 공간의 중심성과 주변성을 해소할 수 있는 논리구조를 가지고 있는 것으로 파악하였다. 법계연기는 현상세계가 상호 연쇄적 요인에 의해서 펼쳐진 것이라고 보는 것이고, 법성원융은 개별 현상이 본래의 독자성을 지키면서 조화를 이루어나가는 것이 보편적 세계, 곧 중심이라고 보는 것이다. 우리는 흔히 현실 세계의 문제점이 해결된 세계가 진리의 세계라고 생각해서, 현실 세계를 넘어서야 한다고 생각한다. 하지만 법계연기의 세계관에 따르면, 현실 세계에 구현되지 않는 진리의 세계란 존재하지 않을 뿐 아니라, 현실은 이미 진리를 반영하고 있다. 또한 육상원융의 논리구조에 따르면 하나의 공간에서 두께를 이루고 있는 층위 각각은 그 공간을 이루는 부분으로서 해당 층위에서 독자성의 의미를 확보하고 있으며, 그 각각이 또한 그 전체 공간이 된다.

이 장은 제주에 전통-근대-탈근대라는 비동시대적인 것이 동시적으로 존재하고 있고, 이러한 차이의 공간을 찾으려는 원초적인 몸짓과 웅얼거림으로 가득 차 있다고 하는 선행연구의 희망에서 출발했다. 그 희망의 반대편에서 '문화(文化)'가 아닌 '엔터테인먼트(entertainment) 사업'의 상품으로 대상화되어 소비될 우려가 있다는 문제의식을 도출했다. 이러한 문제의식에도 불구하고 희망해도 좋을 이유를 동아시아 문화지도에서 제주 문화공간이 차지하는 위치와 그러한 제주 문화공간의 겹겹이 포개진 층위를 화엄의 세계관과 비교하였다. 그렇게 해서 일(一)과 다(多), 다자(多者)와 과거·현재·미래가 동시적·내재적으로 관계한다는 화엄의 법계연기와 법상원융의 체계적 구조가 수많은 층위로 두께를 가진 제주 실재 공간 구조에 원용될 수 있다는 점에 이르렀다. 그리고 육상원융에서 확인되듯이 제주의 주변성을 극복하려고 현재의 층위에서 제주의 위치를 중심으로 옮겨 오는 것보다는 제주 공간의 두께에 천착할 필요가 있음을 제안하였다. 제주 문화공간은 과거에도 그러했고, 지금도 그렇고, 앞으로도 그러할 것으로서 '살아 있는 공간'이며, 희망해도 좋을 터전이기 때문이다.

제6장
동학과 근현대 담론 공간

I. 혼종된 모던

반만년 역사를 지탱해왔던 단일민족의 신념을 재고해야 한다는 요구가 쏟아지고 있다. 본격적으로 다문화사회에 진입했다는 신호다. 이제 '우리의 것'을 말하려면 '예부터 있던 고유(固有)'는 물론, '이해된 것'조차도 배타적 민족주의의 우려가 없다는 점을 밝혀야 한다. 돌이켜보면 지금에야 새삼 겪는 일이 아니다. 가깝게는 1990년대 중반 세계화(Globalization, 지구화) 추진과 국제통화기금(International Monetary Fund) 구제 금융 상태에서도 '이미, 충분히' 겪었다.[1] 'IMF 사태'라고 불리는 이때 우리 사회 거의 모든 분야에서 "세계적인 표준"이 추구되었다. 그래서 개발독재시기를 거치면서도 파편화된 상태로나마 유지하던 전통적인 삶의 양식은 송두리째 바꾸어야 할 '구태'로 인식되었다. 나라가 파산할지 모른다는 위기의식이 우리 사회 밑바닥에서부터 작동한 탓이다. 그렇게 해서라도 지키려고 했던 "나라"가 근대국민/민족국가이고, 그 방법으로 선택한 "세계화"가 근대국민/민족국가의 쇠퇴를 뜻한다는 것은 역설이지만 말이다.

시선을 좀 더 앞으로 옮기면 '조국 근대화'가 주창되던 1960년대가 있다. 제국주의 강점기에서 막 벗어난 세계 곳곳의 '개발도상국가'는 '근대국민/민족국가'의 이상에 들떠 있었다. 이러한 이상은 '분단된 근대국민/민족국가' 대한민국에서 실질적인 힘을 발휘했다. "근대화를 가름하는 기준들은 주제적으로 마련되지 못하고 근대화의 완성태로 규정된 미국을 통해 수입"된 것에 불과했고, "미국의 제국주의적 팽창주의와 제국주의적 팽창주의와 깊게 공명하고 있는 지배 이데올로기"에 불과했는데도 말이다. 근대화를 추구하는 대한민국이 도달해야 할 이상이 당시 미국이라는 형태로 이미 성취되어 있었기 때문이다.[2] 단일민족의 신화를 내세워 추진한 조국의 근대화가 이민자의 국가인 미국이라는 형태로 이미 완성되어 있다는 것은 역설보다는 환상에 가깝다. 민족보다는 "분단 상황아래서 미국이 동아시아에 구축한 헤게모니 질서에 보다 잘 순응하는"[3] 것이 "지역과 전 세계적인 맥락에서 자신의 문제를 파악"[4]하는 길이라고 여겨졌기 때문이다.

　좀 더 거슬러 올라가면 서세동점(西勢東漸)의 시기와 마주친다. 이 시기 동아시아를 볼 때 가장 혼란스러운 개념이 '근대'다. 한자어 근대(近代)는 '발화자의 시점에서 가까운 시대'를 가리킨다. 이 말을 'modern'의 번역어로 사용하면서 본래의 뜻과 'modern'의 의미가 뒤섞였다. '가까운 시대'라는 일반적 의미에 '과거시대와 구별되는 새로운 시대, 미래를 준비하는 이행기' 등의 다양한 층위를 가진 '서양의 근대'가 뒤섞인 것이다. 서양의 'modern'을 이식받은 당시 동아시아에는 이전과는 질적으로 다른 '완전히 새로운 시대'가 전개되었고, 그것은 '서양의 근대'와 여러모로 유사했다. 따라서 그것을 추동한 서양제국의 입장에서는 동아시아의 '근대'가 'modern'과 동일한 개념의 동일한 시대라고 해도 위화감이 들 것이 없다. 하지만 동아시아의 입장에서는 당시 겪고 있었던 것을 '계몽과 진보'라고 표현하는 데 쉽게 동의할 수 없다. 당시로서는 '고대와 중세, 근대와 현대'라는 서양의 시간관념도 낯설었지만, 그 기준인 '계몽과 진보'를 그대로 적용할 수 없었기 때문이다. 실제로 동아시아는 내부적 모순과 문화적 충격에서 벗어날 수 있는 이념으로서 새로운 이데올로기인 계몽과 진보를 생각한 것이 아니라, '동도서기(東道西器)', '중체서용(中體西用)', '화혼양재(和魂洋才)'의 논리를

만들고 정당화하는 데 전념했다.[5]

'동양'과 '동아시아'라는 개념도 서양제국주의와 일본제국주의에 의해서 만들어진 허구적인 개념에 불과하다. 에드워드 사이드의 '오리엔탈리즘'을 빌리지 않더라도 그러한 것은 동서를 나누고, 서양의 근대와 국민국가의 이상을 주장하는 사람에게만 존재한다. 하지만 그것이 온전히 허구인 것만 은 아니다. 문화란 '여기 그리고 지금(hic et nunc)'이라는 현장이 만들어 낸 결과물이다. 그러면서도 같은 시대를 살면서 그 현장을 드나드는 타자 (他者)는 물론, 그곳에서 예전에 살았거나 앞으로 살게 될 주체와 타자의 삶을 포괄하는 보편성을 담고 있다. 문화가 그 자체로 독특한 단일성을 가 지면서도 보편적인 다양성을 확보한다면 바로 이 점을 두고 말하는 것이 다. 그렇기 때문에 '정치와 경제의 프레임에서 벗어나 문화의 프레임으로 나와 세계를 보게 되었다'라는 것은 나를 보편적인 다양성 속에서 보면서 세계를 독특한 단일성으로 이해하는 고차적 관점에 이르렀음을 뜻하는 것 이 된다. 오늘날 우리의 담론 공간에서 현지의 유일무이한 특성에 의미를 두는 로컬리티 담론과 공공성(公共性)이라는 보편적 다양성의 실현 방안에 주안점을 둔 커먼즈 담론이 주목받고 있는 이유도 여기에 있다.

이런 관점에 따르면, 오늘날이야말로 동학에 대한 새로운 접근과 이해 가 요구되기에 적절한 시점이다. 동학은 서양 중심의 정치적 세계화 논리 가 동아시아에 강요되던 서세동점(西勢東漸) 시기에 현지성에 바탕을 두고 인간의 보편적 가치와 이념을 해석한 이념 체계이면서 실천 운동이기 때문 이다. 서구 제국주의와 동아시아 제국주의의 침탈이 벌어지는 바로 그곳에 서 동학은 당시 삶의 주체였던 농민이 보편적 인간으로서 자신을 인식하 되, 그것을 실현하려면 자신의 주체성을 먼저 확립해야 함을 강조하였다. 이 '위대한 이념 체계이면서 절실한 실천 운동'은 정치, 경제, 문화 전반으 로 전개되면서 농민전쟁, 독립운동, 신흥종교 운동 등으로 발전하였다. 하 지만 일제강점기 후 '분단된 근대국민/민족국가'가 추진한 급격한 산업화

과정을 거치면서 동학은 유통기한이 만료된 의약외품처럼 취급되고 있다. 이러한 점을 전제로 이 장에서는 오늘날 '우리'를 말하기 위해 동학을 로컬리티와 커먼즈 담론 공간으로 불러 세우고자 한다.

II. 근대 공간에서의 동학

한국 근대사 인식은 아직 '갈등' 중이다. 밖으로는 우리를 강제 병합했던 일본, 그러한 일본에게 우리와 비슷한 처지를 겪었던 동아시아 각국, 그리고 일본을 계몽시키고 경쟁했던 서구 제국주의 각국의 인식이 우리와 갈등을 일으키고 있다. 이러한 갈등을 부추기는 것은 강제 병합 당시에 우리와 같은 처지에 있었더라도 오늘날 일본과 우리를 둘러싼 이해관계에 따라 인식이 시시각각으로 변경된다는 점이다. 한편, 안으로부터의 갈등을 부추기는 요인 가운데 가장 큰 것은 분단 상황이다. 남북 대립은 "1980년대 이후 탈냉전·탈식민화·민주화라는 진보적 흐름과 요구, 신자유주의적 세계화와 우경화라는 보수적 추세, 중산층의 붕괴와 사회 양극화라는 위기적 증상이 동시에 나타나 충돌"하는 상황에서 "탈냉전·탈식민화·민주화를 지체시키고 갈등의 구조와 양상을 왜곡, 변질시키"는 요인이 되기 때문이다. 『고등학교 한국사』 교과서 검정 파동(2013년)에서부터 국정교과서 추진 및 중단 등과 같은 갈등도 이러한 맥락에서 이해될 수 있다.[6]

이런 까닭에 한반도를 둘러싼 정치, 경제, 사회, 문화적 갈등을 실증주의적 접근으로 해결하기란 쉽지 않다. 갈등을 일으킨 사건이 과거와 현재, 미래로 질서정연하게 전개되지 않는다는 점도 한몫한다. 동아시아의 과거사는 완결되지 않은 채 과거와 현재, 미래가 상호 간섭하여 섞이고 있다. 그래서 단순화시키려고 할수록 더 '불안정하고 복잡하며 모호한'[7] 양상을 띤다. 이러한 양상은 우리 학계 내부에서도 확인된다. 1990년대 이래 식민지 수탈론과 식민지 근대화론, 그 사이에서 촉발되어 탈근대론이 가세한 '근대 역사관 논쟁'이 그것이다. 이러한 "학술 논쟁이 현실의 정치적·사회적 갈등을 합리적으로 해소하는 데 기여하기는커녕 불필요한 갈등을 오히려 증폭시키고, 심지어 이념 대립과 연동돼 논쟁 자체가 변질될 수"도 있고, "논쟁 당사자의 의도와 관계없이 역사를 퇴행시키려는 세력에 의해 악용될 수"도 있다.[8] 우리에게 주어진 과제는 '불안정하고 복잡하며 모호한' 양상을 '안정되고 단순하며 분명한' 형태로 전환시키는 것이 아니다.

오늘날 우리는 대한제국기(1897~1910)를 '매체, 금융, 교육 등 많은 근대적 제도와 그에 관한 논의가 출현하였으므로 한국 근대의 기원이라고 할 만하다'라고 평가한다. 이런 결론에 이를 수 있게 된 것은 1990년대 이후 근대사의 양상을 인정하고 다각적으로 접근할 수 있었기 때문이다.[9] 마찬가지로 이 시기 시대정신을 '근대국가형성'으로 단순화하기는 곤란하지만, 가령 그것으로 수렴된 노선으로 제한하더라도 복잡하고 모호하며, 불안정한 채로 "열려있다"는 사실을 인정하여야 한다. '근대-민족-국가'라는 개념, 그것을 추진한 주체와 목표 등을 단순 명료하게 제시하기 어렵기 때문이다. 예컨대 국가라는 개념은 전통적 국가 개념과 서양으로부터 전파된 근대 국가 개념이 충돌하는 상황에서 서양에 대한 인식의 차이에 따라 제각각 다르게 인식되었을 뿐 아니라, 여러 단계를 거쳐 수용되었다.[10] 그것을 추진한 주체도 왕, 개화지식인 및 관료처럼 국민이 배제된 근대국가를 목표로 한 쪽과 근대국민국가를 추진했던 신민회가 대별되지만, 이들 각각의 노선은 모두 달랐다.[11]

한편, 근대국가 추진으로 수렴된 근대사 논의에서 중요한 요인으로 손꼽히면서도 사실상 타자로 취급되었던 "국민"이나 "민족", 그리고 "민중"으로 불리는 이를 주체로 보는 관점과 접근이 요구된다. 앞서 언급했듯이 이들을 인정하느냐 하지 않느냐에 따라서 '근대국가', '근대국민국가'라는 추진 목표가 달라질 뿐 아니라, 추진 주체들의 성격과 노선이 달라진다. 여기에 '민족'이라는 개념이 더해지면 근대국가와 근대국민국가는 중화주의(中華主義)에서 독립된 주권국가로서 '근대민족국가'라는 새로운 추진 목표가 설정된다. 물론, 근대민족국가를 추진하는 과정에서도 이들은 "민권을 신장하고 인민에게 자유와 평등을 부여하여 국민으로 개조"되어야 할 타자(他者)로 취급된다. 그런데 이 시기 계몽주의자는 대한제국이라는 국가의 주권뿐만 아니라 인민주권론을 이해하고 있었던 것으로 짐작된다. 그래서 "주권국가이자 국민국가 그리고 법인격적 국가라는 의미를 내포하는 '국가'라는 개념이 자연스럽게 확산"될 수 있었던 것이다.[12] 근대국가를 추진했기 때문에 대한제국은 쇠퇴할 수밖에 없었다는 역설은 '불안정하고 복잡하며 모호한' 양상에서 비롯된 것이다.[13]

근대국가를 추진하다가 쇠퇴한 대한제국에서 타자로 취급된 이른바 "민중"을 주체로 놓으면, 이 시기 가장 인상적인 움직임이 동학(東學)이다. 흔히 동학은 1894년의 동학농민혁명으로 기억된다. 이를 계기로 청일전쟁이 발발하였고, 대한제국이 탄생했으며, 일본이 동아시아에서 서양 열강과 제국주의 패권을 다투게 되었기 때문이다. 이 점에서 동학농민혁명은 "동아시아적 사건이며, 세계사적 사건"이라고 평가된다.[14] 실제로 이 시기에 조선에 있었던 서양의 언론인, 선교사, 학자, 외교관 및 여행자 상당수는 동학농민혁명을 '무장한 개혁자'의 대대적인 저항운동으로 이해하였을 뿐 아니라, 중국의 태평천국운동과 견주기도 했다.[15] 이 사실은 동학이 서구의 충격과 외압에 동양, 또는 동아시아 세계가 반응한 일련의 맥락 위에서 이해될 수 있음을 보여준다. 이것은 동학이 내적으로는 개혁사상과 종교정치사상으로서 특수성을, 외적으로는 한국과 중국의 농민혁명 및 교안(敎案)으로서 특수성을 포월(包越)하는 보편성을 가지고 있음을 의미한다.

문화접변이론에 따르면 동학은 '외래사상이 공동체의 존속과 발전을 위협할 것이라는 인식과 약한 주체·자주의 관성이 조합된 발상'의 산물로 평가된다. 이는 문화가 접변할 때 고유문화에 대한 태도를 '주체와 자주의 관성이 강한지, 약한지'로 나누고, 외래문화의 충격과 외압에 대한 인식을 '자신이 속한 공동체의 존속과 발전을 위협, 보장'하는 것으로 나눌 때 도출되는 네 가지 유형에 근거한 것이다. 곧, '완전한 거절로서 저항(강, 위협-Ⅰ형)', '선택적 수용으로서 융합(강, 보장-Ⅱ형)', '저항과 융합의 절충(약, 위협-Ⅲ형)', '전폭적 수용으로서 동화(약, 보장-Ⅳ형)'이다. 이것을 19세기 중엽 한국 사상체계에 대입시키면 Ⅰ형은 척사사상, Ⅱ형은 개화사상, Ⅲ형은 동학사상, Ⅳ형은 한국천주교회운동으로 분류할 수 있다.[16] 마찬가지로 제국주의와 문화이식주의적 선교방침(Ⅰ형), 문화적응주의적 선교방침(Ⅱ형), 낭만적 오리엔탈리즘(Ⅲ형과 Ⅳ형) 등, 서양문화를 고유문화로 하는 이들의 관점도 여기에 대응된다.

이 가운데 동학과 관련하여 검토할만한 유형은 문화적응주의적 선교방침과 한국천주교회사상이다. 문화적응주의적 선교방침은 동아시아에 들어온 예수회 선교사들이 문화이식주의적 선교방침(tabula rasa)을 수정한 것으로서, '보유론적(補儒論的) 서학(西學)'으로 전개되었다. 예수회 선교사들은 서양의 과학기술문명을 소개했고, 그것을 가능하게 한 세계관이 중세 기독교라는 점을 내세웠다. 그리고 중세 기독교는 오랜 시절 자연종교 상태에 머물러 있는 유교적 세계관을 보충할 수 있는 것이라고 주장했다. 이들은 중세 기독교와 유교가 상호 충돌하지 않는 공통지대를 찾으려고 때로는 중국 고전의 의도적인 오독(誤讀)을, 때로는 기독교 교리의 과감한 변용을 시도했다. 그 결과 보유론적 서학은 천주학이라는 이름으로 동아시아 지식인들에게 수용되었다. 하지만 문화이식주의적 선교방침으로 회귀한 후발 선교사에 의해 폐제사문제가 발생하자 조선 지식인은 대거 이탈했다. 그 빈자리를 민중이 대신하면서 한국천주교라는 신흥종교운동이 전개된 것이다.

동학을 이끈 일반 농민대중은 신흥종교운동으로서 한국천주교를 이끌었던 주체와 같은 사회적 기반을 가졌다. 동학이 "서교(西敎)에 대한 반발을 내세우면서도 … 이론적으로 서교적 사상체계와 상당한 일치점"을 보인 까닭은 "기존유교의 엘리뜨적 한계점을 극복하기 위해서"가 아니라, 자신들이 처한 현실의 모순이 "전통적인 문화가치체계"에서 비롯되었다고 생각했기 때문이다. 이들은 내부적 모순이 심화되던 조선후기의 체제를 실질적으로 겪으면서 때로는 반봉건항쟁을 수행하는가 하면, 때로는 초월적 존재에게 의지하기도 했다. 이것은 인간의 종교적 심성에서 비롯된 자연스러운 현상이 아니라, 비체계적이고 산발적이었던 탓에 겪어야 했던 실패를 이해하는 방식이었다.[17] 이들은 현실에서 좌절된 반봉건항쟁의 희망을 초월적 존재에게 투사함으로써 실패가 아닌 미완으로 재정의할 수 있었다. 서학과 동학, 천주교와 천도교가 지지기반을 공유하면서도 분기하는 지점은 바로 여기에 있다.

한국근대사 인식의 틀은 불안정하고 복잡하며 모호해서 안팎으로 갈등의 소지가 다분할 뿐만 아니라, 실제로도 다양한 대립 갈등의 양상을 보인다. 그런데 "목적론적 역사인식에서 벗어나 한국 근대를 직시"하거나, "역사적 과거에 대해 열린 자세"를 가진다고 해서 대립 갈등의 양상이 해소되지는 않는다. 그래서 "대립적 양면을 극적으로 대비하거나 상보적 양면을 순접시켜 특정 역사상을 부조하는 방식을 자제"해야 하고, "정치 이념적 갈등에 휘말리지 않도록 최대한 경계"해야 한다.[18] 하지만 한국근대사 인식의 틀에서 동학이 어떤 특수한 지위를 가지고 있다면, 그것은 (1) 타자(他者)나 실패한 주체로 기능하면서도 결과적으로는 한국근대사의 주요한 주체로서 영향력을 발휘했다는 점, (2) 당시 국내외의 특수성을 포월함으로써 보편성을 획득했다는 점, (3) 저항과 융합의 절충으로서 유의미한 독자적인 영역을 구축함으로써 지속할 수 있는 모델을 제시했다는 점을 들 수 있다. 이것이 동학을 로컬리티와 커먼즈 담론공간으로 불러 세울 수 있는 근거이다.

III. 지금[現]-여기[場]

로컬리티 담론의 주요 개념은 우리말 '지역-지방-국지(局地)'에 해당하는 로컬(local)인데, '로컬리티(locality)', '로컬리톨로지(localitology)' 등 외래어로 표기한다. 우리말로 번역할 때 공간의 종속성 문제가 해결되지 않기 때문이다.[19] 로컬리티 담론이 등장하기 이전에도 공간에 대한 논의는 동·서양 할 것 없이 오랜 전통을 가지고 이루어졌으며, 근대 분과학문이 출현한 이후에도 다양하고 깊이있게 다루어졌다. 그런데 오늘날 로컬리티 담론 연구자는 '로컬리티'가 '지역성'이라고 하던 것과는 다른 것이라고 주장한다. 이들의 주장에 따르면, 예전에는 모든 지역이 다 고유하다고 생각해서 그 특성을 그대로 기술하려고 했지만, 로컬리티 담론에서는 개별지역의 고유한 특성을 체계화, 또는 이론화하려고 한다. 예전에는 어떤 지역이 가진 서로 다른 인문·자연적 조건이 서로 결합되어 그 지역성이 형성된다고 생각했지만, 로컬리티 담론에서는 다른 지역과의 관련성 속에서 로컬리티가 형성된다고 생각하기 때문이다.

로컬리티 연구는 서구의 사회·경제적 변화와 그 변화에 따른 공간적 변이(spatial variations)를 해명하려는 취지에서 시작되었다. 이론적 바탕으로는 기든스(Anthony Giddens)의 구조화론과 바스카(Roy Bahskar)의 비판적 실재론이 손꼽힌다. 구조화론에 따르면 사회적 구조가 사회를 구성하는 사람의 행동을 제약하거나 가능하게 하지만, 사람은 그 속에서 그와 같은 사회적 구조를 (재)생산한다. 이렇게 재생산된 사회구조가 시간화· 공간화(temporalized and spatialized) 되어서 구체적인 모습으로 나타나는 것이다. 이에 비해 비판적 실재론에 따르면 실재성(reality)이란 경험, 현실, 실재의 세 영역이 구분되기는 하지만 상호의존적 관계 속에서 존재하며, 실제로 상호작용한다. 사회 활동과 구조, 그리고 시공간은 상호의존적 관계 속에서 결합되기 때문에, 인문학의 어떤 구체적인 설명이라고 하더라도 논리적으로는 지리적이고 역사적인 기반을 전제로 한 것일 수밖에 없다.

로컬리티 담론의 이론적 근거는 그것이 무엇이건 각각의 요소가 상호작용한다는 것이다. 따라서 지역과 지역의 관계 속에서 만들어지는 '현(現)-장(場)'인 '지금-여기(hic et nunc)'의 생동하는 특성에 주목한다.[20] 이러한 특성 때문에 로컬은 추상적이고 필연적인 관계를 전제하고 요구하는 글로벌(Global)과의 관계를 자신의 조건 또는 맥락에 따라 지금까지와는 전혀 다른 양상으로 만들어버릴 수 있다. '현-장'으로 지목되는 시-공간은 중심/주변의 경계 나누기에서 벗어나 있으므로 가변적(可變的)이고 가역적(可逆的)이다. 그러므로 세이어(Andrew Sayer)가 말했듯이 글로벌[中心]의 관점이라고 해서 추상적이고 필연적인 것이 아니고, 로컬의 관점이라고 해서 구체적이고 우연적인 것은 아니다. 더 이상 로컬은 중심에서 소외된 주변부, 우연적 사건이 발생하는 불완전한 장소가 아니므로 '있지도 않는 추상적 보편성'이나 그것의 반발로서 '과장된 구체적 특수성'에 속박될 필요가 없다는 말이다.[21]

신흥종교운동으로서 한국천주교회의 주축을 이루었던 이들과 동학의 주축을 이루었던 이들은 19세기 조선이라는 '현-장'을 공유했다. 한국천주교회는 보유론적 서학을 거쳐 천주학으로, 천주학에서 천주교로 전개되는 과정을 거치면서 보편교회로서 로마가톨릭 교회의 체계화된 교의와 교계제도 등의 굳건한 지원을 받았다. 이에 비해 동학은 당시 일반에게 광범위하게 유포되어 있었지만, 배타적 지역성으로 규정되는 민간신앙에 뿌리내리고 있었다.[22] 이렇게 동학이라는 이름과 한국의 전통적 민간신앙에 뿌리내렸다는 점에 주목하면 "서학에 대항하기 위해 성립된 일종의 대항 이데올로기"라는 점이 부각된다. 실제로 현행 중고등학교 역사교과서의 '동학' 항목에 이러한 내용이 기술되어 있을 정도로, 아직도 우리는 동학을 서세동점시기에 우리 땅에서 시도되었던 저항적 민중운동 내지는 신흥종교운동으로 그 의미를 제한하고 있다.[23] 이런 관점에서 동학은 배타적 지역성에 기대 조선의 농민계급이 서양 제국주의의 보편성에 저항하기 위해 '민간신앙'이라는 특수성을 과장하여 '동(東)'이라는 추상적 보편성을 획득하고자 한 것이 된다.

상대적으로 동학계에서는 동학의 동(東)이 중화주의에서 벗어난 자기동일성으로서 동국지학(東國之學) 또는 동방지학(東方之學)을 가리킨다는 점을 부각한다. 이때 민간신앙은 체계화, 조직화 되지 않았지만, 사회적 위기의식과 만나면 언제라도 사회변동의 내적 에너지를 제공할 수 있는 우리 민족, 또는 당시 동아시아인들의 사상적 토대라는 점을 강조한다.[24] "동학이라는 명칭은 당시 새로운 힘으로 들어오는 서학에 영향을 받았다거나 또는 서학에 대항한다거나 해서 붙여진 이름이 아니라, 이는 서양적인 방법이 아닌 동방의 학리적 사유와 방법에 뿌리를 둔 동학에 의하여 天道를 밝히고 궁구하겠다는 의미"라는 설명에는 여전히 대항담론의 논리가 발견된다.[25] 로컬을 지방이 아닌 지역이라고 할 때의 한계가 드러나기 때문이다. 같은 맥락에서 1860년 최제우의 득도 당시에 동학이라는 용어를 사용하지는 않았고, 1862년 1월에 창작된 『동경대전(東經大全)』「논학문(論學文)」에 처음 등장한다는 점을 들어 서학과 무관하다는 점을 주장하는 것도 무리다.[26]

19세기 조선은 서양 제국주의 열강과 동아시아 제국주의 일본, 그리고 청나라가 중심으로 작용하던 '현-장'이다. 최제우가 "경신년(1860)에 이르러 전하는 말을 들으니 서양 사람들이 천주의 뜻으로 부귀를 취하지 않는다고 하면서 천하를 공격하여 취하여 그 집을 세워 그 도를 행한다고 하였다."[27]라고 한 경신년은 개신교 선교사가 청나라로부터 포교권을 획득한 해이다. 태평천국의 난이 청나라 내부의 해체를 가속화 하던 시기였으므로, 개신교 선교사는 합법적 지위를 누리던 불교와 도교, 회교와 공개적으로 경쟁하는 한편 그동안 국가권력과 지역사회가 전담하는 공적 영역에서 의료와 복지라는 유력한 무기를 가지고 경쟁하였다.[28] 이들의 활발한 선교에 대해 청왕조와 엘리트는 위기의식을 느꼈고, 때마침 의화단 운동의 전야에 걸쳐서 중국 각지에서 열강의 힘을 빌린 선교사와 그에 기댄 사회적 약자가 전통질서에 도전하는 데 대한 두려움 때문에 그리스도교 배격 운동인 교안(敎案)이 발생했다. 서양 제국이 교안을 침략의 기회로 활용하면서 일반인마저도 침략자의 구체적인 표상으로 교회와 선교사를 증오하기 시작했다.[29]

1890년대 중국에서는 신규 개항에 의해 열강의 정치적, 경제적 침략이 격화한 지역을 중심으로 교안이 집중적으로 발생하게 되었다. 최제우의 양학(洋學)과 서학에 대한 인식이 그의 사후 최시형(崔時亨)을 거쳐 동학농민운동으로 전개하는 동안 비판적인 면이 강화된 것도 같은 맥락이라고 파악할 수 있다. 19세기 조선이라는 '현-장'을 서구 제국과 그에 대응하는 중국과의 관계 속에서 파악하여, 바로 그 현장 속에 반영한 것이다.

이 점에서 동학은 단순히 유학적 전통에 반대하는 문제의식에 그치지 않을뿐더러, 서구 제국주의에 대하여 배타적 지역성에 근거한 대항담론적 성격을 가진 정치적 운동으로 제한되지 않는다. 유학적 전통에 반대하였다고 할 때는 한국 천주교인과 '현-장'을 공유한다고 할 수 있지만, 외래문화가 공동체의 위협 요인이 된다고 인식했다고 할 때는 척사파와 '현-장'을 공유한다고 할 수 있기 때문이다. 이 긴장 관계는 동학이 오늘날에는 일부에게만 수용될만한 '민중신앙'에 뿌리내렸다고 하는 한계를 넘어설 수 있는 계기를 제공한다. 곧, 동학은 19세기 조선이라는 '현-장'의 주체 가운데 소외당했으나 대중을 형성하고 있었던 이들을 선택함으로써 당시 '현-장'을 더 구체적인 형태로 재구성할 수 있었다.[30]

로컬리티 담론이 이중적 의미의 중심성, 그리고 중심성과 탈중심성의 상호성을 전제하면서도 그 논리에 구속되지 않는 이유가 있다면 그것은 '현-장'성이다. 로컬리티 담론에서 '현-장'인 로컬은 지역적 조건과 한계, 그 매개를 제공하는 시공간이면서 그런 것을 넘어서는 보편적이고 추상적인 인문학적 반성이 실천되는 포월(包越)의 시공간이 된다. 포월의 시공간으로서 '현-장'은 자기 동일성의 원리를 통해 자신의 중심성을 끊임없이 요청하고 유지하려고 하는 시공간이면서 자신과 같은 처지에 놓인 수많은 타자(他者)의 중심성을 이해하고 수용하는 '열린 관계'가 실현되는 시공간이다. 자기 동일성의 원리는 타자의 중심성을 이해할 때 '우리'로 확장된다. 타자의 중심성에서 벗어날 방법은 타자를 주변화하는 것이 아니라, 우리로 포섭하여 확장하는 것이다. 이렇게 해서 자신의 중심성에서 벗어날 수 있을 뿐 아니라 궁극적으로는 타자의 중심성에서도 벗어날 수 있게 되므로, '현-장'은 다원적 탈중심성이 구현되는 탈경계의 시공간이 되는 것이다.

Ⅳ. 함께[共]-공변[公]

서구 근대, 곧 모던을 뒤따르고 있는 우리에게 커먼즈(Commons) 담론공간은 낯설다. 커먼즈 담론공간, 또는 '커먼즈 패러다임(the commons paradigm)'은 "근대를 지배해온 국가와 자본(시장)에 대한 대안으로서 '커먼즈'라는 이름으로 포괄되는 자급과 자치의 공동체를 구축하는 것을 목표로 삼는 모든 의식적인 노력들을 포괄한다."[31] 하지만 커먼즈는 '로컬'처럼 공유(公有), 공유(共有), 공용자원(共用資源), 공용물(共用物), 공동자원(共同資源), 공용자원(共用資源) 등의 번역어가 있음에도 대부분 외래어 '커먼즈'로 사용된다. 이 가운데 어느 것도 "소유권 관계가 분명하지 않은 상태에서 관리 주체가 분명한 경우와 분명하지 않은 경우 어느 쪽이든 또 경합을 갖든 가지지 않든 많은 사람이 함께 이용했던 자원"[32]을 가리키는 영어권의 일상적 용어 'Commons'의 번역어로는 적합하지 않다고 생각해서다. 공(公)과 공(共)은 주체, 용(用)과 유(有)는 소유, 물(物)과 자원(資源)은 경합성 대상 여부와 관련하여 논란의 여지가 있다.[33]

커먼즈 담론은 "재화의 관리가 사적인 형태(시장)나 공적인 형태(국가)

로만 이루어질 수 있다는 사고방식이 한창 지배하던 때에 엘리너 오스트롬(Elinor Ostrom)이 전통적 커먼즈를 연구하여 그 가치를 재발견한 것"[34]을 시초로 한다. 오스트롬의 전통적 커먼즈 연구는 미국의 생물학자이자 생태학자인 하딘(Garret Hardin)이 1968년『사이언스』에 발표한 논문에서 경고한 '공유지의 비극(Tragedy of the Commons)'을 비판하는 데서 출발했다. 공유지의 비극은 산업혁명이 시작된 시점에 영국에서 실제로 일어났는데, 이 문제를 해결하기 위한 대안으로 '인클로저 운동(enclosure movement)'이 벌어졌다. 주인이 따로 없는 공동방목장에는 더 많은 소를 풀어 풀을 뜯게 하는 것이 이득이 되므로 모두 경쟁적으로 소를 방목하게 되고, 결과적으로 방목장이 황폐된다. 이를 막으려고 초지를 분할 소유하고 각자의 초지에 울타리를 치게 된 것이다.

오스트롬은 공유지의 비극이 벌어지지 않는 커먼즈를 연구하면서, 공동으로 사용되는 자원이 실제로 공동으로 관리되고 있는 많은 사례를 찾아내었다. 사례가 작은 규모의 공동자원(CPR, common-pool resources)에 국한되었다는 점에서 비판받기도 했지만,[35] 오스트롬은 그것을 근거로 하딘의 경고를 효과적으로 비판했다. 자원을 공동 사용하는 이들의 이기심에만 집중한 나머지 공동으로 관리하는 일종의 가치와 관행, 그리고 규범을 포괄하는 패러다임을 이해하지 못했다는 것이다.[36] 초점이 다르지만, 하딘의 '공유지의 비극'에도 서구 중심주의적 논리가 관통하고 있다는 비판이 제기되기도 한다. 제3세계에 식량을 원조하는 것은 결과적으로 서구의 물질적 풍요를 상실당하는 결과를 낳을 것이라는 경고로 이해될 수 있기 때문이다.[37] 이런 비판과는 정반대로 치어까지 잡아들이는 물고기 남획이나 국가예산의 선심성 집행 등 이기주의를 비판하면서 공동체적 가치를 역설할 때도 하딘의 주장은 종종 인용된다. 이렇게 볼 때 커먼즈 담론공간은 근대 이후 우리가 겪고 있는 '자원의 남용, 공동체의 파괴, 사회적 프로토콜 위반 내지는 폐지' 등의 문제를 해결할 방안을 모색하고 실천하는 자리가 된다.[38]

동학 가운데 커먼즈 담론 공간과 관련된 부분으로는 공동체 원리와 조직체계 등을 손꼽을 수 있다. 지금까지는 정치철학이나 윤리철학적 관점에서 다루어졌는데, 동학의 공공성(公共性)으로 정의되었다. 공공성의 사전적 정의는 "본래 사회 일반의 여러 사람, 또는 여러 단체에 두루 관련되거나 영향을 미치는 성질"이다. 그런데 '동학의 공공성'은 근대산업사회로 이행하는 과정에서 "소외의 문제, 과학화, 도시화로 인한 생태계 파괴 등, 지난 어느 세기에도 경험하지 못했던 매우 심각한 문제"를 겪은 우리가 행복을 추구하기 위해 시도하는 다양한 "국가적 삶이나 기존 사회생활과는 다른 종류의 공동체적 삶"의 성질, 또는 실질적인 방법과 관련된 것으로 설명된다.[39] 이런 관점은 모던의 한계가 인간중심주의의 맥락과 잇닿아 있는 개인주의에 있다는 전제에서 출발한다. 그래서 사적 권리(individual right)와 공동선(public goods)의 갈등을 조정하는 해법을 모색하는 차원에서 동학의 공사(公私) 문제와 접(接)·집(集) 등의 조직체계가 논의되는 것이다.

동학의 '현-장'인 19세기 조선은 그동안 지탱해왔던 "유교적 이념이 붕괴의 조짐을 보이고 있었고, 나아가 주자학이 추구하던 의리론(義理論)에 입각한 가치규범이 완전히 공리공론으로 떨어져 버렸다." 더 큰 문제는 "붕괴의 현상은 다만 정치권에서만 국한되는 것이 아니라, 그 파장이 조선조 사회를 형성하고 있는 모든 공동체로 확산되었다."라는 데 있다. 동학에서는 이렇게 강상(綱常)으로 대표되는 조선사회의 가치규범이 제대로 작동하지 않는 원인을 윤리적 타락에서 찾았다. 대부분의 종교가 그렇듯이 공(公)과 대립되는 개념으로서 사(私)를 말하고, 이것이야말로 한울님 경지에 이르는 데 방해가 된다고 설명했다. 이 설명에 따르면 사(私)는 개인이나 개체가 아니라 각자위심(各自爲心), 곧 각자가 천리(天理)를 따르지 않고 천명(天命)을 돌아보지 않아서 타락한 이기심이다. 그런데 우리들은 이러한 이기심으로부터 벗어날 수 있는 보편적이고 도덕적인 내면세계도 가지고 있다. 그것이 시천주(侍天主)하는 존재로서 개인이다.[40]

최제우가 한울님으로부터 처음 받았다는 심법(心法)은 '나의 마음이 곧 너의 마음(吾心卽汝心)'이라는 것으로 알려져 있다. 이것은 자신의 존재를 시천주(侍天主)로 이해하는 동학의 중심사상과 긴밀하게 연결된다. 개인의 내면세계가 이기심과 이타심, 욕망과 도덕, 본능과 윤리 사이에서 갈등을 일으키고 있다는 것은 인류의 역사만큼이나 오래된 인간의 자기 이해 방식이다. 중세 기독교에서 '마귀, 세속, 육신'을 세 가지 원수[三仇]라고 보았고, 성리학에서 인간 존재의 양상을 '인심(人心)'과 도심(道心)', '마음의 이치[心之理]인 본성[性]과 마음의 작용[心之氣]인 감정[情]'으로 나눈 것도 같은 맥락이다. 인간을 '한울님을 모시고 있는 존재'로 선언하고 있는 점도 마찬가지다. 이 선언은 근대적 인권 개념에 근접해 있는 것으로 보이지만, 중세 기독교의 '하느님의 모상[_模像; Imago Dei]'이라든가, 『대학(大學)』의 천명지위성(天命之謂性)으로부터 성리학의 리일분수(理一分殊)의 선언을 관통하고 있는 유학의 인성론에서도 유사한 면을 찾을 수 있다.

그런데 동학의 '현-장'에서 '시천주'는 권력자인 타인으로부터 강요된 공(公)에서 벗어날 수 있는 근거이자 벗어나야 한다는 선언으로 구체적으로 작동했다. 개인보다는 사회가, 권리보다는 의무가 강조되던 전근대사회에서 스스로 권리의 주체로 자각한다는 것은 지식기반사회의 통치지배자였던 당시 지식인 계층에게도 선뜻 수용되기 어려운 일이다. 이것이 가능했던 것은 동학이 19세기 조선 사회에 대해 비판적 태도를 견지하고 있었기 때문이다. 지배 이데올로기가 제대로 작동하지 않았기 때문에 사람들은 동학에 모여들었고, 작동하지 않는 지배 이데올로기에서 벗어나기를 원했다. 그래서 '시천주'가 선언에 그치는 것이 아니라 구체적인 형태로 실현될 수 있었다. 동학의 논리는 '천주를 모시고 있는 존재로 자각한 개인과 개인이 만나고[接] 모여[集] 함께 함[共]으로써 공변된 이상 세계[公]를 구축한다'는 것으로 요약된다. 이 논리가 동학농민혁명을 거쳐 종교운동으로 전개되는 현장에서 접포조직(接包組織)과 집강소(執綱所)라고 하는 교단조직과 자치행정조직으로 실현된 것이다.

접(接)은 글방 학생이나 유생(儒生), 보부상(褓負商) 등의 무리를 가리키는 용어로 사용되었다. 동학의 조직을 가리키는 말로 쓰이다 보니 최치원의 접화군생(接化群生)이나 실내포함삼교(實乃包含三敎)에서 관련성을 찾기도 한다.[41] 이런 맥락에서 보면 '시천주'도 접신(接神)이라고 할 수 있는데, 동학조직으로서 접(接)은 수직적 구조가 아닌 수평적 구조에서 이루어지는 자발적 협동을 그 특징으로 한다. 이렇게 사람 중심이었기 때문에 같은 지역에 두 개의 접이 있을 수도 있고, 거주지역과 다른 접에 속할 수도 있었다. 독립적이고 분권적인 접을 엮어주는 의사소통 방식이 '통문(通文)'이었다. 교단조직인 접포에 비해 집강소(執綱所)는 자지행정조직이다. 집강(執綱)은 조선왕조 지방행정의 말단관직 명칭이었다. 1894년 동학농민혁명이 일어났을 때, 농민군 점령지에서는 해체된 관치조직을 대신하여 군현 단위의 자치기구로 집강소를 설치했다. 집강소는 몇 사람으로 구성된 의결기관과 집행부를 거느린 집강 한 사람으로 이루어졌는데, 당시 지방자치행정 전반에 대한 업무를 담당했다.[42]

동학의 커먼즈는 전통적 마을 공동체가 가졌던 "삶의 건강한 상호연결성"[43]을 상상하게 할 뿐 아니라, 미완인 채로 남아 있기는 하지만 역사의 현장에서 실현되었다. 서구의 근대화를 뒤늦게, 그러나 격렬하게 겪어야 했던 우리는 자유롭고 풍요로운 개인성을 추구하다가 해체와 분리 끝에 원자화되었다. 이런 문제점을 앞서 겪었던 서구에서는 개인의 상호접촉을 통한 통합이 강조되고 있다. 앞서 언급했듯이 이러한 맥락에서 오스트롬의 연구는 "경제활동의 관계적 측면, 즉 사람들이 서로 상호작용하고 협상하여 규칙들과 사회적 이해(理解)를 만들어내는 방식에 더 많은 주의를 기울"[44]인 것이다. 사람의 이러한 관계 맺음[接]과 모임[集]은 동학의 논리와 그 실현에서 확인되듯이 획일화된 근대의 보편성을 넘어서 다양성에 기초한 '공통적인 것(the commons)'으로 나아가야 한다는 '생태론적 관점의 회복'으로 귀결된다. 이것이 '동학의 동귀일체(同歸一體)'로, 생태계 존재 모두에게로 확장되는 커먼즈의 이상이다.

V. 대안의 공간

인류학자 워커(Harry Walker)는 아마존의 유라리나(Urarina) 부족이 살아온 형태를 분석하면서 '등가에 기반을 두지 않고 차이에 기반을 둔 평등', '특이주의(singularism)', '개인 없는 개인주의(individualism without individual)'라는 개념을 다듬어냈다. 이 개념은 가따리(Félix Guattari)가 이질적 다양화(hétérogenèse)라고 부른 재특이화(resingularization) 개념에 기초하고 있다. 재특이화는 활력의 회복이나 발휘를 다르게 말한 것인데, 삶권력과 비대칭적으로 맞서는 창조적인 저항을 가리킨다. 활력이 떨어지는 개체는 같아지고(동질성) 균등해지며(등가성) 유사해지는(정체성) 방식으로 집단화된다. 이렇게 '똑같이 되기'의 방식으로 집단이 형성되는 양태 가운데 하나가 계열화(serilalization)이다. 계열화는 개체를 수동적이고 우연적으로 만들어 활력을 떨어뜨리지만, 다른 한편으로 '알 수 있는 존재'로 환원시킨다. 개인이 귀속되는 여러 범주를 알면 개인에 대해서 모두 알 수 있는 것으로 간주하기 때문이다. 따라서 가따리는 "계열의 바깥으로 나와서 … 특이화의 과정으로 진입하는 것"이 중요하다고 말한다.[45]

가따리의 논리를 빌리면 '갈등' 중인 한국 근대사 인식은 한국이 활력을 회복, 또는 발휘할 수 있는 계기를 제공한다. 식민지 수탈론과 식민지 근대화론, 탈근대론 등이 가세하여 '불안정하고 복잡하며 모호한' 양상을 띠고 있는 '근대 역사관 논쟁'은 갈등을 증폭시키거나 악용될 수도 있다. 그런데 안정되고 단순하며 분명한 형태로 한국 근대사를 전환시키려고 할수록 한국 근대는 당시보다 더 계열화될 수밖에 없고, 따라서 그 활력을 잃어버리게 될 것이다. 오늘날 우리에게 필요한 것은 '근대국가 추진'으로 수렴된 근대사 논의에서 타자로 취급되는 '민중'을 주체의 지위에 올려두고, 그들이 실제로 실천했던 삶의 궤적을 추적하고 분석하는 일이다. 그래야 그 특수성을 확보할 수 있고, 우리 삶의 활력을 회복하거나 발휘할 수 있기 때문이다. 이런 관점에서 동학은 한국근대사 인식의 틀에서 주요한 주체로서 영향력을 발휘했고, 국내외의 특수성을 포월함으로써 공통성을 획득하였으며, 저항과 융합의 절충이라는 독자적인 영역을 구축함으로써 지속가능한 하나의 모델을 제시한 것으로 평가될 수 있다.

이렇게 불러 세운 동학과 관련하여 이른바 대안근대(altermodernity) 담론[46]에 포함시킬 수 있는 다양한 이론적, 실천적 노력 가운데 하나로 손꼽히는 것이 로컬리티 담론이다. 로컬리티 담론에서는 가따리의 재특이화가 지역의 특이화, 곧 재지역화(relocalization)로 다루어진다. 구조화론이나 비판적 실재론 등 그 이론적 바탕에는 다양한 주장이 있지만, 이러한 주장은 지역 안팎의 요소가 상호작용하는 '현-장'의 생동하는 특성, 곧 가변적이고 가역적인 활력에 주목한다. 이러한 주장에 따르면 로컬은 있지도 않는 추상적 보편성을 추구하거나 그것에 대항하기 위해 구체적 특수성을 과장할 필요가 없다. 동학은 19세기 조선이라는 '현-장'을 척사사상, 개혁사상, 한국천주교회와 공유하면서, 일본과 동아시아 각국, 그리고 서구 제국주의와도 공유했다. 이 '현-장'에서는 서구 중세와 근대, 동아시아 각국의 역사가 계열화되면서, 전통적 중심이 해체되고 새로운 중심이 구축되는 양상이 벌어졌다. 그래서 동학은 유학적 전통과 외래문화에 반대하면서 민중신앙이라는 로컬리티에 호소하는 방식으로 재지역화를 시도했다.

로컬리티 담론이 중심/주변, 추상공간/실천공간 등의 공간에 주목한 대안근대담론이라면, 커먼즈 담론에서는 공동체에 좀 더 주목한다. 오스트롬이 경제활동의 관계에 초점을 맞추었기 때문에, 오늘날 커먼즈 담론 공간, 또는 커먼즈 패러다임에서는 공공재(public goods), 공동자원(Common

Pool Resources), 공유자원(Common Property Resources) 등과 같이 자원과 관련된 개념이 부각된다. 하딘의 '공유지의 비극'과 그것의 비판적 사례로서 커먼즈 연구를 수행한 오스트롬은 개인의 이기심이 규범적 수준에서 통제되는 수단을 찾으려고 한 것이다. 사적 권리의 주체인 개인의 이기심을 지속할 수 있는 사회를 가능하게 하는 공동선에 위배되지 않는 수준으로 통제할 수 있는 해법을 찾는 일은 오히려 지금 더 복잡해졌지만, 그만큼 간절하게 요구된다. 이 지점에서 시천주(侍天主)하는 존재로서 개인의 자각, 그러한 개인이 만나고[接] 모여[集] 함께 함[共]으로써 공변된 이상세계[公]를 구축한다는 동학의 '공(共)-공(公)'성은 동귀일체(同歸一體)의 커먼즈론이라는 점에서 그 의미가 드러난다.

로컬리티와 커먼즈 담론 공간에서 동학은 근대가 기획되어 동양, 동아시아에서 강요되었던 격랑의 시기보다 다문화시대가 본격화된 오늘날 더 절실히 요구된다. 오늘날 우리가 발을 디디고 선 이곳은 150여 년 전의 '현-장'과 유사할 뿐 아니라, 서양 근대의 반생명문화와 분단체제, 신자유주의로 인한 분리와 배제 등이 심화되고 있기 때문이다. 더구나 동학처럼 '현실의 모순과 불평등을 개혁하기 위해 일어난 자발적이고 근대적인 민중운동'이 3·1운동, 4·3, 4·19혁명, 5·18민주화운동, 6·10민주항쟁, 2017촛불혁명으로 계승되고 있지만, 치유와 통합은 요원하다. 이 점에서 오늘날 새롭게 주목받고 있는 영성운동과 함께 '동학으로 동학을 치유한다'는 식으로 동학에 접근하는 것은 신선한 시도로 여겨진다.[47] 이 지점에서 고민해보아야 할 문제는 150여 년 전의 '현-장'과 '공-공'의 논리와 실천 방식이 오늘날의 그것에 그대로 적용되기는 어렵다는 것이다. 150여 년 전 동학의 특수성에 기초한 공통성을 확보하기 위해서라도 오늘날 대중이 만나고[接] 모여[集] 함께 하는[共] 방식을 적극적으로 수용하면서, 공변된 이상세계[公]를 현대적 논리로 재구축하는 시도가 선행되어야 한다.

제3부
제주 섬 가로지르기

제7장
제주 여성 연구의 시선 가로지르기

I. 교차하는 과거

제주는 우리나라에서 여성주의에 대한 인식이 보편화되기 전인 1970년 대에 이미 '성 역할 분담' 연구의 현장이 된 곳이다.[1] 우리나라에서 '여성'이 독특한 지위를 가지고 있는 곳으로 생각되었기 때문이다. 이러한 인식은 삼다도(三多島)라는 제주의 별칭에도 반영되었다. 바람, 그리고 돌과 함께 제주를 대표하는 존재로서 제주 여성은 오래전부터 관심의 대상이었다.[2] 이러한 관심이 "어떠한 인물인지, 그들의 삶의 방식은 어떠한지에 대한 관심"이라기보다는 "물화된 대상의 한 장면"에 멈춰진 "흥미와 관심"에 불과하다는 비판도 없지는 않다.[3] 제주 여성에 관심을 가지는 이가 주로 타자(他者)인 데서 비롯된 비판이다.

제주 여성에 대한 관심은 대개 '여초현상(女超現象)'에서 출발한다. 제주목사였던 이원진(李元鎭)도 마찬가지다. 그는 『탐라지(耽羅志)』 풍속(風俗) 가운데 특별히 '여자가 많고 남자가 적다[女多男少]'는 항목에서 이렇게 기록했다.

> 여자가 많고 남자가 적다. 승려들이 모두 절 곁에 집을 짓고 그 처자들을 살린다. 비록 비렁뱅이라도 처와 첩을 함께 거느린다. 또 공물을 운반하거나 사적

으로 장사하는 배들이 끊임없이 드나드는데, 바닷길은 험하고 멀어서 빈번하게 표류하거나 물에 빠져 죽는다. 그러므로 제주사람들은 딸 낳기를 위중하게 여긴다.[4]

이러한 시선은 근대 자연과학자인 석주명(石宙明)의 『제주도수필(濟州島隨筆)』에서도 발견된다. 그는 제주의 자연과 인문에 대해 백과사전식으로 서술한 『제주도수필』의 〈인문(人文)〉 8. 일상생활 항목에서 '男權과 女權', '男女의 일의 區分', '母女의 愛情', '女權', '女子의 勤勞精神', '女子의 名稱', '女子의 物件携帶', '女子의 注力하는 일', '潛女의 潛水服', '濟州女에 關한 民謠', '濟州女의 特異한 2點', '地方婦女의 性格을 나타낸 民謠' 등의 항목에서 제주 여성에 대해 비교적 상세하게 기록했다.

> 濟州女의 特異한 2點. ① 勤勞精神이 많은 것. ② 男子의 數보다 많은 것인데 이것으로 보아 濟州島는 女子의 島國이라고 할 수가 있다.
> 女權. 女子가 生産에 從事하니 女權이 강하다. 儒敎의 遺風으로 男尊女卑의 思想은 있지만 陸地의 境遇와는 다르다. 女子는 古來로 잘 일하고, 男子와도 混合되어 일하며, 內外도 별로 없다. 古來로 女多男少의 現象이 있는 關係인지 畜妾의 風이 甚하고 女子의 男子獲得運動도 甚한 記錄이 있다. 李朝中葉에 陸地로부터 衛戍의 兵이 交代하여 오면 海岸에서 기다리던 島女들은 各自의 意思로 男子를 自宅에 招하여 同棲하고 夫婦生活을 하다가 男子가 滿期가 되어 歸還時는 울면서 作別한 例가 많았다는 記錄이 있다. 結婚·離婚은 古來로 陸地에서보다 대단히 容易하다.[5]

'여성이 생산에 종사하기 때문에 여권(女權)이 강하지만 남자가 부족해서 자발적으로 축첩을 마다하지 않는다.'라는 타자의 기록은 제주 여성의 입장에서는 '모순된 현실'이다. 그런데 반제주인(半濟州人)으로 평가되는 석주명이지만, 이 점을 고려하지 않고 '陸地의 境遇와는 다르다'거나 '濟州島는 女子의 島國'이라는 식으로 서술하였다. 『탐라지』와 마찬가지로 타자의 시선으로 보았기 때문이다. 이런 시선은 같은 제주 사람인 남성에게서도 발견된다.

> 우리 제주도는 아득히 바다 가운데 떨어져 있어 수로로 구백여 리나 됩니다. 또한 어느 바다보다도 파도가 세차고 거세답니다. 공물을 실은 배나 장사하는 배는 끊임없이 오가는데, 그 중 표류되거나 침몰되는 배가 열에 대여섯이나 된답니다. 섬사람들은 앞서 죽지 않으면 반드시 뒤에라도 죽고야 말지요. 그런 까닭에 경내에는 남자의 무덤이 매우 적은 게지요. 여염에도 여자가 남자보다 세 배나 많습니다. 부모 된 자들도 딸을 낳으면 반드시 "내게 효도를 잘할 애"라고 말하고, 아들을 낳으면 모두가 "이 놈은 내 아이가 아니고, 고기밥이야"라고 말하지요. 이처럼 우리에게 죽음이란 하루살이가 와서 사라지는 것과 같죠. 비록 지금이 평시였다 해도 어찌 집안에서 죽을 마음이나 가졌겠습니까?[6]

최부(崔溥)의 『표해록(漂海錄)』에 등장하는 이효지(李孝枝)는 제주목의 아전이다. 그는 뱃사람이 되어 언제 죽어도 이상하지 않은 제주 남성의 시선으로 제주 여성이 많은 이유를 설명한다. 제주 사람이면서도 타자의 시선으로 제주 여성을 본 것이다.

최근 제주는 모든 면에서 관심의 대상으로 부상했다. 그동안 변경의 유배지로 소외되었던 덕분에 지킬 수 있었던 자연경관에서 시작된 관심은 자연경관을 터전으로 구축되었던 사회문화적 요인에까지 확대되었다. 그런데 이미 오래전부터 그랬듯이 이러한 관심은 밖에서 시작되었을 뿐 아니라, 그러한 관심에 자극받아서 이루어진 자각(自覺)조차도 제주 밖의 시선에서 온전히 벗어나기 어렵다. 최근 도민(島民)이 스스로 서사(敍事)의 주체로 인식하고, 성공적으로 기억 투쟁을 해내고 있기는 하다. 그런데 그렇게 해서 구축하고 재현해내는 공간 제주와 그 현장에서 살아가는 사람으로서 제주 여성은 현실에서 소외되기까지 한다. "탈근대와 근대의 가로지르기가 쉽지 않고 '실천'되고 '재현'되는"[7] 현실의 요구를 수용하려면, 지금까지 어려운 상황에서도 끊이지 않았던 선행연구를 살펴보아야 한다.

이 장에서는 지금까지 제주 여성을 주제로 삼았던 선행연구 가운데서 여성신화 연구를 신화의 여성성 연구, 일상의 신화적 연구, 기억의 이미지 연구 등으로 분류하여 검토해보고자 한다. 제주 여성 연구의 시작이면서 끝이라고 할 수 있는 것은 창세무가나 신화, 본풀이, 그리고 설화 등으로 불리는 제주 여신 신화에 대한 연구이다. 그런 만큼 민속학과 문학 분야에서 연구된 초기부터 지금까지 수많은 연구가 나오고 있다. 제주 여성의 일상 연구는 신화의 여성성 연구를 토대로 한 제주 해녀 연구로부터 각 영역으로 확장되면서 심화되고 있다. 그런데 여기에는 타자의 시선으로부터 자극받은 주체의 시선이 교차하고 있다. 이에 비해 오늘날 제주 여성은 제주 4·3을 비롯한 근대화 과정의 기억과 트라우마를 진술하고 나누는 서사의 주체로서 자각하고 있다. 그래서 밖으로 나간 이들과 안으로 들어온 모두를 제주 여성으로 바라보는 시선이 가능해졌다. 이 장에서는 이런 시선을 좇아서 제주 여성 연구사를 검토할 것이다.

Ⅱ. 여성-타자

제주는 신화와 무속 또는 민속과 관련한 콘텐츠가 풍부하게 남아 있을 뿐 아니라, 아직도 생산되고 있는 곳이다. 그 원인과 배경에 대해서는 이견이 있기는 하다. 대개는 "육지(본토)와 멀리 떨어져 있어 조선조 성리학의 영향으로부터 벗어나기가 비교적 쉬웠고 또한 무속이 오랫동안 살아 있던 지역"이라는 지역적 격절이 가장 큰 요인으로 손꼽힌다.[8] 중앙의 통제가 느슨해질 수 있는 요인 가운데 하나가 절해고도(絶海孤島)라는 지역적 격절이기는 하다. 이렇게 보면 근대 이전의 생활습관이나 문화형태가 아직 많이 남아 있는 이유도 설명된다. 하지만 지리적 격절에 따른 '지연(遲延)'을 '보존'이라고 할 수 없을뿐더러, 보존의 주요한 요인으로 보기도 어렵다는 비판도 제기되고 있다.

제주에는 무속만 남아 있는 것이 아니라, 그 대척지점에 둘 수 있는 유교식 문화가 가장 많이 남아 있기도 하다. 그런데도 일찌감치 여성주의와 대안사회운동의 실험장이면서도 그와 동시에 접목 또는 활용 가능한 선재(先在) 요인을 발굴하는 대규모 유적으로 주목 받았다. 지금도 여전히 같은 맥락에서 시선을 끌고 있다. 하나의 공간에 대해서 모순적일 정도로 이렇게 상반되는 접근이 허용되는 일차적인 이유는 오랜 시간에 걸쳐 이루어진 다양한 삶의 흔적이 남아 있기 때문이다. 그런데 이러한 시간과 삶의 다양성 속에서 찾아지는 기초적인 표상에 초점을 맞출 필요가 있다. 이 기초적인 표상이야말로 '집단적 정체성의 핵심적인 토대', '주어진 지리적 공간 내에서 공유하는 경험, 유산, 이해 또는 (…) 소속감' 등으로 정의되는 로컬리티(Locality)라고 할 수 있기 때문이다.[9]

제주의 로컬리티는 현재진행형이다. 삼다(三多)와 삼무(三無), 해양문화와 해민(海民), 곶자왈을 비롯한 천혜의 자연환경, 수눌음을 비롯한 공동체 문화, 평화와 상생 등 다양한 경험과 유산, 그리고 이해가 제주의 로컬리티에 포섭되고 있기 때문이다. 이 가운데서 제주 무속신화 또는 창세무가로 불리는 본풀이[10]에 타자의 시선이 집중되는 까닭은 그 속에서 다양한 원초적 이미지를 풍부하게 찾아볼 수 있기 때문이다. 여성주의 문학비평의 관점에서 보자면 제주 큰굿에서 불리는 신화는 문학적 모태로서 우리 문학의 소재적 원천이 되며, 서사물의 시원적 형태가 된다. 특히, 근대에 두드러진 여성작가가 없었던 우리 문학 전통에서는 여성이 어떤 모습으로 살아 움직이고 있는가를 고찰할 수 있는 단서가 된다.[11] 이 밖에도 굿과 신화는 모더니즘, 자본주의, 개인주의, 글로벌리즘 등과 같이 오늘날 우리가 겪고 있는 현실 문제의 해결 방안과 이상의 단서를 제공하는 것으로 여겨졌다.

민주화 이후 사회 각 분야에서 다양한 논의가 이루어진 1990년대 들어서는 신화의 채록 작업과 함께 다양한 주제를 중심으로 한 정리 분석 작업이 이루어졌다. 이 과정에서 굿과 신화는 대항담론으로 취급되었다. 의미를 만들고 재생산하는 사회적 과정을 가리키는 '담론'은 실제의 사회구조 안에서 일어난다. 따라서 지배적 담론과 그것이 만들어내는 정체성과 동일화에서 완전히 빠져나올 수는 없지만, 변형되고 치환된 결과에서 생산되는 대항적 담론이 구분된다. 특히, 적극적인 대항담론의 형성은 우세한 담론적 실천에 저항하는 정치적이고 이데올로기적인 실천에 의해서만 가능하다.[12] 이렇게 볼 때, 무속은 보수적 가치의 토대를 이루는 것으로 '상상된' 유학이라는 지배적 담론에 대해 가장 적극적인 대항담론이었다. 도교와 불교는 삼국시대 이후로 유교와 함께 지배 이데올로기로 기능했기 때문이다.[13]

우리나라에서 굿과 신화가 적극적인 대항담론으로 기능한 것은 조선시대 이후이다. 근대 이전의 사회에서 국정교학과 반대되는 제의행위, 또는 종교운동이 대항담론으로서 기능하는 것은 당연한 일이다. 그런데 조선의 권력집단은 성리학을 정치 이데올로기로 수용하여 정착시키면서, 고려시대까지 다양하고 자유롭게 허용되던 산천일월(山川日月)에 대한 제의도 중앙통치체제의 통제에 따라 정비하였다. 물론, 그러한 과정이 쉽지는 않았다. 군현(郡縣)과 달리 마을 단위에서 행해지던 제의는 통제하기가 쉽지 않았기 때문이다. 그래서 제의의 주체가 지배계층에서 피지배계층으로 옮겨지기도 했다. 그동안 거행되던 마을 단위의 공동체 제의가 좌도(左道) 또는 음사(淫祀)로 규정되어 배격되는 순간, 그 자체로 대항제의가 될 수밖에 없었기 때문이다. 예컨대, 별신굿은 지배계층의 강제에 따른 유교식 독축고사형(讀祝告祀形) 제의에 대한 대항으로 볼 수 있는데, 전통적으로 연행해오던 굿의 전통을 내세운 전형적인 대항제의 형태이기 때문이다. 자연부락

민들은 이를 통해 제의의 주도권을 확보하고, 담론을 확장시키면서 공동체성을 확보했다.[14]

실제로 별신굿에서는 제의화된 가무인 탈놀이를 통해서 체제 전복의 꿈을 굿판에서 실현시킴으로써 제의적 반란을 부추기고 성취해내었다. 이에 비해 강신무나 세습무는 현실적 모순의 원인을 포착하여 갈등을 풀어내는 방식으로 주류담론에 대한 저항을 실천한다. 이들은 굿을 통해 맺힌 원인을 분석하고, 해결하며, 위로한다. 이 과정을 한 마디로 표현한 것이 '풀이'다. 원인을 풀어내고(분석), 맺힌 것을 풀어내며(해결), 갈등하는 마음을 풀어주기(위로) 때문이다. 동시에 그것은 '섬김'이다. 좨주(祭主)를 섬기고, 갈등을 제공하는 신(神)을 섬기고, 무조(巫祖)를 포함하여 갈등을 해결하는 신을 섬기기 때문이다. 그러므로 굿에서는 현실적 모순의 원인과 해결 방안, 해결 과정이 제의적으로 재현됨으로써 오히려 적극적으로 주류담론에 저항하는 정치적이고 이데올로기적인 실천이 이루어진다. 그래서 "구천을 헤매는 조상신을 섬겨서 문제를 해결하고, 잡귀잡신들에게 한 바가지 물러주어서 꼬인 일들을 풀어내는 방법"이 결과적으로 "사회적 약자와 소외계층에 대한 관심과 배려"로서 "현실정치의 대안"이 된다.[15]

채록과 함께 이루어진 제주 신화 연구가 여성성에 집중된 이유는 연구자의 시선이 굿과 신화의 대항담론적 성격에 향했기 때문이다. 동아시아의 전통적인 세계관에서는 서구에 비해서 여성을 불완전한 존재로 파악하지 않는다. 유교와 도교, 그리고 무속 등 어디에서도 여성은 남성의 신체 일부로 만들어진 존재라거나, 남성의 신체 일부를 온전히 갖추지 못한 불완전한 존재로 여겨지지 않는다.[16] 동아시아에서 남녀(男女)는 건곤(乾坤), 음양(陰陽)과 함께 대대적(對待的) 관계, 곧 상호 짝을 이루는 배우(配偶) 관계로 파악되며, '사람[人]'이란 이 둘을 함께 가리키는 말이다. 그러므로 공동체의식을 강조하는 동아시아의 전통적 세계관에서 사회적 약자 또는 소외계층은 '여성'이 아니라 부양자가 없는 이들이었다.[17]

더구나 우리 전통사회 여성은 "가족 안에서 여성은 하위에 속하는 존재이며 결혼은 여성을 무보수의 가사노동에 옭아매는 노동계약"이라는 서구 학자의 주장과는 달리 "가사노동에만 구속되지 않고 활발하고 다양하게 경제활동을 펼쳐나갔다."[18] 예컨대, 신라의 저자와 고려의 장에서는 버드나무 광주리를 들고 다니는 여성이 대부분이었고, 형편이 어려운 조선 사대부 집안 여성은 삯바느질로 생계를 꾸려나갔을 정도로 경제활동의 주체였다.[19] 그러므로 여성이 사회적 약자로서 신화를 통해서 당면한 문제를 해결해야만 했다면 그것은 불운한 근현대사의 기억을 가진 우리만의 문제는 아니다. 여성신격이 퇴장하고 여성 제사장의 신분이 추락하는 것은 세계신화의 보편적인 양상이기 때문이다.

그런데도 1990년대 제주 신화 연구자들이 여성성을 주시한 까닭은 군부와 개발독재를 거슬러 올라가 일제강점기에 이르기까지 여성이 겪었던 불운의 책임이 유교의 가부장적 질서에 있다고 생각했기 때문이다. 이에 따라 유교는 여자와 소인을 동일하게 취급하는[20] 반여성주의적 세계관을 가지고 있는 주류담론이 되고, 제주 큰굿의 신화는 적극적으로 맞서는 대항담론이 되었다. 이 점은 관련 연구자가 1989년의 박사학위논문 「제주도 무속과 신화 연구」를 기초로 하여 1990년에 발표한 「농경기원신화에 나타난 여성인식과 의의」라는 연구의 목적에서도 확인된다.

> 본고가 특히 이 신화를 중시하고자 하는 이유는 (a) 이 신화는 특히 여성신이 중심이고, 그 능력이 남성신을 능가하고 있으므로 페미니스트 문학비평적인 측면에서 접근해 볼 가치가 있고, (b)내용상으로도 신화 중 내용이 가장 길고 흥미로우며 (c)농경이란 食문제와 상관되어 삶과 직결되어 있는 만큼, 여기에는 신화형성집단의 의식이 여러 측면에 걸쳐 집약적으로 응축되어 있다고 보기 때문이다.[21]

박사학위논문에서는 제주 신화의 특징을 여성원리와 모성원리를 중시한 여신격에서 찾고 있지만, 우리 민족도 창세신화를 가지고 있는 민족이라는 점에 좀 더 의미를 두었다. 그런데 이를 심화한 연구논문에서는 여성성을 중심 주제로 노출시켰다. 연구논문 결론에서는 영웅적인 여성인물의 원형에서 찾아볼 수 있는 여성성이 농경과 관련된 것으로서, 이 점 때문에 선천적, 본래적으로 남성성을 능가할 수 있다는 점을 강조하고 있다. 잉태, 번식, 산육 등을 여성원리로 규정하면서 이러한 원리를 농경문화의 기원으로 분석한 것은 그 전 단계 또는 하위 단계로 전제한 목축문화를 남성원리라고 보았기 때문이다.

남성 중심의 주류문화에 대항할 수 있는 여성원리의 원형을 무속에서 찾고자 하는 시선은 1990년대를 관통하면서 수정 보완된다. 제석본풀이에 등장하는 당금애기, 사령제(死靈祭)에서 받들어지는 신격 바리데기, 세경본풀이의 주인공 자청비, 출산과 육아를 관장하는 삼승할망본풀이의 주인공 삼승할망, 삼공본풀이의 주인공 가믄장아기 등은 불완전한 존재로 취급되던 현상적 자아의 부정을 통해 초월적인 능력을 획득한 존재로 해석된다. 이들은 농경문화의 생산을 상징하는 신격으로, 이들이 겪는 고난과 죽음은 "생명, 출산, 번성, 밝음, 풍요를 회복하는 과정에서 드러나는 생산성의 확인"을 위한 장치이다. 이와 함께 "여성들의 행적을 서술하면서 그들이 보여주는 자기 부정의 근거를 가부장적 가족주의 이념으로 제시하고 있는 현상"이 드러나기도 하는데, 이는 "가부장 이념이 개입함으로써 근원적인 생산성을 의미했던 여성상징"이 변질된 결과로 분석된다. 이러한 분석은 "여성만의 유토피아의 건설, 여성의 생산성을 모성성에만 한정하는 형태"라는 비판을 염두에 둔 것이다.[22]

이렇게 여성의 생산성을 신격화하는 콘텐츠 가운데 제주에서 가장 널리 알려진 것은 설문대할망 설화이다. 설문대할망 연구는 다른 여신 연구에 비해 비교적 뒤늦게 주목받았다. 설화 내용이 단순하고 짧으며, 신화·전설·민담의 제요소를 포괄하는 특이한 설화이기 때문이다. 설문대할망이 제의대상이 아닌 데다 내용도 각 지역에 맞게 각색되었다는 점도 한몫했다. 1980년대와 1990년대의 관련 연구는 설문대할망 설화의 이러한 변이과정과 유형, 그 특징과 의미를 중점적으로 다루었다.[23] 이 시기 연구 가운데 특이한 것은 제주 출신 작가들이 설문대할망이 자살하거나 사고사했다는 비극적 결말에 이르는 데 비해 도외 작가들은 죽은 다음에 산신령이나 수호신이 되었다는 결론에 이른다는 분석이다.[24] 신화에서 변이과정을 많이 거친 특이한 설화로서 변이되는 과정에는 작가(연구자)의 시선이 더욱 많이 개입된다는 점을 밝혔기 때문이다.

2000년대 이후 설문대할망설화 연구가 생태학, 스토리텔링, 비교문화 등 다양한 분야에서 거인(巨人)이라는 콘텐츠를 다루고 있는 것도 신화의 여성성 연구 동향과 관련하여 유의미한 현상이다.[25] 여성주의 문학비평과 무속·민속학적 주제가 결합된 제주 여성신화 연구는 민주화를 성취해낸 뒤 반독재, 반제국주의에 대한 반성적 요구에 따른 대항담론적 성격을 지니고 있다. 이러한 연구들에서 출산과 풍요를 여성신화의 원형으로 해석하는 것은 남성 중심의 주류담론에 적극적으로 저항하는 정치적이고 이데올로기적인 실천행위로 볼 수 있기 때문이다. 그러므로 채록 시기와 대상에 따라 많은 이본(異本)이 존재한다고 하더라도 오히려 '제주 여성신화'를 대상으로 한 연구자의 시선은, '제주 여성'이 아닌 '제주에 전해지는 여성성의 원형'에 초점이 맞추어졌다. 그러나 이미 오랜 기간에 걸쳐 변이과정을 겪었던 설문대할망 설화가 그렇듯이 신화의 여성성 연구는 그것에 자극 받은 내부자에 의한 '일상의 신화적 연구'로 구체화 되었다. 타자의 시선은 현실과 어긋나고 있을 뿐만 아니라, 제주 여성, 곧 주체의 시선과도 어긋난다는 초점 불일치가 해결되어야 했기 때문이다.

III. 일상-주체

2016년 11월에는 '제주해녀문화(Culture of Jeju Haenyeo)'가 유네스코 인류무형문화유산으로 등재 확정되었다. 등재된 '제주해녀문화'에는 '물질'과 '잠수굿', 그리고 '해녀노래' 등이 총체적으로 포함된다. 선정기관에서는 '제주지역의 독특한 문화적 정체성을 상징하고 자연친화적 방법으로 지속가능한 환경을 유지하게 만들며, 관련 지식이나 기술이 지역 공동체를 통해 전승'되는 것이라고 평가했다. 한국의 19번째 유네스코 인류문화유산으로 등재된 '제주해녀문화'는 이렇게 해서 한국과 제주, 그리고 제주 여성의 문화를 대표하는 콘텐츠가 되었다. 그런데 이 시점에서 1967년에 발행된 행정학회지에 실린 한 편의 수필을 상기할만하다. 삼다도의 의미가 '비, 바람, 돌이 많다'던 데서 '여자, 바람, 돌이 많다'는 것으로 바뀌게 된 것이 명확하지 않다면서, 제주와 제주 여성을 대표하는 콘텐츠가 해녀라는 시선에 대해 우려를 드러냈기 때문이다.

'제주를 여성의 섬이라고 말하고, 해녀가 그 여성을 대표한다'는 것이 흥미를 좇는 '타자의 시선'이라고 분석하는 이 글에서는 제주에서 잠수(潛嫂)라고 부르는 해녀는 낭만적 흥미의 대상이 아니라 생활인이라는 점을 환기시킨다. 그래서 제주 여성이라고 하면 "억센 바다 물결과 싸워온 강렬한 색체와 굵은 선의 잠수"는 물론, "수건으로 얼굴까지 깊숙히 가리우고 밭이랑을 따라 민요를 깔아가며 김을 매고 있는 유순하고도 순박한 농촌 비바리"와 "도시 풍속을 자랑처럼 걸치고 근대화의 첨단을 달리노라는 아가씨들도" 있으므로 제주 해녀는 "한마디로 이렇달 수는 없다."라고 말한다. 사랑을 소재로 해서 제주 여성의 기질을 말한다는 가벼운 글이지만, 잠수와 출가 잠수, 중산간 부락을 터전으로 하는 농촌 여성들을 아우르면서 "일종 막연한 호기심에서의 연장이요, 제주 여성은 오히려 보수적이고 소극적인 것만은 부인할 수 없다."는 등과 같이 글 전체에서는 제주 여성의

현실을 주체적으로 바라보는 시선이 잘 드러나 있다.[26]

　타자의 시선으로 본 제주는 앞 절에서 살펴보았듯이 신화·전설과 함께 근대 이전의 생활풍속이 많이 남아 있다는 점에서 흥미의 대상이다. 그런데 이것은 '낯익은 흥미', 지연되고 있는 과거의 기억에 대한 환기라고 할 수 있다. 이와는 반대로 여성이 적극적으로 활동한 경제주체라는 점은 '낯선 흥미', 우리의 기억과 배치되는 것에 대한 호기심을 끈다. 그래서 육지가 남성 경제력 및 노동력 중심의 쌀농사를 기반으로 한 데 비해, 화산섬이라는 특징 때문에 여성 노동력 중심의 밭농사를 기반으로 해왔다는 '다른 점'이 부각된다. 여기에 해안지역의 잠수업이 추가되면 예전부터 여성 경제활동이 두드러진 '다른 점'이 설명된다.[27] 이러한 맥락에 따르면 1970년대 중산간 지역의 목축분야에 시작된 제주 개발이 마을공동재산권을 붕괴시키면서 여성 경제활동의 양상도 바꾸어 놓았다는 '다른 점'도 해명된다. 마을공동목장의 사유화는 여성만이 아니라 남성의 이용권을 제한하였을 뿐 아니라, 감귤 재배 면적이 확대되면서 생산과 유통 과정 전반에서 여성 노동력보다는 남성 노동력의 참여가 활발해졌다는 점이 설명되기 때문이다.[28]

　'제1차 제주도 종합개발계획'을 바탕으로 한 제주 개발이 관광 분야에 집중되면서, 1980년대 중반 이후에는 감귤산업보다 관광산업이 차지하는 비중이 커졌다. 이 과정에서 제주지역 주민의 생산활동은 육지와는 다른 양상을 보였다. 당시 육지에서는 산업화와 함께 제조업에서의 남성과 서비스업에서의 여성으로 분리되면서 여성의 생산활동이 증가했다. 이에 비해 제주에서는 지역주민의 생산활동이 성별과 무관하게 서비스업으로 집중되었다.[29] 이 과정에서 제주는 '여자가 많은 섬'이라는 신화에서도 실질적으로 벗어나게 되었다. 1960년 여성인구 100명을 기준으로 82.8명이었던 남성인구가 1990년에 이르러서는 97.7명으로 증가했기 때문이다. 제주의 산업 여건이 남성의 역할을 증가시키는 식으로 변화 조성되면서 남성의 제주 유입이 증가한 결과이다. 의식적인 면에서는 1970년대 이후 빠르게 보급된 대중매체에서 남성을 생계부양자로, 여성을 가정주부로 그려낸 것이 여성의 경제활동 수가 줄어드는 데 영향을 끼쳤다.[30]

제주 개발이 토지 이용을 중심으로 이루어지면서 여성 노동력의 가치가 절하되자, 가구 중심의 생산 강화가 이루어졌다. 이는 전통적으로 여성 고유영역이라고 여겼던 일이 감소하는 현상으로 이어졌다. 그 대표적인 사례가 제주의 대표적 여성 생산활동 영역이었던 잠수업에 종사하던 여성의 수가 해마다 감소한 것이다. 관련 연구에 따르면 1965년 해녀 수는 23,930명으로 제주 어업 종사자의 77%를 차지하였으나, 1976년에는 8,017명(48%)으로, 1989년에는 약 6,111명(59%)으로 낮아졌다.[31] '제주 해녀연구'는 이러한 현상을 반영한 것이다. 그동안 타자의 시선에서는 제주 여성 노동력이 토지 생산성이 낮은 화산섬에서 주요한 자원이 되었을 뿐 아니라, 이를 통해 제주 여성이 자기활동에 대한 통제권과 경제활동에 의해 형성된 재원에 대한 관리권을 확보하고 있다는 점에 주목했다. 그런데 현실적으로는 남녀의 경제적 불평등이 존재할 뿐 아니라, 오히려 심화되는 경향을 보이자 전통적 삶의 주체로서 제주 해녀를 소재로 삼은 연구가 이루어지게 된 것이다.

제주 해녀 연구는 이러한 배경을 가지고 있지만 1990년대 이전에 이미 활발하게 수행되고 있었다. 특히, '여성신화 연구'의 현지조사 성격을 지닌 일련의 연구가 진행되었다. 대표적인 연구로는 1970년대 조혜정이 수행한 해녀마을 연구 연작을 손꼽을 수 있는데, 1996년에는 이러한 일련의 연구를 비판적으로 분석하는 「제주 해녀의 신화와 실체: 조혜정 교수의 해녀론을 중심으로」라는 연구논문이 발표되기도 했다. 이 연구논문이 주목을 끄는 까닭은 "해녀들로부터 긍정적인 한국의 여성상을 발견함으로써 오늘날까지 제주 여성 연구뿐만 아니라 한국의 여성학 및 여성주의에도 새로운 관점과 방향을 제시"한 해녀 마을 연구의 대안을 구성하려고 하였기 때문이다. 그 출발점은 "제주 해녀가 신화로서 생산되고 재생산되고 있으며 …

해녀 연구들도 그러한 신화로부터 벗어나지 못하고" 있다는 문제의식이다. 이 문제의식에 따르면 제주 해녀의 신화는 "해녀들에게, 그리고 제주 여성 일반에게 억압적으로 작용할 수 있"다.[32]

　여성신화가 현실의 여성에게 억압적으로 작용할 수 있다는 주장은 유네스코 인류무형문화유산에 '제주 해녀'라는 이름으로 등재되었지만, 본래 "잠수나 잠녀는 행위자(내부자)의 용어이며, 해녀는 관찰자(외부자)의 용어"라는 분석과 무관하지 않다.[33] 앞서 언급한 바 있듯이 타자의 시선에서 벗어나기 어려운 연구자들은 제주 해녀가 "토질과 강우량에 있어 여성 노동 중심의 밭농사 위주로 생업을 발전"시키는 과정에 "해변 지역에서의 잠수업이 첨가되어 …… 여성 노동력 위주의 생산체계"를 갖추게 된 데 기원을 두고 있는 것으로 파악한다. 그런데 이렇게 보면 ⑴"제주 해안마을에서의 여성 우위의 사회구조는 생태학적으로 결정"된 것이며, ⑵제주 해녀가 가진 노동력과 관련해서는 "육지로부터 외래적, 가부장제적 문화가 들어오기 이전의 제주도의 토착문화", 그리고 "유교의 부계 원칙의 친족 제도와 제사" 등과 같은 "외부의 영향" 가운데 어느 것도 우세를 차지 못한다는 이른바 "양편 비우세(neither dominant) 사회" 구조가 형성되는 주요한 요인 가운데 하나로 작용하게 된다.[34]

　그런데 ⑴의 주장에 대해서는 역사성 문제라는 측면에서 이의를 제기할 수 있다. 제주 사람의 기질이나 제주의 생태학적 조건으로 제주 해녀의 존재를 설명하는 데는 한계가 있기 때문이다. 그리고 ⑵제주 토착사회가 여성 노동력 제공에 따른 여성성 우위 또는 평등 문화를 가지고 있었다는 가정도 노동력의 제공이 경제적 지위를 결정한다는 근대 이후의 사고를 기반으로 하고 있다는 비판에서 자유로울 수 없다. 이렇게 본다면 ⑵는 일본에 의한 자본주의화가 이루어진 1900년에서 1970년 사이의 제주 해녀에 국한되는 것으로서 ⑴과는 무관하다. 따라서 ⑴의 숨은 전제 '부지런한 제주 해녀'와 '게으른 제주 남자'라는 이항대립구조는 말 그대로 신화에 불과하다. 왜냐하면 (2)의 시기로 국한한다고 하더라도 실제 "해안마을의 남성들은 여자들이 하기 어려운 노동을 담당"하였을 뿐 아니라, "근해안이나 일본 등지"에서 어업이나 그 밖의 "돈벌이"에 종사했기 때문이다. 그러므로 "일반적으로 알려진 제주 해녀들은 일본에 의한 자본주의화 이전에 존재했던 해녀 또는 '잠수'와는 매우 다른 성격"이라고 볼 수 있다.[35]

타자의 시선을 기초로 한 연구에서도 이러한 역사성을 부정하지는 않는다. (3)여성을 중심으로 한 농업 체계를 유지하던 1700~1900년에 비해, 1900~1970년 사이에는 일본 식민 자본주의에로의 편입에 따라 오히려 "여성 중심 및 모 중심적 성격이 강화"되었다가, 1970년대 이후 제주 경제가 육지에 종속되면서 "명실상부한 남성 지배체제로의 이행"되면서 "제주 문화가 자생적으로 길러온 자율과 평등의 측면"이 파괴되었다고 주장하기 때문이다. 하지만 주체의 시선을 강조하거나 타자의 시선이 현실을 반영하지 못한다는 점을 지적하는 쪽에서는 제주 해녀에 양가적 이미지가 혼재되어 있는데도 마치 하나의 신화적 일관성과 체계를 갖추고 있는 듯이 설명되는 것에 대한 불편함을 숨기지 않는다.[36]

제주 여성의 강인함과 근면성을 신화화하는 것이 지금까지 제주 여성에게 억압적 기제로 작용해왔고 앞으로도 계속하게 될 것이라는 위기의식은 제주 여성과 관련된 속담 연구에서도 확인된다. 우리 속담에는 여성 관련 속담의 수가 남성 관련 속담의 수보다 많은데, 그 이유는 속담이 전통적인 남성 중심 사회에서 여성을 제약하는 기제로 사용되었기 때문이다. 여성 비하적 성격이 부각되는 경우가 많다는 말이다. 그런데 제주 여성 관련 속담에는 여성 비하적 성격도 드러나지만, 제주 여성의 강인함과 근면성이 부각된 사례도 있다. 이러한 사례는 외모지상주의 부정, 여아선호, 제주 여성의 강인함과 근면성을 표방하는 것 등으로 분류될 수 있으므로, 이를 두고 "제주 여성의 자존"이라고 분석하기도 한다. 하지만 제주 여성 속담에서는 제주 여성의 강인함과 근면성에도 불구하고 가부장적인 질서에서 벗어날 수 없는 한계가 전제되어 있다. 이러한 시선에 따르면, 제주 여성 속담의 긍정적인 내용도 "남성 중심 이데올로기가 제주 여성들을 어떠한 어려운 환경에서도 강인하고 근면하게 일해야 한다고 사회화하고, 제주 여성들이 무의식적으로 스스로를 강인하고 근면한 여성이라고 내면화하는 것"으로서 작동한다.[37]

1998년에 발표된 「제주해녀에 대한 이미지와 사회적 정체성」이라는 연구논문에서는 이러한 시선이 좀 더 구체적이고 적극적으로 드러난다. 이 연구에서는 "오늘날에 와서는 제주해녀를 근면하고 강인한 존재로 높이 평가하고 있지만, 과거에는 물질하는 것을 천한 것으로 보았다."라고 전제하면서, "제주 해녀의 수는 계속 감소하고, 제주도에서 물질기피 현상은 이미 보편적인 현상"인데도 오히려 천하다고 보았던 '벌거벗은' 모습이 관광객을 위한 성적 매력을 강조한 상품으로 다시 형상화되고 있다는 점에 대해 문제를 제기한다. 그러면서 제주 해녀를 대상화하여 상징하는 행위가 제주 해녀의 자긍심을 높여주는 것이 아닐 뿐 아니라, 현실과 동떨어진 과거의 모습으로 재현되고 상품화되는 과정에서 자기비하, 자아상실, 소외감정 등을 경험하게 되면서, 제주 해녀는 자신을 대상으로 상징화하는 내용을 그대로 수용하지는 않는다고 주장했다. "문헌 속에 재현된 이미지는 제주 해녀를 비롯한 제주 여성들에게 초과 노동의 담론 구실을 할 수 있으며, 상품화된 이미지 속에서는 성적 이미지만을 강조하는 이질된 모습으로 이들의 자기 비하와 소외 감정을 부추기고" 있기 때문이다.[38]

제주 여성의 현실에 주목하는 연구자의 시선에서 '제주 해녀의 신화화에 대한 문제제기'는 "여성성의 신화 그 자체를 구체적으로 '해체'하는 작업(탈신화화 작업)이어야 한다"라는 공감대로 이어진다. 이 가운데서 2004년에 발표된 「제주 해녀의 역사적 고찰」은 신화를 해체하는 작업이 역사적 접근을 통해서 시작되어야 한다고 이해했다. 그래서 조선시대 포작(鮑作)과 출륙금지령(出陸禁止令), 전복진상역을 통해 잠녀(潛女)의 존재를 확인하고, 출가노동과 항일운동을 통해 개항 이후 해녀의 활동상 등, 제주 여성을 역사적으로 검토했다. 이 연구에 따르면 조선시대 잠녀의 강인함은 기질적인 것이 아니라 제주를 떠나버린 남자의 일을 대신 수행하는 과정에서 국가의 진상역에 얽매인 이른바 "역사 속에서 부과된 질곡"일 뿐이다. 잠녀안이나 해녀에 대한 중앙정부의 역 부과 혁파 등의 시도가 있었지만, 근본적인 변화가 이루어진 것은 1876년 개항을 통해서이다. 개항 이후 제주 해녀의 출가(出稼)가 허용되었을 뿐 아니라, 일본 어민 진출에 따른 제주어장의 황폐화 등 여러 현실적 문제를 겪으면서 제주 해녀의 체계화 및 의식화가 이루어졌기 때문이다.[39]

제주 해녀가 "국가의 예속에서 서서히 벗어나 돈벌이를 위해 출가노동에 적극 나서고, 나아가 일제의 식민지적 수탈에 적극 저항하는" 역사적 성격을 가진다는 "통시적인 해녀 역사를 밑그림으로 하여 다양한 일상생활사·미시사적인 접근"이 이루어져야 한다는 제언[40]은 이후 '출가'라는 "이동어로 행위"가 "사회경제적 행위인 동시에 어떠한 사회적 경계를 넘는 행위"라는 후속연구의 문제의식 등으로 실현되었다.[41] 개항 이후 가속화된 제주 잠수의 타지 이동은 역설적이지만 경계를 넘나들 수 있었던 '식민지 시대의 자유'에 기초했다. 곧, "경계를 넘어갈 수 있었던 '자유'란 자원에 대한 상품적 수요와 식민지 모국 산업 발전의 필요성에 의해 작동된 것"이고, "거주자에게 부여하는 합법적 어로권은 이동보다 정주화에 영향을 미쳤던 것"이며, 그래서 "이동 후 현지에 정착한 정주 잠수들의 또 다른 문화가 여러 지역과 도시 안에서도 형성"되게 된 것이다.[42]

제주 해녀가 근현대의 역사 공간에서 제주를 비롯한 한국, 동아시아의 다양한 현실 공간(현지)에서 경계를 넘고, 구축하는 주체로서 재발견된 이래로 제주 여성 연구는 '근면성과 강인성으로 고정된 신화적 정체성'을 비판적으로 고찰함으로써 '변화하는 정체성 형성'의 다변화를 꾀하게 되었다. 때마침 제주 출신 여성 김만덕(金萬德)을 다룬 드라마가 방영되면서 번암(樊巖) 채제공(蔡濟恭,)의 「만덕전(萬德傳)」에서 여성성의 의미를 추출하려는 시도와[43] 기업가 정신을 분석하고 재평가하려는 시도[44] 등이 있었다. 이들 연구는 "여성으로서는 조선 최초로 사회장(社會葬)이 치러질 정도로 역사적 인물이며 21C형 '모멘텀(momentum) 리더'의 면모를 지닌 거상"이라는 신화적인 면에 여전히 주목하고 있기는 하다.[45] 하지만 신화화된 "'제주여성담론'이 만들어낸 상징성은 실질적으로 제주 여성의 현실과 연관성이 없"다는 자각과 "그들이 실제로 경험했던 역사적 사실이 있는 그대로 기록되고, 공유하면서 치유되는 과정을 거쳐 새롭게 재정립되어야 한다."는 요구가 다각적으로 검토될 수 있는 계기를 제공한 것으로 볼 수 있다.[46]

Ⅳ. 기억-응시

제주 여성신화 연구가 전통적 여성주의를 확인할 수 있는 실마리로서 타자의 시선을 끌었고, 제주 해녀 연구에서 타자의 시선에 대한 자각적 문제제기를 기반으로 한 주체의 시선이 교차했다면, 2000년 이후 '기억의 주체'에 대한 제주 여성연구에서는 타자와 주체의 시선이 한 지점에 집중되었다. 1998년 11월 김대중 전대통령이 CNN과의 인터뷰에서 제주4·3의 진실을 밝혀야 한다는 취지를 밝힌 후, 1999년 12월 26일 국회에서 '제주4·3사건 진상규명 및 희생자 명예회복을 위한 특별법'이 통과되어 2000년 1월 12일에 제정 공포되면서 정부 차원의 진상조사가 착수되었기 때문이다. 40여 년간 공개토론이 금지되었으므로 그 이전의 연구는 진상 규명에 관심을 기울일 수밖에 없었다. 그런데 진상 규명 노력이 정부 차원에서 이루어지면서 '기억'을 포함한 4·3 이후의 문제를 다룬 연구에 다양한 주체의 시선이 집중되었던 것이다.[47]

위의 두 설문 조사의 결과는 제주4·3을 직접 겪은 주민들의 생각이 정부의 공식적 역사나 지식인들의 이론적 시각과 다를 수 있음을 시사하고 있다. …… 객관적 사실을 밝히거나 담론화하는 작업도 매우 중요하지만, 사건의 체험자 등 (역사가나 담론 주도자가 아닌) 일반 사람들 스스로가 4·3을 어떻게 느끼고, 생각하고 있는지 그들의 목소리를 이해해 보고자 하는 것이다. 위 설문 결과처럼 체험자 등은 교과서의 역사와 다르게 4·3에 대한 그들 나름의 기억을 갖고 있다. 뿐만 아니라 기억을 통하여 4·3은 그들에게 있어서 단지 지나간 과거가 아닌, 늘 현재의 문제로 부상된다.[48]

인용문에서는 1989년 5월과 1990년 4월에 서로 다른 기관에서 조사되고, 다른 매체에서 발표된 설문조사 결과가 조사기관의 기대에도 일치하지 않을뿐더러 응답 내용도 서로 일치하지 않는다는 점을 근거로 '기억'을 문제 삼는다. 민중항쟁론 입장의 조사 결과는 '그동안 일방적인 강요의 틀에 얽매여 있던 것이 관념화된 것'이라고 해석해야 할 만큼 보수적으로, 이와는 반대로 공산당 폭동론 입장의 조사 결과는 '유족들이 엄청난 피해의 이유를 폭동보다는 시국 탓을 하고 있어서 답답한 심정'이라고 할 만큼 온건하게 나옴으로써 진영의 논리와는 다른 결과를 보였기 때문이다. 그런데 이러한 문제는 "과거 그 자체에 초점을 맞추기보다 오히려 현재와의 관련 속에서 과거를 재구성하는" 기억의 본래적 특성에서 비롯된 것이다.[49]

앞서 살펴본 수필에서도 언급되었듯이 공개토론이 금지되어 있던 기간에도 제주 여성과 제주4·3은 떼어 놓을 수 없었다. 제주4·3을 대하는 인식과 태도의 차이에도 불구하고, 제주4·3이 여초현상의 원인 가운데 하나라는 가치중립적 사실에 대해서는 누구나 동의할 수밖에 없기 때문이다. 따라서 정부기관 및 우익진영에서 40여 년간 공산당 폭동론으로 공식 역사화하거나 담론화 되던 때도 제주4·3은 제주 여성 경제활동 우세 요인 가운데 하나로 거론되었다. 그런데 정부 차원에서 진상규명 노력이 이루어지면서 '제주 여성'은 제주4·3 피해자의 기표, 더 나아가서는 제주 전체의 기표가 된다는 점에서 새로운 신화가 된다.[50]

전쟁 등과 같은 대량학살 현장에서 폭력의 일차적인 대상은 남성이다. 여성은 남은 이의 부양자가 되어야 하기 때문이다.[51] 그러나 살아남은 여성은 성별화된 방식으로 다양한 폭력의 피해를 견뎌내야 한다.[52] 인용문에서처럼 피해자 일반이 여성과 여성화된 몸으로서 기표화 하는 이유는 여기에 있다. 가해자에게는 정복과 욕망의 대상으로, 피해자에게는 고통과 순응의 주체로서 여성성이 수용되기 때문이다. 제주4·3에서도 "마을 사람들은 이웃의 여성들이 성폭행, 성희롱을 당한 것, 군인이나 서청 등과의 강제결혼, 또는 남은 가족이나 재산을 지키기 위한 전략 결혼에 대하여 증언"할 정도로 여성을 대상으로 한 다양한 "폭력이 있었다." 하지만 정부 차원의 진상규명 노력이 이루어질 당시에도 "여성 스스로가 자신의 성폭행 또는 강제결혼에 대한 경험을 증언한 것은 아직 없"었는데, "제주 문화권에서 이러한 부분을 자신 스스로에게, 그리고 사회에서 용납될 수 없을 것이라는 생각 때문에 기억을 억압"하였기 때문이다.[53]

피해자가 자신의 기억을 억압하는 일은 자연스러운 일이다. 그런데도 제주 여성 연구자들이 이 점에 주목하는 이유는 제주 여성신화, 그리고 제주 해녀를 바라보는 시선과 연장선상에 있다. 우리 무속에 따르면, 비정상적으로 죽은 사람의 영혼은 이승에서 원혼으로 떠돌다가, 죽임을 당한 진실을 가족이나 이웃에게 전하려고 한다. 진실은 역사적인 현실을 대체하는 꿈을 통해서 전달된다. 현실에서는 경험적 진실을 그대로 말할 수 없고, 오히려 진실이 왜곡되기 쉽기 때문이다. 그래서 때로는 자신의 이야기를 제대로 이해하고 전달해줄 수 있는 사람을 통하기도 한다. 원혼의 이야기를 잘 전달해줄 수 있는 사람은 역설적이지만 현실적인 권력이 없는 주변적인 존재, 곧 여성이나 어린아이다. 침묵을 강요받는다는 점에서 이들은 원혼과 비슷한 고통을 경험하고 이해하고 있기 때문이다.[54]

언어는 세계 내 존재를 해명할 뿐 아니라, 존재와 인식, 그리고 실천 면에서 중요한 역할을 한다. 서사무가를 비롯한 구비전승에서 화자(話者)인 여성에 대해서 주목하는 이유도 여기에 있다. 우리는 구비전승 가운데 여성 화자의 진술을 부정적인 관점에서 이해하는 경우가 많다. 세계의 생성과 변화에 대한 관념인 국토부동관(國土浮動觀)과 관련된 구비전승인 '섬 이동 설화'에 등장하는 여성 화자의 진술도 마찬가지다. '움직이는 섬'으로 상징되는 지형의 비일상적인 변화를 목격하고 그것을 발설하는 이는 여성이다. 그리고 여성 화자의 발화가 벌어지자마자 비일상적 변화가 멈추었다고 하면서, 이러한 내력을 보고하는 설화의 전승자는 결과의 설명적 모티브에서 원망(怨望)을 시사한다. 변화와 생성을 긍정하는 세계관이나 남성 중심의 세계관에서 비롯된 부정적 태도라고 할 수 있다. 하지만 무당이나 제사장의 진술이 세계의 비밀을 풀이하는 것이라면, 섬 이동 설화에 등장하는 여성 화자의 진술도 세계의 생성과 변화의 비밀을 풀이하고 보정하는 것이어야 한다.[55]

같은 맥락에서 "여성은 이제 스스로의 목소리로 자신의 경험을 말해야 한다."는 주장에는 제주 여성 연구의 시선이 제주 여성에서 제주 도민, 그리고 가고 오는 이들에게까지 확장되어야 한다는 실천적 자각이 들어있다.[56] 제주 4·3을 기억하고 증언하면서 제주 여성은 '남성성에 대립하는 이념'으로서의 여성성, '젠더적 이미지'를 넘어선다. '그'는 제주4·3을 경험하고 죽어간, 그리고 살아남아 기억하고 증언하는 '실천적 주체'이다. '피해 여성'이나 단순한 '피해자'로 호명할 수 없다는 말이다. 하지만 제주4·3의 문화적 재현물에서조차도 여성은 "사건 중에는 결백 이미지로, 사건 후에는 상처와 고통의 상징으로 기호화되고 있다." 그리고 스토리의 형식과 내용 면에서도 여성은 보조역으로서 주변부에 배치된다. 그리고 "여성은 과거를 주체적으로 인식하지 못할 뿐만 아니라 침묵하고" 있는 것으로 그려진다.

이러한 표상은 "제주인은 결백하며 피해자임을 강조해야 했고, 이에 따라 여성이 이를 표현하는 기호로 선택"된 데서 비롯된 것이다. 그리고 "여성이 기억하고 경험한 실제는 사적인 것으로 주변화"하는 가부장적 문화와 이데올로기 탓도 있다. 이것은 "모성의 신화가 재현된 것"으로서, 이렇게 "여성에게 주어진 결백, 침묵, 한, 모성의 이미지는 본성이나 실제 사실로부터 기인하기보다는 제작자와 관객과의 협상에 의해 형성된 것"이다. "그결과 제주 여성들의 활동이나 경험이 제대로 조명 받지 못했을 뿐만 아니라 주체적 인식과정이나 기억의 일정부분마저도 재현되지" 못하고 있다.[57] 그래서 "여성은 이제 스스로의 목소리로 자신의 경험을 말해야 한다."라고 주장하는 것이다.[58]

"말하는 입"이 된 "여성이 자신의 삶에 대해서 '말하는 것'은 곧 '여성'이 아닌 인간으로서의 존재를 드러내는 것"이다. "구술사와 여성주의"가 "오래된 동맹"을 맺고 있다면 바로 이런 점 때문이다.[59] 제주 여성 연구자들은 구술자의 주체성과 혼합된 자전적 여성서사로서 4·3과 제주해녀, 그리고 제주 여성신화를 바라보았다. 구술자료에는 서사적 진실(narrative truth)과 사실적 진실(factual truth)이 혼재되어 있지만, "경험한 사람이 이미 해석한 것인 동시에 경험을 이해하고자 하는 다른 사람(연구자)의 해석을 필요로"하는 경험을 이야기하는 과정에서 "의미는 다시 만들어"지기 때문이다.[60]

제주4·3 때 '내란죄'로 징역 1년형을 언도받아 10개월 간 복역했던 한 할머니는 4·3을 가족생활의 맥락에서 해석하면서도 실패한 첫 번째 결혼에서 두 번째 결혼의 임신과 출산을 연결하는 고리로 기억한다. 그래서 "남편을 죽이려고 산에 올라가 산사람(무장대) 노릇을 했다는 혐의내용을 거짓이라고 부인했지만, 결과는 당시의 '사실적 진실'로 기록되어" 있음에도 불구하고 "어떤 기억이든지 무장대를 도와준 일이 없었다는 '서사적 진실'이 그 때를 경험한 할머니에게는 진실이라는 것을 보여"주는 것이다.[61] 인터뷰와 선행연구 성과를 기반으로 했다는 '제주도 신화와 제주도 여성의 정체성' 연구도 같은 맥락에서 이해할 수 있다.

따라서 본 논문은 전통신앙공간과 관련된 여신들을 분석하고 종교문화적인 접근을 통해 현재 살아있는 제주도 당 신앙의 형태를 살펴보고, 여신들이 보여주는 여러 가지 모습들이 제주여성들이 보여주는 다양한 삶의 모습에 어떻게 투영되어 나타나는지를 살펴 제주여성의 정체성을 논하고자 한다. 연구 자료는 필자가 직접 제주여성들과 면접한 내용과 본 논문과 관련된 선행연구자들의 연구 성과들을 참고로 했다.[62]

　　제주 여성신화 연구는 채록된 자료를 특정한 문제의식으로 분석하는 것이 일반적이다. 그런데 이 연구에서는 제주의 당신(堂神)에 대한 여성의 반응을 1996년에 이어 2007년 세 차례에 걸쳐 이루어진 면담을 통해 분석하였다. 2007년 다시 찾았던 송당은 처음 찾았던 1996년 4월에 비해 많은 것이 바뀌었다. 하지만 2007년 당신앙이 강하다는 주민들을 대상으로 이루어진 면접의 결과는 "남신 여신 관계없이 각 마을마다 당에 다니는 신앙민들, 심지어는 신앙심을 갖지 않은 마을주민들조차 자기 마을의 당이 '세다'는 표현을"할 정도였다. 이 결과를 제주 신화의 강한 여성성과 연결시키면서, 그 근거로 다시 "직접 대담한 해녀의 이야기"를 제시한다. 그러면서 "여성적 신성성이라는 개념들은 그 창조물을 여성에게 도로 덧씌우기 위해 의도된 것일 수도 있고, 여성들의 열악한 현실을 은폐하고 여성들이 더 잘 참아내게 함으로써 그런 억압의 조건들을 유지하는 데 기여할 수도 있다는 것"을 환기시키고 있다. 제주 여성신화 연구에 대한 비판과 제주 여성의 목소리를 주체로 해야 한다는 당시의 요구를 이해했기 때문이다.
　　이러한 요구 속에서 제주 해녀연구는 2000년대 후반에 이르러, 다문화·이주와 디아스포라·문화 교류 등의 주제와 결합하면서 "초기 이주와 정착, 그리고 귀향에 얽혀 있는 사회문화적 지형"에 초점을 맞추기 시작했다. 「오사카 재일(在日) 제주인 여성의 이주와 귀향」, 『「이카이노이야기(猪飼野物語)』의 제주여성」, 「국경이 놓인 오사카 재일한인 여성의 가족과 친족」, 「해방 전후 제주 잠수(해녀)들의 부산 정착의 사회사적 고찰: 지역 간 경계를 넘은 이동과 갈등을 중심으로」, 「자이니치의 경험과 기억의 서사-원수일의 『이카이노 이야기』를 중심으로」, 「재일조선인 여성들과 이카이노의 생활공간-원수일의 『이카이노 이야기』를 중심으로」, 「'열린' 바다 위의 분쟁: 식민지 관행과 해양자유론의 재고찰」, 「해항도시의 이주자-부산시 해녀 커뮤니티의 존재양상」, 「식민지시대 한·일해역의 자원과 해녀의 이동」 등이 대표적인 연구이다. 이 연구들에서는 일제강점기 때 제주 출가해녀(出稼海女)들이 국내외 지역으로 이동한 과정과 원인, 정착과정에서의 정체성 구축, 귀향의 문제점 등을 다루고 있다. 제주 밖으로 이주하고 지역 커뮤니티를 형성한 이들까지도 포함하면서 제주 여성 연구의 외연이 실질적으로 확대된 것이다.

한편, 최근 문화이주민이 증가하면서 제주 여성 연구의 외연이 인적 구성면에서 확장되고 있다는 점에 유의해볼 필요가 있다. 지금까지 제주 여성은 우리나라 여성의 신화적 원형이나 이상형으로 조망되었지만, 현실적으로는 '제주의 여성'으로 한정되어 있었다. 그런데 출가해녀를 통해 이른바 '디아스포라 제주 여성'에 대한 연구가 수행되면서, 때마침 다문화시대로 접어든 상황과 만나 '제주로 이주해온 여성'에 대한 연구가 촉발되었다. 대표적인 연구로는 「한국 장로교회 초기 여성 선교사의 사역과 선교학적 의의(1908-1942)」, 「제주 여성결혼이민자 지원서비스체계 현황과 문제점」, 「제주여성결혼이민자들의 결혼이주, 딜레마와 적응」, 「결혼이주여성의 언어사용 실태와 그 함의」, 「고려후기 제주 移居 元이주민과 通婚」, 「耽羅神話에 보이는 女性性의 역사문화적 의미」 등이 있다. 이 연구들에서는 다문화담론을 촉발시킨 국제결혼을 통한 결혼이민자는 물론, 내국인의 '문화이주'를 통한 문화이주민을 제주 여성으로 바라보면서 그 역사문화적, 사회문화적 의미를 추출해내고자 하는 문제의식을 담고 있다.

V. 대항하는 공간

최근 제주신화는 '다문화'적으로 재해석되고 있다. 제주신화에 등장하는 여성은 '개체의 존중과 공동체에 대한 신뢰, 일상 속에서 실천하는 다문화 감수성, 비차별의 추구, 구태에 대한 비판과 저항, 자율적 문화거버넌스'를 다양하게 실천해낸 주체로서, 이들과 "상호교감을 나누던 제주의 여성들은, 다른 이야기, 새로운 이야기들과 담론을 형성해내게 하는 좋은 질료"로 천명되었다.[63] 그런데 "신화는 이야기라는 측면에서 기억되는 역사요, 허구적 역사"다.[64] 이렇게 신화가 역사로, 역사가 신화로 넘나드는 데도 "기억"이 관련되어 있다. 과거 "'역사의 신화화'는 글을 모르는 민중들이 즐기는 역사 기억의 방식"이었고, "'신화의 역사화'는 지식인이 즐기는 방식"이었다. 곧, "역사가 설화화 되는 것은 달리 말하면 역사의 민중화라 하겠고, 반대로 설화가 역사화 되는 것은 설화의 지적화(知的化)"라고 할 수 있다.[65] 앞서 살펴본 바와 같이 제주 여성신화는 시대의 요청과 연구자의 관심사에 따라 다양한 의제(議題)로 분석된다. 그러한 의제와 관련된 민중의 의식을 해명하는 데 제주 여성신화가 충분한 자료를 제공하기 때문이다.

여성이 세상 모든 일을 주관한다는 제주 여성신화 연구는 '여성성'에 집중되었다. 연구자들의 시선이 신화의 대항담론적 성격에 머물렀기 때문이다. 비와 바람, 그리고 돌이 많다던 삼다의 섬, 제주는 자연환경과 사회문화적 요인 때문에 여자가 비를 대신하는 섬이 되었을 뿐 아니라, 아예 "여자의 섬나라"가 되었다. 제주 도민이 아닌 타자에게 "여자의 섬나라"는 '무속과 여성신화'를 간직한 곳으로 관심을 끌었다. 그러한 시선에 대한 대항담론으로서 시작된 신화의 여성성 연구는 '유교'라는 말로 대표되는 가부장적 질서에 대한 계몽주의적 시선을 유지했다. 우세한 담론적 실천에 저항하는 정치적이고 이데올로기적인 실천에 의해서만 대항담론이 형성될수 있기 때문이다. 그래서 동아시아의 전통적인 세계관에서는 여성과 남성을 대대적(對待的; 배우적) 관계로 파악하고 있음에도 불구하고, 이항대립적 관계에서 여성성의 원형을 부각시키고자 했다.

대항담론으로서 여성원리의 원형을 무속에서 찾으려는 시도는 1990년대를 기점으로 연구대상이 다양한 여신격으로 확장되면서 수정 보완되었다. '여성만의 유토피아 건설'이라는 비판에서 벗어날 수 있을 정도로 많은 연구가 축적되었기 때문이다. 이 지점에서 설문대할망 연구가 생태학, 스토리텔링, 비교문화 등 다양한 분야에서 시도된 것도 신화의 여성성 연구와 관련하여 의미 있는 현상이다. 초기 연구에서 설화의 변이과정과 유형, 그 특징과 의미를 다루었던 것에 비해, 연구자의 다양한 시선과 해석을 허용하는 방향으로 전개되었기 때문이다. 이것은 제주신화의 여성성 연구가 초기에는 남성 중심의 주류담론에 저항하는 대항담론의 차원이었음을 이해하고, 앞으로 제주 여성신화 연구가 더욱더 다양한 시선을 허용할 수 있다는 선험적 단서가 된다.

제주신화의 여성성 연구에서 '제주 여성'이 아닌 '제주에 전해지는 여성성의 원형'에 연구자의 시선이 맞추어져 있다는 비판적 자각은 '일상의 신화적 연구'로 구체화 되었다. 계몽적 태도를 가진 타자의 시선은 현실과 어긋날 수밖에 없으며, 이 점을 자각한 주체의 시선은 지역성과 현실성을 강조하는 방향성을 띨 수밖에 없기 때문이다. 이 과정에서 현실은 좀 더 극단적으로 신화화하게 된다. 제주를 여성의 섬이라고 부르는 데 대한 현실적 근거에 대한 해명도 마찬가지다. 남성 경제력 및 노동력을 기반으로 하는 쌀농사가 되지 않아서 여성 노동력 중심의 밭농사를 기반으로 했다는 '다른 점'의 부각과 해안지역의 잠수업은 여성 경제활동이 두드러진 '다른 점'의 해명이 된다. 이 맥락에 따르면 제주 개발에 의해 '다른 지역'과 달리 여성 경제활동이 위축되었을 뿐 아니라, 실질적으로 여초현상이 없어진 현상도 설명된다.

제주 해녀 연구는 이렇게 역사적으로 존재했으나 사라져가는 '역사성을 가진 제주 여성'이라는 시선에서 출발했다. 그런데 이미 1970년대 여성주의적 시선으로 제주 해녀 연구가 진행된 바 있으므로, 본격화된 제주 해녀 연구는 제주 해녀가 신화로서 재생산되고 있는 데 대한 비판적 시선을 유지했다. 제주 해녀의 강인함과 근면성은 생태적·기질적인 것이 아니며, 제주 해녀의 경제활동 때문에 외래문화 유입 이전에 강했던 제주 여성의 권리가 유교의 가부장적 제도하에서 약화되어 그 어느 쪽도 우세하지 않은 "앙편 비우세" 사회가 된 것도 아니다. 이런 일상의 신화화는 결과적으로 "제주 여성들이 무의식적으로 스스로를 강인하고 근면한 여성이라고 내면화하는 방식"으로 작동함으로써 오히려 남성 중심 이데올로기의 신화를 더욱 공고히 하게 된다. 내부자의 이런 비판적 시선은 여성성의 신화 자체를 구체적으로 해체하는 작업으로 이어진다. 이 작업은 변화하는 제주 여성 정체성 형성의 다변화를 꾀하는 방식으로 구체화 되었다.

신화의 여성성 연구가 여성주의의 맹아(萌芽)를 확인할 수 있는 실마리로서 타자의 시선을 끌었고, 이러한 타자의 시선을 자각하고 좀 더 구체적이고 역사적인 '제주 해녀'로 시선을 돌린 주체의 시선이 교차한 다음에는 '기억의 주체'로 주체와 타자의 시선이 집중되었다. 제주 여성이 40여 년간 재갈 물려 있던 '말하는 입'으로의 정체성을 회복할 수 있게 되었기 때문이다. 제주4·3을 겪으면서 살아남은 여성은 성별화된 방식으로 다양한 폭력의 피해를 견뎌냈음에도 공산당 폭동론이라는 공식 기억과 아직도 미완의 기억 투쟁을 지속하고 있다. 이 기억 투쟁의 과정에서 여성성이 강조되는 까닭은 제주 여성신화와 제주 해녀를 바라보았던 시선과 연장선상에 있다. 우리 전통에서 공식 역사에서 밝혀지지 못한 진실은 현실을 대체하는 꿈, 또는 여성이나 어린이와 같은 현실적 권력이 없는 주변적인 존재의 입을 통해서 밝혀지기 때문이다.

언어는 존재와 인식, 그리고 실천이라는 철학의 주요 주제들을 관통한다. 우리 구비전승에서도 여성은 우주적 비밀을 폭로, 또는 천명하는 발화자로 지목된다. 여성 화자가 발화하자마자 비일상적인 일은 멈추고, 우주적 질서는 회복된다. 하지만 현실적 권력은 여성의 진술을 억압한다. 그러므로 "여성은 이제 스스로의 목소리로 자신의 경험을 말해야 한다." 이러한 자각을 통해서 제주 여성은 오히려 젠더적 이미지를 넘어선다. 제주 여성은 순진무구한 '피해여성', '피해자'의 기표로 상징 조작될 수 없는 자신의 목소리를 가진 '인간'이다. 그러므로 사실적 진실과 배치되는 제주 여성의 증언도 서사적 진실로 수용된다. 이런 과정을 통해서 제주 여성에 대한 시선은 단순하면서도 입체적으로 확장된다. 다문화, 이주, 디아스포라, 문화 교류 등의 시대적 의제와 결합하면서 제주 밖으로 이주한 이들과 제주로 이주해온 이들을 모두 제주 여성으로 포용하고 있기 때문이다.

단군신화와 그것에 기원을 두고 있는 국조신화는 "설화를 원자료로 하면서 여기에 역사적 지식을 통해서 고증을 더하는 방식"으로 만들어진 "신화의 역사화"가 만들어낸 결과물이다.[66] 오늘날은 민족주의를 말하는 순간 다문화의 이상에 위배되는 배타성, 편협함을 떠올리게 된다. 이 점을 생각하면 신화적 기원을 좇아 이념형과 원형을 발굴해내는 것은 불필요할 뿐 아니라 불건전하다. 바로 그런 이유 때문에, 현실을 신화화하는 것도 위험하다. 하지만 제주 여성을 인식하고 관심의 대상으로 삼았을 때부터 지금까지 '제주 여성 연구'라는 이름으로 선행되었던 연구는 시대적 요구에 연구자들이 적절히 응답해왔던 것으로 볼 수 있다. '신화의 역사화'라는 관점에서가 아니라, 오히려 '역사의 신화화'라는 관점에서 향유자 또는 주체가 실제로 살아냈지만, 역사에 담을 수 없었던 현실이 어떤 식으로 은유되었는지, 왜 그런 방식을 택할 수밖에 없었는지를 분석하는 지난한 과정이었다. 이 과정은 다음 세대의 연구자가 오늘의 우리를 분석할 수 있는 '신화'가 되기도 한다.

제8장
여신신앙의 변용 양상 가로지르기

Ⅰ. 변용되는 현재

우리나라 관음신앙의 유래로 알려진 낙산(洛山) 낙산사(洛山寺) 홍련암(紅蓮庵; 강원도 양양군 강현면)은 『삼국유사(三國遺事)』「낙산이대성관음정취조신(洛山二大聖觀音正趣調信)」조에 실려 있다. 이 기사에 따르면 의상법사(義相法師)가 당나라에서 돌아와 관음보살(觀音菩薩)의 진신(眞身)이 이 해변 어느 굴 안에 산다는 말을 듣고 보타락가산(普陀洛伽山)에서 이름을 따와 낙산(洛山)이라고 불렀다고 한다. 이 동굴에서 14일을 재계(齋戒)한 끝에 관음보살을 친견했는데, 한 쌍의 대나무가 솟아난 곳에 불전(佛殿)을 지으라 하여 금당(金堂)을 짓고 관음상을 만들어 모신 것이 낙산사의 개창 연원이다.[1]

『삼국유사』 기사는 해동화엄(海東華嚴)의 종조인 의상이 신라국토 내에 상주하는 관음보살의 존격(尊格)을 정립하고 그 성현 성지의 상징성을 구축한 기원 서사라는 점에서 의미가 있다. 낙산사에서 의상이 친견한 관음보살은 이 땅에 본래 상주하는 존격(尊格)으로 묘사된다. 세속적 공간이었던 신라 동북방의 해변이 낙산사 창건 기사를 통해 관음보살이 상주하는 성스러운 공간으로 전변하는 것이다. 이를 통해 신라국토 내에 관음보살이 상주하는 성지가 구축되었다. 실재했던 인물인 의상의 행적이 불보살의 현

현과 같은 비현실적 화소를 뒷받침해준다는 점에서 '역사적 신화'라고 할 수 있다.[2]

여기에는 『화엄경(華嚴經)』「입법계품(入法界品)」의 경관묘사가 적극적으로 활용된다. 「입법계품」 27에서는 비슬지라(鞞瑟胝羅) 거사의 입을 빌려 관음보살 주처인 보타락가를 '바다 위의 산[海上有山]'으로 묘사하고 있고, 28에서는 "서쪽 골짜기에 시냇물이 굽이쳐서 흐르고 수목은 우거져 있으며 부드러운 향풀이 오른쪽으로 쏠려서 땅에 깔렸다."라고 묘사하고 있는데 당나라를 다녀온 의상이 찾아간 낙산의 경관이 그러했다.[3] 그 밖에도 신라를 관음보살이 상주하는 불국토를 만들기 위해 천룡팔부, 수정염주, 마니보주, 허공법신 등 「입법계품」에서 묘사되고 있는 다양한 신화적 모티프가 적극적으로 활용되었다.[4]

그런데 4대 관음 성지 가운데 낙산사를 제외한 낙가산(洛迦山) 보문사(普門寺; 인천광역시 강화군), 금오산(金鰲山) 향일암(向日庵; 전라남도 여수시), 금산(錦山) 보리암(菩提庵; 경상남도 남해군) 등은 모두 우리나라 서남해에 있다. 서해안 지역을 따라 관음보살과 관련된 사찰이 형성된 데는 백제불교의 초전자인 마라난타(摩羅難陀)의 역할이 컸던 것으로 알려져 있다. 『해동고승전』「석마라난타」조에는 백제 성주산(聖住山)에 관음보살의 영장(靈場)이 있었던 것으로 전하는데, 그 밖에 사찰 사적기(事蹟記)나 지역에 유통되는 설화 등에서도 관음사, 대참사, 내소사, 월명암, 실상사 등 서남해안을 따라 형성된 관음성지 연기설화가 다수 확인된다.[5]

관음성지 연기설화는 해양을 통해 이 땅의 인연처를 찾아 도래한 관음보살에 대한 설화적 기록이다. 해양을 통한 불교 전래 서사는 『삼국유사』 곳곳에서 등장한다. 가야 허황후의 도래, 진흥왕 때 장육존상(丈六尊像) 주조 황금을 실은 배의 신라 해안 도착, 금강산 유점사 연기설화 등에서 해양을 통해 유입된 불보살이 인연처를 찾는 '성지(聖地) 택정(擇定)'의 모티프를 찾아볼 수 있다. 이러한 연기설화는 불보살에 대한 낯섦과 부정합성을 상쇄시켜 우리의 신성으로 승인되고 내재화되는 기제로 작동한다. 낙산사 관음신앙과는 달리, 관음보살 신앙이 수용, 유포되는 초기 단계의 정당화 과정을 그대로 노출시키고 있기 때문이다.[6]

인도에서 관음신앙은 대승불교 초기인 1~2세기경에 발흥하였는데, 이 시기에 독자적으로 유통되던 현세구복적인 성격의 『관음경(觀音經)』이 『법화경(法華經)』 「보문품(普門品)」으로 포함되었다. 「보문품」에 따르면 갖가지 고난에 처했을 때 관음을 부르면 이를 듣고 해탈시켜준다고 한다.[7] '관음'도 그러한 점에 주목한 이름인데, 그래서 육자명호(六字名號)의 아미타불(阿彌陀佛)과 함께 일반 대중에게 친숙하게 불리는 대자대비(大慈大悲)한 존재로 여겨졌다. 특히 주처가 남해바다 가운데 있는 산으로 묘사되고 있어서, 우리나라 서남해안 주민들에게 관음신앙이 널리 유포되어 있는 것은 그다지 특이한 일이 아니다.

하지만 동아시아 해양신앙의 교류사적 측면에서 서남해안에 유포된 관음신앙은 눈여겨볼 만한 점이 있다. 인도 포탈라카(Potalaka)에서 바닷길을 따라 북상하여 중국 절강성(浙江省) 동북부 앞바다의 주산군도(舟山群島)에 위치한 보타낙가(普陀洛迦山)을 거쳐 한반도 서해안과 제주에 이르는 관음신앙과 관련된 일종의 해상교역로를 그려볼 수 있기 때문이다. 이를 바탕으로 송나라 초에 중국과 한국의 해양교역이 활발하게 전개되면서 인도를 출발, 중국 민간신앙에 의해 변용된 관음신앙이 제주의 영등할망과 선문대할망 등의 여신신앙에 영향을 끼쳤다는 주장까지 나왔다.[8]

인도 남쪽 끝 마라야산(魔羅耶山, malaya; 秣刺耶山) 동쪽 구릉지대에서 출발하여 중국 절강성(浙江省) 해안지역을 경유하여, 제주를 비롯한 한국 서해안에 이르는 이 해로는 현세이익을 준다는 관세음보살 신앙이라는 문화적 공통점을 배경으로 한다. 이 장에서는 이러한 공통점에 유의하면서도, 한국의 여신신앙이 해양교류를 통해 자극을 받아 새롭게 창작된 것은 아니라는 문제의식에서 출발한다. 우리나라 관음신앙은 해외에서 전래 수용된 것만이 아니라, 우리나라에 이미 존재하고 있었던 신앙과 결합하여 변용된 측면이 강하다. 불교의 영향에 따른 한국 여신신앙의 창작이라기보다는 한국 여신신앙의 불교적 변용으로 볼 수 있는 것이다.

한국철학사상에서는 서사무가를 제외하고는 여신신화를 찾아보기 어렵다. 하지만 불교와 같은 외래사상의 자극으로 여신신앙이 새롭게 창작된 이후에 민간신앙으로 변형되어 정착되었다고 하는 주장은 논리적 비약이다. 원형 그대로 전하지 않지만, 우리나라의 여신신앙은 우리 국조신화의 '지모신(地母神)'이나 서사무가에 전하는 '할망', 민간신앙의 '할미' 등과 같은 다양한 원형을 가지고 있었기 때문이다. 이러한 원형이 지금까지 독자적인 신화로서 유지 존속되고 있지 못할뿐더러, 대개 구전되다가 문헌으로 정착하는 과정에서 유교와 불교, 도교 등에 영향을 받은 흔적이 많기 때문에 논리적 비약의 원인이 되기도 한다.

이 장에서는 이러한 흔적이야말로, 지금까지의 한국철학사상 연구방법론에서 제안되었듯이, 한국 여신신앙의 원형을 도출해낼 수 있는 1차적 자료라는 점에 주목하였다. 이를 통해 각 종교가 한국 여신신앙의 변용에 끼친 영향도 분석해볼 수 있을 것으로 기대한다. 이러한 점에 유의하면서 관음신앙과 성모신앙, 마리아신심 등을 분석하여 한국 여신신앙의 원형을 찾고, 그것이 불교와 도교, 기독교와 교류하면서 상호 영향을 끼친 양상을 살펴보고자 한다. 이를 통해 동북아 교류의 실질적 허브로서 우리나라 서남해안을 왕래한 교류의 주체가 한국의 여신신앙에 미친 영향과 그 의미를 엿볼 수 있을 것이기 때문이다.

II. 관음신앙의 변용

관세음보살사상은 인도 대승불교의 본원사상(本願思想)을 중심으로 발전되었다. 부파불교에서는 일불(一佛) 일보살(一菩薩) 외에는 아라한(阿羅漢)으로 규정했지만, 대승불교에서는 누구나 성불할 수 있다는 가능성과 무량겁을 통해 원력을 실현할 수 있다는 본원사상을 바탕으로 다불(多佛) 다보살(多菩薩)을 인정하였다. 관세음보살사상은 중생구제라는 원력을 세우고 자비를 실천하기 위한 대자비심의 화현이다. 따라서 관세음보살신앙에는 관세음보살이 모든 중생의 어머니가 되고, 귀의처가 되어 현세의 고통을 해결해준다는 대승보살사상이 담겨 있다. 그 기원에 대해서는 다양한 학설이 있지만 대개 인도에서 초기 대승불교가 일어난 기원전 1세기경으로 알려져 있다.

관세음보살은 산스크리트어 'Avalokiteśvara'를 한역한 것이다. 'Avalokita (관찰)'와 'svara(음성)'의 합성어이다. 구마라집(鳩摩羅什)이 번역한 『묘법연화경(妙法蓮華經)』 「관세음보살보문품(觀世音菩薩普門品)」에서는 '음성을 살피다'라는 뜻에 충실하게 '관세음보살'이라고 번역했다. 이에 비해 현장(玄奘)은 『대당서역기(大唐西域記)』에서 'avaloka(살피다)'와 'iśvarta(自在)'로 해석하여 관자재보살(觀自在菩薩)로 번역하는 것이 옳다고 주장했다. 어원에서도 드러나듯이 관세음보살은 "중생들의 음성을 살핀다". 그런데 듣는 데서 그치지 않고, 그 원인을 살펴 중생들을 구제하는 데 자유자재한 존재이기도 하다.[9]

『대당서역기』에서도 밝히고 있듯이 대중의 다양한 요구에 응하기 위해 관음보살은 여러 형상으로 나타난다. 성관음(聖觀音), 마두관음(馬頭觀音), 십일면관음(十一面觀音), 여의륜관음(如意輪觀音), 천수관음(千手觀音), 준지관음(准胝觀音) 등 6관음을 기본으로 한다. 이들 6관음은 지옥(地獄), 아귀(餓鬼), 축생(畜生), 아라한(阿羅漢), 인간(人間), 천상(天上) 등 육도윤회설과 관련이 있다. 이 가운데 준지관음 대신 불공견색관음(不空羂索觀音)을 넣기도 하고, 이 둘을 합하여 7관음이라고 부르기도 한다. 6관음, 또는 7관음의 본신은 성관음인데, 5~6세기경 힌두이즘의 신을 보살로 수용하는 과정에서 시바(Śiva)가 십일면관음 또는 불공견색관음, 리그베다(Ṛgveda)가 마두관음, 두르가(Durga)가 준지관음으로 불리면서 관음의 응신(應身)이 되었다.[10]

『법화경』「보문품」에서는 관음보살이 중생을 제도하기 위해서 설법하고 방편을 쓸 때는 근기에 따라 33가지의 몸으로 나투신다고 하면서 현실에서 겪게 되는 7난(七難: 火, 水, 風, 險, 鬼, 獄, 賊) 3독(三毒: 貪, 嗔, 癡) 2구(二求: 男, 女) 등 12가지 사례를 들어서 신위력을 설명하였다. 『능엄경(楞嚴經)』에서는 이 삼신삼응신(三神三應身)과 십사무애력(十四無碍力), 그리고 사불가사의(四不可思議)를 지녔다고 하였다. 십사무애력은 『법화경』「보문품」에서 제시한 12가지 사례와 대동소이한데, 모두 현실과 관련된 소망이다. 유형별로 정리하면 현세의 고난을 구호하고, 구도자를 도와 해탈을 이루게 해주며, 내세에 극락왕생하도록 도와준다는 것이다.[11]

이러한 관음보살의 응신(應身)은 초기 대승불교의 삼신설(三身說)을 배경으로 한다. 초기 대승불교에서는 석가모니가 중생을 제도하려고 한시적으로 이 세상에 왔다가 열반했지만, 그 본체로서 진리인 법신(法身)은 상주한다고 설명했다. 이러한 설명을 뒷받침하기 위해 우리가 사는 이 세계 외에도 무수한 불국토가 있는데, 공간적으로는 동쪽 묘희세계(妙喜世界)와 서쪽 극락세계(極樂世界)에 각각 아촉불(阿閦佛)과 아미타불(阿彌陀佛)이 상주하고 있고, 시간적으로는 과거와 현재, 미래에 무수한 부처가 존재한다는 세계관이 만들어졌다. 이러한 세계관을 지탱하는 것이 부처가 법신(法身), 보신(報身), 화신(化身)으로 나타난다는 삼신설이다.

삼신설의 원형은 『대승장엄경론(大乘莊嚴經論)』 제3장 「보리품(菩提品)」에서 찾아볼 수 있다. 여기서는 "자성적(svābhāvika)이고 수용적(sāṃbhogika)이며 변화적(nairmāṇika)인 몸의 전개(kāyavṛttyā)"가 "제불의 3종인 몸(trividhaḥ kāyo buddhānām)."이라고 설명한다. 3종의 몸이라고 하는 것은 붓다에게 서로 다른 세 몸이 있다는 것이 아니라, 붓다다움(buddhatva)이 실현되고, 구체화 되며, 응집된 상태라는 것을 의미한다. 그것은 법계청정(dharmadhātu-viśuddhi) 곧 깨달음(bodhi), 붓다의 지(智, jñāna), 붓다다움(buddhatva)이라는 '본성'과 그 본성의 '역동성', 그리고 그 본성의 '보편성'을 가리킨다.[12]

반주(般舟, pratyutpanna; 常行), 곧 현세의 호소를 살핀다는 관음신앙의 핵심은 현세구원과 대자대비(大慈大悲)이다. 삼신사상에 따르면, 법신보살로서 관세음보살은 이미 깨달음을 성취한 관음여래(觀音如來)이다. 보신보살로서 관세음보살은 극락세계 아미타불의 보조자로서 협시보살이기도 하다. 그래서 우리는 아미타불과 관세음보살에 귀의하겠다면서 그 이름을 부른다[名號]. 그런데 우리가 관세음보살의 이름을 부르는 까닭은 화신보살로 인식하기 때문이다. 화신보살로서 관음은 현세의 구원자로서 언제나 우리와 함께 다양한 모습으로 존재한다. 그런 그가 현세에서 주로 거처하는 곳이 관음도량(觀音道場)인 포탈라카(Potalaka)이다.

'Potalaka'를 60권 화엄경에서는 광명산(光明山), 80권 화엄경에서는 남해 위에 있는 보달락가산(補怛洛迦山)이라고 표기했다. 『대당서역기(大唐西域記)』에서는 포달락가산(布呾洛迦山), 『화엄경소(華嚴經疏)』에서는 소백화수(小白華樹)로 표기했다. 포탈라카(Potalaka)를 한자어로 음차한 것 외에는 소백화수의 꽃향기가 멀리 미치고, 항상 광명을 발한다는 등의 특징에 착안하여 광명산, 소백화수 등으로 표기한 것이다. 『대당서역기』에서는 말라구타국(秣羅矩吒國)을 기술하면서 말랄야산(秣剌耶山) 동쪽에 위치한 포달락가산(布呾洛迦山)과 그 주변 지형에 대해 상세하게 서술하기도 하였다. 이 서술은 관음보살의 본생담 기사와도 일치한다.[13]

『관세음보살왕생본생정토본연경(觀世音菩薩往生淨土本緣經)』의 본생담에 따르면, 석가모니불과 아미타불은 전생에 부부였는데, 큰아들이 관세음보살, 작은아들이 대세지보살, 석가모니불의 친구가 총지자재보살(總持自在菩薩)이라고 한다. 본처가 죽은 뒤 얻은 후처는 장사를 떠난 남편이 돌아오지 않자 두 아들을 남해 무인도에 버려 죽게 한다. 돌아온 남편은 친구의 도움으로 남해 무인도에서 두 아들의 백골을 수습하고 500가지의 서원을 세워 그곳에서 죽었다. 그 북쪽에는 굴이 있고 보업(寶業)이라고 하는 큰 바위가 있는데, 그곳에서 대비해탈법문(大悲解脫法問)을 했으며, 큰아들은 산 정상의 칠보궁전에서 부모를 부르짖으면서 찾았다고 전한다.[14]

이 본생담은 중국, 티벳, 스리랑카, 만주, 일본, 그리고 한국의 이른바 관음 팔대성지의 형성에 상당한 영향을 끼쳤다. 본생담과 『대당서역기』의 한 가지 공통되는 점은 고난구제(苦難救濟)라는 현세적 이익이 해난사고와 같은 구체적인 사건으로 묘사되고 있다는 것이다. 『법화경』「보문품」에는 당시 인도인이 두려워했던 7난(七難)이 나오는데, 그 가운데 두 번째가 해난이라는 점은 관음신앙이 관음 도량으로 묘사된 해안지역에서 시작했다는 단서를 제공한다. 중국에서 당나라 초 묘선(妙善)이 관음보살이 되어 보타산에 은거했다는 것도 관음신앙이 해난구제와 밀접하게 관계되어있음을 뒷받침한다.[15]

중국에 관음보살이 알려진 것은 『성구광명정의경(成具光明定意經)』이 번역 소개된 185년경으로 전한다. 이후 다양한 이름으로 번역 소개되면서 대중과 친숙하게 되었는데, 도교와 민간신앙 등과 융합하였다. 중국의 관음신앙은 내륙형과 해양형 두 가지로 나눌 수 있는데, 관음신앙이 전파된 경로의 차이와 관련된 것으로 보인다.[16] 관음신앙은 인도에서 서역을 통해 중국 남부 서장자치구 소수민족과 버마, 라오스를 거쳐 중국에 도착하는 육로와 인도에서 말라카 해협을 통과하여 인도차이나 해안과 남중국해를 거슬러 올라오면서 중국 강남 해역에 이르는 해로 등 두 가지 경로로 전파되었다.[17]

중국 내륙에 산재한 관음신앙의 대상은 낭랑관음(娘娘觀音)이라는 이름으로 불린다. 낭랑은 중국의 민간신앙 대상인 여신을 가리키는 일반적인 호칭인데, 벽하원군(碧霞元君), 태산옥녀(泰山玉女), 태산낭랑(泰山娘娘), 천선성모(天仙聖母), 천후성모(天后聖母), 왕모낭랑(王母娘娘), 서왕모(西王母) 등을 비롯한 다양한 이름으로 불린다. 중국에서 낭랑신을 언급할 때는 태산의 벽하궁이나 북경 묘봉산의 낭랑묘가 거론되는데, 이곳의 주신인 벽하원군 천성성모가 북쪽지방을 대표하는 여신이다. 이에 비해 천후, 천비 또는 천후 성모라고 불리면서 천후궁에서 제사지내는 여신도 있는데, 복주(福州)를 중심으로 남중국을 대표하는 여신 마조(馬祖)다.[18]

내륙을 따라 전파된 낭랑관음은 태산의 신인 동악대제의 딸로 재물과 복덕을 주는 여신인 벽하원군이 변용된 여성신이다. 벽하원군의 주요한 능력 가운데 하나가 자손을 점지하는 것이었다. 재물과 자손은 중국인이 중요하게 여기는 인생 목표였다. 이런 점에서 낭랑은 관음과 만나기 전부터 민중의 염원을 성취시켜주는 신으로서 서민 대중에게 가장 익숙한 신이었다. 『법화경』「보문품」의 번역과 대중화를 통해 소개된 관음의 능력은 낭랑을 연상시켰을 뿐 아니라 동일시하게 되었다. 관음보살이 중생의 고난을 구제하기 위해 33응신을 가진다는 교리는 관음을 본지(本地)로 보고 태산 낭랑을 응신(應身)으로 보게 하였다.[19]

인도불교에서 관음은 대자대비라는 특성상 여성적인 면을 잠재하고 있지만, 보살은 남성만이 이를 수 있는 깨달음의 성취다. 그래서 중국에서 번역된 초기 경전에서도 관음은 남신으로 인식되었지만, 5세기를 기점으로 여신으로 변하기 시작하여 명대(明代)에 와서 완전히 여신화 된다. 물론, 관음의 여신화는 대승불교가 힌두신앙을 포섭하는 과정에서 인도 여신격을 관음화한 것과 관련 있다. 하지만 인도에서는 가능성으로만 남아 있던 것이 중국에서는 민간신앙과 도교의 여신과 만나면서 여신화된 것이다. 관음의 여신화 경향이 나타나는 5세기경에 여성 불교도가 증가한 것도 그 이유 가운데 하나로 손꼽힌다.[20]

해로를 통해 전파된 관음신앙은 남중국해에서 동중국해로 해역과 항로가 바뀌는 해상교통의 중간기항지인 명주(明州) 주산군도의 보타락가산(普

陀洛伽山)에 이른다. 이 산은 인도 및 아랍 상인들이 중간기항지로 활용하면서 해양관음성지가 조성되면서 포탈라카에서 따온 이름이 붙여졌다. 이 산에 해양관음성지가 조성된 까닭은 말라야의 포타락가산처럼 깎아지르는 듯한 벼랑의 영마루와 동혈(洞穴)이 있었기 때문이다. 해상항로의 안전을 관장하는 관음보살을 신앙했던 인도의 해상(海商)이 인도 포탈라카산에 상주하는 관음보살을 중간기항지 주산군도의 보타산으로 옮겨와서 해상안전 기도처로 조성한 것이다.[21]

보타락가산이 관음성지로 조성된 관음연기설화에 따르면 관음보살은 인도의 남해 낙가산(洛迦山)에서 바다를 뛰어넘어 보타산(普陀山)에 도착한 후 다시 세 번을 뛰었는데, 관음보살이 낙가산에서 보타산으로 뛴 것은 동해 주산군도에 있는 천 개의 봉오리가 관음시현의 최적지임을 알고 있었기 때문이라고 한다. 그런데 주산군도의 봉오리를 헤아려 보니 하나가 모자라, 보타산에서 세 걸음을 뛰어온 대거도 관음산, 사초도 대비산, 소양도의 소관음산을 거슬러 올라가면서 헤아려 보았는데도 여전히 하나가 모자랐다. 그러던 중 자신이 올라 있는 산마루를 헤아리지 않았다는 사실을 깨달았다고 하는데, 그렇게 머물렀던 세 산은 바다의 명산이 되었다.[22]

관음연기설화는 인도 남해 포탈라카에서 중국 주산군도까지 해로가 열려 있었고, 관음이 바다를 뛰어넘어 섬 세 개를 한걸음에 내디딜 정도로 거인이었다는 점을 암시한다. 『관무량수경(觀無量壽經)』에 따르면 관음보살의 키가 80만억 나유타 유순이라고 기록하였는데, 힌두교의 대표적 삼신 가운데 하나인 비슈누(Viṣṇu)가 관음보살과 동일시되는 경향을 고려하면 보타산에서 내디뎠다는 세 걸음은 비슈누가 세 걸음만에 우주 삼계를 창조하였다는 화신 설화가 차용된 것으로 볼 수 있다.[23] 이렇게 인도의 비슈누와 결합한 관음보살이 해로를 따라 주산군도로 들어오면서 남해대사 또는 천후낭랑과 만나면서 남해관음이 된 것이다.[24]

이렇게 주산군도에 관음신앙을 실어 온 이들은 인도의 해상이지만, 주산군도에는 이미 남해대사를 모시는 토착신앙이 있었다. 이 둘이 만나 남해관음이 되었기 때문에 주산열도의 관음신앙만의 특징이 나타난다. 고난을 피하고 복을 얻고자 하는 해양문화의 심리와 관용의 해양문화를 융합하고 있으며, 고난의 현실 속에서 행복을 가져다주는 사람에 감사할 줄 아는 보은(報恩)의 사상과 해룡왕(海龍王) 신앙이 혼재되어 있다는 점이 특징적이다. 이 점을 형상화한 것이 용을 탄 모습의 관음이다. 명나라 때에 이르면 이러한 만남이 역전되어, 천후낭랑이 관음보살에게 기도하여 태어났다는 기사가 등장하기도 한다.[25]

해로로 들어온 관음이 해신, 또는 여신과 만난 사례는 제주에서도 발견된다. 고대 제주대의 해상항로에는 제주해협을 통과하여 쓰시마(對馬)와 이키(壹岐)를 경유하여 일본 규슈 하카다항(博多港)으로 향하는 북로(北路)와 일본 규슈 하카다항에서 제주 남쪽을 통과하여 중국 절강성 명주항, 천주항 등으로 횡단하는 남로(南路)가 있었다고 한다. 『탐라지』에서 "매양 봄 여름에 남쪽 수종 밖을 바라보면 높은 돛대를 단 큰 선박들이 무수히 지나가고, 흑치(黑齒)의 오랑캐들이 중국과 통상(通商)하는 길목이며 또한 해외 여러 만이(蠻夷)들의 물화(物貨)가 유통되는 곳이다."라고 한 것으로 보건대, 남로를 통해 주산군도를 거친 관음신앙이 유입되었을 가능성이 높다.[26]

우리나라 여신도 내륙형과 해양형으로 나눌 수 있다. 내륙형은 건국시조를 낳고 키우는 지모신(地母神) 또는 산신(山神)이고, 해양형은 제주 선문대할망과 영등할망 같은 해신(海神)이다. 산신과 해신으로서 여신은 남해관음처럼 거인으로서 산 정상에서 좌정하거나 산성을 축조하며, 섬을 옮기거나 바다 위를 건너다니기도 한다. 이 가운데 제주의 선문대할망과 부안 죽막동 수성당의 개양할미는 제주해협과 변산반도 앞바다를 항해하는 항해자들을 돌보는 해신의 역할을 수행하였다. 이들을 "키가 크고 신체가 거구의 할머니라는 점에서 관음보살의 화신"으로 보는 것은 관음신앙의 유입 이전에 있던 남해대사신앙을 인정하지 않는 것이다.[27]

관음신앙이 우리나라에 들어온 시기는 법화경이나 화엄경이 전해진 삼국시대로 짐작된다. 이후 우리 설화에서 관세음보살은 일상에서 만나는 스님이나 여인 또는 동남동녀의 형태로 자신을 드러내 보인다. 수행자 앞에는 여인의 모습으로 나타나는 경우가 많은데, 색(色)의 세계로부터 공(空)의 세계로 넘어가는 최고의 수행단계에서는 분별심을 버려야 한다는 점을 강조한 것으로 볼 수 있다. 이에 비해 관세음보살이 여인으로 현신한 이유를 설화수용층이 대자대비한 관음보살의 이미지를 어머니의 본성과 일치한다고 인식했기 때문이라고 보기도 한다.[28] 이 점에 유의하면 우리나라에 도착한 관음신앙이 남해관음이라는 결합된 형태가 아니라 선문대할망 또는 개양할미라는 전통적인 여신격에 관음의 특성이 흡수되었다는 점을 특징으로 한다.

III. 성모신앙의 변용

인도에서는 대자대비라는 여성적인 특성이 내면화되어 있던 관음신앙이 기착지 중국에서 여신화된 것은 '성모(聖母)', 곧 시조모(始祖母)라고 하는 근원적 모델과 만났기 때문이다. 앞서 살펴보았듯이 중국 민간신앙에서 성모는 낭랑(娘娘)이라는 이름으로 불리는 다양한 여신격이다. 지형적 특성상 북쪽에서는 산신격인 태산원군으로, 남쪽에서는 해신격인 남해대사로 다른 이름을 가지지만, 민간의 다양한 요구 가운데서도 자녀 출산의 요구를 들어주는 여신으로 형상화된 점에서는 동일성을 가진다. 태산원군과 남해대사는 도교에 습합되는 과정에서 신선화된 중국 고대의 여신격에 기원을 두고 있다.

출산과 양육을 담당하는 여성 신격이 남성신보다 먼저 등장하는 것은 세계신화의 공통점이다. 이는 모계사회라는 사회환경이 반영된 것으로서,

그리스 로마신화의 가이아(Gaia)가 지모신이라면 중국 신화에서는 여와(女媧)와 희화(羲和)가 그에 대응된다. 여와는 홀로 인류를 창조하고 우주의 대란을 평정하였으며, 희화는 해와 달의 어머니로서 해와 달을 출산하고 돌보는 숭고한 역할을 담당하는 대모신(大母神; Great Mother Goddess)이었다. 그런데 고대국가의 성립과 함께 가부장질서가 확립되면서 이들 여신은 유명무실해지고 역사화되어 일관(日官)으로서 남성화되거나, 남신인 복희(伏羲)의 배우신(配偶神)으로 전락하게 된다.[29]

신화학에서 대모신은 그 자체가 우주이면서 그것이 실어내는 모든 것의 창조자다. 여와와 희화에서 확인되듯이 원시시대에는 대모신이 중심 역할을 하지만, 하늘과 땅의 이분법적 사고가 굳어지면서 대모신은 천신의 배우자인 대지신(大地神, Great Godness, Mother Earth)으로 등장한다. 한국과 중국, 그리고 일본에서 대지신은 지모신(地母神, Great Mother)으로서, 농경 신앙의 구심 역할을 한다. 지모신의 단계에서 구체화된 신은 농경신인데, 제주의 '세경본풀이'에 등장하는 자청비도 농경신에 해당한다. 이러한 농경신이 더 구체화된 신이 곡신(穀神)이다.[30]

여성신의 전락은 남신의 배우신이라는 정도에서 그치지 않는다. 『산해경』에서 달을 낳고 돌보는 상희(常羲)는 달의 어머니 위치에 있다가 후대의 항아(姮娥)의 이미지와 결합되면서 남편을 배신하고 홀로 불사약(不死藥)을 가지고 달로 도망가는 여신으로 전락한다. 발(魃)도 물을 관장하던 여신이었지만, 지상으로 쫓겨나 가뭄의 악신이 되어 평생 원망의 대상이 되어야 했다. 그래서 한대(漢代) 『신이경(神異經)』에서는 변소에 빠져 죽을 만큼 추악한 이미지로 전락한다. 한대 『수신기(搜神記)』에서 달의 신 항아가 두꺼비로 변하는 것도 가부장 질서가 확립되면서 신화의 중심이 남성으로 옮아간 것을 반영한다.[31]

중국 신화 속의 여신은 가부장 질서 확립에 따라 전락하게 되지만, 전국시대(戰國時代) 이후 불로장생(不老長生)을 희구하는 사회적 요구에 부응하면서 여선(女仙)으로 변모하여 신앙의 대상이 된다. 『산해경』에서 등장한 불사성선(不死成仙)의 관념이 전국시대 연(燕)나라와 제(齊)나라를 중심으로 방선도(方仙道)로 체계를 잡아가다가 한대 이후 추연(鄒淵)과 황로도(黃老道), 부록파(符籙派) 계통의 『태평경(太平經)』과 단정파(丹鼎派) 계통의 『주역참동계(周易參同契)』로 분화된 것이다. 그런데 원시도교가 체계화 작업을 추진할 때 노장사상을 중심으로 했기 때문에 동한(東漢) 이후로는 여성 숭배의 전통이 도교 안에서 계승 발전하게 되었다.[32]

그 대표적인 사례가 서왕모(西王母) 신앙이다. 후한 명제(明帝) 영평(永平) 10년(67) 이후로 불교의 도전에 창조적인 응전을 해야 했던 도교는 음양의 조화와 균형을 맡아줄 여신격을 필요로 했다. 이런 요구 때문에 원시천존(옥황상제)의 지위에 있던 고대의 여신 서왕모는 동왕공(東王公)과의 대대적(待對的) 관계에 있는 여선으로 정착되었다. 그리고 관세음보살 변용의 모델이 되었다. 도교의 삼청(三淸; 옥황상제, 원시천존, 태상노군)은 본래 있던 민간신앙이 불교와의 경쟁 속에서 변용된 것이지만, 민간신앙에서 서왕모를 왕모낭랑으로, 관음을 낭랑관음으로 부르는 것은 서왕모를 모델로 관음 신앙이 변용되었음을 보여준다.[33]

이 세계 서쪽 끝 땅에 산다는 서왕모가 기록에 나타난 것은 전국시대부터이다. 『시경』 「이아(爾雅)」 석지(釋地)에서는 "고죽(觚竹) 북호(北戶) 서왕모(西王母) 일하(日下)를 사황(四荒)이라고 한다."라고 했는데, 동진(東晉)시대 곽박(郭璞)은 "서왕모는 서쪽에 있으니 모두 사방의 어둡고 황량한 나라다[西王母在西 皆四方昏荒之國]"라고 주석하였다. 이로 보건대 서왕모라는 이름은 본래 서쪽 지명에서 유래한 것으로 보인다. 『회남자』 「지형훈(地形訓)」에서도 "서왕모는 사막(流砂)의 언저리에 있다[西王母在流砂之瀕]."라고 하였는데, 여기서도 서왕모라는 여신의 이름이 서쪽 지역의 지명, 국명에서 유래하였음을 확인할 수 있다.[34]

전한시대 말년에 이르러 서왕모 신앙이 폭발적으로 유행하면서, 중국 고대 여신 서왕모는 대표적인 여선(女仙)이 되었다. 하지만 중국 고대 여신 서왕모가 처음부터 여성적이었던 것은 아니다. 『산해경(山海經)』에는 서왕모와 관련된 기사가 「서차삼경(西次三經)」와 「해내북경(海內北經)」, 그리고 「대황서경(大荒西經)」 등 세 번 등장하는데, 가장 늦은 시기의 것으로 보이는 「해내북경」 외에는 모두 반인반수로 묘사하고 있기 때문이다. 인간 형상이지만 표범 꼬리에 호랑이 이빨을 갖추고 있는 것으로 묘사된 이유를 동물숭배와 토템숭배의 영향, 또는 재앙[전염병]과 형벌을 주관한다는 역할 때문이라고 분석한다.[35]

이렇게 반인반수로 묘사되는데도 불구하고 여신격으로 인식된 이유는 '머리꾸미개를 꽂고 있다[戴勝]'는 묘사가 공통적으로 등장하기 때문이다. 그런데 서왕모를 원시천존과 같은 절대신격으로 볼 수 있는 단서는 곤륜(崑崙)이라는 거처다. 관음보살이 일반인의 접근이 어려운 포탈라카의 동굴을 관음도량으로 하고 있듯이, 서왕모는 지상의 천상이라고 할 수 있는 곤륜산(崑崙山)의 동굴에 머문다. "서해의 남쪽, 유사의 언저리, 적수의 뒤편, 흑수의 앞 쪽에 있는 큰 산 곤륜[西海之南 流砂之濱 赤水之後 黑水之前 有大山 名曰昆侖之丘]"은 "온갖 것이 다 있다[此山萬物盡有]"라는 도교의 이상향이다.[36]

중국의 신화 전설에는 다양한 이상향이 등장하는데, 영험이 가장 강한 신선이 사는 곳이 곤륜산이다. 중국 북서쪽에 있다는 위치 때문에 타클라마칸 사막과 티베트 고원 사이에 있는 곤륜산맥을 연상하지만, 곤륜이라는 단어가 혼륜(渾淪)에서 비롯되었다고 하는 만큼 실제로는 존재하지 않는 이상향이다. 황하의 원류가 이 산에서 시작되는 것으로 생각했는데, 이 산 정상이 북극성과 마주 있다고 하였으므로 우주의 중심이라고 할 수 있다. 해와 달이 서로 숨어 있는 곳이기도 하면서, 신에게만 허락된 영생, 곧 불사(不死)를 누릴 수 있도록 하는 불사수(不死樹)가 있는 것으로 유명하다. 그래서 영험이 가장 강한 신선만이 살 수 있는 곳이 된다.

곤륜산을 다스리는 존재는 제(帝)로, 도교 최고의 신인 옥황상제, 또는 전설의 제왕인 황제(黃帝)를 가리키는 것으로 상상되었다. 그런데 후한 이후부터 서왕모가 이곳을 다스리는 존재로 등장한다. 동진(東晉; 318~420) 이후의 저작으로 알려진 『한무내전(漢武內傳)』에서는 서왕모가 천상에서 강림한 것이 아니라, 곤륜이라는 산정(山頂)에서 강림하는 것으로 묘사된다. 그뿐만 아니라 서왕모의 외모도 "빼어나게 아름다워 정말 신령스러운 사람[容顏絕世 眞靈人也]"으로 바뀐다. 이렇게 해서 이상향 곤륜산을 다스리는 것으로 상상된 서왕모는 천상의 세계를 관장하는 천신과 짝하여 지상에 대한 독점적 지배권을 위임받은 존재로 다시 등장하게 되는 것이다.

서왕모가 『한무내전』에서 이렇게 화려하게 재등장할 수 있었던 이유는 한나라 초기 문헌인 『회남자(淮南子)』에서 불사약(不死藥)을 가지고 있다는 전설이 언급된 이래로, 서왕모가 장생불사를 주관하는 여신이자 신선의 선조로서 민간에서는 복(福)과 장수(長壽), 아이를 내려주는 신으로 인식되기 시작했기 때문이다. 전염병과 형벌, 곧 죽음을 주관하는 서왕모가 위진 남북조시대에 접어들면서 장생(長生)과 불사(不死)를 주관하는 불사의 여신이 된 것이다. 여기에서는 삶과 죽음의 반복성에 대한 상징을 찾아볼 수 있다.[37]

서왕모가 불사의 여선이 되면서 짝을 이루는 동왕부(東王父), 또는 동왕공(東王公)의 신격도 뒤늦게 등장한다. 이렇게 해서 천제와 짝하는 서왕모는 천부지재(天覆地載), 곧 천지의 큰 사랑 가운데 한 축을 담당할 뿐만 아니라, 실제로는 천제보다 앞선다. 그는 신선이 반드시 아침저녁으로 문안 인사를 드려야만 하는 선계의 성스러운 어머니다. 신선이 되는 방법 가운데 하나인 반도(蟠桃; 3천년에 한 번 열린다는 복숭아)의 소유자이기 때문이다. 이로써 서왕모는 신선과 신선의 세계를 낳는 창조자인 대모신(大母神)으로서의 신격을 다시 갖추게 된다. 그 자체가 우주이면서 그것이 실어내는 모든 것들의 창조자인 신격을 회복하는 것이다.[38]

서왕모의 형상은 최초의 곤륜신화에서 변화하기 시작하여 종교화, 민속화, 세속화 과정을 거쳤다. 흉신 모습의 서왕모는 곤륜신화가 동쪽으로 전파되면서 도교 사상으로 변용된 신선 형상으로 변한다. 양한시대에 신설설이 성행하자 제왕 귀족은 권력과 부귀를 보장받기 위해 장생불사를 기원했고, 일반인은 어지러운 전란 속에서 삶을 유지하기 위해 장생불사를 기원했다. 이러한 분위기에서 방사(方士)들은 서왕모 조상(彫像)을 장생불사의 상징으로 만들었다. 그 덕분에 서왕모의 지위는 여신선 중에 최고의 지위에 이르게 되었다. 이러한 과정을 거치면서 서왕모는 더욱 인격화되고, 그와 짝하는 인간의 제왕은 신격화 될 수 있었다.[39]

고대 동아시아 문화권을 관통하는 여신격인 성모(聖母), 곧 서왕모는 우리나라의 여신신앙에 영향을 끼쳤다. 『삼국유사(三國遺事)』와 『삼국사기(三國史記)』 등 우리의 고대 사료 가운데 성모(聖母)로 호칭되는 대표적인 인물을 살펴보면 박혁거세 탄강신화와 연동되는 선도산성모(仙桃山聖母), 남해차차웅왕비와 관련 있는 운제성모(雲帝聖母), 박제상(朴堤上)과 관련된 치술신모(鵄述神母) 등 신라 문화권에 속하는 이가 많다. 그 밖에도 조선시대 문헌에 등장하는 지리산 천왕봉(天王峯) 성모(聖母)도 있다. 이들 성모는 우리나라 내륙형 여신 가운데 건국시조를 낳고 키우는 지모신이면서 동시에 도읍을 비호하는 산신으로 분류된다.[40]

선도산은 신라 왕도를 호위하는 오악(五岳) 가운데 서악(西岳)에 해당한다. 오늘날 경주시 현산강 서쪽 효현동에 위치하는데, 신라 사람은 이 산을 서방정토로 여겼다고 전한다. 수도와 가까워서 진흥왕릉(眞興王陵), 진지왕릉(眞智王陵), 문성왕릉(文聖王陵)과 태종무열왕릉(太宗武烈王陵), 법흥왕릉(法興王陵) 등 왕릉이 많이 남아 있으며, 서악리(西嶽里) 고분군(古墳群)도 남아 있다. 정상 가까이에는 서악동 마애여래삼존입상(西岳洞磨崖如來三尊立像)이 남아 있다. 선도산 성모는 『삼국유사』 「선도성모수희불사(仙桃聖母隨喜佛事)」에서 처음으로 등장하는데, 진평왕 때 지혜(智惠)라는 비구니가 선도산 신도(神母)의 꿈을 꾸고 안흥사(安興寺)를 완성했다는 이야기다.

운제성모(雲梯聖母)는 『삼국유사』「기이(紀異)」남해왕(南解王) 조에서 등장한다. 차차웅(次次雄)이라고 불린 신라 제2대왕 남해왕의 비(妃)인 운제부인(雲帝夫人)을 소개하면서 "지금의 영일현(迎日縣) 서쪽에 운제산(雲梯山) 성모(聖母)가 있으니 가뭄 때 이곳에서 기도를 드리면 감응(感應)이 있다."라는 주를 단 것이다. 이 주에 따르면 운제 성모는 남해차차웅의 부인을 가리키는 것으로, 그가 죽어 화한 신격을 모시는 사당이 운제산에 있었음을 알 수 있다. 「내물왕김제상(奈勿王金堤上)」조에서도 이렇게 죽어 신격으로 화한 치술신모(鵄述神母)가 등장한다. 치술신모는 박제상(朴堤上)의 아내로 치술령에서 죽은 여신격이다.[41]

한편, 『속동문선』권 21에 수록된 김종직(金宗直)의 「두류기행록(頭流記行錄)」에는 지리산 최고봉인 천왕봉에 성모묘(聖母廟)가 있어 소원을 빌면 들어준다는 신앙이 있다는 내용이 등장한다. 성모가 어떤 신이냐고 묻고 "석가의 어머니 마야부인(摩耶夫人)"이라고 대답하자 김종직은 이승휴(李承休)의 『제왕운기(帝王韻紀)』가운데 "성모가 선사를 명했다[聖母命詵師]"라는 기사의 주석에서 "지금 지리산의 천왕(天王)이니 고려 태조의 비(妃)인 위숙왕후(威肅王后)를 가리킨다."라고 한 것을 떠올린다. 이러한 설이 고려 사람이 선도성모(仙桃聖母)에 대한 이야기에 착안하여 만든 것에 불과하다는 취지의 의견을 덧붙였다.[42]

시조모로서 성모와 관련된 기사는 『신증동국여지승람』권29 경상도 상주목(尙州牧) 고령현(高靈縣) 건치연혁(建置沿革)에도 등장한다. 이 기사에서는 최치원(崔致遠)의 『석리정전(釋利貞傳)』을 인용하여 대가야국의 시조에 관한 내력을 소개하였다. 여기서 정견모주(正見母主)는 천신(天神)인 이비가지(夷毗訶之)에게 감응되어 대가야(大伽倻)의 왕 뇌질주일(惱窒朱日; 伊珍阿豉王)과 금관국(金官國)의 왕 뇌질청예(惱窒靑裔; 首露王) 두 사람을 낳은 시조모인데, 가야산신(伽耶山神)으로 표기되고 있다. 정견모주는 대가야와 금관가야의 시조 두 사람의 어머니로서 가야산에 좌정한 지모신이 되었다는 점에서 지금까지 언급한 성모의 특징을 가지고 있다.

『삼국유사』에서 김제상(金堤上)의 처로 기록된 치술신모는 시조모가 아니다. 그런데 『삼국유사』왕력(王曆) 편 신라 제18대 실성마립간(實聖麻立干) 조에는 "왕은 곧 치술(鵄述)의 아버지다"라는 구절이 나온다. 이 구절에 따르면 치술은 실성왕의 딸로서 공주가 된다. 그러므로 "치술은 실성왕의 딸이다"라고 기록되어 있지 않고 "실성왕은 치술의 아버지이다."라고 기록되어 있다는 점과 『화랑세기』필사본을 근거로 한 "김춘추에 이르기까지 신라 중대의 왕실 주요 인물치고 치술에게 혈연적으로 연결되지 않는 왕족이 없다고 할 정도로 치술이란 여인은 막강한 연망을 현성하고 있다."고 한 주장에 따르면, 치술성모도 성모의 전형적인 특징을 가지고 있다.[43]

중국 도교와 민간신앙의 대상인 성모와 우리나라 지모신 신앙과 만나 변용된 흔적은 앞서 언급한 『삼국유사』「선도성모수희불사」의 후반 기사에서 확인된다. 신모의 이름은 사소(娑蘇)로, 중국 황실의 딸인데 신선의 술법을 얻어 신라에 와서 놀아가지 않았다고 하면서, 아버지가 보낸 서신에 따라 솔개가 멈춘 산에 머물러 지선(地仙)이 되었다는 내력을 밝히고 있는 것이다. 선도산을 서연산(西鳶山)이라고도 부르는 내력과 관련된 기사이다. 이어서 김부식이 송나라에 들어갔을 때 우신관(佑神館)에서 선도산 성모상을 보게 된 일화와 송나라 사신 왕양(王襄)이 동신성모(東神聖母)에게 제사를 지낸 일화를 소개하면서 선도산 성모가 중국 황실과 관련이 있음을 밝혔다.[44]

동아시아 여러 곳에서는 문명권 중심부의 귀인이 건너와 현지의 여성과 관계해서 낳은 아들이 나라를 세웠다는 시조도래건국신화가 발견되는데, 선도산 성모신화는 남성과 여성이 바뀌었을 뿐 이와 유사하다. 지리산 성모가 고려 태조의 어머니라거나 정견모주가 대가야와 금관가야의 어머니라는 내력담도 본래 독립적인 신격이었던 여산신(女山神)이 시조의 어머니로 물러서고, 성모나 신모, 모주가 되어 신성성을 강화해 나가는 전형적인 사례로서, 중국의 성모신앙을 차용한 정치공학적 판타지라고 볼 수도 있다. 하지만 산과 산신, 그리고 산 제사를 중시했던 신라의 전통을 고려한다면 서왕모로 대표되는 중국 도교와 민간의 여선 신앙이 우리의 지모신 신앙인 할미 또는 여산신 신앙과 만나서 변용된 것으로 볼 수 있다.[45]

IV. 마리아 신심의 변용

한국천주교회는 중국선교에 나선 예수회 선교사들의 문화적응주의적 선교정책에서 파생된 보유론적(補儒論的) 서학(西學)의 개념을 조선에 전해진 한문(漢文) 서학서(西學書)로 대면한 양반 지식인계급에 의해 자생적으로 출범했다. 세계적으로 유례를 찾아보기 어려운 적극적 문화교류의 산물인 한국천주교회는 중국의례논쟁, 곧 폐제훼주(廢祭毁主) 문제를 겪으면서 일반 대중을 대상으로 한 종교운동으로 성격이 바뀌었다. 이후 서구 제국주의 열강의 위협에 노출되어 있던 조선 정부로부터 혹독한 박해를 겪어야 했던 시기에 성체신심(聖體信心), 순교자신심(殉敎者信心), 대사(大赦)와 은사회(恩赦會) 등과 같은 다양한 형태의 신심이 만들어졌다.

이 가운데서 대표적인 것이 성모 신심, 또는 마리아 신심이다. 한국천주교회에서 '신심(信心, devotion)'은 다양하게 설명된다. "하느님의 신비나 하느님과 관련된 어떤 것에 마음을 향함으로써 하느님을 섬기고 예배를 드리는 인간의 자세", 또는 "하느님을 섬기고 경배하기 위하여 하느님의 신비·위격·속성과 구원 사업에 관계된 어떤 창조적 실재(relitas creata)에 대해 구체적인 표현을 하는 인간의 자세이자 종교적인 행위" 등으로 설명되는가 하면, 영성(靈性)이라는 단어와 혼용되기도 한다. 그런데 현실적으로

는 천주교회 신자의 '모든 신앙 행위', 특히 대중성이 강한 '믿는 행위'를 가리킨다.[46]

한국천주교회에서 '신심'을 이렇게 복잡하게 설명하는 이유는 마리아 신심이 예수를 신앙하는 것보다 우선하거나 적어도 같은 수준이라는 개신교회 측 비판에 유의하고 있기 때문이다. 그래서 성모마리아에 대한 신심은 여신으로 숭배(latria)하거나 흠숭(adoratio)하는 것이 아니라, 인간이지만 신성을 낳은 모성에 대한 최대의 존경(hyper-dulia)이나 공경(veneratio)을 표하는 것이라고 에둘러 말하곤 한다. 유일신교인 그리스도교에서 신심을 넘어선 마리아 신앙이 허용될 수 없다는 것은 당연한 일이기 때문이다. 그런데 이 문제는 로마 가톨릭교회의 지역교회인 한국천주교회에만 국한된 것이 아니다.

로마 가톨릭교회에서는 일찍부터 마리아와 관련하여 ⑴ 인간인 구원자를 낳은 자(Χριστοτόκος; 그리스도의 모친)이면서 하느님을 낳은 자(Θεοτόκος; 天主의 聖母)라는 것, ⑵ 출산 전후는 물론 출산 중에서도 평생 동정인 자(semper virgo; 童貞女)라는 것, 또한 ⑶ 죄 없이 잉태했다(immaculata conceptio; 無染始胎)는 것, ⑷ 하느님에 의해 육체와 영혼을 갖춘 상태에서 하늘나라로 들어 올림 받았다는 것(Assumptio Beatae Mariae Virginis in coelum; 蒙召昇天) 등의 교의를 확정하고 가르쳐왔다. 이러한 교의는 대부분 성경에 근거를 둔 것이라기보다는 로마 가톨릭교회 신자의 오래된 신심에서 비롯된 것이다.[47]

이 가운데 특히 주목할만한 것은 ⑴ 신적(神的) 모성, 곧 '천주(天主)의 성모'이다. 왜냐하면 ⑵ 평생 동정녀로서, ⑶ 원죄의 결과인 임신과 출산 과정에서 죄에 물들지 않았고, ⑷ 영혼의 감옥인 육체까지도 하늘나라에 들어 올림을 받았다는 것은 사실상 ⑴을 원인으로 하기 때문이다. 초기 교회의 네스토리우스(Nestorius)는 '구원자를 낳은 자'라는 호칭이 적합하다고 주장하다가 431년의 에페소 공의회와 451년의 칼체돈 공의회를 거치면서 단죄되기도 했다. 하지만 로마 가톨릭교회는 '천주의 성모'라는 호칭이 "결코 마리아가 신성을 지녔다든가, 여신이라든가, 또는 그리스도의 신성이 마리아로부터 유래한다는 것과 전혀 상관이 없"다 라고 단언한다.[48]

'천주의 성모'에 대한 논란은 육화(肉化)의 교리와 긴밀하게 관련되어 있다. 관음보살이 현세에 필요한 모습으로 자신을 드러내 보이듯이(avātara, 權化), 성부인 하느님은 성자인 예수로서 인간의 모습을 취해 자신을 드러내 보인다(Incarnatio, 肉化). 그런데 로마 가톨릭교회에서 말하는 신앙의 신비는 하느님이 인간의 형상을 빌린 것(Theophania, 假現)이 아니라 '인간이 된 것'을 핵심으로 한다. 이 신비를 고백하는 이들이 모인 교회(敎會, ἐκκλησία)는 사실상 "성부의 가장 사랑하시는 딸이 되셨고 성신의 궁전이 되셨"다는 마리아로부터 시작한다. 이 여인은 그가 낳은 신인(神人)이 형제라고 선언한 모든 기독교인을 자식으로 맞아들여 그 호소를 듣고 전달한다.[49]

인간이 신의 어머니가 될 수 있느냐는 질문은 합리적이지만, 종교적이지는 않다. 그러므로 '천주의 성모'라는 호칭은 "마리아가 잉태한 분이 단지 죽을 인간이 아니라 하나님의 아들이시라는 점에서 내 주의 모친 혹은 초대교회 신경이 채용한대로 Θεοτόκος 호칭을 사용할 수 있는 것"이다. 여기에 12세기에 이르러서는 마리아 신심에 대한 새로운 근거로 (5) "우리를 위하여 빌어주신다"라는 중재자(mediatrix)라는 용어가 자리를 잡았다. 이 용어는 가나 혼인잔치를 비롯하여 성경에 곧잘 등장하는 마리아의 역할을 근거로 하고 있어서 쉽게 수용되었다. 그런데 이 용어도 '천주의 성모'라는 교의를 바탕으로 하고 있다.

마리아가 우리의 중재자가 될 수 있는 가장 확실한 이유는 '천주의 성모'이기 때문이다. '천주의 성모'는 그리스도교의 구원역사에서 가장 큰 역할이다. 성모마리아는 새 이브로서 새 아담인 예수와 함께 이브와 아담이 범한 죄의 사슬에서 인간을 풀어주는 데 동참한 것이다. 우리도 예수를 그리스도로 고백하고, 신앙함으로써 예수의 구원역사에 동참할 수 있다. 그런데 성모마리아는 우리와는 다른 특별한 방식, 그렇더라도 다른 것을 부가하지는 않는 방식으로 예수의 구원역사에 동참한 것이다. 그것은 예수 그리스도의 어머니로서 속죄에 협력한 것이요, 그 덕분에 예수를 그리스도로 고백하는 모든 이의 어머니가 되는 것이다.[50]

이렇게 해서 마리아는 신인(神人) 예수 그리스도의 어머니에서 예수를 그리스도라고 고백하는 기독교인의 어머니로 확장된 이미지를 가지게 되고, 성모로서 죄 많은 세상과 천국을 잇는 매개가 되었다. 이 점은 1962년 제2차 바티칸 공의회를 거치면서 '교회의 어머니'로서 정착되었다는 데서도 확인된다.[51] 로마 가톨릭교회의 어머니로서 마리아는 나중에 육체와 더불어 들림을 받은 하늘이 아니라 보편교회는 물론, 지역교회와 그 구성원의 신심에 상주한다. 이것은 세상 구원을 완수하려는 하느님의 계획에 의해 가능하다. 하느님은 우리에게 구원받을 자격을 부여하기 위해 그 자신이면서 동시에 아들인 예수를 우리처럼 '한 여인'에게서 태어나게 했기 때문이다.

개신교에서는 이러한 마리아 신심에 대해 비판적이다. "마리아에 대해 다양한 호칭들(공동구속자, 공동중개자)과 특권들과 다른 마리아 교의들을 추가해" 나가는 것은 경계해야 할뿐더러, "예수의 인격적인 면모에서 마리아의 인격적 모습을 찾아볼 수 있다"라고 말하는 것은 지나친 해석이라고 비판할 수 있다.[52] 실제로 "마리아를 통하지 않고서는 그리스도께 다가갈 수 없으며, 심지어 악마들은 하느님 자신보다 마리아를 더 두려워한다."라고 주장한 몽포르(Saint Louis Mary Grignion de Monfort)의 사례에서처럼 존경을 넘어서 사실상 숭배에 가까운 경우가 많았다.[53]

이렇게 개신교회 측으로부터 우상숭배에 불과하다는 파상적인 비판이 제기된다는 것을 잘 알고 있지만, 로마 가톨릭교회에서는 다음과 같은 세 가지 측면에서 성모 신심을 유지해야 할 필요와 이유를 제시한다. (1) 그리스도와 마찬가지로 우리도 '마리아를 통해서 그리스도께(per Mariam ad jesum)' 일치될 수 있다는 것, (2) 인간을 구원하고자 하는 예수의 역사(役事)하심이 마리아를 통해 최초로 실현되었을 뿐만 아니라 그를 위하여 무엇을 해야 하는지 모범을 보였다는 것, (3) 예수를 그리스도라고 고백하는 인간들인 기독교인들의 영적 어머니가 된다는 것 등이다.[54]

로마 가톨릭교회의 이러한 마리아 신심은 한국천주교회 성립 초기에 박해를 겪으면서 좀 더 구체적이고 특별한 형태로 바뀌게 되었다. 당시로서는 로마 가톨릭교회의 교의를 보유론적(補儒論的) 호교론의 관점에서 풀어놓은 선교사들의 한문서학서를 통해 성모 신심을 이해하는 것이 우선이었다. 하지만 '예수의 동정녀 어머니'라는 개념은 이해하기 쉽지 않다. 그래서 당시 한문서학서를 대표하던 리치(Matteo Ricci)의 『천주실의(天主實義)』에서조차도 "(예수는) 동정녀를 어머니로 택하여 교감 없이 잉태되고 강행하였다."라고 하여 마리아가 아닌 예수에 초점을 맞추어 서술하는 수준이었다.

1784년에 국내에 소개된 것으로 알려진 『진도자증(眞道自證)』에서는 "예수는 사람이면서도 천주이시므로 동정녀에게서 태어난 것 … 만일 어머니로부터 말미암지 않았다면 원조(元祖)의 혈맥이 아니니 만민의 잘못을 보속할 이유가 없다."라고 부연하면서, "위로는 천주가 베푸는 은총을 받고, 아래로는 만민의 자애로운 의뢰자가 된다."라는 결론에 이르렀다. 구세주 예수가 동정녀 어머니인 '성모'에게서 태어났는데, 성모는 보통 여인이 아니라 순수하여 티가 없으며 완전한 덕을 지녔으며, 천주가 특별히 간택하였다는 점을 강조한 것이다. 그러면서 1631년에 간행된 『성모행실』을 참고하라고 안내했는데, 이 책은 당시 조선에 입수되지 않았다.[55]

당시 조선 신자에게는 이들 선교사의 한문서학서보다는 최창현(崔昌顯)이 번역 편찬한 것으로 알려진 한글본 『성경직해광익(聖經直解廣益)』이 마리아를 본격적으로 이해하는 데 크게 도움이 되었다. 여기에서는 천주 성총, 성모 영보 등 예수 강생과 관련된 측면에서 마리아를 설명하였으므로, 초기 신자가 마리아 신심을 예수 성심 신심과의 연장선상에서 이해하는 경향을 띠는 데 영향을 끼쳤다. 아울러 성모의 동정과 겸손의 덕을 설명하면서, "우리 무리의 형인 예수와 우리 아우들의 모친"인 성모를 공경하라는 것과 함께 성모회(聖母會)를 위해 기도할 것을 당부하기도 하였다.[56]

당시 천주교 평신도의 교리연구 및 전교 조직이었던 명도회(明道會)를 이끌었던 정약종(丁若鍾)은 『쥬교요지』에서 순전(純全)·무염(無染)·선덕(善德) 등으로 성모의 속성을 설명하고, 천사 가브리엘과 마리아의 응답을 의역함으로써 누구나 쉽게 성모 영보를 이해할 수 있도록 하였다. 또한 신유박해 때 형조에 압수된 성모 신심과 관련된 기도서와 묵상서에서 성모·마리아·은모(恩母)·자모(慈母)·모후(母后)·정녀(貞女) 등 다양한 호칭이 등장하는데, 이러한 사례를 통해서 성모의 속성을 이해하고, 이를 바탕으로 성모 신심을 함양하고자 하는 초대 한국천주교회의 동향을 확인해볼 수 있다.[57]

초대 한국천주교회에서 '성모마리아의 원죄 없이 잉태되심'을 강조하였던 이유는 유가적 질서에서 강조하고 있는 모성애와 효, 그리고 여성화된 관음보살이나 성모화된 여선신앙 등과 같이 당시 일반인에게 익숙했던 개념으로 성모마리아를 설명하는 것이 전교에 유리하다고 판단했기 때문일 것으로 짐작된다. 보유론적 서학서를 읽고, 자의적으로 해석하는 데서 출발한 한국천주교회의 성격을 고려할 때 이러한 짐작은 타당성이 있다. 그런데 이러한 짐작은 당시 한국천주교회와 교인이 불교와 비슷하다는 비판에 대해 벽불(闢佛)의 태도를 가지고 있었다거나 유교의 충효 개념이 아닌 서양신학의 존재론적 충효 개념을 가지고 있었다는 교회측 설명과는 어긋난다.[58]

이러한 초점 불일치는 성모님의 동정을 본받고자 하는 동정녀의 신앙공동체가 실재했다거나 동정부부(童貞夫婦)의 삶이 드러났다는 설명에서도 확인된다. "정절을 중시한 조선 습속의 영향으로 설명하기는 어렵고, 이보다는 정녀(貞女)·동신(童身)·정결(貞潔) 등으로 상징되는 성모마리아와의 연관성 아래에서 이해해야 할 것"이라는 분석은 나름대로 설득력이 있다.[59]

"나이 찬 사람들이 결혼을 못하면, 관에서 혼례를 주선하고, 처녀총각이 죽으면 靈魂結婚式이라도 올려야 했던 조선 사회에서 천주교 신도들의 동정 생활이 큰 충격을 주었"고, "혼인이 여성의 생활대책이었고, 혼인한 여성에게 三從之道가 미덕으로 제시된 당시" "여성의 독자성을 확보하게 하는 계기로 작용"했을 수도 있기 때문이다.[60]

지금까지도 로마 가톨릭교회에서는 영혼의 세 가지 원수를 마귀, 세속, 육신이라고 가르친다. 이 점에서 한국천주교회 초대 신자가 금욕주의적 생활의 실천 방안으로 독신생활을 택하였을 수는 있다. 하지만 성모마리아 신심에서 강조된 '성모마리아의 원죄 없이 잉태되심'은 동아시아 여신신앙의 핵심인 아버지의 존재가 부정된 건국 시조의 성모, 불사약을 가지고 있어서 모든 신선의 어머니가 되는 신모와 계보를 같이 한다. 그뿐만 아니라 신모 또는 성모로서 쉽게 접근을 허락하지 않는 동굴에 거처하고 있지만, 언제나 세속에서 고통받아 울부짖는 민중의 목소리를 듣고 응답해준다는 점에서 불교의 관음이나 도교의 성모 등과 공통점을 가진다.

한국천주교회 초기 명도회를 설립한 주문모(周文謨) 신부는 명도회의 주보성인을 성모마리아로 정하고, 성모 신심을 통해 한국천주교회의 신앙이 흔들림 없이 유지되기를 바랐다. 이러한 경향은 당시 "로마 가톨릭교회의 큰딸"로 불리면서 마리아 신심이 강했던 프랑스 선교사가 한국천주교회 선교에 나서면서 더욱 강화되었다. 1837년 12월 18일에 입국한 조선교구 제2대 교구장 앵베르(Laurent-Joseph-Marius Imbert) 주교는 1838년 12월 1일 '성모마리아'를 조선교구의 주보로 선정한 뒤 이를 허락해주도록 교황청에 요청했다. 이후 교황청의 승인과 함께 한국천주교회 신자는 성모 신심을 박해시대를 견뎌내는 방법으로 여겼다.[61]

한국천주교회의 성모 신심은 지금까지 매년 5월을 성모성월(聖母聖月)로 지내고, 매괴회(玫瑰會; 묵주기도회)와 성모성심회(聖母誠心會), 그리고 레지오 마리애(Legio Mariae; 마리아의 군단) 등 성모마리아와 관련된 각종 단체의 활동이 활발한 데서도 확인된다. 이러한 신심 운동에서는 앞서 언급했듯이 불교의 관음이나 도교의 성모 등에게 빌어 효험을 본 것과 유사한 사례가 종종 보고된다.[62] 최근 레지오 마리애 선서문을 둘러싼 국제적 논란에서는 오히려 한국천주교회측의 주장이 로마 가톨릭교회의 교의신학에 입각하여 합리적인 태도를 취하고 있지만, 그동안 성모마리아와 관련된 기적에서 우리나라도 빠지지 않았다.[63]

실제로 한국천주교회에서 예수보다도 성모를 우위에 두는 것처럼 보이거나, 그러한 사실로 비판하는 것은 한국 신화에서 부성이 부재하는 대신 모자결속의 양상이 드러나고 있는 것과 무관하지 않다. "마리아를 통하여 예수님께(Per Mariam ad Jesum)"를 내용으로 하는 선서문을 둘러싼 국제적 논란도 한국천주교회의 성모 신심이 개신교측에서 비판하고 있는 지점, 곧 변용된 부분이 있다는 자각이 어느 정도는 작용한 것으로 볼 수 있다. 개신교측의 비판은 로마 가톨릭교회의 성모 신심이지만, 다른 선교지역에서보다 특히 우리나라에서 성모 신심을 두고 극단적인 대립이 이루어진 것은 한국천주교회의 성모 신심이 좀 더 변용되었기 때문이라고 할 수 있다.

Ⅴ. 보살피는 공간

산업화, 근대화와 함께 한국 여신신앙은 "퇴락하고 왜곡되어 원래의 모습을 찾아볼 수 없다"라고 할 정도에 이르렀다.[64] 그 원인으로 다양한 것을 손꼽을 수 있지만, 우리의 여신신앙이 불교와 도교, 그리고 유교 등과 교류하면서 변용되었다는 점도 고려해야 한다. 동아시아의 보편적 세계관과 마주하고 그것에 대응하면서 본래 모습이 변하였을 뿐 아니라, 존재 자체도 의심받는 상황에 이른 것이다. 그러다 보니 변용된 형태로나마 명맥을 유지하고 있는 여신격마저도 외래사상에 자극받아 새롭게 창작된 것이라는 주장이 제기되기도 한다. 여신신앙의 부재, 그에 따른 외부 전래는 자칫하면 문화 제국주의(文化帝國主義 , Cultural imperialism)로 이어질 우려가 있다.

세계 신화에서 여신격이 창조주로 등장했다가 고대국가가 형성되면서 퇴장하는 것은 가부장적 질서의 확립과 함께 보편적으로 드러나는 현상으로 알려져 있다. 그러므로 모계사회에서 유래된 일원론적인 자연신격으로서 여신이 가부장적 지배 계급에 의해 시조모신으로 격하되하거나, 그것에서 그치지 않고 고난을 당하다가 끝내 죽임을 당하는 서사무가의 주인공으로 전락하는 한국 여신신앙의 변용과 전개도 특별할 것이 없다. 하지만 현전하는 한국 여신신앙의 흔적을 따라가다 보면 세계 신화는 물론, 동아시아 신화의 보편성을 뛰어넘는 우리나라의 독자적인 부분이 있었음을 알 수 있다.

이 점에 착안하여 이 장에서는 외래사상의 여신격이 한국이라는 토양에서 어떻게 변용되었는지에 주안점을 두어 살펴보았다. 우선 관세음은 초기 대승불교에서 힌두교의 여신격을 수용하면서 여성성을 가지고 있었으나 인도 현지에서는 발현되지 않았다. 이후 경유지 중국에 도달하면서 여성성이 발현되었는데, 당송시대 민간신앙과 결합하면서 현세의 고통을 호소하는 민중의 부르짖음을 들어주는 특성(觀世音)이 부각되었다. 유입 경로에 따라 내륙형(산신)과 해양형(해신)으로 각각 민간신앙의 대상과 결합하여 변용되었다. 그런데 우리나라에서는 민간신앙의 대상과 직접 결합하는 것이 아니라, 특성을 주고받는 수준에서 변용되었다.

다음으로, 서왕모를 비롯한 중국 도교의 성모, 또는 신모신앙은 관음보살 등 외래의 신격을 여신화하는 데도 작용했을 뿐 아니라, 우리나라의 토착 여신신앙의 변용에도 영향을 끼쳤다. 도교의 성모신앙은 고대의 여신격이 가부장적 질서의 구축에 따라 퇴장했다가 양한시대 이후 신선을 비롯한 뭇생명을 창조하는 여선(女仙)으로 재등장하는 과정을 거친다. 죽음을 관장하는 여신에서 생명을 주는 서왕모로의 변화가 그 대표적인 사례이다.

대모신에서 지모신으로, 다시 농경신, 곡신으로 전락하다가 도교의 여선으로 재등장하는 여신격의 변화과정이 우리나라에서는 시조모가 여산신(女山神) 또는 여해신(女海神)으로 좌정하는 방식으로 바뀐다는 점이 특징적이다.

이러한 불교 관음신앙과 도교 성모신앙의 변용을 근현대 서양종교에서도 찾을 수 있다는 점에서 마리아 신심을 살펴보았다. 로마 가톨릭교회의 마리아 신심은 예수가 신성과 인성을 모두 갖추고 있다는 교의의 핵심을 담은 '천주의 성모'에 기반을 둔다. 유일신 하나님을 신앙의 대상으로 해야 한다고 주장하는 개신교 측에서는 '천주의 성모'에 대한 일체의 공경이 사실상 신앙과 다를 바가 없다는 점에서 파상적이고 공격적인 비판을 아끼지 않는다. 그런데 로마 가톨릭교회의 '마리아 신심'을 기반으로 하면서도, 한국천주교회의 성모 신심은 박해시대를 거치면서 관음신앙과 성모신앙에 좀 더 친연성이 있게끔 변용된 부분이 발견된다.

이들 각각의 여신신앙은 우리나라의 토양에서 자생적으로 발생한 여신신앙과 만나면서 '자기희생을 정체성으로 한 모성(母性)'이 강화되는 특징점을 가진다. 중국적 토양에서 여성성을 발현한 관음신앙이 우리나라에서는 지혜를 추구하는 수행자에게는 지혜를, 현실의 고통을 호소하는 일반인에게는 위로를 주는 형태로 변용된 것은 그러한 요구에 공감하는 모성으로 한 단계 진보하였음을 뜻한다. 서왕모를 비롯한 성모신앙도 마찬가지다. 우리나라 국조신화에서 성모는 하늘과 배필이 되어 신인(神人)인 영웅을 잉태하고 양육하는 과정에서 고난을 겪지만, 어머니신으로 아들이 다스리는 신민이 살아가는 터전이 된다.

이러한 전통은 마리아 신심에도 그대로 이어진다. 한국천주교회의 성립 초기에 고난을 겪었던 교회공동체는 신앙과 예배의 직접적인 대상인 예수나 하느님보다는 관음과 성모를 통해 어머니로 익숙한 '마리아'에게 집중했다. 마리아는 하느님의 어머니이자 우리의 어머니로, 죄 많은 우리의 울부짖음을 하느님에게 대신 전하는 유일한 존재다. 고난을 겪으면 겪을수록, 우리의 '죄 많음'이 자각되면 될수록 우리는 천상이 아니라 바로 우리 자신인 현세의 교회를 상주처로 하는 마리아를 찾고 의지하게 된다. 따라서 우리 여신신앙은 동아시아 해양문화의 보편적 전개 양상과 특성을 가지고 있으면서도 변용 전개 과정에서 '자기희생을 정체성으로 하는 어머니'라는 독자적인 특성을 구축한 것으로 볼 수 있다.

제9장
문화적 재현 가로지르기

Ⅰ. 발굴되는 미래

데카르트(René Descartes)는 '모든 의심스러운 것을 허물고 단단한 형이상학의 토대를 구축하는' 과학적 증명방법을 통해 근대를 열어젖혔다. 그런데도 근대 이후 인문학은 언제나 "위기의 학문"으로 인식되었다. 인문학은 여전히 계량화 될 수 없을뿐더러 부가가치를 창출해내는 것 따위에는 관심도 가지지 않은 채로 기껏해야 대중화된 교육을 통해 시민계급이라면 누구나가 알고 있는 "오래된 가치"를 되풀이하는 데 그치고 있기 때문이라는 것이 그 근거다. 이 "오래된 가치"가 오늘날 환경문제가 대두되면서 서구식 탈근대에 대한 비판과 더불어 종종 재조명되기도 한다. 하지만 그럴 때조차도 '산발적이고 부분적인 인용'의 처지를 벗어나지는 못한다. 문제는 상황이 이런데도 우리는 여전히 오늘날을 인문학 부흥의 시대로 정의하면서, 희망을 버리지 않고 있다는 것이다.

인문학이 위기 속에서 오히려 부흥의 시대를 맞이했다는 것은 반전 드라마를 보는 듯한 착각을 불러일으킨다. 인문학 부흥의 시대는 '문화가 산업이 되는' 문화의 시대를 맞이하면서 정점에 놓이게 되었기 때문이다. '문화의 시대'를 맞이한 인문학의 정체성은 "인간과 인간을 둘러싼 세계의 근원을 해명(explanation)하고, 그 세계 속에서 인간이 삶을 영위하면서 그려내는 다양한 양상을 해석(interpretation)하며, 그러한 삶의 궤적 속에서 벌어지는 문제를 해결(resolution)함"으로 설명되기도 한다. 인문학은 그것의 대상이면서 '인문학함'의 주체인 인간이 스스로 재현하는 과정 또는 결과이기 때문이다. 이러한 이해에 따르면, 우리 시대 인문학의 과제는 '인간 스스로의 재현(再現, representation)', 또는 '인간의 자기재현으로서 인문학의 재현'이 된다.

재현의 어원은 'repraesntatio', 곧 '다시(re) 눈앞에 나타나게 하는 것(praesentatio, 現前)'이다. '눈앞에 존재하지 않거나 스스로를 표현하지 못하는 실물을 표현하는 행위'나 '그러한 것을 대리하는 행위'를 가리킨다. 서양 고대철학에서는 인간의 행위가 '가시적(可視的)이며 현실적으로 존재한다고 믿는 어떤 것'을 재현하는 것이라고 보았다. 오늘날 이 용어는 주로 세계의 일체가 인간 의식의 표상이라고 할 때의 '표상(表象)', 정치학에서는 소수시민이 정치적 집단 전체의 의사를 대표한다고 할 때의 '대표(代表)', 예술에서는 일반적으로 받은 인상을 남김없이 재현한다고 할 때의 '재현' 등과 같은 다양한 용례를 가진다.[1]

1980년대 이후로 학계에서는 공적 기억(official memory)인 역사와 문화적 기억(cultural memory)을 포함한 다양한 기억 사이의 갈등 관계를 해결하기 위해 '기억연구(memory studies)'에 열중해왔다. 스터컨(Marita Sturken)처럼 기억과 역사 사이의 역동적 관계에 주목해야 한다는 주장이 폭넓은 호응을 받고 있기 때문이다. 스터컨은 '대중기억(popular memory)' 또는 '비공식 기억(unofficial memory)'을 공식역사에 저항하는 정치적 힘으로 낭만화하는 경향을 비판한다. 그는 다양한 기억 사이의 헤게모니적 갈등과 경합에 초점을 맞추는 '문화적 기억'에 주목하는데, 문화적 기억은 "다양한 이야기들이 역사의 한 자리를 차지하기 위해 경합을 벌이는 문화적 협상의 장"이다.[2]

스터컨은 '재현'을 수동적으로 기억을 운반하는 단순한 수단이 아니라,

기억을 공유하고 생산하며 의미를 부여하는 적극적인 '기억기술(technology of memory)'로 규정한다. 여기에는 오늘날 생산되고 있는 다양한 재현의 방식, 또는 매체가 동원된다. 그 가운데서도 '영화'는 다양한 기억이 '재현'을 통해 경합하고 갈등하는 헤게모니적인 '장(場, site)'으로서 과거가 현재와 관계 맺으며 현재의 맥락에서 특정한 목적을 위해 특정한 방식으로 호출되고 구성되는 공간으로 평가된다. 대부분의 상업영화는 진정성 없이 부적절한 방식으로 과거를 재현해낼 뿐 아니라, 그렇게 재현해낸 과거를 박제된 값싼 상품으로 만든다는 비판에서 자유롭지 못하다. 하지만 과거를 재현하는 문화적 형식 가운데 하나인 '영화'는 우리로 하여금 단순히 기억해낸 '과거'에 머물지 않고, '과거-현재 관계(the past-present relation)'에 대해 관심을 가지도록 할 뿐 아니라, 미래의 어떤 방향으로 그 관심을 실천하게끔 한다.[3]

한편, 과거를 현재로 불러 세우는 모든 과정에는 이른바 "역사 연구의 이중성"이 개입된다. 과거에 일어난 어떤 일을 여기에 불러 세우는 데는 "'현재로의' 번역과정"이 필요할 뿐 아니라, 과거에 일어난 어떤 일들을 객관적으로 섭렵하려면 당시의 시점이 아닌 "(현재의) 당파성"이 요구되기 때문이다. 이러한 상황을 두고 코젤렉(Reinhart Koselleck)은 "(과거와 현재라는) 두 가지 다른 '언어'를 말해야 하는 … 이중적 현실(dual reality)"이지만, 그것을 과대평가할 필요는 없다고 말한 바 있다. 이 주장에 대해서는 많은 비판이 제기되었지만, 역사라고 하는 것이 "거기 이미 있었고 다만 새로운 외양으로 돌아온 것"을 탐구해야 함을 강조한 것이라고 옹호하기도 한다. 이런 입장에 대해 역사가는 역사의 연속성과 비동시성이나 비동시적인 것의 동시성에 따른 시대구분의 불가능 문제 등을 염려하겠지만, 문화적 형식에서는 '재현이 지나간 미래의 발굴 형식'이라는 의미로 작용할 수 있다.[4]

오늘날 제주는 '근대-해항-도시'라는 세 가지 주제어 모두에서 양가성

(兩價性, ambivalence)을 노출하고 있다. 관광지 제주가 소비되는 것은 근대성보다는 전근대성, 또는 '탈근대(postmodern)의 이후(post)'이기 때문인데, 이것은 '지금'이라는 현재에 과거와 미래가 동시적으로 존재한다는 것을 뜻한다. 한편, 포화상태에 놓인 대륙 중심의 사고에서 해양으로 눈을 돌린 오늘날 제주가 사면이 바다로 겹겹이 둘러싸인 외로운 섬이 아니라, 섬 어디에서도 대양으로 나갈 수 있는 항구 또는 선박으로 주목되고 있을 뿐 아니라 그렇게 재구축되고 있다는 점도 눈여겨 볼만하다. 마찬가지로 지금 제주는 뒤늦게 근대화의 한 양상인 도시화를 경험하고 있지만, 도시의 외곽에 존재하는 휴양의 공간으로 활용되고 있다. 이 장에서는 이러한 문제의식을 바탕으로 하여, 1999년부터 2013년까지 영화라는 문화적 형식으로 재현된 제주의 과거와 현재를 분석함으로써 '2010년대 근대-해항-도시'라는 제주 정체성이 어떻게 경합되고 해소되고 있는지를 살펴보고자 한다.

II. 1991년의 재현

박광수 감독의 1999년작 〈이재수의 난〉은 1901년[光武 5, 辛丑]에 제주에서 일어난 이른바 신축교안(辛丑校案)[5]을 소재로 하였다. 신축교안을 문화적 형식으로 다룬 최초의 작품으로는 제주 출신 작가 현기영의 1983년 작 『변방에 우짖는 새』를 손꼽을 수 있다. 교안이 발생한 지 80년이 지나서야 문학으로 조명된 이 소설은 당시 제주에 귀양 와 있던 김윤식(金允植)의 일기인 『속음청사(續陰晴史)』를 기본으로 각종 자료와 구술을 참고하여 집필된 것으로 알려져 있다. 이 소설에서는 신축교안이 일어나기 3년 전에 발생한 방성칠(房星七)의 난을 같이 다루었는데, 영화 〈이재수의 난〉에서는 후반부에 해당하는 신축교안을 소재로 하였다.[6]

〈이재수의 난〉은 개봉 당시 한국영화사상 최고의 제작비(35억원), 초호

화캐스팅, 첫 한불 합작영화, 프랑스 국립영화센터 지원 등의 화제로 국제적인 이목을 끌었다. 스위스에서 열린 제52회 로카르노 영화제 본선 경쟁 부문에 진출, 청년심사위원상 부문 2등상을 수상하기도 했다.[7] 국내에서는 1999년 "7월 19일 개봉 3주 만에 간판을 내렸"는데, 그 이유가 '많은 평에서 그렇듯이 영화는 줄거리를 알고 가지 않는 이상 이해하기 힘들었고, 그래서 이재수의 난(亂)이 아니라 난(難)'이었다는 분석이 나오기도 했다.[8] 한편으로는 '상당히 복잡하게 얽혀 있는 전체 원인 대신 제주민 대 교회라는 단순 대립구도를 설정'했기 때문에 "교·민 양측의 불행에 대한 감독의 균형 있는 처리"와 그에 따른 축약에도 불구하고 "제목과 달리 영화는 양쪽 눈치 보기에 너무 급급했던" 터라, 정작 "이 영화의 불어제목은 '폭도'"였다는 점이 부각된다는 분석[9]도 나왔다.

이와는 달리 "역사의 사건을 중심으로 제작된 만큼 대중적인 만남에서는 행복하지 못했"던 이유가 "오락적 요소를 두루 겸비하기에 역사물이라는 한계"가 있을 뿐 아니라, "원작소설의 많은 부분을 삭제하고 만들어진 영화"로서 영화라는 문화적 형식에 맞추는 과정에서 이유 있는 삭제와 해석이 덧붙여질 수밖에 없었다고 옹호하는 쪽도 있었다.[10] 같은 맥락에서 흥행에 실패한 원인으로 손꼽히는 '작품의 모호함'이 "감독이 애당초 어느 특정의 관점이 아니라 다양한 입장과 주장을 한데 아우르려는 의도에서 비롯"[11] 된 것이라는 분석도 있었다. 이 분석에 따르면, 박광수 감독은 백 년이 지난 사건을 다루면서 "한국 사회의 본질적 모순을 대중적 매체로 통하여 표현"[12]한다는 자신만의 스타일, 곧 '거리두기'를 고수한 것이다.

박광수 감독이 '거리두기'를 고수한 까닭은 〈이재수의 난〉이 다루고 있는 신축교안이 앞서 지적한 대로 '상당히 복잡하게 얽혀 있는 전체 원인'을 가지고 있는데, 그 일부가 1999년 당시에도 지속적으로 작동되고 있다고 판단했기 때문이다. 그는 전작에서도 그랬듯이 "1901년에 발생했던 그 사건이 한갓 과거지사로 머물러 있는 것이 아니라 현재를 살고 있는 우리에

계도 여전히 해결해야 할 화두(話頭)로 주어져"[13] 있다는 점에 주안점을 두었다. 실제로 신축교안 당시 "한국의 상황은 서구제국 대 비서구식민지라는 단순한 구도가 아닌, 서구제국 및 비서구제국 대 비서구식민지라는 복잡한 구도 가운데 놓였고 … 당시 제주는 지역주의 – 혹은 비유적 표현으로 국내적 제국주의- 라고 할 수 있는 본토 대 제주라는 또 다른 구도를 가지고 … 제국주의라는 거시적 맥락과 지역주의라는 미시적 맥락이 동시에 작용"[14]했다.

교안은 '서구제국 대 비서구식민지'라는 구도에서 출발했지만, 상당히 복잡한 배경을 가지고 있다. 중국에 처음 들어온 그리스도교는 '유학을 보충하는 서양학문', 곧 보유론적(補儒論的) 서학(西學)이라는 문화 적응주의적 외피를 둘러쓰고 있었다. 그러나 "당시 서양과학 기술을 소개하는 한편, 유교와 도교, 불교를 분리시켜 한 쪽을 끌어당기고 다른 한쪽을 밀어내는 책략을 사용했다."[15] 문화 적응주의는 '선교'라는 궁극적인 목표를 달성하기 위한 '수단'이었기 때문이다. 이들에 의해 그리스도교 교세가 확장되자 반(反) 그리스도교 운동인 구교운동(仇敎運動), 곧 교안이 일어났다. 대표적인 구교운동은 명 신종 만력 44년(1616)에 예부시랑(禮部侍郎) 심최(沈漼)의 상소를 발단으로 1616년과 1622년 두 차례에 걸쳐 일어난 남경교안(南京敎案)이다.[16] 남경교안은 개혁파와 환관파(宦官派)로 분열된 중국 정치상황과 '선교보호권[Padroado; patronage]'을 두고 적응주의와 이식주의로 분열된 그리스도교 내부 상황이 복잡하게 얽혀 발생했다.[17]

이러한 일련의 사태 후에 청 왕조는 그리스도교의 선교를 금지했다. 그런데 청나라와 영국 사이의 무역 붐을 타고 다시 청나라에 그리스도교가 들어온 뒤인 1860년 선교사들은 국가권력을 앞세워 청나라로부터 포교권을 획득하는 데 성공했다. 당시는 '태평천국의 난'이 청나라 내부의 해체를 가속화하던 때로 청나라 빈민층들은 절충주의적 선교방침에 따른 선교사들의 다양한 사회활동, 곧 사회복지시설, 학교, 병원의 운영에 적극적으로 호응했다.[18] 이런 상황에 대해 청 왕조와 지역사회 엘리트는 공적 영역 (Public Sphere)에서 선교사가 의료와 복지를 내세워 자신들과 경쟁 토대를 확보하게 되었다고 인식했다. 이런 인식이 교안으로 이어졌다. 그런데 서구 열강이 교안을 오히려 침략의 기회로 활용했기 때문에, 중국인은 외국 침략자의 구체적인 표상으로 교회와 선교사를 증오하였다. 결국 1890 년대에 이르러서는 신규 개항에 의해 열강의 정치적, 경제적 침략이 격화한 지역을 중심으로 교안이 집중적으로 발생하게 되었다.[19]

조선에서도 중국과 비슷한 과정을 거쳐 교안이 발생했다. 18세기 후반 한문서학서의 유입에 따라 양반 지식인 소장파에 의해 자발적으로 수용된 천주교는 가성직제도(假聖職制度)와 진산사건(珍山事件)이라는 유례없는 파장을 일으켰다. 진산사건 이후 조선 천주교회는 양반 지식인층의 대거 이탈과 상민과 노비계층을 주축으로 한 교세 확산, 그에 따른 네 번의 대규모 박해를 경험하게 되었다. 중국인 신부 주문모(周文謨)의 입국[1794]에 따른 신유박해(辛酉迫害, 1801) 이후 세 번에 걸친 박해는 안동 김씨의 실각[己亥 迫害, 1839], 프랑스함대의 무력시위[丙午迫害, 1846], 대원군의 쇄국정책 [丙寅迫害, 1866] 등 조선정부 내의 권력 지각 변동이 주요한 원인으로 손꼽힌다. 그 내부에는 한문서학서에 따른 가성직제도의 감행, 북경주교의 지시에 따른 전례논쟁의 조선 유입과 '폐제분주(廢祭焚主)'의 실행 등과 같은 그리스도교 중국선교 1세대가 겪었던 모든 문제가 압축되어 있었다.

한 세대가 지난 1876년 강화도조약[朝日修好條規]이 체결되어 원산과 인천이 개항되고, 1886년 조불수호통상조약(朝佛修好通商條約)이 체결되자 조선 천주교회는 선교 자유의 시대를 맞이하게 되었다. 하지만 지방관리는 물론 민중 사이에서도 '서교(西敎)' 배척의 움직임이 빈발했다. 조선 지식인층에서는 이미 황사영백서사건(黃嗣永帛書事件, 1801) 이후부터 천주교가 서양 침략세력의 앞잡이로 인식되어 있었다. 그리고 조선 천주교회가 박해시대를 견뎌내기 위해서 내세신앙을 강조하면서 상대적으로 현세질서에 대한 개혁의식이 약화되자, 민중 사이에서도 천주교에 대한 부정적인 인식이 확산되었다. 최제우(崔濟愚)가 '동학(東學)과 서학(西學)은 도(道)와 운(運)이 같지만 리(理)는 다르다'라고 하였음에도 불구하고 천주교를 서양 세력으로 인식하고 적대한 것은 서학에 대한 부정적인 인식 때문이었다. 초기에는 동학도가 가지고 있던 이러한 경향이 교안으로 이어졌다.[20]

이런 복잡한 배경과 과정을 가진 교안 가운데서도 신축교안은 교안이 집중적으로 발생한 시기에 일어났다. 표면적으로는 '교회측이 향촌사회를 압도한 탓에 발생한 유형'의 대표적인 사례에 해당한다. 그런데 신축교안은 서구 제국주의와 비서구 식민지(중국)의 논리가 관심의 대상 밖이었던 비서구 식민지의 변방인 조선, 그리고 그 조선의 변방 섬인 제주로 옮겨오게 된 이유를 고려할 때 비로소 그 의미를 포착해낼 수 있다. 곧, "중국 및 일본 등 기존의 사대선린 관계를 유지해오던 동아시아 국가는 물론이고, 미국, 영국, 프랑스, 러시아 등 서구제국들이" "한국을 대상으로 한 제국주의 각축전"에 나섰다는 데 있다는 점이 고려되어야 한다.[21] 궁내부(宮內府) 내장원(內藏院) 소속의 봉세관 강봉헌(姜鳳憲)이 같은 외래세력으로서 토착세력과 마찰을 빚고 있던 천주교도 및 유배인과 제휴하여 탐학을 저질렀다는 것은 신축교안의 표면적이고 직접적인 원인이기는 해도 근본적인 원인은 아니기 때문이다.[22]

이렇게 신축교안의 근본적인 원인은 프랑스와 일본 등 제국주의의 이해가 제주라는 섬 공간에서 충돌했다는 데서 찾을 수 있다. 프랑스는 프랑스혁명 이후 종교에 대하여 이중적 자세를 가졌다. 국내에서는 세속국가의 정체성을 확립하기 위해 종교를 경시했지만, 해외에서는 국력 확장을 위한 방법으로 선교의 확대를 꾀하였다. 이런 상황 때문에 프랑스 선교사는 조선정부로부터 받은 치외법권을 바탕으로 교회 밖의 지역사회에 대해 배타적이고 호전적인 태도를 숨기지 않았다. 그러다보니 당시 제주 도민은 봉세관과 교회 등에 의해 벌어지는 이중착취를 벗어날 방안을 모색할 수밖에 없었다. 그래서 신축교안의 종식을 알린 '교민화의약정(敎民和議約定)'에도 나와 있듯이 당시 제주사회는 평민(平民)과 교민(敎民)으로 자연스럽게 분리되는 현상이 육지의 다른 지역에 비해 좀 더 분명하게 나타났다. 이런 상황에서 신축교안의 직접적인 당사자로서 프랑스 정부는 사후 처리 과정에서 자국의 이익을 중심으로 대처하면서도, 조선 정부에 의해 진행되는 재판에는 방관자적 자세로 참여하는 이중적 태도를 보였다.[23]

한편, 조일조약 이후 다양한 협정을 통해 일본 정부가 한국해역으로 공식 진출하게 되자 오히려 일본 어민은 그동안 관심을 가져왔던 제주 진출이 주변화될 것을 우려하게 되었다. 그동안 제주 도민은 해녀가 조업을 한다는 문화적 이유를 들어 일본 어민의 제주해역 조업을 적극적으로 반대했다. 그래서 일본 어민은 조선 본토와 제주의 갈등을 부각시키면서 제주 도민과 일본의 역사적 관련성을 강조하는가 하면, 일본인에 대한 제주 도민의 기대와 호의, 식민지로서 제주의 중요성과 가치를 강조하면서 일본의 지배권을 확보하는 조치를 촉구하였다. 신축교안 당시 일본 어민이 무기를 공급했고, 일본 정부가 프랑스 선교사의 영향력을 약화시킬 목적으로 제주에 파견할 승려를 모집하기도 하는 등 국가 수도의 정책을 기획한 것은 이런 이유 때문이다.[24]

역설적이지만 〈이재수의 난〉은 신축교안의 이러한 원인을 자세히 '재현'하지 않았다. 박광수 감독은 전작을 통해서 현재 이야기에 과거를 끼워 넣는 방식으로 시간을 운용하는 것으로 유명했다. 그런데 정작 〈이재수의 난〉에서는 단 한 번의 과거회상도 없이 시간순서에 맞춰 진행했다. 그 이유는 이 영화 자체가 "외세로 벽이 무너지면서 피폐해지고 갈팡질팡하는 한 변방 민중들, 그들을 냉전이 끝나 동북아 균형이 깨진 지금의 우리와 연결"하는 '재현'이기 때문이다. 그래서 회상 장면은 없지만, "서사 전략에 있어 전작들과 마찬가지의 다중구조를 지향하고 있는데 이 관찰자적인 양식은 … 영화 곳곳에서 역사 현장을 맴도는 까마귀와 개화한 지식인 채군수의 눈으로 우리는 100년 전 그 사실(史實)을 다층적으로 보게" 된다는 분석은 설득력이 있다.[25] 이 점은 박광수 감독의 인터뷰에서도 확인된다.

1983년『변방에 우짖는 새』가 출간된 직후, 소설을 읽고 영화를 구상했다는 감독은 인터뷰 기사에서 "영화를 찍으려는 감독이 제주도에 와서 이곳저곳을 찾아다니고, 그곳의 사람을 만난다. 한편으로는 그가 그리고 있는 영화가 펼쳐지고, 영화 안 영화에서 본인은 채군수로 등장하고, 연출부 중의 한 명이 이재수로 등장한다. 그리고 제주도 현지에서 만난 여자가 숙희와 같은 역을 맡고, 그렇게 현실과 이재수의 난이 반 정도씩 섞여 나가는 건데, 6개월 정도 작업을 진행시키다가 너무 어렵다는 생각이 들었다. 이 사건 자체도 낯선 것인데 … 그래서 지워버리고 처음부터 다시 시작했다."[26]라고 묘사된다. 인터뷰에서 그가 '변방에 우짖는 새'라는 제목을 자세히 들여다보면 알겠지만, 제목 자체가 선뜻 다가오지는 않아서 시나리오를 쓰기 전부터 그냥 '亂'이라고 할까 하는 생각을 했다는 것도 같은 맥락에서 이해할 수 있다.

〈이재수의 난〉이 많은 한계를 드러냈음에도 불구하고 "변방에서 발생했던 20세기 초 근대화 과정의 비극"[27]으로 신축교안을 다루지는 않았다고 평가되는 이유도 여기에 있다. 감독은 제주 사람 이재수는 물론, 조선의 변경 제주에도 특별한 의미를 부여하지 않았다. 그에게 제주와 제주 사람, 그리고 신축교안은 '낯설다'. 하지만 그래서 백 년이 지난 현실에서 관객들이 공감할 수 있는 문제의식을 던질 수 있었다. "말도 많고 탈도 많던 〈이재수의 난〉"은 "영웅적인 개인의 드라마를 과감히 생략함으로써 빚었던 오해"에도 불구하고 그것은 "단순한 직선사관을 갖고 접근하기에는 너무 복잡한 요인과 입장이 있었던 민란 자체를 다층적으로 보기 위해 서사전략과 이미지들을 선택"했기 때문이다.[28] 그래서 감독은 이렇게 말한다.

"제주도의 검은 땅, 한국하면 떠오르는 어떤 색감과 전혀 다른 색깔을 지속적으로 생각해왔다. … 민란이란 힘이 없는 사람들이 자기 목소리를 내는 것이다. 그런데 가령 동학란 같은 경우 그 목소리가 시간이 지난 뒤에라도 어느 정도 받아들여졌다면, 이런 식의 민란들은 그저 소리없이 묻혀진 것들이다. … 그런데 과연 그 검은 땅에 황색 옷을 입고 다니는 사람들이 한국 사람이냐는 질문을 했다. 어떻게 보면 이것은 한국일 수도 있고, 아닐 수도 있고, 우리가 모르는 어떤 섬이 될 수도 있지 않을까. 시간이나 공간을 넘어선 사람들이 살고 있는 섬이 있다고 하자라는 전제에서 시작해자는 것."[29]

〈이재수의 난〉은 1901년의 제주와 신축교안을 그대로 재현하지 않았을뿐더러, 그것에 세심한 주의를 기울이지 않았다. 감독의 말에서도 확인되듯이 그는 제주와 제주 사람을 시간이나 공간을 넘어선 존재, 곧 '그때는 물론 지금도 없는 곳과 사람'으로 재현해냈다. 그렇게 재현해낼 때 〈이재수의 난〉은 1901년과 제주라는 시간과 공간을 넘어설 뿐 아니라, 오늘을 반영하는 거울 단계를 넘어설 수 있기 때문이다. 이렇게 본다면 그가 '제주도의 검은 땅을 한국의 여느 지역과는 다른 곳으로 인식하려고 했고, 재현해내려고 했다'거나, '변방의 우짖는 새라는 말을 선뜻 이해할 수 없었다'고 한 것은 제주를 분리주의적 시각에서 보려고 한 근거라기보다는 오히려 특정 시간과 공간적 제약을 넘어선 보편성을 부여하려고 한 근거로 볼 수 있다. 이 점은 개항 도시로 조성된 일 없는 제주가 해항 도시로서의 보편성을 뒤늦게 확보하는 데서 나아가 그 대표적인 표상으로 재구축되는 데서도 확인된다.

Ⅲ. 1948년의 재현

오멸[본명 오경헌] 감독의 2013년작 〈지슬─끝나지 않은 세월 2〉는 '1947년 3월 1일을 기점으로 하여 1948년 4월 3일에 발생했고, 1954년 9

월 21일에 끝난' 제주4·3을 소재로 하였다.[30] 제목에서 짐작되듯이 2005년 4월에 이미 제주4·3을 다룬 첫 디지털장편극영화 〈끝나지 않은 세월〉이 개봉된 일이 있다. 같은 해 12월 유명(幽明)을 달리한 김경률 감독의 작품이다. 〈끝나지 않은 세월〉에서는 『제주4·3사건 진상보고서』가 확정된 2003년 TV뉴스를 통해 관련 소식을 접하는 두 노인의 서로 다른 과거 회상으로 이야기를 풀어나갔다. 제주4·3을 다룬 최초의 영화였던 이 작품은 제31회 서울독립영화제 특별초정부문 상영작(2005), 대구평화영화제 개막작(2005), 제4회 제주영화제 트멍상 수상작(2005)의 영예를 차지했지만, 상업성을 지향하지 않은 장편독립영화의 한계를 절감할 수밖에 없었다. 제작 방식에 대한 이견으로 제작 초기에 빠져나왔던 오멸 감독은 2013년작 〈지슬〉의 부제를 '끝나지 않은 세월 2'로 붙여 '끝나지 않은 세월의 정신을 잇는다'는 의미를 부여했다.[31]

〈지슬−끝나지 않은 세월 2〉는 2013년 제29회 선댄스 영화제(Sundance Film Festival)에서 월드드라마(World Cinema – Dramatic) 부문 심사위원대상(Grand Jury Prize)을 수상하였고, 2013년 4월 30일 기준 13만 관객을 돌파하는 등 〈끝나지 않은 세월〉에 비해 상당한 호응을 받았다. 〈지슬−끝나지 않은 세월 2〉이 개봉된 후 제작에 들어갔던 거창양민학살을 배경으로 한 영화 〈청야−끝나지 않은 이야기〉(2013)가 전국적으로 4천 4백38명의 관객을 동원하는 데 그쳤고, 충북 영동근 횡간면 노근리에서 발생한 미군의 양민학살 사건을 다룬 2010년작 〈작은 연못〉의 관객동원수가 4만 7천 160명이었던 것을 고려한다면 상당한 성공을 거둔 것이다. 이렇게 본다면 우리의 아픈 현대사를 담고 있다는 것만으로 영화제 수상과 관객 동원이라는 두 마리 토끼를 잡은 것이 아니다.[32]

〈지슬−끝나지 않은 세월 2〉와 관련된 부정적인 분석이나 평가를 찾아보기 어려운 것도 인상적이다. 관객과의 대화에서 나왔다는 "너무나 먹먹해서 영화가 빨리 끝났으면 좋겠다고 생각할 정도"[33]라는 반응은 물론이지만, "〈지슬〉이 2013년 한국 사회에 존재하는 방식은 더 강렬하고 깊은 징후를 남기며, 더 요란스럽고 떠들썩해야 할 것 같은데, 그냥 괜찮은 독립영화 한 편에 대한 그렇고 그런 수사에 그치고 있다는 느낌"[34]이라는 평가는 영화에 대한 최대의 찬사이지, 부정적인 반응이 아니다. 굳이 부정적인 평가를 찾아낸다면 "'지슬'의 성과가 중요한 또 다른 이유는 독립영화의 흥행에 극장의 역할이 얼마나 중요한지 다시 한번 알려주는 계기가 됐기 때문이다. … 대기업 멀티플렉스가 독립영화를 지원해줄 경우 어떤 성과를 낼 수 있는지를 보여줬다."[35] 정도이다.

오멸 감독의 성공과 관련된 대부분의 분석은 "오멸의 영화 세계가 현재의 한국영화(특히 독립영화) 속에서 갖는 의미 중의 하나는, 그것이 진정한 의미에서의 '지역 영화(local cinema)'라는 점일 것"[36]이라는 데 일치한다. 그리고 "영화적 결함"이라고 말할 수 있는 것을 넘어설 수 있도록 한 힘은 "43년의 인생을 제주도에서 살아오면서 제주 예술 활동의 명맥을 유지해 온 그의 삶과 경험, 스스로의 학습의 결과가 영화를 통해서 지금 발현"되었기 때문이라는 관점을 공유한다.[37] 이 관점에 따르면 앞서 비교되었던 지역과 제주, 그리고 사건의 차이점이 〈지슬—끝나지 않은 세월 2〉의 성공요인이라고 할 수 있다. 여기에 하나를 덧붙이자면, 김석범의 〈까마귀의 죽음〉(1967), 〈화산도〉(1976), 현기영의 소설 〈순이 삼촌〉(1978) 등의 문학작품, 송지나 각본·김종학 연출의 〈여명의 눈동자〉(1991), 조성봉 감독의 〈레드 헌트〉(1997), 〈레드 헌트 2〉(1999) 등의 영상작품을 비롯한 이른바 제주4·3과 관련한 기억투쟁이 두터운 자양분이 되었기 때문이다.[38]

기억 투쟁이라는 면에서 제주4·3은 1945년 9월 21일에 끝난 것도, 『제주4·3사건 진상보고서』가 채택된 2003년 10월 15일은 물론, "제주4·3사건"에 대해 대통령이 공식사과발표문을 공표한 2003년 10월 31일에 끝난 것도 아니다. 제주4·3은 일단락되었을 뿐 아직 완료되지 않았다. 대통령은 "해방 직후 정부 수립과정에서 발생했던 이 불행한 사건"으로 인식하면서

"과거 국가권력의 잘못에 대해 유족과 제주도민 여러분에게 진심으로 사과와 위로의 말씀을" 드린다고 하였지만, 국무총리가 위원장인『제주4·3사건 진상보고서』에서는 4·3의 성격이나 역사적 평가를 유예하였기 때문이다.

> 이 진상조사보고서는 '제주4·3특별법'의 목적에 따라 사건의 진상규명과 희생자·유족들의 명예회복에 중점을 두어 작성되었으며, 4·3사건 전체에 대한 성격이나 역사적 평가를 내리지 않았습니다. 이는 후세 사가들의 몫이라고 생각합니다.[39]

제주4·3의 성격 규정과 역사적 평가가 유예될 수밖에 없는 이유 가운데 하나는 기억 주체의 다양성 때문이다. 제주4·3 당시로 제한해도 그 배경과 기점, 전개 과정에 등장하는 기억 주체는 상당히 복잡하다. 여기에 종결 이후 진상규명을 요구하는 쪽과 이미 사건이 완결되었다고 공표한 쪽, 2000년에서 2003년까지의 진상 과정을 주도하고 참여한 쪽, 그리고『진상조사보고서』를 바탕으로 새롭게 "제주4·3사건"의 기억을 가지게 된 쪽까지를 포함하면 제주4·3의 성격과 역사적 평가는 요원할 수밖에 없다. 고려에 복속된 이래 출륙금지령을 거쳐 일제강점기를 겪었던 제주역사를 고려하면 제주4·3의 기억주체는 이중, 삼중의 트라우마 상황에 놓일 수밖에 없으므로, 기억의 보편성을 확보하는 것은 거의 불가능하다고 할 수 있다.

제주4·3의 기억을 좇으려면 제2차 세계대전 종전(終戰) 이전으로 거슬러 올라가야 한다.[40] 이 시기 제주라는 공간에는 일본과 미군, 그리고 제주도민과 도외체류 제주인이라는 기억 주체가 혼재되어 있었다. 지정학적 특성상 종전 직전 제주는 일본과 미군 양 쪽에서 본토사수를 위한 '최후 보루'와 일본으로 진격하기 위해서 반드시 '점령해야 할 섬'으로 부각되었다. 일본군은 1945년 5월부터 제주 도민 22만 명 중 5만 명을 본토로 이주시키는 계획을 수립했고 중산간(中山間) 지대를 요새화하는 작업에 제주 도민을 동원했다. 이 계획은 미군의 공격으로 무산되었지만, 일본군과 미군에 의한 제주 도민의 피해가 늘었으며, 이 때문에 제주 도민에게는 일본군과 친일파는 물론, 미군도 부정적인 존재로 인식되었다.

종전 직후 6만 명의 일본군이 떠난 자리를 메운 것은 강제징용이나 그 밖의 사유로 제주를 떠났다가 귀환한 6만 명의 도외체류 제주인이었다. 이들은 일본 노동시장에서 경험했던 저임금과 민족적 차별의 기억을 되살려, 일본군의 퇴각으로 진공상태에 놓여 있던 고향에서 자치 및 교육활동을 주도하면서 도민사회에 기여했다. 한편, 군정 초기에는 제주가 역사적으로 분리주의 정책에 따른 독립적 성향이 강하다고 판단하여 제주의 도제(道制) 실시를 추진했지만, 그에 따른 시행착오를 겪었다. 예컨대, 당시 일본에 두고 온 재산을 반입하거나 생필품을 실어 나르기 위해 일본을 오가는 어선을 밀수로 규정하고 단속하면서, 정작 군정 당국와 경찰 편에 붙어서 잇속을 챙긴 이른바 '모리배' 사건에 적절히 대응하지 못하였다. 이런 상황에서 일제잔재교육과 파쇼교육에 반대하는 진보적 학생운동이 일어났고, 1947년에 이르러서는 대표적인 반미사회운동인 양과자반대시위와 3·1절 시위가 벌어졌다.

1947년에 일어난 일련의 시위에는 군정 초기의 좌우합작정책에도 불구하고, 일제 경찰 경력자와 철도경찰, 그리고 이북출신 위주의 응원경찰로 이루어진 제주 체류 경찰이 개입되었다. 이들은 일제강점기의 경찰 경력 때문에 건국준비위원회를 토대로 한 좌파위원회인 인민위원회의 치안대 활동에도 협조, 묵인하는 입장이었지만, 경찰력이 강화되면서 영향력을 확대했다. 특히, 3·1절 시위에 대비해 육지에서 불러들인 응원경찰 100명 때문에 발포사건이 유발되고, 제주 출신 경찰이 발포사건에 항의하는 차원에서 사임하자, 1947년 4월에는 오히려 육지 출신 경찰관 245명이 제주경찰로 흡수되었다. 미군 정보보고서에 따르면, 1947년 3월 1일 시위를 대비하여 사전에 파견된 1백 명의 응원경찰은 "1946년 가을 좌익폭도들에 의해 동료 경찰이 잔혹하게 당했던" 기억을 가지고 있었다. 연이어 유사한 기억을 가지고 월남한 '서북청년단'이 사전 입도하였기 때문에 복잡한 정체성을 가진 사람의 기억은 오히려 단순화되고 대립화되는 양상을 띠었다.

이후 일련의 전개 과정은 결과적으로 육지 사람의 입도(入島)와 종전 직후 귀환한 제주 도민의 도일(渡日)을 부추기고, 도민과 타지 출신 경찰 또는 우익단체의 충돌이 확산되기에 이르렀다. 제주라는 하나의 시공간에 있으면서도 이들의 기억은 "서청단원들에게 '제주도는 악몽의 섬'이었고, 제주도민의 입장에서는 '서청의 악몽의 그림자'였다."[41]는 말에서 확인되듯이 첨예하게 대립되었다. 첨예하게 대립되는 기억 속에서 쌍방의 폭력은 악순환되었는데, 급기야 1948년 3월 경찰에 연행되었던 청년 3명이 경찰의 고문으로 잇따라 숨지는 사건이 발생하자, 남로당의 5·10선거 저지투쟁 계획에 제주도당이 동참하는 방안으로서 무장투쟁이 기획되기에 이르렀다.

1948년 4월 3일 이후로 기억의 주체는 더 잘게 나누어져 복잡화된다. 평화적 해결을 내세우면서도 강경진압을 준비하고 있었던 미군정, 그리고 3·1발포사건과 그 이후 발생한 일련의 사건에 대한 책임을 회피하려고 하는 경찰과 그에 동조하는 입도(入島) 세력의 상황 판단이 각각 미숙했기 때문이다. 이들은 이른바 토벌대로서, 각자의 입장에 따라 사실과 그것에 대한 기억이 교차, 왜곡되어 재구성되는 양상을 보인다. 이에 비해 도민은 이른바 북한정권수립에 따른 백지날인을 통한 지하선거가 시행되면서 무장대로부터 공격받는가 하면, 무장대를 도왔다는 이유로 총살을 당하는 등 이중 고통에 시달려야 했다. 그 고통에서 벗어나려고 무장대가 되는 경우도 속출했다. 이러한 사태는 이후 4·3 과정에서 악순환되었을 뿐 아니라, 4·3에 대한 진상규명이 일단락된 지금에도 되풀이되고 있다. 이렇게 4·3은 해방 전후 대한민국정부 수립과정에 이르기까지 그와 관련된 모든 이해관계가 출구가 없는 공간인 '섬' 제주에서 압축, 증폭되면서 기억의 분절과 왜곡, 재구성의 악순환이 이루어진 것이다.

〈지슬-끝나지 않은 세월 2〉가 제주의 공간을 다루고 있으면서도 출구 없는 공간인 '섬' 대신 "산속 깊은 곳, 동굴 저 너머의 공간"에 주목하는 것은 이 때문이다. "카메라는 산등선에서, 숲들, 그 아래 어두운 땅속의 심연을 '잠수'하듯 내려"가는데, "일상적 삶 속에서는 들어갈 수도 없는 공간"이다. 이곳은 "시민의 광장(police)"처럼 "도시의 한복판에 수평적으로 열린 공간"으로부터 "완전히 차단된 상황의 산물"로, "이미 구축된 공간적 편제 속에서 할당된 몫을 지닌 자들"이 아닌 "이들의 아지트"다. 수평적 공간의 열림에서 내몰린 이들의 아지트는 "수직적 하강과 상승의 운동 속에서 새로운 자리를 열어"낸다.[42] 이것은 이야기의 대부분을 끌어가는 배경인 큰넓궤 동굴 속뿐만 아니라 "영화 속에서 마을 사람들을 처음으로 소개하는 장면"인 "구덩이-고정 쇼트"에서도 확연히 드러난다. 이 장면은 〈지슬〉의 첫 장면인 부감쇼트〉와 "커다란 나무를 올려다보는 앙각쇼트" 사이에 있는 "팽팽한 긴장"에도 불구하고, 새로운 자리를 열어내는 곳이다.[43]

오멸 감독은 이 구덩이-고정쇼트가 "감정적으로 센 프롤로그를 배치"했기 때문에, "간혹 농담도 던지면서 긴장을 풀고 이야기하자고 제안하고 싶었"고, "4·3은 어차피 지나간 역사"로서, "허심탄회하게 말할 수 있는 부분도 있어야 하고 … 결국에는 슬프고 무거워질 이야기인데, 귀신을 불러내 말도 안 되는 상황에 몰아넣어 웃게 하면서 이야기 속으로 초대하고 싶다."라고 설명하였다.[44] 감독의 이런 설명에도 불구하고 이 구덩이-고정쇼트는 〈섬, 동굴, 가마솥〉을 오가며 제주를 대유(代喩)하는 것으로 분석된다. 고립되고 폐쇄된 공간인 섬에서 고립되고 폐쇄된 공간인 동굴로 피난한 것은 사실임에도 불구하고 아이러니하다. 그 공간은 열린 공간으로부터 차단된 이들이 위험을 차단하고 그로부터 은닉할 수 있는 유일한 공간이었다. 하지만 토벌대에게 발각되었을 때 동굴은 출구가 막혀 도망갈 수 없는 가장 위험한 공간이 되었다. 가마솥도 밥을 짓거나 간이 목욕을 할 때는 안전한 공간이지만, 김상사를 처단할 때는 처벌의 공간이면서 또한 설문대할망의 품으로서 우주가 된다.[45] 이러한 제주 공간의 중층성은 영화 곳곳에서 발견된다.

〈지슬-끝나지 않은 세월 2〉는 카메라를 반납한 뒤 편집과정에서 후배에게 얻은 인서트 영상으로 시작한다. 한라산 정상에서 구름이 낀 제주 섬을 바라보는 장면에서 오멸 감독은 〈끝나지 않은 세월〉의 김경률 감독의 시선을 느꼈다고 술회했다. 그는 "앵글 자체가 영혼들의 포지션에서 이루어진 것처럼, 경률 선배와 한라산의 영신이 거기 살면서 우리를 내려다본다는 의미를 되새기게 한 장면"이라고 의미를 부여했다.[46] 그렇게 시작한 〈지슬-끝나지 않은 세월 2〉는 망자의 혼령을 위로하는 위령제로서 '신위-신묘-음복-소지'로 진행되는데, 영화 전체의 주제를 펼쳐 놓은 프롤로그의 제사 현장으로 되돌아와서 제사가 마무리되는 방식으로 구성되어 있다.[47] 여기에는 4·3의 배경이나 원인, 그리고 진행 과정이 등장하지 않을뿐더러 등장할 필요도 없다.

> 살아야 한다는 하나의 목표를 지닌 주민들을 한 덩어리로 찍은 반면, 군인들은 분산된 구조로 표현했다. … 군복을 입은 일반인인 정길을 통해, 군인과 주민의 입장을 함께 체감하는 인물을 표현하고자 했다. 다른 한편으로는, 군인의 옷을 입은 정길이 군인 측의 반성을 이끌어내기를 원했다. 기왕이면 주민의 입장이 아닌 동료의 입장에서 반성이 이루어지기를 바랐다. … 피해자들이 용서하겠다고 하더라도, 그 대상이 아무런 반성을 보여주지 않으면 안 되는 거다. … 진정으로 화해하기를 원한다면, 우리가 안아야 할 인물은 바로 김 상사다. 영혼의 상처를 입은 사람이기에 우리는 그를 버리는 대신 품어야 한다. 잔인한 행동을 일삼은 그는 살아서 지옥을 경험한 자다.[48]

〈지슬-끝나지 않은 세월 2〉에서는 '1947년 3월 1일을 기점으로 하여 1948년 4월 3일에 발생했고, 1954년 9월 21일에 끝난' 제주4·3사건은 물론 제주4·3도 전체적으로 다루지 않았다. 그 대신, 그것을 겪어야 했던 사람과 그 사람을 위로하면서 치유 받아야 할 오늘날 우리를 다루었다. 그래서 감독은 그의 4·3 연작 가운데 전작인 〈이어도〉에서 '한 장의 그림이 중첩'되는 '사진'에 초점을 맞추어 '주어진 공간 내에서 배경의 중요성'을 고민한 데 비해, 〈지슬〉에서는 '인물'에 초점을 맞추어 '인물의 감정선이 화면에 더 묻어나는 데' 고민했을 것이다. 하지만 그렇다고 해서 그러한 감정선이 흐르는 공간이 배제된 것은 아니다. 이 영화에서 제주라는 공간은 위령제가 성대하게 벌어지는 곳으로서, 사건에 대한 기억과 사건 이전의 기억들이 교차하는 다중적 이미지로 재현된다. 이 공간에서 영화가 위령제, 곧 제사가 될 때 감독은 좨주(祭主)가 되고 관객은 제사의 참례자가 된다. 그 제사에서 우리는 '누구에게나 평등해야 하는 죽음' 앞에서 평화나 화해 이전에 위로를 우선해야 하며, 그러한 위로를 주고받는 과정에서 화해가, 그리고 화해에 따른 평화가 이루어짐을 깨닫게 되는 것이다.

Ⅳ. 1996년의 재현

이용주 감독의 2012년작 〈건축학개론〉은 "1996년이라는 과거의 시간, 즉 금융위기가 발발하기 직전 아직 케인즈식의 수정자본주의 체제가 가동되어 한국인들이 그나마 좋은 시절이라고 느꼈던 시기와, 1997년 국제통화기금(IMF)의 구제 금융이 개입된 이후 도입된 신자유주의 경제체제가 완전히 자리 잡은 2011년이라는 시간을 왕복하며"[49] "'첫사랑이라는 순수'"[50]를 다룬 "2012년 … 한국 멜로드라마 최고의 흥행작"[51]이다. 〈건축학개론〉은 2003년도에 처음 썼던 시나리오를 몇 번의 제작 기회가 무산된 10년 동안 고쳐 써서 만든 영화로 알려져 있다. 그래서 초고에서는 93학번이었던 주인공 승민과 서연이 영화에서는 96학번이 되었다고 한다.[52] 그러므로 이 영화는 적어도 초고에서는 국제통화기금의 구제 금융이 개입된 한국 상황(이하 IMF사태)보다는 첫사랑을 다룬 전형적인 "비극적 멜로드라마"였다고 할 수 있다.

비극적 멜로드라마로서 〈건축학개론〉은 승민에 대한 서사적 기획이 성공한 대신 서연을 중심으로 한 서사적 기획이 실패한 것으로 구성함으로써 극적인 파토스(Pathos)를 잘 살려낸 것으로 평가된다. 강북에 사는 스무 살의 승민은 강남에 사는 학과 선배 재욱 탓으로 첫사랑에 실패하였지만, 오랜 시간이 지난 후 서연의 재등장으로 은채와의 결혼으로 대표되는 현실에 야기된 혼란을 잘 극복해낸다. 이에 비해 제주 출신으로 정릉 친척집에 살다가 강남 개포동 반지하로 야심 차게 이사했던 서연은 15년이 지나 어긋난 현재의 처지를 치유 받기 위해 첫사랑 상대였던 승민을 찾아가지만, 현재의 승민을 차지하지 못하였기 때문에 비극적인 여운을 강하게 파생하는 것이다. 이렇게 본다면, 〈건축학개론〉은 결혼이라는 관습과 그 안에 내포된 '윤리적 규제'의 기율을 벗어나지 못한 이들이 감행하지 못하는 '첫사랑'에 대한 기억을 담고 있는 전형적인 멜로드라마이다.[53]

그런데도 〈건축학개론〉이 신자유주의 경제체제를 경험한 우리들의 "문화적 기억"으로 평가되는 이유는 이 영화가 "1990년대를 재현하는 향수/복고 영화와 드라마"[54]의 대표 작품으로 손꼽히기 때문이다. 최근 우리는 복고 또는 향수를 '문화적 트렌드'로 경험하고 있다. 여기에는 2010년 연말에 선정되어 길지 않은 역사를 가진 종합편성채널방송(종편)의 역할이 컸다. 종편사상 최고의 시청률을 기록했다는 〈응답하라 1994〉(2013)의 열풍은 같은 시기 흥행 성공을 거둔 〈건축학개론〉(2012)과 〈써니〉(2011)와 함께 복고/향수 문화의 트렌드를 이끈 것으로 평가된다. 이렇게 해서 만들어진 향수 혹은 복고문화는 상품이 되어 재빠르게 시장에 흡수되고 있다. 영화와 드라마의 배경이 되었던 장소는 관광지가 되고, 종편의 오디션 프로그램이나 복고 드라마, 영화에 등장했던 가요가 인기를 끌면서 리메이크가 될 뿐 아니라, 그 시절의 다른 가요도 리메이크 되는 것이다. 그런데 이 문화적 생산물은 비교적 가까운 과거인 1990년대, 곧 IMF사태가 일어난 시대를 본격적인 '재현'의 대상으로 삼고 있다.[55]

이용주 감독의 말대로라면 첫사랑, 곧 멜로에 초점을 맞춘 것이 분명한[56] 이 전형적인 멜로드라마가 문화적 기억이 되는 지점은 바로 여기에 있다. 이 전형적인 멜로드라마가 순수를 찾기 위해 선택한 플래시 백(flash back)은 "사는 곳이 신분이 되는 개발도상의 90년대에서 멈춘다." "강남 개포동 반지하방으로 이사한 여성의 자존심은 … 사랑의 비지속성과 파탄을 예고"하고, "강남에 짓밟히는 순수를 못내 아쉬워하는 강북의 '역사와 공간'은 … 강남에서 강북으로 그날 새벽 걷기를 통해 치유"된다. 그리고 제주의 "바다[La Mer]를 향한 집의 개조와 건축이라는 측면에서는 포용, 용성, 화합, 고향(화장식후 유골을 뿌리는 귀향의례, 수장)이라는 의식을 공유"한다.[57] 이렇게 해서 〈건축학개론〉은 1990년대의 서울과 제주, 정릉과 개포동, 강남과 강북의 기억을 재현하는 공간으로서 2010년대 제주 '서연의 집'을 건축하는 과정을 보여준다. 이로써 2010년대 제주는 1990년 서울과 지방, 강북과 강남의 분열된 공간이 화해되는 문화적 기억을 갖춘 공간이 된다.

IMF 사태가 일어났던 1990년대는 한국 사회가 전에 없던 것을 경험하던 때였다. 1990년에서 2010년까지의 신문기사 분석에 따르면 1996년과 2005년 두 번에 걸쳐서 '우울증'을 제목에 포함한 기사 수가 현저하게 증가했다. 1995년과 1996년은 대구 가스폭발이나 삼풍백화점 붕괴 등 한국 사회에 잇따른 대형사고로 사회적 분위기가 암울했던 시기다. 또한 정부가 1997년 국제통화기금에 구제 금융을 요청하기 직전이어서 한국 사회 내 명예퇴직 또는 실업에 대한 논의가 많았다. 한국 사회의 구조적 변화에 따른 사회적 불안 심리가 반영된 것이다. 이에 비해 2005년 100건이 넘는 우울증 기사 보도는 인기 여배우였던 이은주씨의 자살과 우울증 사인(死因)

공개가 결정적인 요인으로 작용한 것이어서 한국 사회의 구조적 변화와는 무관하다고 할 수도 있다. 하지만 분석에 따르면 사건 중심에서 정보 제공 중심의 보도로 기사의 성격이 변화한 것은 개인이 자기 관리에 민감할 수밖에 없는 신자유주의적 상황과 무관하지 않다.[58]

　　IMF 사태 이후에 제기되었던 대부분의 분석에 따르면, IMF 사태의 직접적인 원인은 우리 경제가 단기외채에 대한 의존도가 높은 데 비해 외환 보유가 턱없이 부족했던 데 있다. 그 바탕에는 세계 경제 패러다임이 변화하면서 고도성장 요인이 소멸했는데도 불구하고 '정부주도 성장위주' 경제 모델을 지속함으로써 경쟁력이 하락한 상황이 놓여 있다. 이런 정책적 실패는 1980년대 이후 개방이 가속화되면서 미국 주도의 세계표준(global standards)을 중심으로 탈자본주의 시장경제질서가 재편되었음을 파악하고 적극적으로 대처하지 못한 데서 비롯되었다. 그런데 이 상황에 대한 경고는 1994년에 발표된 크루그먼(Paul Krugman)의 논문 「아시아 성장의 신화(The Myth of Asia's Miracle)」에서 이미 제기된 바 있다. 크루그먼은 아시아의 경제성장이 생산성 향상 때문이 아니라, 권위주의 정권에 의한 값싼 노동의 활용과 자본축적에 의한 생산요소 투입 확대의 효과로 분석했고, 따라서 일정 한계에 도달하면 성장이 정체될 수밖에 없다고 주장했다. 아울러 한국 경제가 기술을 바탕으로 한 효율적인 틀, 즉 노동집약형에서 기술 집약형의 다품종 소량생산체제로 전환하지 않으면 구조적 위기를 겪게 될 것이라고 경고했다.[59]

　　IMF 사태를 온몸으로 겪으면서 우리 사회는 그동안 유지해왔던 삶의 방식을 부정해야만 했다. 그동안 우리 경제는 정부 주도의 성장모델과 대기업 중심의 자본 집중, 폐쇄적인 국가경영, 금융기관의 도덕적 해이가 만연해 있는 것이라고 부정되었다. 우리 사회는 내실보다는 외형을 중시하고 객관적인 평가보다는 인맥, 학연, 지연 등을 우선하는 풍토였다고 부정되었다. 실력보다 인맥을 중시하는 풍토가 사회의 개방성, 투명성을 저해하여 사회

-경제체계에 개방성 위기를 가져왔고, 또한 민주화 과정을 제대로 관리하지 못하여 사회적 갈등이 생성됨으로써 위기를 겪을 수밖에 없게 되었다고 분석되었기 때문이다. 그러면서 우리 사회는 자유시장경제를 강조하는 신자유주의(neo-liberalism)로 신속하게 진입해야 할 새로운 과제를 부여받았다. 더 정확하게 말하면 글로벌리제이션(globalization)이라는 말로 이미 하나의 시장이 된 지구적 상황에 신속하게 적응해야만 하게 된 것이다.[60]

이러한 상황은 크루그먼의 분석과는 별개로 1960년대부터 본격화된 한국의 도시화가 새로운 국면에 접어들었음을 뜻한다. 우리나라에서 도시와 사회적 삶의 결합이 깊어진 것은 도시화의 속도가 최고점에 달한 1980년대 후반 혹은 1990년대 초반부터이다. 이 시기 우리 사회는 1987년 6·29 선언으로 군사독재가 종식되고 대통령을 직접 선출할 수 있는 민주화를 경험했다. 민주화는 그동안 급격한 성장에 따른 토지주택문제에 '도시적 인성(urban personality)을 가진 근대시민'이 중심이 되어 참여할 수 있는 정치경제적 상황을 제공했다. 하지만 민주화의 진전과 중산층의 출현으로 전개되었던 토지주택문제 해결을 위한 다양한 대안적 도시공간에 대한 담론은 국가권력이 주도한 신도시 건설 등과 같은 공간의 생산으로 귀결되었다. 신도시의 생산은 외견상 주거안정, 특히 투기적 욕구를 숨긴 중산층의 주거 욕구를 해소하면서 정권의 정당성을 창출하는 데 크게 기여했기 때문이다.[61]

1992년 문민정부의 출범은 1987년에 등장한 민주화 체제가 맺은 첫 번째 결실이었다. 문민정부는 우리 사회 전반에 민주화의 여파인 개방화의 물결을 몰고 왔는데, 1961년 5·16군사쿠데타로 중단되었던 지방자치제가 복원되었다. 때마침 불어 닥친 신자유주의의 드센 바람에 대응하기 위해 문민정부는 그동안 유지되던 개발주의 국가운영방식을 손질하거나 폐기처분하면서 한국식 글로벌리제이션인 '세계화' 전략을 강구했다. 기업과 시장자율성을 내세운 '신경제정책'의 수입, 금융규제완화에 따른 국외자본의 급격한 이입, 대기업의 경쟁적 '세계경영' 도입, 교역 자유화에 의해 수입된 상품을 일상 소비재로 쓰는 소비 방식의 변화 등이 일어났다. 이 시기 서울을 비롯한 도시는 탈근대의 압력에 직면하면서도 전통과 현대, 동양과 서양, 공공 영역과 사적 영역, 합리와 불합리 등의 요소가 병렬적으로 존재하면서 전체로서 융합을 이루는 특성을 강하게 표출하고 있다. 이러한 특성은 한국 도시의 근대성을 혼융성 근대성(hybrid modernity)으로 규정하는 근거가 되는데, 혼융성을 표현하는 도시가 유연하다는 점에서 '유연적 도시(flexible city)'라고 부르기도 한다.[62]

이런 노력에도 불구하고, 전지구적인 하나의 시장에 편입하면서 우리 사회는 이전과는 상당히 변화하게 되었다. 우리 사회에서 가족은 강한 응집성과 정서적 유대를 바탕으로 한 사회통합의 중심적인 매개체였다. IMF 사태 때문에 자녀양육포기와 출생율의 감소, 가정폭력과 실업이혼의 증가가 이어지면서 전통적인 가족관계가 붕괴되었다. 직장관계도 평생직장 개념의 소멸, 다양한 근무형태의 도입, 실적주의 강화 등의 변화를 겪어야 했다. 직장은 나와 가족의 물질적 행복을 책임져 주기 때문에 충실해야 하는 곳이 더 이상 아니었다. 이제는 고용주와 피고용인의 현실적 이해관계가 부합할 때만 유지되는 관계가 된 것이다. 대량실업에 따른 중상층의 몰락은 실업문제와 함께 사회 전반에 패배감을 확산시키면서 계층간 갈등을 부추겼다. 패배감은 한탕주의와 결합되어 사회 문제를 야기했고, 빈번한 생계형 범죄의 발생과 불신풍조는 사회적 관계가 개별화되고 이기주의가 심화되는 현상을 가속화시켰다.[63]

IMF 사태를 전후해 이렇게 우리 사회는 "근대를 떠받들던 견고한 모든 것들이 허물어지고 액체화되는 시대"로 접어들었다. 신자유주의는 본래 "사회 자체를 경제학 원리로 재편할 것을 요구하면서 자본의 유연화라는 하나의 흐름을 포섭하고 확대한다." IMF 사태 직후인 2000년대 초반에 등장한 영화들에 비해서 2010년대에 등장한 복고 드라마/영화들에서 부드러운 남성성이 출현하는 것도 '순수함'과 '유연성'을 추구했던 1990년대의 시대 상황을 반영한 것이다. 이 시대는 IMF 사태를 겪은 우리로서는 다시 돌아갈 수 없지만 현재와 교차하는 '낭만적 유토피아'다. 이 낭만적 유토피아는 현실에 대한 비판의식으로부터 재구성된다. 오늘날 우리는 인간들의 상호관계와 사회적 유대를 가리키는 것들이 빠르게 온라인으로 이식되면서 그러한 관계를 지속적인 재협상 과정에 있는 일시적인 스냅사진으로 지각한다. 이러한 현실에 대한 비판은 첫사랑 또는 소박한 로맨스 관행을 재현하는 방식으로 표출된다.[64]

〈건축학개론〉이 기억하는 과거에는 앞서 서술한 IMF 사태의 징후가 드러나지 않는다. 강남 압구정과 강북 정릉, 그리고 이 둘이 포함된 서울과 제주가 있을 뿐이다. 골목과 한옥집, 시장으로 묘사되는 강북의 정릉은 어릴 적부터 승민이 살아온 시간을 보여주는 장소다. 순대국밥집을 운영하는 홀어머니 밑에서 어렵게 자란 승민에게 정릉은 정릉일 뿐이었다. 오히려 건축학개론 수업에서 만난 서연과 함께 과제를 하면서 두 사람의 비밀스러운 추억을 남긴 '빈집' 곧 유토피아적 공간이야말로 '있는 곳(所在)'이다. 이 장소는 높은 빌딩과 새로 지은 아파트가 올라가는 뉴타운인 강남 압구정에 사는 선배 재욱과 경쟁 관계에 놓인 승민을 패배로 내모는 주요 원인이 된다. 서연의 제주는 승민의 정릉과 같다. 제주 학원 출신이라는 꼬리표가 붙었기 때문에 졸업하면 피아노를 치지 않겠다는 음대생 서연은 고향 제주에서 멀리 떨어져 서울 정릉 친척집에 있다가 "압서방(압구정, 서초동, 방배동)"은 아니지만 강남 개포동 반지하로 이사한다. 정민은 정릉을 떠나지 못하고, 제주에서 떠나온 서연은 정릉에서 42개의 버스 정류장을 거쳐야 하는 강남 개포동으로 떠났지만, 이 둘은 그래서 정릉과 제주를 상실당한다.

이렇게 상실당한 공간이 '재현'되는 곳이 2010년대 제주다. 2010년대 제주에는 승민과 서연이 건축학개론 과제 때문에 누비고 다녔던 골목이 남아 있다. 그리고 승민이 발로 차고 나갔던 녹색 대문과 서연과 함께 찾아 갔던 빈집의 대문이 2010년대 서연의 집에서 커다란 폴딩도어로 재현된 다. 마지막으로 이 둘이 아파트 공사가 진행되고 있는 서울을 내려다보며 자기 집이 없다는 이야기를 나누던 옥상은 2010년대 서연의 집에서 바다 를 내려다보는 2층 옥상으로 재현된다.[65]

> 서울 사람들에게 고향이 어딘지 물어보자. '서울'이라고 뭉뚱그려 대답하기 에 서울의 농도는 너무 제각각이다. 강북에서 오래 산 사람은 동네가 경계가 된 다. 그런데 강남 살던 사람은 강남이 한 덩어리다. 그들에게 고향은 우성3차, 개포 주공이다. 반면 지방에서 온 사람들은 좀 다르다. 그들은 서울을 그저 '서 울'로 본다. … 개발논리와 상충되는 이야기지만 난 그걸 그대로 보존하는 게 중요하다고 생각한다. 그 개념이 제주도 집에도 그대로 반영됐다. 편집에서 빠 졌는데 서연이 승민에게 "이것 좀 남겨, 저것 좀 남겨" 하니까 승민이 "지금 양 서연 생가 보존하냐?" 고 따지는 장면이 있었다. 영화에서 집을 지을 때 승민과 서연이 계속 부딪히고 고민한 게 결국 원래의 집을 얼마나 남길까에 관한 티격 태격이었다. 벽돌벽을 남겨둔 건 서연이 어릴 때 키를 쟀던 추억의 공간, 지붕 을 남겨둔 건 제주도 집들과의 컨텍스트(맥락)를 생각해서였다.[66]

감독은 강북과 강남이 서울이라는 한 덩어리가 된 현실에서 강남과 강 북의 경계가 있던, 특히 강북에서는 동네가 경계였던 시절을 기억해낸다. 그리고 그대로 보존했으면 하는 바람을 제주 집을 증축하는 과정에 담아낸 다. IMF 사태를 전후로 우리 사회가 어떤 변화를 겪었는지, 그래서 우리가 지금 어떤 처지에 놓였는지를 역사적으로 서술하는 대신 과거의 아날로그 시대와 현재의 디지털 시대를 반복적으로 교차해서 보여줌으로써 관객이 그러한 과정을 기억해내고 영화 속에 동참할 것을 요구한다. 감독이 1990 년대의 시간과 공간을 2010년대의 제주에서 재현하는 것에 대해서는 논란의 여지가 많을 뿐 아니라, 사실상 제주의 현실적인 공간과는 무관하게 구축되는 이미지, 또는 기대지평의 반영에 불과할 수도 있다. 실제로 이런 방식의 재현이야말로 제주의 기억을 희미하게 할 뿐 아니라, 제주의 정체성을 불명의 것으로 만드는 것이기 때문이다. 하지만 '기억하기'가 재현의 본질이자 문화 그 자체라는 점을 고려한다면, 이미 몇 년 동안 폭발적으로 관심이 집중되고 있는 2010년대 제주의 장소적 특성을 촉발 또는 반영하는 것으로 볼 수도 있다.

V. 가로지르는 공간

한국, 중국, 일본에는 "외국인의 거주와 통상을 위해 개방하였거나 개방하기로 약속한 항구 또는 지역"[67]을 가리키는 '개항장'이라는 독특한 공간이 있다. 개항장의 개념이 처음 등장한 것은 1842년 남경(南京)에서 체결된 강녕조약(江寧條約)이었는데, 1943년에 관련 제도가 폐기될 때까지 유지되었다.[68] 서구 제국이 취했던 식민 지배형식은 협의의 식민지를 비롯하여, 자치령(自治領, self-governing dominion, crown colony)·보호령(保護領, protectorate)·조차지(租借地, lease, leased territory)·위임통치(委任統治, mandate, mandatory rule)·신탁통치(信託統治, trusteeship) 등을 포함하는데, 동아시아에서는 특정한 항구 또는 지역을 외국인에게 개방하는 개항장 형태를 띠었다. 개항장은 비서구사회에 대한 서구 제국주의 침략 과정에서 만들어진 산물이면서, '서양 근대'의 시점에서는 이른바 쇄국에서 개방으로의 정책변화를 실감할 수 있는 구체적인 장소이기도 하다.[69]

개항을 통해 포교권을 획득하고 동아시아에 다시 들어온 선교사는 동아시아에서 근대의 '표상'으로 자리 잡았다. 선교방침에서조차도 절충주의로 한 세대 전보다 오히려 후퇴하였을 뿐 아니라, 여전히 그리스도교적 세계관에서 벗어나지 못하였음에도 불구하고 이들 선교사는 동아시아에서 '서양 제국과 그것으로 표상되는 근대'를 '대표'했기 때문이다. 〈이재수의 난〉은 정부에서 파견한 봉세관과 포교권을 가진 선교사, 그리고 교민이 개항기를 겪는 동아시아 주민에게 어떤 표상이었는지를 재현해내었다. 1983년 원작소설을 읽고 1999년에 영화를 개봉하기 전까지 제주를 오가면서 감독은 '소리 없이 묻힌 난(亂)', 곧 개항지의 주민이 서구, 또는 비서구 제국주의에 어떻게 저항했는지를 재현하고자 하였다. 제주는 여기서 말하는 개항지는 아니지만 그러한 저항이 일어났던 대표적인 공간으로 재현되었다.

한편, 비서구 제국주의인 일본에 의해 강제적으로 이루어진 우리의 개항[70]은 〈이재수의 난〉에서 경험했던 서구 제국주의의 '폭력적 외세'가 일본을 선진국으로 만든 서구 제국과 미국으로 대표되는 '실용적 근대'로 표상되는 데 크게 기여했다. 일제강점기의 지식인은 일제를 넘어서려면 일제처럼 중국을 중심으로 한 동아시아 세계관에서 벗어나 서구 세계관에 신속히 편입되어야 한다고 생각했기 때문이다. 이들에게 일본은 극복의 대상이면서 선망의 대상이었다. 이것이 '해방 후에 친일파를 청산해야 한다는 민족적 여망에도 친일세력이 온존하고 있었을 뿐 아니라 좌우가 대립하는 이데올로기적 상황에서 이들 친일세력이 반공세력과 제휴하여 우리 사회의 가치를 혼란[71]스럽게 할 수 있었던 까닭 가운데 하나다. 하지만 일제강점기를 온몸으로 겪어야 했던 민중에게 서구 제국주의는 일본 제국주의와 다를 바 없는 외세로 표상되었다.

〈지슬−끝나지 않은 세월 2〉에는 일본제국주의가 종언을 고하고 미국과 소비에트 연방을 비롯한 양측 동맹국 사이에서 갈등, 긴장, 경쟁 상태가 이어진 이른바 냉전(冷戰, cold war) 시대의 길목에서 정치적으로는 독립했지만, 경제적으로는 여전히 식민지 상태에 놓인 신생독립국의 수립과정이 과감히 생략되어 있다. 그 이유는 이 영화가 재현한 '제주4·3'이 아직 미완의 상태로, 기억의 투쟁 과정에 놓여있기 때문이다. 제주4·3은 해방 전후에서 신생독립국 대한민국정부 수립과정에 이르기까지, 그와 관련된 모든 이해관계가 '출구 없는 공간인 섬' 제주에서 압축되고 증폭되면서 겪어야 했던 기억의 분절과 왜곡, 재구성의 악순환을 가리키는 기표다. 〈지슬-끝나지 않은 세월 2〉에서는 이러한 기억을 담은 시공간을 '서귀포시 안덕면 동광리 큰넓궤'로 압축시키고, 영화 전체를 그곳에서 죽어간 희생자를 달래는 위령제 형식으로 구성하여 기억의 시공간을 '여기 지금'으로 확장시킨다.

제주4·3의 기억이 아직도 생생하던 1960년대 미국은 한국에 근대화론을 전파하고, 근대화를 위한 물적, 인적, 심리적 기반 구축에 적극적으로 개입했다. 미국이 한국에서 추진한 근대화 프로젝트는 정치, 경제, 사회, 문화 전반의 변화를 도모하면서 심리적 측면의 변화를 추구하는 것이었다. 미국을 모범으로 해서 따라잡는 '추수적(追隨的) 근대화'와 이에 역행하는 '반동적 요인'을 제거하는 '대항적(對抗的, counter) 근대화'의 병행 추진은 사실상 제주4·3과 연장선상에 놓여 있다.[72] 이렇게 일본에 이어 미국 주도로 이루어진 우리의 근대화는 '도시화'로 체험되었다. 1960년대부터 본격화된 우리의 도시화는 미국 주도의 근대화, 미국의 모델을 따르는 근대화를 상징하는 것이었기 때문이다. 이 근대화는 군사독재가 종식되고 민주화가 이루어진 1980년대 후반 또는 1990년대 초반에 이르러 정점에 이르렀다. 이 정점에 이르러 우리 사회는 백여 년 전에 경험했던 개방화의 요구에 다시 직면하게 되었다.

〈건축학개론〉은 신흥산업국(NICs; newly industrializing countries)으로 도약하기 위해 유지해왔던 삶의 방식이 이른바 IMF 사태를 온몸으로 겪으면서 해체되었던 기억을 재현하였다. 표면상으로 십오 년 전에 이루어지지 못했던 '첫사랑'이라는 돌이킬 수 없는 과거로 회상해 들어가면서 그 시절의 순수를 그리워하는 심상을 담아내고 있다. 하지만 100여 년 전의 개항, 60여 년 전의 미국 주도의 근대화 경험에 이어, 다시 한번 전지구적인 단일시장으로의 편입을 요구받은 우리의 기억을 이용해서 지금 우리가 처한 현실을 피드백(feedback)한다. 제주특별자치도 서귀포시 남원읍 위미해안로 86에 증축된 '서연의 집'은 이 피드백 과정에서 중요한 역할을 한다. 신자유주의적 삶의 양식으로 강제 개방되기 전 서울과 지방, 강남과 강북의 '경계'와 그 속에서의 삶이 이미 신자유주의적 삶이 익숙해진 '지금 여기'에서 '확장되어 구축[增築]'되는 곳이기 때문이다. 그리고 바로 이 지점에서 제주는 '근대-해항-도시'로서의 자기 정체성을 체험할 수 있는 단서를 만난다.

지금까지 1901년과 1948년, 1996년의 제주 공간을 1999년과 2013년, 2012년에 문화적 형식으로 재현해낸 양상들을 통해 분석했다. 이러한 분석의 전제는 〈건축학개론〉에서 재현되고 있는 '제주'라는 공간이 실제로는 1901년과 1948년, 또는 그 이전의 다양한 시간이 각각 그리고 동시적으로 포개져 있다는 것이다. 1901년 신축교안에서는 서양제국주의 열강의 근대와 식민지 동아시아의 전근대가 포개지고 있으며, 1948년 제주4·3에서는 근대국민/민족국가 대한민국의 탄생과정을 둘러싼 다양한 기억주체의 인식이 포개지고 있다. 2010년대 제주는 이 모든 역사적 사실과 공식 역사, 그리고 사적 기억은 물론 그것을 다루는 다양한 문화적 형식의 재현이 포개지고 있는 공간이면서, 그것을 통해 다양한 실천이 포개지고 있는 공간이다. 따라서 제주는 〈건축학개론〉이 재현해내는 것처럼 '못다한 정릉의 꿈을 실현시키기 위한 알레고리'에 머무는 것만이 아니라, 그것에 반대하는 실천까지 포함하고 있는 다양한 실천이 포개지는 곳이다.

제주라는 공간은 오늘날 과거와 현재, 로컬과 글로벌을 가로지르면서 문화적 기억이 중첩되는 공간으로 자주 재현된다. 덕분에 이미 1999년에 더 이상 제주에서 사극을 찍는 것은 힘들 것이라고 했던 박광수 감독의 말처럼 오늘날 제주는 과거 한 번도 가져보지 못했던 '근대-해항-도시'로서의 정체성을 신속하게 확보해가고 있다. 그런데 이런 제주를 재현하고 있

는 문화적 형식은 제주를 '근대 이전-폐쇄 또는 분리된 섬-비도시적 공간'
으로 기억하고 재현해낸다는 공통점을 가지고 있다. 이러한 공통점은 재현
되지 않은 영역, 곧 현실과 배치되는 부분이 많다. 그래서 우리는 곧잘 '어
떻게 사유, 또는 재현되어야 하는가?'라는 당위적인 질문을 하게 된다. 이
질문은 사실상 독백이면서 인문학적 반성이지만, 계몽주의가 범한 오류에
서 벗어나려면 '재현'이 현실적 요구에서 비롯된다는 점에 주목해야 한다.
자본이 되었건, 당위가 되었건 재현은 그것이 현실적인 요구가 맞아떨어질
때 강력한 힘을 발휘한다. 그러므로 기왕에 한국 사회의 피드백 공간이 되
어버린 제주가 문화적 기억의 장소로서, 타자에 의해 '지연'되거나 타자의
삶에 '적응'되는 데서 벗어나려면, 탈근대와 근대의 가로지르기가 쉬지 않
고 '실천'되고 '재현'되어야 한다. 이렇게 할 때 제주는 '근대-해항-도시'의
정체성을 확보할 수 있을 것이기 때문이다.

제4부
제주 모빌리티의 주체와 정체성

제10장
사유의 교섭, 보유론

Ⅰ. 뉴노멀, 이동의 제한

2020년 3월 11일 스위스 제네바 세계보건기구(WHO) 본부의 언론 브리핑에서 거버러여수스(Tedros Adhanom Ghebreyesus) 세계보건기구 사무총장이 신종코로나바이러스감염증-19(COVID-19, 이하 코로나-19)에 대해 세계적 대유행(pandemic)을 선언했다. 2019년 12월 1일 중국 후베이성(湖北省) 우한시(武漢市)에서 발견되어 2019년 12월 12일 최초 보고된 지 90여 일 동안 전세계 119개국에서 확진자 12만1,700여명, 사망자 4,282명이 나온 상황이었다. 코로나-19는 강력한 전염성, 사람 대 사람 간 전염, 2개 대륙 이상 발생 등, 세계적 대유행의 기준을 넘어서고 있었다.

그로부터 열흘이 지난 3월 22일 우리 정부는 "사회적 거리두기(social distancing)"를 실시했다. 코로나-19 확진자가 급증하면서 지역사회 감염 차단을 위해 많은 사람이 모이는 행사 및 모임 참가 자제, 외출 자제, 재택 근무 확대 등을 골자로 한 권고 수칙을 시행한 것이다. 한 차례 연장을 거쳐, 4월 20일부터 5월 5일까지 다소 완화된 형태로 16일간 연장되었다. 그리고 안정화 추세로 접어든 5월 6일부터 '생활 속 거리두기' 체제로 전환해서 시행되었고, 6월 28일부터는 코로나-19 유행의 심각성과 방역 조치의 강도에 따라 1-3단계로 구분해 시행되었다. 이러한 사회적 거리두기는 그동안 세계의 거리를 좁히고 공간을 압축해오면서 상상했던 디스토피아 (distopia)가 실현된 듯한 착각까지 불러일으켰다.[1]

코로나-19에 대응하면서 빚어진 이런 낯선 풍경이 이른바 뉴노멀(New Normal)로 자리잡는 것은 아닌가 하는 우려를 떨쳐버릴 수 없는 것이 지금의 상황이다. 이러한 우려는 "한국 방역 시스템의 핵심인 3T(Test, Trace, Treat)와 관련해 사생활 침해 우려가 있다는 지적"을 내놓은 유럽 일부 언론에 대한 외교부 장관의 반박에서도 발견된다. 그는 독일공영방송인 도이체벨레(Deutsche Welle)와의 인터뷰에서 "환자의 사생활 보호와 대중의 안정 사이의 균형이 필요하다."라면서 "개인 정보 보호 문제 제기는 맥락에서 벗어나 있다고 일갈"했고, "사생활은 중요하지만 절대적 권리는 아니다."라면서 "법의 테두리 안에서 사생활을 제한할 수 있고, 우리는 강한 법체계가 있다."고 반박했다.[2] 코로나-19의 확산에 대한 공포가 우리 국민에게 확산되었을 뿐 아니라, 그에 따라 기본권이 얼마든지 제한될 수 있는 상황임을 보여주는 사례다.

코로나-19 대유행에도 불구하고 "K-방역의 성공"과 함께, 코로나-19 이후 뉴노멀시대의 도래가 한국경제 도약의 기회라는 진단이 성급하게 나왔던 것도 마찬가지다. 이러한 진단에 따르면, 비대면(untact) 비즈니스와 온라인 서비스의 가속은 디지털 경제를 촉진할 것이고, 이와 함께 글로벌 가치사슬보다는 자국 가치사슬을 강화하여 안정적인 제조 생태계 구축을 통해서 이른바 제조업 리쇼어링(reshoring)이 벌어지는 등 탈세계화가 이루어질 것으로 예견되었다.[3] 그 이전 꾸준히 화두가 되어온 제4차 산업혁명 이슈가 코로나-19사태 때문에 중지되는 것이 아니라, 오히려 가속화하였던 것이다.

지금은 코로나-19의 세계적 대유행이 기억으로만 남았다. 하지만 코로나-19의 위기를 기회 요인으로 삼아야 한다는 "성급하면서도 관성적인" 진단보다는 무엇이 우리를 내몰았고, 내몰고 있는지를 정확하게 진단하는 일은 지금도 필요하다. 코로나-19의 세계적 대유행을 겪으면서 지난 100년 동안 세계보건정책의 핵심적 과제가 세계적 대유행에 대한 신속한 대응이었다는 점을 상기해내어야 한다는 요구가 끊이지 않았던 것도 그러한 이유에서였다. 지난 수백 년 동안 세계를 하나로 연결하는 데 전력해왔던 결과로 병원균들마저 세계화된 세상에서 살게 된 상황은 포스트 코로나 상황에서도 망각되어서는 안 된다. 바이러스학자들은 이미 오래전부터 백신을 확보하고 치료약을 개발하며 행동방식을 수정하는 수준 이상의 대책이 필요하다고 경고해왔다.[4]

이러한 경고에도 불구하고 우리는 공간의 압축에 온 힘을 기울여왔고, 다시 기울이고 있다. 반론의 여지가 있지만, 당시 변방이었던 서구가 세계의 중심이었던 동양에 도달하기 위해 대항해에 나섰다는 주장은 설득력이 있다. "콜롬부스가 1492년 배를 타고 대서양을 건넌 다음 서구의 많은 나라에서 배를 타고 대서양을 건너다니고 아프리카를 돌아 인도양과 태평양을 휘젓고" 다닌 이유가 "해로와 육로를 장악한 이슬람이" "유럽의 접근을 제한하자 여기에서 배척되었던 스페인, 포르투칼, 네덜란드 등이 동양에 도달하기 위해 우회로를 찾았던 것이 대항해의 시작"이라는 점에는 누구나 동의하기 때문이다.[5]

역사적 사실로서 유럽의 서쪽 끝 이베리아반도의 포르투갈에서 시작된 서세동점(西世東漸)은 15~16세기를 거치면서 환황해권(環黃海圈)에 도달했다.[6] '환황해권'은 최근 중국 경제의 급성장으로 중국과 우리나라, 그리고 일본의 경제적 협력공동체 구축의 필요성이 강조되면서 만들어진 용어다. 환황해권에 속하는 우리나라 전라남도, 전라북도, 충청남도, 경기도의 해안지역과 중국의 산동성, 화북성, 텐진시, 그리고 일본의 기타큐슈 등은 서세동점의 기착지이자 상호주의에 입각한 동서 교류의 현장인 동시에 제국주의의 각축장이었다. 이곳에서 '보유론적(補儒論的) 서학(西學)과 천주교(天主敎)'라는 동서교류의 결과물이 만들어졌고, 18세기와 19세기의 '천주교 교안(敎案)'을 비롯한 다양한 반동(反動)이 빚어졌다.

이 장에서는 대항해시대부터 추구되어온 동서의 만남과 교류, 그리고 그 수단인 공간의 압축이 코로나-19의 세계적 유행으로 잠시 지연되는 것을 경험하면서 요구되었던, 만남과 교류의 과정에서 간과되거나 고려되지 못했던 것을 점검해보려고 한다. 지금 우리에게 필요한 것은 불확실한 미래에 대한 기대를 버리지 못하고 재포장하기보다는 '여기 지금(hic et nunc)' 지연된 시간, 멀어진 거리를 면밀하게 되짚어 보는 일이기 때문이다. 그것은 코로나-19가 종식된 지금은 잠시 잊고 있지만 앞으로 더욱 빈발할 것으로 예상되는 세계적 대유행에 맞서기 위해 비대면이라는 대증요법을 선전하고 강화하는 것이 아니라, 좀 더 근본적으로 해결해나갈 사유의 틀을 재구성하는 데서 출발해야 한다. 중세의 끝에서 세계의 중심을 향했던 이들이 만남을 요청했던 방식과 변방의 요구에 응답한 태도, 그 과정에서 시행착오를 겪었던 요인을 살펴보는 일은 그 일환이다.

Ⅱ. 보유론적 서학의 등장

유럽에서는 십자군 전쟁(1096~1270)의 여파로 자유상공업이 발달하면서 1158년 볼로냐 대학을 시작으로 대학이 본격적으로 확산되었다. 이러한 현상은 교육과 지성이 교회의 몫이 아니라는 점을 의미하는 것이었다. 아비뇽 유배(1309~1376), 대이교(代離敎, 1378~1417), 휴머니즘의 확산과 문예부흥 등은 교회 중심의 질서에 대해 유럽인의 비판의식을 고조시키는 계기가 되었다. 그런데 대항해시대가 개막되면서 유럽 내에서 해결되지 않은 채로 있던 내부적 문제를 외부로 돌릴 수 있게 되었을 뿐 아니라, 위기에 처한 교황청에는 새로운 돌파구가 되었다. 스페인과 포르투갈의 식민지 세력과 교황청의 선교보호권(Padroado)으로 이미지가 실추된 남미나 아프

리카 지역보다는 새로운 대륙으로 떠오르던 동아시아에 주목할 수 있게 되었기 때문이다.[7]

대항해시대 이전에 아시아 선교에 나선 인물로는 프란치스꼬 수도회의 몬테코르비노(Giovanni da Montecorvino) 수사가 손꼽힌다. 1294년 초에 칸발릭(Khanbalik, 北京)에 도달한 그는 교회와 라틴어학교를 세워 수천 명의 개종자를 내는 성과를 거두었다. 하지만 몽골왕조인 원(元)나라가 무너지고 명(明)나라가 들어서는 과정에서 중국인이 아닌 외국인이 대다수를 차지하던 중국 그리스도교 개종자는 자취를 감추었다. 이후 대항해시대에 이르면서 선교 방법과 인식의 변화를 바탕으로 한 예수회 선교사에 의해 중국 선교는 '적응주의(Adaptation)'라는 새로운 방향성을 띠고 활성화되었다.[8]

예수회가 아시아를 중심으로 펼친 적응주의 선교방침은 대화의 차원에서 진행된 근대적인 선교방식으로, 당시 유럽 전교회에서 공통적으로 유지하고 있던 이식주의적 선교방침인 'Tabula rasa'와는 전적으로 달랐다.[9] 'Tabula rasa'는 선교대상지의 모든 종교, 철학, 도덕적 심상이 전적으로 기독교 신앙에 해로운 것이므로 철저하게 뿌리 뽑아 '비어 있는 판[白紙]'으로 만들어야 한다는 문화 이식주의를 내용으로 한 것이었다.[10] 그런데 예수회 동인도 관구장(管區長) 최초로 일본 선교를 경험했던 하비에르(Francisco Xavier)는 이러한 이식주의적 선교방침을 폐기해야 한다고 주장했다.[11]

하비에르는 27개월간의 일본 선교를 통해서 이식주의적 선교방침의 한계를 절감했다. 일본 문화의 연원으로 생각했던 중국 포교 활동이 선행되어야 한다는 것을 인식하고, 중국 선교를 계획했지만 실현하지는 못했다. 당시 인도와 동인도 제국에 대한 선교관할권을 가지고 있던 포르투갈은 1557년 마카오에 소규모 거류지를 확보하여 교회와 수도원을 건립했는데, 이후 중국 본토에 진출하고자 하는 이들의 거점 역할을 하고 있었다. 그런데 하비에르를 비롯한 예수회 선교사가 중국 선교에 나섰지만, 리치 (Matteo Ricci) 이전의 모든 시도가 실패했다.[12]

고아에서 5년간 체류하면서 이식주의적 선교의 문제점을 절실하게 느끼고 있던 리치는 루지에리(Michael Ruggieri)의 요청으로 마카오로 옮겨가서 중국 선교를 준비하게 되었다.[13] 당시 루지에리는 언어 장벽과 선배 선교사와의 관계로 어려움을 겪고 있었는데, 리치의 외국어 능력이 중국 선교에 필요하다고 판단했다. 마카오에 도착한 리치는 중국어 공부에 열중하면서, 중국의 정치, 경제, 역사, 문화를 공부했다. 리치의 외국어 능력과 과학기술에 대한 조예는 당시 광동(廣東) 지역을 관할하던 왕반(王泮)에게 알려졌고, 지도 제작에 관심이 있었던 그는 1583년에 루지에리와 리치를 광동의 조경(肇慶)으로 불러들였다. 이로써 명나라 건국 후 처음으로 그리스도교 선교사가 중국 대륙에 발을 딛는 일대 사건이 벌어졌다.[14]

이들의 초기 행보는 예수회의 적응주의적 선교방침에 충실했는데, 서양의 사제복 대신 승려 복장을 할 정도였다. 입국 이듬해에 지은 『천주실록(天主實錄)』에서는 신부를 '승(僧)'이라고 표기하였고, 1588년 옮겨 간 소주(韶州)에서도 중국식으로 성당을 건립했다. 그들은 명나라 말기 승려가 어떤 대우를 받는지를 알게 되기까지 중국에 체류한 초기 10여 년 동안 승복을 입었는데, 이후로는 유학자의 복색을 하고 유학자와 토론했다. 이렇게 1601년 명나라 제14대 신종(神宗, 재위 1572~1620)에게 진공(進貢)하고 북경 거주 허락을 받기까지 적응주의적 선교방침에 충실하였다. 중국 선교에서 리치를 빼놓을 수 없는 것은 그의 탁월한 어학 능력과 상황분석력, 그리고 대인관계 능력을 토대로 한 적응주의적 선교방침 덕분이었다.

본래 명나라는 개국 초부터 쇄국정책인 폐관자수(閉關自守)를 엄수해왔고, 원나라와 명나라의 교체기를 겪은 한인(漢人)은 외국인에 대한 혐오감이 뿌리 깊었다. 그러므로 리치의 시도가 성공한 이유로는 적응주의적 태도와 함께 당시 중국의 상황 변화가 함께 고려되어야 한다. 중국인은 불과

10살에 즉위하여 명나라 역사상 가장 오랜 재위 기간으로 유명한 신종(神宗)의 통치 기간인 만력연간(萬曆年間)을 '내정 개혁을 추진하여 만력중흥(萬曆中興)이라고 불리는 사회의 발전을 가져온 시기'로 기억한다. 하지만 이러한 기억은 신종의 스승이었던 장거정(張居正)을 등용하여 일조편법(一條鞭法)을 시행하는 등의 내정 개혁이 추진된 즉위 초기 10년간에 불과하다. 1582년 장거정이 죽고 신종의 친정이 시작되면서 개혁정책은 후퇴하였고, 1586년 이후 황태자 책봉 문제로 내각(內閣)과 대립한 신종은 정사를 돌보지 않는 태정(怠政)을 지속하였기 때문이다.

장거정 사후에 개혁정치가 좌절된 것은 역설적이지만 만력연간 초기의 개혁정치를 시행하면서 서원의 강학 활동을 탄압하는 정책을 시행했기 때문이다. 그는 "황제 일원적 지배하의 천하 만민을 위해 명조 전제체제를 공고히 하고 강화"하는 것을 목표로 삼았다. 명왕조에서 서원은 지방지식인층이 모여서 각자의 관점에 따라 자유롭게 정치적 의견과 논쟁을 나누면서 결과적으로 지방 언론을 형성하던 곳이었다. 그러므로 그의 사후, 동림학파(東林學派)와 양명학(陽明學) 좌파(左派) 및 즙산학파(蕺山學派) 유종주(劉宗周) 계열의 문인집단이 주역이 되어 사회 불안을 바로 잡고 쇠약한 국운을 중흥시키려는 방안이 모색되었다. 이로써 서원의 강학 활동이 일시적인 침체 상황을 극복하게 된 것이다.[15]

서원의 강학 활동 활성화는 장거정이 추구한 황제의 강력한 중앙통치가 흔들린다는 것을 의미했다. 중국 전통에서 황제는 천(天)을 대리해 이 세상을 다스리는 존재[天子]로 불렸다. 『서경(書經)』 「요전(堯典)」에는 천자가 천문 현상을 읽어서 역법을 세우고[測天行, 作曆法], 이를 반포함으로써 자신이 천명을 받아서 백성을 통치한다는 것을 선포하는 근거가 제시되어 있다. 수시력(授時曆), 곧 때[시간]와 역법을 내려준다는 것은 중국의 황제가 절대 포기할 수 없는 권위이자 고유한 업무였다.[16]

그러므로 리치가 태정(怠政) 중이었던 신종을 알현하고 공물을 바칠 수 있었던 것은 당시 신종의 권위가 흔들리고 있었던 것과 무관하지 않다. 정사를 돌보지 않던 신종이 리치가 바친 공물 중에서 유독 자명종에 관심을 가졌다는 것과 자명종이 고장 났을 때 수리해야 한다는 핑계로 북경 거주를 허락한 사실은 리치가 황제의 권위를 유지하는 데 필요한 인물이었다는 점을 반증한다. 당시에는 재위 초기의 개혁정책이 퇴보하면서 서원의 강학 활동이 강화되었고, 임진왜란을 비롯한 변방의 전쟁에 개입하면서 가중된 재정적 압박 등이 황제의 권위를 약화시키는 요인으로 작용하고 있었다. 이러한 상황에서 리치가 공물로 바친 서양 과학기술문명의 산물은 황제의 권위를 강화시키는 데 가장 효과적이고, 시의적절한 것이었다.

리치는 황제가 천문 역법을 중시하기 때문에 과학과 수학에 뛰어난 선교사를 중국으로 파견한다면 선교사의 중국입국이 용이해질 것이고, 포교에도 유리할 것이라는 서한을 예수회 본부에 보내기도 했다.[17] 그의 이러한 적응주의적 선교전략은 중국의 전통을 존중하면서 서양의 발달한 과학기술문명을 활용하여 현실적 요구에 적극적으로 대응하자는 점에서 절충주의적이라고 볼 수 있다. 적응주의적 선교를 넘어선 이러한 절충주의적 선교전략은 보유론적(補儒論的) 서학(西學)으로 이어졌다.

'유학을 보충하는 서양학문'이라는 뜻의 보유론적 서학에서는 중국 전통의 유교 개념을 원용하여 로마 가톨릭교회 신학의 기본 개념과 이론을 천명하고, 이와 관련된 논의에서 불교와 도교는 물론, 정주학과 양명학도 활용하였다. 보유론은 일종의 호교론(護敎論, apologia)으로서, '불교를 물리치고 유교를 보충한다'는 것을 내세운 것이다. 예수회 선교사는 적응주의를 표방했지만, 리치는 여기서 한 걸음 더 나아가 당시 서양 과학기술문명, 곧 서학을 소개하는 한편, '유교와 도교, 불교를 분리시켜 한쪽을 끌어당기고 다른 한쪽을 밀어내는 책략'을 사용했다.

중국 선교 초기 마카오에서 중국의 언어와 역사, 문화를 공부할 때부터 리치는 중국의 학술, 정치, 지역 현안을 어느 정도 파악하고 있었다. 그런데도 조경으로 들어온 이래 10여 년 동안 승복을 입고, 서승(西僧)으로 자처하는 시행착오를 겪었다. 이러한 시행착오에서 벗어날 수 있었던 계기가 당시 다시 활력을 찾은 서원의 강학 활동 분위기였다. 서학을 적극적으로 수용하면서 보유론의 이론체계를 갖추는 데 조력한 유학자와 서학은 수용하면서도 보유론에 대해서는 별다른 관심을 가지지 않았던 유학자, 그리고 서학과 보유론을 모두 배척한 유학자로 당시 지식인 계층이 나누어졌는데, 서학과 보유론을 모두 배척하는 이가 더 많았다.[18] 하지만 보유론적 서학은 이들 유학자와의 강학활동과 그것을 전제로 한 서학서(西學書) 등에 의해 만들어졌다는 점은 분명하다.

Ⅲ. 천주교회의 탄생과 교안

예수회의 적응주의적 선교와 리치의 보유론적 서학은 중국 지식인 계층과의 만남, 그리고 강학의 결과물이면서, 로마 가톨릭교회가 아닌 동아시아 지역교회인 천주교(天主敎)가 만들어지는 기반이 되었다. 오늘날 환황해권에서는 로마 가톨릭교회의 동아시아 지역교회를 천주교(天主敎)라고 부르고, 19세기 청나라와 조선의 개방 시기에 들어온 프로테스탄트(Protestant) 선교사가 전파한 종교를 기독교(基督敎)라고 부른다. 그런데 기독교(基督敎)는 희랍어 'Χριστος'를 음차(音借)한 것으로서, 한자어로 구교(舊敎)인 로마 가톨릭과 개신교(改新敎)인 프로텐스탄티즘을 통칭한 것이다.[19]

천주(天主)는 리치가 유가 경전 상의 상제(上帝)나 천(天)을 로마 가톨릭교회의 'Deus(神)'와 사실상 같은 존재로 설명하면서 새롭게 만들어진 용어다. 중국 선교 초기에 예수회 선교사들은 '열소(熱所)'와 '야소(耶穌)'라는 '예수(Jesus)'의 음차를 사용하면서 '하느님'을 가리키는 용어로는 '천(天)', '상제(上帝)' 등 중국 고유의 용어를 쓰거나 두사(陡斯; Deus)라고 음차했다. 그러다가 천지만물의 창조주, 하늘의 주님이라는 의미로 '천주(天主)'라는 용어를 사용하게 되었다. 중국의례논쟁 중이던 1704년 교황 끌레멘스(Clemens) 11세의 훈령에 따라 상제나 천이라는 용어 대신 '천주'라는 용어만 쓸 수 있게 되면서 로마 가톨릭교회의 아시아 지역교회를 천주교라고 부르는 기원이 되었다.[20]

예수회의 적응주의적 선교방침의 중국 선교 결과물인 보유론적 서학이 중국과 조선의 '천주교회'가 탄생하는 데 큰 영향을 끼쳤다는 점은 적응주의적 선교와 보유론적 서학, 그리고 천주교회를 구분한다는 점에서 상당한 주의를 요한다. 적응주의적 선교는 중국 현지에서 서양 과학기술문명과 중세 로마 가톨릭교회가 결합하면서 절충주의적 선교 전략을 선택하게 되었는데, 명말 황제권의 강화 유지 및 강학 활동의 활성화라는 현지의 요구 및 배경과 만나면서 보유론적 서학이라는 결과물을 만들었다. 리치의 보유론적 서학은 유교 개념과 사상을 차용(adoption)하거나 전유(appropriation)하는 과정에서 중세 로마 가톨릭교회의 교리와는 의도치 않은 거리를 둘 수밖에 없었다. 그가 유교의 개념과 사상을 온전히 이해하지 못하였던 탓도 있겠지만, 선교 목적을 달성하기 위해 의도된 오해도 피하지 않았기 때문이다.

중국의례논쟁에서 확인되듯이 로마 가톨릭교회의 교리와 교황청의 훈령, 칙서 등의 범주 안에서 제한적으로 허용 또는 금지되었지만, 천주(天主)의 개념처럼 로마 가톨릭교회 전통에서 벗어난 것이 보유론적 서학에 자리 잡게 되었다. 여기에 차용 또는 전유된 유교 개념과 사상으로 보유론적 서학을 대한 현지인의 불완전한 이해, 또는 오해가 더하게 되면, 이것은 리치의 보유론적 서학과는 또다른 형태가 된다. 그러므로 중국과 조선인의 보유론적 서학은 리치가 적응주의 선교방침에 따라 중국 선교 전략으로 채택한 그것과는 꼭 일치하지 않는 새로운 것이 된다.[21]

보유론적 서학이 중국 천주교회와 조선 천주교회의 성립을 가져왔다는 점에 대해서는 다양한 평가가 있다. 조선 천주교회의 성립은 동전한문서학서(東傳漢文西學書)를 통한 자발적 수용이라는 점에서 유례를 찾아보기 어려운 사례로 평가된다. 그러나 교세가 확대되면서 반(反)천주교 운동인 '구교운동(仇敎運動)' 또는 '교안(敎案)'이 발생하게 되었다.[22] 대표적인 것으로는 1616년과 1622년 두 차례에 걸쳐 남경의 예부(禮部) 관리 심최가 주도한 남경교안(南京敎案)을 손꼽을 수 있다. 이 교안은 불교를 신봉하는 신사(紳士)들의 위기감 때문에 발생한 것으로서 이후 불교와 천주교 사이에서 대대적인 종교논쟁이 일어났다.

리치는 서광계(徐光啟)로부터 보유역불(補儒易佛)의 개념을 제안받은 이래, 이를 적극적으로 활용하여 보유론적 서학이라는 중국 선교 전략을 실현해낼 수 있었다. 덕분에 16세기 말, 17세기 초에 천주교 교세가 확대되어가자, 보유역불을 경계하는 불교도들을 중심으로 한 반(反)천주교 운동이 일어났다. 리치와 서광계 등은 불교도와의 논쟁에 적극적으로 대응했다. 그런데 리치 사후에 이전과 달리 하늘과 조상, 공자에게 제사를 지내는 이른바 경천제조사공(敬天祭祖祀孔)에 제약을 받게 되자, 신사의 위기감이 고조되면서 대대적인 교안이 발생하게 된 것이다.[23]

남경교안 이후 선교보호권을 둘러싼 교황청과 청 황실 사이의 중국의례 논쟁[祭祀論爭]은 선교사 추방과 금교조치(禁敎措置)라는 청나라 종교정책의 변화를 가져왔다. 청나라 초기 종교정책이 종교적 다양성을 인정하는 방향으로 설정되었던 이유는 중화제국의 계승자였던 청나라가 사실은 이민족인 만주족에 뿌리를 두고 있었기 때문이다. 넓어진 영토와 문화적 다양성, 그리고 소수 민족 출신으로서 중화제국을 다스리려면 모든 민족에게 차별보다는 대등한 정책을 펴야 했다. 그래서 청나라는 리치의 적응주의적 선교 대해 관용적 태도를 취했지만, 교황청과의 갈등 때문에 선교를 금지하는 특단의 조치를 취했다.[24]

동아시아지역에서 발생한 천주교 교안은 지역적인 요인보다는 로마 가톨릭교회 내부 요인이 더 강하게 작용하여 발생한 것으로 볼 수 있다. 우선 로마 가톨릭교회 내 선교정책의 충돌이다. 환황해권 지역 교회인 천주교 탄생의 주역인 예수회(Societas Jesu)는 북유럽에서 독일, 스위스, 영국 등을 중심으로 일어난 종교개혁에 대한 교회 내부의 부흥운동 차원에서 출발하고 승인된 수도회였다. 예수회는 교황청으로부터 파문당한 개신교에 맞서서 로마 가톨릭교회의 교육과 쇄신을 담당하는 신학적·영적인 군대로서 트리엔트 공의회(Concilium Tridentinum, 1545~1563)를 이끌었다. 이들은 프로테스탄트 세력이 미치지 않은 중국과 중·남미 등을 선교지로 삼았는데, 로마 가톨릭교회의 전통에 충실한 트리엔트 공의회 결과와 "하느님의 더 큰 영광을 위하여(Ad majorem Dei gloriam)"이라는 예수회 표어에 충실했지만, 그래서 오히려 선교지역의 전통과 문화를 존중하는 선교 방식을 취했다. 이들이 '탁발수도회(Ordo)'가 아닌 '회(Societas)'로 불린 것도 외형적인 부분보다는 로마 가톨릭교회의 정체성에 더 집중했기 때문이다.

이에 비해서 반세기 늦게 중국에 들어와서 제사 문제를 놓고 청·조선 왕조와 갈등을 일으킨 도미니꼬회(1631)와 프란치스꼬회(1633)는 탁발수도회(Ordo)로서 프로테스탄티즘이 일어나기 전인 13세기의 교회 상황을 배경으로 하고 있었다. 13세기 유럽에서는 봉건 제도가 쇠퇴하면서 제후나 영주의 지배에서 벗어난 농노가 민주적 성격의 사회조직(commune)을 만들었고 화폐 경제시대가 열렸다. 이러한 상황에서 교회와 수도원, 성직자는 신자로부터 부패나 결점을 공격당하기 시작했고, 교회는 이들을 이단적인 사상으로 단죄하면서 신자의 신앙심을 회복시킬 새로운 조직을 필요로 하였다. 이러한 요구에 부응한 것이 프란치스꼬회, 도미니꼬회, 까르멜회, 아우구스띠누스회 등의 탁발수도회(ordo mendicans)였다. 그러므로 이들은 출발 당시부터 일체 이단적인 사상과 정반대되는 교회 중심의 태도를 지닐 수밖에 없었고, 자연스럽게 이식주의적 선교 방침으로 이어질 수밖에 없었다. 교안이 발생한 가장 직접적인 요인은 이러한 이식주의적 선교방침이었다.

다음으로는 선교보호권 문제이다. 기독교 선교와 유럽 경제가 한계에 봉착한 시점에서 콜럼버스(Christopher Columbus)의 신대륙 발견은 유럽 국가와 로마 가톨릭교회에 탈출구를 제공했다. 해외무역과 모험에 적극적이었던 유럽 대서양 연안의 국가가 주축이 된 대항해는 1492년 이래 약 30년간 지속되었다. 이 시기에 발생한 지리상의 대발견은 유럽인의 삶과 사고방식을 근본적으로 바꾸기에 충분했고, 전에는 예측할 수조차 없었던 선교의 새로운 가능성을 제시했다. 이러한 상황에서 신대륙을 발견한 나라는 배타적인 소유권을 인정받으려고 했고, 교회는 신대륙 발견이 활성화되어 선교가 더욱더 확산되기를 바랐다. 이러한 욕구들이 만나 이른바 '선교보호권(Padroado; patronage)'이라는 제도가 만들어졌다.[25]

선교보호권은 신대륙에서 선교를 보호하도록 하는 의무를 지우는 것이지만, 실제로는 의무의 당사국이 해당 지역에 대한 배타적 소유권을 가진다는 것을 의미했다. 의무의 당사국이었던 포르투갈과 스페인은 교황의 훈령이나 명령으로도 그들의 만행을 바로잡지 못할 정도로 현지인을 잔혹하게 착취했고, 이후 각국의 국력을 쇠퇴시키는 결과를 초래하였다. 선교보호권 문제는 교황청이 적응주의적 선교방침과 이식주의적 선교방침 사이에서 갈팡질팡하여 청정부의 관용주의적 종교정책이 중단되는 요인이 되었다.

로마 가톨릭교회 내부의 이러한 몇 가지 사정은 명청 교체기에 과학적 공헌과 봉사를 통해 1692년 강희제(康熙帝)로부터 신앙의 자유에 대한 법적 관용을 얻는 데 성공한 예수회의 노력을 물거품으로 만들었다. 강희제의 법적 관용 이후 15년간 놀라운 성과를 얻은 중국 선교는 1704년 교황 끌레멘스 11세의 훈령 전달과 함께 최악의 상태로 내달렸다. 그동안 천주교에 대해 관용적 태도를 취하던 강희제가 1706년 칙령을 내려 중국에 머물고자 하는 선교사는 누구나 중국 의례에 관한 한 리치가 제시한 관용적인 방침을 취하겠다고 서약해야 하며, 그러한 선교사만이 정부에서 발급한 인표(印表)를 받아 체류할 수 있다고 했던 것이다.[26]

　　적응주의적 선교방침과 그 산물인 보유론적 서학의 성립, 중국과 조선 천주교회의 수립이라는 동서의 만남과 교섭 결과는 로마 가톨릭교회 내부의 상호주의에 대한 몰이해로 중국 선교 이전 상태로 돌아가버렸다. 신앙의 순수성과 통일성에 치중한 이식주의적 선교방침의 이면에 수도회 간의 경쟁의식, 국가간 알력 등 현실적인 요인이 작동하고 있었다는 사실은 천주교 교안이 청과 조선정부, 그리고 관료 유학자와 불교도 등의 위기의식에서 비롯된 면이 없지 않음에도 불구하고, 당시 로마 가톨릭교회와 교황청에 일차적인 책임을 물을 수밖에 없는 근거가 된다.[27]

IV. 환황해권 천주교 교안

　　19세기 초에 개방된 청나라에 다시 들어온 천주교와 개신교 선교사는 자국의 무력을 앞세워 청나라 조정으로부터 포교권을 획득하는 데 성공했다. 이들은 청나라에서 합법적 지위를 누리던 불교와 도교, 회교 등과 경쟁적인 단계에 들어섰다. 1860년대를 거치면서 선교사는 사회복지 시설, 학교, 병원의 운영에 관심을 쏟았고 결과적으로 유례없는 성공을 거둘 수 있었다. 그러나 바로 그 지점에서 선교사들은 국가권력보다 더 강한 새로운 권력이 되었고, 이 권력에 기댄 사회적 약자에게 위협을 느낀 기존 세력과 배외주의자에 의해 이전과는 다른 교안이 발생하게 되었다.

　　19세기 초 청나라와 영국 사이의 무역 붐을 타고 다시 청나라에 들어온 선교사는 한 세대 전인 리치의 적응주의적 선교 방식이나 그것에 반대하던 이식주의적 선교 방식과는 사뭇 다른 태도를 지니고 있었다. 대부분 개신교 선교사였던 이들은 여러 방면의 사회활동을 통해 선교하려고 하였는데,

그 가운데 하나가 성서(聖書)의 한역(漢譯)이었다. 성서의 한역은 천주교 한문서학서(漢文西學書)와는 또다른 차원에서 문화교류의 매개가 되었고, 그 결과는 태평천국의 등장과 그것에 따른 개신교의 세력화였다.

천주교가 명말청초의 지식인층과 중세 로마 가톨릭교회의 지식인 선교사인 예수회가 교류하여 탄생한 것이라면, 태평천국은 청나라 민중과 개신교가 교류하여 탄생한 것이다. 알려진 바에 따르면 홍수전(洪秀全)은 중국인 개신교 신자 양아발(梁亞發)이 성경을 발췌하여 해설을 붙인『권세양언(勸世良言)』을 읽고 세상을 구원해야 한다는 생각을 품었다. 이 생각은 기독교적 구원관과 무교적 신내림이 결합한 것인데, 당시 태평천국의 주요 지도자는 이러한 경험을 공통적으로 가지고 있었다. 그뿐만 아니라 이들은 가난한 민중의 대변자 역할을 하였는데, 덕분에 개신교 선교사는 물론 청나라의 민중도 태평천국이 개신교와 유사한 것으로 착각하였다.[28]

태평천국의 난이 청나라 내부의 해체를 가속화하던 1860년 개신교 선교사는 영국과 프랑스의 국가권력을 앞세워 청나라로부터 포교권을 획득하는 데 성공하였다. 이들은 당시 청나라에서 합법적인 지위를 누리던 불교와 도교, 회교와 공개적으로 경쟁하면서, 태평천국과 같은 이른바 '기독계 신흥종교'와 경쟁하는 단계에 들어섰다. 당시 기독교계 신흥종교는 절충주의적 선교 결과에 따른 교의로 무장하고 있어서 빈민층이 적극적으로 호응하고 있었기 때문이다.

이런 사실을 파악한 개신교 선교사는 사회복지시설, 학교, 병원의 운영에 중점을 두었고, 유례없는 성공을 거두었다. 이것은 신(神)의 뜻을 지상에서 실현하는 수단이었고, 사회적 약자를 끌어들이는데 가장 효과적인 선교방식이었다. 예컨대, 의료선교는 극빈자를 무료로 치료하면서 의과대학을 개설하여 중국인 의사를 배출하여 중국의 전통 의학을 보완하거나 개선하는 방향을, 사회복지 선교는 대도시에서 고아원이나 육영당과 같은 유아 중심의 자선기관을 운영하여 좋은 신도를 확보하는 방향을 지향했다.[29]

이러한 선교에 대해 청왕조와 지역사회 엘리트는 중국의 국가 권력과 지역사회가 오랫동안 발전시켜온 공적 영역(Public Sphere)에서 의료와 복지라는 매우 유력한 무기를 가지고 경쟁할 수 있는 토대를 침탈당한 것으로 인식하고 경계하였다. 때마침 이때를 전후하여 중국 각지에서 의화단 운동과 함께 그리스도교 배격 운동이 일어났다. 이때의 교안은 열강의 힘을 빌린 선교사와 그에 기댄 사회적 약자가 전통적인 질서에 도전하게 될 것이라는 우려로 발생하였다. 1870년 천진교안은 교회의 고아원 경영에 대한 의혹이 원인이었고, 프랑스 영사의 발포에 따른 인명상해사건이 발단이었다. 하지만 서구 열강은 오히려 교안을 침략의 기회로 활용했다. 그러다 보니 중국인은 외국 침략자의 구체적인 표상으로 교회와 선교사를 증오했고, 1890년대에 이르러서는 신규 개항에 따라 열강의 정치적, 경제적 침략이 격화한 지역을 중심으로 교안이 집중적으로 발생하게 되었다.[30]

조선도 중국과 비슷한 과정을 거쳐 교안이 발생했다. 18세기 후반 한문서학서가 유입되면서, 이를 바탕으로 중국 천주교를 접한 양반 지식인 소장파에 의해 수립된 조선 천주교회는 중국 천주교회보다 한 번 더 문화적응주의적 단계를 거쳤다. 가성직제도(假聖職制度), 평신도성직제도(平信徒聖職制度)라고도 불리는 교회직제는 세계에서 유례를 찾아볼 수 없는 사례로, 선교사의 선교 결과가 아닌 조선 천주교회의 독자 수용의 근거가 되기도 한다. 1790년 윤유일(尹有一)이 가성직제도가 교회법에 어긋난다는 북경주교의 서신을 들고 입국하면서 중단되기는 했지만, 중국에서 탄생한 천주교가 조선으로 전파 확산되는 과정에서 한 차례 더 문화변용을 겪은 형태로 볼 수 있기 때문이다.

한문서학서의 자의적 해석 결과였던 가성직제도가 중단되면서 조선 천주교회 신자는 성직자의 파견을 중국 천주교회와 교황청에 적극적으로 요청하였다. 그러던 중 1794년 중국인 신부 주문모(周文謨)가 입국하여 교세가 왕성해지자 1801년 신유박해(辛酉迫害)가 벌어졌다. 이후 세 번에 걸친 박해는 안동 김씨의 실각(己亥迫害, 1839), 프랑스함대의 무력시위(丙午迫害, 1846), 대원군의 쇄국정책(丙寅迫害, 1866) 등 조선 정부 내의 권력 지각 변동이 주요한 원인으로 손꼽힌다. 그런데 그 서곡이라고 할 수 있는 신해박해(1791)라고도 불리는 진산사건(珍山事件)에 주목해볼 필요가 있다.

이 사건은 가성직제도의 주역인 양반 지식인층 가운데 윤지충(尹持忠)과 권상연(權尙然) 두 사람이 중국의례논쟁의 핵심 쟁점이었던 폐제분주(廢祭焚主)를 실천함으로써 발생했다. 이 사건은 중국 천주교회보다 좀 더 수준 높은 문화적응주의적 단계를 거친 조선 천주교회를 중국의례논쟁에 뒤늦게 끌어들이는 결과를 낳았다. 이 사건으로 말미암아 양반 지식인층의 대거 이탈이 발생했고, 그 빈 자리를 상민과 노비계층이 채우면서 전란 이후 사회기강을 바로잡고자 했던 당시 조정을 들끓게 했다. 그러면서 조선 천주교회도 상호주의적 태도 대신 로마 가톨릭교회의 순수성과 통일성을 최우선으로 하는 악순환이 펼쳐졌다.

이러한 상황에서 황사영백서사건(黃嗣永帛書事件, 1801)이 발생하자 천주교는 서양 침략세력의 앞잡이로 인식되어서 조선 정부와 민중으로부터 배격당했다. 하지만 1835년 이후 조선에 입국한 프랑스선교사는 오히려 박해시대를 견뎌내기 위해서 내세신앙을 강조했다. 이에 따라 조선 천주교민은 현세에 대해 철저히 부정하면서 내세를 지향하는 경향이 강해졌고, 현세의 질서에 대한 개혁의식이 상대적으로 약화되면서 고립되었다. 이러한 경향은 조선 조정의 박해를 오히려 부추겼고, 다른 한편으로는 사회 개혁을 염원하던 민중이 서학이 아닌 종교운동을 통해 결속을 강화하려는 결과를 낳았다.[31]

이러한 과정에서도 1876년 강화도조약(江華島條約; 朝日修好條規)의 체결과 그에 따른 원산과 인천 개항, 1886년 조불수호통상조약 체결을 통해서 한말 천주교회는 선교 자유의 시대를 맞게 되었다. 박해 시대를 견뎌낸 한말 천주교회는 교세가 확장되어갔지만, 지방관리는 물론, 민중 사이에서 서교(西敎), 곧 천주교회 배척의 움직임이 빈발했다. 최제우(崔濟愚)가 '동학과 서학은 도(道)와 운(運)이 같지만 이(理)는 다르다'라고 하였음에도 불구하고, 동학도는 천주교를 서양세력으로 인식하고 적대하였다. 동학도가 가지고 있던 이러한 경향은 교안으로 이어졌다.

개항 이후 발생한 한말교안의 발생 빈도를 보면, 주로 (1) 1890년대 전반기에 자주 발생하다가 1890년대 중반기에는 줄어들었다. 그리고 (2) 1890년대 후반에서 1900년대 초에 집중적으로 발생했다가 (3) 1904년 이후로는 거의 종식되었다. (1)의 시기에는 대체로 관(官)·민(民)이 교회 쪽을 공격하는 양상을 보였는데, 1894년 동학 농민 운동을 거치면서 동학농민군에 의한 교회 공격 사건이 다수 발생하였다. (2)의 시기에 들어서는 이전 시기와는 달리 수세에 몰렸던 교회가 오히려 향촌사회를 압도한 탓에 발생한 유형이 많다. (3)의 시기에는 교회의 교세에 비해 새로이 등장한 일진회 등의 친일 세력이나 개신교회 세력이 천주교를 압도함으로써 발생한 유형이 많다. 지역별로는 충청(32), 전라(29), 황해(23), 경기(17), 경상(16), 함경(11), 강원(10), 서울(3), 평안(1)의 순으로 발생했는데, 주로 교세가 강했던 지역을 중심으로 발생한 것으로 볼 수 있다.[32]

한편, 1897년에서 1903년까지 교안이 집중되었던 시기에는 교회의 관·민 공격이 99건으로 이전 13건에 비해 상당히 늘어났다. 이전 시기에는 교회 쪽에서 지역주민에게 사형(私刑)을 가하는 사례가 전혀 없고, 관에서 오히려 교민을 체포하여 처벌하는 경우가 대부분이었다. 그러나 이 시기에 교민이 체포되어 처벌되는 사례는 8건에 불과하였고, 오히려 교회 쪽에서 지역주민에게 사형(私刑)을 가하는 사례가 10건에 달하였다. 이러한 현상은 선교사의 치외법권 행사에서 비롯된 것이다. 선교사의 치외법권이 실효성을 상실하게 된 1905년 이후로는 친일세력과 개신교로부터 천주교민과 사제관이 습격받는 사례가 빈발하였다는 점에서도 이러한 사실이 확인된다.[33]

선교사의 치외법권 행사에서 비롯된 교안의 대표적인 사례 가운데 하나가 신축교안(辛丑敎案, 1901년)이다. 신축교안이 일어난 1901년은 천주교회가 향촌사회를 압도한 탓에 교안이 빈발하던 시기였다. 이 시기에 선교 자유는 물론, 치외법권이 보장되면서 일부 지역이지만 유력한 양반계층의 입교 사례가 있었을 뿐 아니라, 향리층이나 하급 관속과 같은 중간 계층의 입교가 증가했다. 박해시대 교민을 노골적으로 탄압했던 이들 계층의 입교 증가 추세는 교회 세력이 향촌사회를 압도하고 있었음을 반증한다. 이는 한말 일반인의 전형적인 입교 이유로 손꼽히는 '교회 세력에 의지하여 현실적인 이익을 획득하는 것'과 긴밀하게 연동된다. 그런데 이렇게 선교사와 교회에 의지하는 세력이 커질수록 교폐(敎弊)가 극도에 달하였고, 1899년 강경포·안변교안, 1901년 신축교안, 1902년 해서교안 등과 같이 지역민이 집단적으로 교회와 대립하는 사례가 빈발한 것이다.[34]

한말 교안이 집중된 시기는 '근대성(Modernity)'을 앞세운 서구 제국주의 문화와 현지의 전통문화가 충돌하는 역사적 공간이었다. 청나라와 대한제국 할 것 없이 서세동점의 첫 번째 교류가 이루어지던 때와는 달리, 정치적으로는 다변화된 국제정세에서 주도권을 가지지 못한 채 국권의 추락과 국가 시스템의 붕괴를 겪어야 했다. 이 현장에 덧씌워진 '문명 대 야만', '근대와 전근대'의 프레임을 고착화하고 동조한 현지인은 신분과는 관계없이 그러한 프레임을 활용하여 사익을 추구했다.

결과적으로 그 프레임에 갇힌 것은 청나라와 대한제국의 이른바 권력계층이 아니라, 그러한 이들로부터 소외당한 지역민이었다. 이들은 한 세기 동안 박해의 시대를 살아야 했던 천주교인과 같은 처지에 놓였음에도 불구하고, 그러한 사실을 이해할 수 없었을 뿐 아니라, 내외부의 정치와 교회 권력으로부터 그 책임을 떠넘겨 받아야만 했다. 그러므로 로마 가톨릭교회와 교황청이 강희제의 대화 제의를 거절한 대가로 중국과 조선의 천주교인이 박해시대를 견뎌야 했던 것처럼, 선교자유화 이후 환황해권 교안의 대가도 이들이 져야 했다. 박해시대를 견뎌낸 이들도, 그들의 갚음을 한다는 이로부터 교폐를 입은 쪽도, 그래서 일어난 교안의 피해를 입은 이도 모두 지역민이었다.

V. 무너지는 경계

서세동점 당시 진보적인 선교방침을 가지고 있던 예수회와 개방적인 종교정책을 취하고 있던 청나라 정부의 만남은 보유론적 서학이라는 동서문화의 공통지대를 만들었다. 보유론적 서학은 문화적응주의적 선교방침에 따라 중국 고전을 탐구한 예수회 선교사들과 일부 유학자들의 만남과 대화가 만들어낸 새로운 결과물이다. 이러한 보유론적 서학으로 만들어진 천주교는 로마 가톨릭교회의 동아시아 지역교회 이상의 정체성을 가진다.

조선은 한문서학서라는 제한적인 창구를 통해 보유론적 서학과 중국 천주교를 이해하였음에도, 가성직제도와 같은 적극적인 수용과 변용 태도를 보였다. 당시 현실 권력에서 소외되었던 남인 시파의 젊은 학자에게 보유론적 서학은 공맹의 원시유학, 곧 수사학적 전통과 잇닿아 있으면서도, 그러한 전통에서 생략하고 있던 논점을 보충해주는 것으로 여겨졌다. 이 점에서 조선 천주교회는 중국에서 시작된 천주교회의 수준을 한 단계 성숙시킨 것으로 볼 수 있다.

하지만 선교 자유화 한 세기 전에 충분히 뿌리내릴 수 있었던 보유론적 서학과 천주교회는 로마 가톨릭교회 내부의 선교 보호권과 그를 둘러싼 유럽 각국의 이해관계 때문에 중국과 한국에서 제대로 지속할 수 없었다. 교황청은 명청교체기라는 최적의 대화 시간을 외면했고, 조선 정부는 양반지식인층에 의한 자발적 수용과 문화변용이라는 최적의 콘텐츠를 18세기 조선 정치권력 지형의 변동 요인으로 오해하여 적대시했다. 그래서 청나라와 조선의 조정은 급변하는 시대적 변화에 능동적이고 주도적으로 참여하는 대신 빗장을 닫아걸었고, 많은 이들의 희생과 교류의 극단적 단절이 뒤따랐다.

추방과 박해정책이 종결된 1860년에서 1886년 사이 중국과 한국에는 선교의 자유가 이루어졌고, 한 세기 전과는 사뭇 양상이 다른 교류가 이루어졌다. 이 시기에 중국과 한국에 들어온 그리스도교는 한 세기 전보다 훨씬 강한 제국주의와 모더니즘으로 무장하고 있었으므로, 중국과 한국의 정치권력과 향촌 사회를 압도했다. 이들은 한 세기 전에 이루어진 보유론적 서학과 천주교회의 자산을 활용하지 못하거나 활용하지 않은 채 새로운 방향으로 선교 사업을 확장했다. 물론 상호주의에 기초한 만남과 대화가 전제되지 않았다는 점에서 이 시기의 선교방침은 한 세기 전에 단절을 가져온 이식주의적 선교방침과 다르지 않았다.

개신교는 보유론적 서학과 천주교회를 만들어낸 예수회가 종교개혁에 대항하기 위한 조직이었던 만큼 예수회의 적응주의적 선교방침과는 다른 선교방식을 취하였다. 이들의 선교방식은 교류의 단절을 불러왔던 파리외방전교회 등 후발 선교사가 채택했던 이식주의적 선교방침을 연상시키는 것이었다. 이들은 외교적 특권을 보장받음으로써 지위 면에서 한 세기 전의 선교사와는 차별화되었다. 이들은 성서의 한역과 함께 의료·사회사업 등을 통한 빈민층 선교에 중점을 두어 교세를 확장시켜 나갔다.

이러한 적극적인 선교 태도는 가시적이고 급속한 교세 확장에 필요한 것이었고, 중국과 한국 정부가 중세의 해체과정을 겪으면서 사실상 놓치고 있던 부분을 적극적으로 보완하는 것이었다. 하지만 이들의 빈민층 선교는 당시 청나라 정부와 지식인에게는 전통사회의 질서를 무너뜨리는 것으로 인식되었다. 실제로 선교사의 권위를 내세워 전통사회의 질서를 무너뜨리려고 하는 교민이 등장하기도 하였다.

그리하여 중국에서는 한 세기 전과는 달리, 정부 관리가 아닌 지역민에 의한 교안이 빈번하게 발생하였다. 그런데 교안의 원인으로 손꼽혔던 각종

사회사업과 관련된 의혹은 대개는 외국침략자에 대한 적개심에서 비롯된 것일 뿐, 사실과는 거리가 있었다. 하지만 개신교 선교사의 공격적인 선교 태도는 중국 양반 관료뿐만이 아니라, 지역민의 반발을 불러일으킬 수밖에 없었다. 피해자로 거론되는 이들은 다름 아닌 선교의 집중 공략 대상인 지역민이었기 때문이다. 이 점은 오랜 박해 끝에 선교 자유를 얻은 조선 천주교회도 마찬가지였다.

천주교회는 개신교의 공격적인 선교에 뒤지지 않기 위해 교육, 사회사업을 선교 사업의 일환으로 채택하였다. 그리고 전통적인 신앙을 지켜온 교민을 중심으로 하여 선교사의 달라진 위상을 배경으로 한 적극적인 선교가 이루어졌다. 이런 선교 태도는 박해시대를 견뎌낸 피해자라는 인식과 만나면서 향촌사회를 압도했고, 결과적으로 양반지식인층은 물론, 지역주민으로부터 상당한 반발을 불러일으켰다. 신축교안과 같은 크고 작은 교안이 빈발한 것은 바로 이런 사정때문이었다.

보유론적 서학과 천주교회는 환황해권에서 이루어진 유럽과 동아시아, 로마 가톨릭교회와 유교 교류의 대표적인 결과물이다. 지식인 계층을 중심으로 시작되었고, 전개되었다는 점에서 당시로서는 상상할 수 없을 정도로 수준 높은 문화교류가 이루어졌다. 적어도 여기에 참가한 유럽과 동아시아 지식인은 상호주의적 태도를 표방했고, 그 결과로 제2차 바티칸 공의회(1962~1965)에서 공식적으로 인정되었고 허용되었던 천주의 개념과 제사 문제에 대한 진보적인 이해를 삼백 년이나 앞당겨 이를 수 있었다. 하지만 로마 가톨릭교회 내부의 선교방침 혼란과 제국주의 열강에 대한 중국과 조선 정부의 배타적인 태도 탓에 교류의 지속성을 확보하지 못한 채, 일방적으로 단절될 수밖에 없었다.

이에 비해, 선교 자유화 이후 빈발했던 환황해권 천주교 교안은 향촌사회를 압도한 교폐에 대한 지역민의 저항(resistance)과 거부(rejection), 충돌(conflict)이다. 이미 한 세기 전에 수준 높은 대화와 그에 어울리지 않는 근시안적이고 이기적인 판단에 따른 길고 어두운 단절을 경험하였음에도 불구하고, 깨달은 바가 없었기 때문이다. 교회와 교민은 정복주의적 선교 방침에 충실한 순수성과 통일성을 미덕으로 생각하면서 현지에서 고립되어갔고, 정치권력은 이들을 사회불안요소로 규정함으로써 권력을 유지하는 데만 급급하였다. 선교 자유화 이후에도 이런 문제점이 지속되었기 때문에 교회와 정치권력은 지역민을 적으로 돌리게 되었다.

이 장은 코로나-19의 세계적 대유행과 그 대응책인 거리두기가 대항해시대부터 추구되어온 동서의 만남과 교류, 그리고 그 수단인 공간의 압축을 '지연(遲延)' 또는 '해제(解除)'하는 계기라는 문제의식에서 출발했다. 그래서 공간의 압축 과정에서 간과되거나 고려되지 못했던 것을 환황해권의 천주교 교안을 통해 점검해보고, 지금 우리가 당면한 문제를 해결할 사유의 틀을 재구성하고자 하였다. 너무도 당연한 이야기이지만, 만남과 대화에서는 주도권(hegemony)보다는 상호주의적 태도가 우선되어야 한다. 자기의 욕구를 인정하되, 그것을 상대가 분명하게 이해할 수 있는 내용과 방식으로 전달함으로써 나와 상대를 존중해야 한다. 또한 납득할 수 있는 근거가 있을 때는 상대의 주상을 수용하여 자신의 욕구를 수정할 수 있는 개방성을 갖추어야 한다.

사실에 대한 엄밀한 학적 체계를 갖춘 학문인 역사에는 '만약'이라고 하는 가정(假定)이 없다. 하지만 우리는 과거를 돌이켜볼 때마다 '만약'이라고 말하게 된다. 만약 다양한 장점을 가진 리치가 명말 황제의 권위 강화라는 현실적 요구와 만나, 그러한 현실적 요구를 만들어낸 유학자들과 강학 활동을 하지 않았다면 보유론적 서학과 천주교라는 전무후무한 동서교류의 결과물이 만들어질 수 있었을까? 만약 예수회보다 반세기 늦게 중국 선교에 나선 몇몇 수도회가 예수회의 적응주의적 선교방침을 따르거나, 이의 제기를 받은 교황청이 제2차 바티칸 공의회와 같은 결정을 했더라면, 최소한 강희제의 대화 요청을 수락하고 이해했다면 종교 박해의 피해는 얼

마나 줄일 수 있었을까? 만약 선교 자유화 이후 개신교가 한 세기 전 로마
가톨릭교회의 경험을 거울삼아 상호주의에 입각하여 현지를 좀 더 이해하
는 시간을 가졌다면 환황해권의 교안은 벌어졌을까?

수많은 '만약'을 생각해볼 수 있을 것이지만, 지금 우리에게는 먼 훗날
오늘을 돌이켜보면서 '만약'이라고 말할 수밖에 없는 것이 엄연한 현실의
선택으로 주어져 있다는 사실로 돌아와야 한다. 세계적 대유행이 선언되자
마자 국경을 닫아걸고, 거리두기를 하면서, 자가격리하는 것 외에 할 수 있
는 것이 없다면 의료기술의 비약적인 발전에도 불구하고 흑사병의 공포가
전유럽을 휩쓸던 중세보다 더 나아진 것이 없다는 비판에서 자유롭지 못할
것이다. 팬데믹 기간에 #덕분에 챌린지에도 불구하고, 두 세 군데 직장을
전전하는 초단시간 노동자가 감염병 확산 초기에 의혹의 시선에서 자유로
울 수 없었던 것은 제4차 산업혁명에도 불구하고 소외당하는 인간의 처지
를 잘 보여준다. 모처럼 멈추고 되풀이 되는 시간과 공간에서 필요한 것은
"무감어수(無鑑於水) 감어인(鑑於人)", 더디더라도 서로의 '삶의 자리(sitz
im leben)'를 존중하는 지혜이다.

제11장
로컬의 교섭, 이중정체성

Ⅰ. 이주지, 이동의 현장

제주와 제주 사람은 지금 '문화(文化)'의 시대를 온몸으로 겪고 있다. 최근 십 년 안팎의 일이지만, 그 원인을 좇다 보면 1964년 '제주도 건설 종합계획'에서 '관광(觀光)'을 제주 산업의 기본 방향으로 설정한 때로 거슬러 올라가게 된다. '관광'이란 말은 『주역』관괘(觀卦) 육사(六四)의 효사(爻辭) "나라의 빛남을 보니 왕의 손님 노릇을 하는 데 이롭다."[1]에서 비롯되었다. 이원대로라면 '나라의 빛남을 본다.'는 것이므로 휴양(休養)이나 유람(遊覽), 그리고 여행(旅行)보다는 연수나 견학에 더 가깝다. '임금의 덕화(德化)가 만들어낸 아름다운 풍습과 선량한 시속[美風良俗]'을 보고 배운다는 말이기 때문이다. 그래서 관광은 본디 '자연경관'보다는 '사회환경'을 대상으로 한다. 훼손되지 않고 잘 보전된 자연경관도 임금의 덕화가 미친 결과로 본다면 이야기는 달라지겠지만 말이다.

국내 대표 관광지 제주는 그동안 '국내외 유일(有一)'을 자랑하는 자연경관을 가진 '휴양의 섬'으로 주목받았다. 10여 년 전까지만 하더라도 '관광지 제주'는 사실상 이국적(異國的) 경관과 정취를 내세운 '휴양지'였다. 그래서 온 나라가 근대화라는 명분을 내건 산업화에 매진하는 동안 제주는 '산업화에서 소외된 관광지'로 남을 수 있었다. 하지만 2002년 생물권보전지역 지정, 2005년 세계평화의 섬 공식지정, 2006년 제주특별자치도 출범, 2006년 제주 올레 1코스 개장 및 제주항공 설립, 2007년 세계자연유산 등 재, 2010년 세계지질공원 인증 및 제주 순이동률 증가 등을 거치면서 제주 는 문화를 내건 체류형 관광지로, 더 나아가서는 탈(脫)신자유주의를 꿈꾸 는 '문화 이주민'의 정착지로 변신했다.[2]

'제주의 역설'은 '산업화에서 소외된 관광지'이었으므로 '산업화가 비껴 간 문화 이주지'로 주목받게 되었다는 점에서 오리엔탈리즘(Orientalism) 의 역설과 맥락을 같이한다. 에드워드 사이드(Edward W. Said)는 '동양은 스스로 존재하지 못하고, 다만 오리엔탈리스트의 말과 담론 속에서만 존재 한다.'고 말했다. 오리엔탈리즘의 역설은 사실상 '존재하지 않는 것', '없는 것'인데도 불구하고, 그것에 대한 말과 담론이 열광적으로 존재한다는 것 이다. 지금 '제주는 스스로 존재하지 못하고, 다만 제주를 말하는 이의 말 과 담론 속에서만 존재하는 모양'이다. 제주를 산업화에서 소외시킨 것도, 그렇게 소외된 제주를 산업화의 폭력에서 비껴나 있는 곳이라고 열광하는 것도, 지금까지의 제주와 그곳에서 살았던 제주 사람과는 무관하다. 따라 서 지금 여기에 '그런 제주와 제주 사람은 없다.'

다양한 동기를 가지고 제주에 정착하는 사람이 있고, 더구나 증가 추세 를 보인다는 것도 엄연한 사실이다. 이 사실은 「제주특별자치도 정착주민 등 지원에 관한 조례」에서 '정착주민'을 "외국 혹은 타 시·도에서 장기간 거주하다가 제주특별자치도로 이주하여 제주에 주소를 두고 실제 거주하 면서 지역주민으로서 생활하는 사람으로 제주의 문화와 생활에 익숙하지 않은 사람"[3]으로 정의하는 데서도 확인된다. 이 정의에 따르면 오늘 제주 에 엄연히 존재하는 '정착주민'은 '제주의 문화와 생활에 익숙하지 않은' 상태이지만, 이제 곧 제주의 문화와 생활에 익숙해질 '제주 사람'이다. 그 리고 제주는 그런 사람이 살아가는 곳이다.

제주지역사회에서 흔히 '문화 이주민'이라고 불리는 정착주민은 제주어와 제주문화를 배우면서 도민(島民)보다 더 도민 같은 정체성을 획득하고 있다. 상대적으로 도민은 정착주민이 배우는 제주어와 제주문화에서 소외된 채 태생만 제주인 선주민으로 남을 처지에 놓였다. 더 큰 문제는 도민보다 더 도민 같은 정체성을 획득한 정착주민과 평화롭게 어울려 사는 법을 배워야만 한다는 것이다. 평화롭게 어울려 사는 법이란 지금까지 살던 방식을 포기하거나 바꾸는 것을 전제로 한다. 지금까지의 삶의 방식 가운데 적어도 하나 이상을 '보편적이고 합리적이지 않은 것'으로 인정해야 한다는 것이다.

제주에 사는 모두가 이제는 '바탕이 서로 다른 문화나 사회, 집단의 경계선상에 있고, 그 어느 쪽에도 완전히 속하지 않는 사람'인 경계인이 되었다. 경계인이 넘치지만, 제주는 여전히 계몽적이다. 정착주민에게는 제주어와 제주문화를, 도민에게는 당연하게 여기던 것을 낯설게 여기는 법을 가르친다. 성급한 기대일 수 있지만 도민의 커뮤니티는 더 이상 투과성(permeability)이 좋은 외피(tunica)에 비해 투과성이 제로인 내체(corpus)로 이루어진 이중성을 유지할 수 없다. 이렇게 해서 제주는 그동안의 변방성, 폐쇄성을 벗어던질 기회를 맞이했다. 하지만 도민이건 정착주민이건 제주에 거주하는 이들은 지금까지 제주적이었던 것과 앞으로 제주적일 것이 충돌하고 뒤섞이는 현장에서 '제주적이면서도 제주적이지 않은 문화정체성', 곧 이중문화 정체성을 배우고 습득해야 할 처지에 놓였다.

이 장은 과거와 미래, 제주적인 것과 제주적이지 않은 것 등이 교차하는 현장과 그곳에 놓인 경계인이 당면한 문제를 조선시대 제주 출신 유학자를 통해 분석하고 검토하는 데 목표를 두고 있다. 이 시기 제주적인 것과 제주적이지 않은 것이 교차하는 현장이 빚어낸 이중문화 정체성의 전범(典範)은 제주의 조선유학자, 곧 제주출신으로 조선의 유학을 배워 육지로 이주 정착한 이에게서 찾아볼 수 있다. 대표적인 인물이 일재(一齋) 변경붕(邊景鵬, 1756-1824)이다. 고향인 제주에서 유학을 배워 과거시험에 응시하면서 한양에 오가다 늦은 나이에 급제하여 내직과 향직을 오갔던 변경붕은 제주 사람이면서 제주적인 것과 제주적이지 않은 것을 내면적으로 잘 융합시킴으로써 전형적인 이중문화 정체성을 확보했다. 이 이중문화 정체성의 면면을 살펴보면, 오늘날 제주지역사회가 직면하고 있는 문제를 해결할 실마리를 찾을 수 있을 것으로 기대한다.

II. 출신지 문화 거리두기

1756년 제주도 대정읍 신도리에서 출생한 변경붕은 18세기 격랑의 시대에 내외관직을 두루 거쳤던 전형적인 조선유학자이다.[4] 그가 남긴 『변경붕문집(邊景鵬文集)』을 분석해보면, 제주 출신의 이 조선유학자는 출생지인 제주 문화에 대해서 별다르게 언급하고 있지 않다. 다만 어린 시절에 겪은 세 가지 기이한 일을 기록한 「아시삼기사기(兒時三奇事記)」, 기해년에 바다 건너 다녀온 일을 기록한 「기해도해록(己亥渡海錄)」, 갑인년과 을묘년에 참담하고 흉한 일을 겪을 때의 일을 서술한 「갑인을묘년참흉시설(甲寅乙卯慘凶時說)」, 『삼국사기(三國史記)』를 비롯한 중국과 한국의 사료를 인용하여 탐라의 사적을 기록하면서 주석한 「탐라사적(耽羅事蹟)」 등에서 각각 제주의 자연경관, 민간요법과 민간신앙, 양란 이후 사회경제 현황, 주요 인물과 사적을 간략하게 서술하고 있을 뿐이다.

우선, 「아시삼기사기」에서는 어린 시절 익사할 뻔하다 살아난 세 번의 일을 기록하고 있다. 그 도입부에서 한라산 남쪽에 있는 천제연(天帝淵)의 경관을 '천 길 낭떠러지 아래로 밑도 없는 계곡', '만 길의 폭포', '눈이 먼저 어지러워 똑바로 보지 못하고 엉금엉금 기어서 물러난다.'는 등의 극적인 표현을 사용하여 묘사하였다.[5] 제주 자연경관에 대한 과장된 묘사는 외지인일수록 더 자주 발견된다. 제주를 찾은 많은 목민관과 유배인은 한라산을 비롯한 제주의 자연경관을 곧잘 선경(仙境)으로 묘사하기도 했다. 그런데 그가 제주 사람이기는 하지만, 어린 시절 죽다 살아난 기억을 기이한 일[奇事]로 서술하고 있다는 점을 고려하면 지나친 표현으로 보기는 어렵다.

「기해도해록」은 1779년 겨울 척숙(戚叔)인 양국재(梁國梓)와 향시를 통과하여 한양에 과거시험을 보러 바다를 건널 때의 일로 시작하여, 1774년 도과(島科)에 응시하였을 때 천연두를 앓은 일, 1770년 대정현에 유배되었다가 죽은 은언공(恩彦公, 1754-1801)과 은신공(恩信公, 1755-1771)이 거처했던 송최정의 집에서 책을 읽다가 병을 앓은 일을 기록하고 있다. 이 가운데서 도과에 응시할 무렵 천연두를 앓게 된 원인과 치료 과정, 그리고 송최정(宋最正)의 집에서 삼 개월여 머물다가 병명을 알 수 없는 병을 앓게 된 원인과 치료 과정이 인상적이다. 민간요법과 민간신앙이 부각되고 있어서 그러한 것이 제주의 민간 습속으로 오해될 수도 있기 때문이다. 그런데 문집에 기록된 민간요법이나 민간신앙은 당시 제주에서만 행해지던 것이 아니라 의원에게 처방받기 어려운 민간에서 광범위하게 행해지던 것이었다. 변경붕도 병의 원인이나 회복 과정을 서술하면서 유학자다운 합리성을 유지하려고 애쓰고 있다. 하지만 당시 제주에서 통용되던 민간요법이나 민간신앙의 면면을 짐작해볼 수는 있다.

1774년 도과에 응시할 무렵 변경붕은 천연두를 앓게 되었다. 그는 병을 앓게 된 원인을 제주목에서 천연두가 퍼지던 때에 하필 눈길에 막혀 대정향교의 차가운 서재(書齋)에서 잠을 자게 되어서 몸을 조섭할 수 없었기 때문이라고 추정하였다.[6] 이 기록은 천연두로 열이 올라 진정하지 못할 때 취하던 '월경혈이 묻은 옷을 서너 벌 구하여, 물을 적셔 다 마시게 하였다'는 치료법과 함께 눈길을 끈다.[7] 본래 전통의학에서는 열병의 원인을 과식이나 과도한 성행위로 보았고, 월경혈이 묻은 옷을 담근 물인 월경수를 열병과 황달, 곽란과 무기에 다친 곳 등의 처방으로 사용하기도 했다.[8] 따라서 차가운 서재에서 자면서 몽정을 한 것을 원인으로 짐작하고 치료법으로 월경수를 마셨다고 기록한 것은 당시 우리나라 민간에서 일반적으로 통용되던 열병의 원인 및 처방에 기초한 것이다.

한편, 천연두를 앓기 네 해 전인 1770년[庚寅] 변경붕은 송최정의 집에서 삼 개월 기거하면서 책을 읽다가 알 수 없는 병에 걸린다. 이 집에 도착한 첫날 농목(籠木) 냄새 때문에 저녁을 거른 이후로 삼 개월 내내 밥을 잘먹지 못하였는데, 이때는 '아픈 곳 없이 다만 지치고 어지러웠으며 멍하니 깨지 않았다[時則別無痛處 肢體委靡 昏昏不惺]'라고 회고하였다. 거처가 바뀌어 쇠약해진 탓이겠지만, 그 첫머리에 자신이 몇 개월 전에 유배되었던 왕손이 그 집에서 병사한 일이 있다는 사실을 밝혀둔 것이 눈길을 끈다.[9] 나중에 푸다시[禳]를 하여 변경붕을 낫게 하였던 무격(巫覡) 일령(一靈)의 진단과 크게 다르지 않기 때문이다.

집에 돌아와 원인도 모르는 병으로 앓아눕게 되었을 때 찾아온 무격들이 잘 아는 귀신이나 지진, 들어온 물건 등을 재앙의 원인으로 진단하고 푸다시를 했지만, 차도가 없었다. 그러던 중 일령이 동전점을 쳐서 서울에서 따라온 귀신이 몸에 들어와서 끼니를 거르게 하여 병에 걸린 것이라고 진단하고 푸다시를 한 다음 날 자리에서 일어나게 되었다. 변경붕의 부친은 일령의 말을 믿지는 않았지만, 비용 부담이 없었던 데다가 마음이 급하여[先公姑不信其言 所費不大 急於焦悶] 그 말을 따랐다는 점을 밝혔다. 그리고 무당의 말을 들어 나라를 망하게 한 유선(劉禪)과 무당과 관리의 협잡에 의해 만들어진 민간습속을 상징적으로 수용하면서 개선시킨 서문표(西門豹)의 예를 들어 유학자로서의 태도를 견지하려고 하였다. 하지만 이 일을 기록하는 도입부에 일령의 진단을 연상시키는 두 왕손의 병사를 밝힌 것으로 보건대, 푸다시의 효험을 온전히 부정한 것은 아닌 듯하다.[10]

푸다시는 푸닥거리를 가리키는 제주어로, 잡귀에 범접된 병을 치료하는 의례로 지금도 널리 행해지고 있다. '벌풀이-신풀이-잡귀풀이'의 3단계로 구성되어 있는데, 변경붕은 "그날 저녁 일령(一靈)이 손으로 총령(叢鈴)을 흔들고 입으로 지장보살(地藏菩薩)을 초청하는 말을 하였는데, 이루 다 기억할 수 없었다[其夕 一靈者 手搖叢鈴 口招地藏菩薩之說 不可勝紀]."라고 하여 벌풀이와 신풀이의 과정을 압축적으로 표현하였다. 이어지는 잡귀풀이는 잡귀를 쫓아내는 제차로서 본격적인 푸다시에 해당한다. 이때 심방은 환자를 제상 앞에 앉혀서 머리 위로부터 몸에 흰 무명을 걸치고 신칼을 들고 환자의 주위를 춤추며 귀신을 쫓는 노래를 부른다. "한밤중이 되었을 때, 눈을 부릅뜨고 소리를 높였고, 귀신을 내쫓을 때는 명도(明刀)로 사지를 어지럽게 찌르니 털과 머리카락이 모두 곤두섰다[及當子夜, 瞋目高聲, 比逐鬼魅, 以明刀亂刺肢體, 則毛髮盡竪]."라고 한 것은 잡귀풀이에 해당한다. 마지막으로 일령이 콩으로 내리치고 옷을 휘두르며 떠나갔다고 한 것은 도진과 끌래기송의 과정을 간략히 설명한 것이다.[11]

「갑인을묘년참흉시설」에서는 갑인년 8월 갑작스러운 태풍으로 수확을 망치자 장계를 올려 구휼미 15,000포를 받기로 하였으나 운송이 지연되어 새해까지 지연되면서 굶어 죽는 유민이 속출하였다고 기록하였다. 새해인 을묘년 정월 그믐에 구휼미를 실은 배가 화북과 조천포구에 도착하였으나, 이 가운데 나섯 척이 부서져 수천 포의 쌀이 바다에 빠졌다. 다행히 보리가 풍년이 되어 사람이 살 수 있었지만, 을묘 이전 10여만 명이던 제주 인구가 을묘년 후에 3만 명이었다는 참혹했던 상황을 절절히 묘사하였다.[12] 이 가운데서 눈길을 끄는 것은 "탐라는 홀로 임진 병자의 난리를 벗어나 사람들이 많고 풍성하여 머물 곳을 알지 못할 정도였는데 불행히도 운수의 액을 만나 가련한 육칠 만의 무고한 백성들이 머리를 나란히 하여 죽었다[蓋念耽羅獨蛻壬丙之亂 人殷物阜 不知所止 不幸值其氣數之厄 可憐六七萬 無辜生靈 騈首就死]."라고 기록한 부분이다. 변방의 섬 제주는 당시만 하더라도 사람이 접근하기는 어려워서 전쟁의 참화를 피할 수 있었지만, 대신 자연재해를 복구할 수 있는 도움의 손길도 미치기 힘든 곳이었던 것이다.

「탐라사적」에서는 『삼국사기(三國史記)』를 비롯한 중국과 한국의 사료 가운데 제주의 주요 인물과 사적과 관련된 부분을 발췌하면서 자신의 견해를 덧붙였다. 탐라의 사적을 기록하는 것인 만큼 탐라의 옛 이름 가운데 하나인 '탁라(托羅)'의 뜻을 풀이하는 것으로 시작한다. 소제목 아래에 주석 형태로 달아두었기는 하지만 신라의 혁거세, 고구려의 주몽, 백제의 온조보다도 앞서 탁라의 뜻과 삼을라에 대해 언급한 것은 눈여겨볼 필요가 있다. 여기에 따르면 탁(托)은 '크다', 라(羅)는 '하늘'을 뜻하는 것으로, 신라(新羅)와 사라(斯羅)의 '라'도 같은 뜻이다. 또 다른 이름인 탐모라(耽牟羅)나 건모라(健牟羅) 등의 '모(牟)'는 힘쓴다는 뜻이고, 고·양·부의 성씨 뒤에 붙는 을라(乙那)는 미칭(美稱)으로 보았는데 을두(乙豆) 을파(乙巴)와 같은 종류로 보았다.[13] 이 부분은 『탐라기년(耽羅紀年)』에서 을나를 해석한 것과 유사하다.[14]

「탐라사적」에서는 탐라의 기원, 삼국의 기원(3개 항목), 불교의 고구려 전래(1개 항목)에 이어 대(對)백제 관련 기사(3개 항목), 신라 복속 관련 기사(1개 항목)를 끝으로 삼국시대 탐라의 외교 관련 기사를 마무리한다. 이어서 57개 항목이 고려시대 탐라 또는 탐라 출신 인물 기사를 연대별로 정리하였다. 탐라와 관련된 인물 기사로는 제주에서 고종달이라고 불리는 고려 예종 때의 귀화인 호종단(胡宗旦), 예종 때의 고효충(高孝冲), 인종 때의 고당유(高唐愈)와 김부식(金富軾)에 대한 기사가 한 항목씩 기술되어 있다. 고당유는 고조기(高兆基)로도 불리는데 그와 관련된 기사는 두 개 항목이 더 있다. 그 외 양숙(梁淑), 변량(邊亮), 변윤(邊胤), 문창유(文昌裕), 고인단(高仁旦) 등 제주 삼성(三姓)과 성주, 왕자에 대한 기사와 설명 가운데 변(邊)씨에 대한 언급이 보인다. 56번째 항목부터 네 개 항목은 변씨 관련 항목으로 구성되어 있고, 이하 일곱 개 항목은 이전 항목과는 달리 제주와 직접적인 관련성은 떨어진다.

변경붕이 「탐라사적」 외 문집의 다른 부분에서 출생지이자 일생의 대부분을 보낸 제주의 자연경관이나 독특한 문화에 대해서 자세히 서술하지 않은 까닭을 명확히 알 수는 없다. 「기해도해록」에서 무속을 비판한 것으로 볼 때 당시 제주 풍속 가운데 조선유학자로서의 신념에 어긋나는 것이 많기 때문이었을 수도 있다. 제주에 대한 사적을 발췌 기록하고 있는 「탐라사적」에서도 제주 사람의 관점이 아닌 조선유학자의 관점을 확실히 견지하는 가운데 자신의 견해를 덧붙이고 있다. 하지만 면훈장(面訓長)으로 추대되었던 할아버지, 면사장(面社長)이었던 아버지의 영향으로 "집안에서 학문적 풍토가 있었"고, '당시 사람들이 이런 것들을 부러워하여 변경붕의 아버지를 무식한 사람으로 묘사한 전설을 남겼을 정도'였기 때문에, 변경붕이 제주 문화에 대해 온전히 객관적인 입장을 취했다고 보기는 어렵다.[15]

오히려 「잡록」에서 "돈독한 풍습이 달라져 빡빡해지고 넉넉한 풍습이 변하여 다투어 각박해졌다"[16]라고 하는 등 직접적으로 제주풍습이라고 하지는 않았지만, 당시 풍습이 변한 것에 대해 부정적인 시각을 드러내기도 했다. 또한 유학은 무속을 비롯한 민간습속에 대해 부정적인 입장을 취하지만, 변경붕의 문집에 등장하는 민간요법과 민간신앙, 그리고 꿈에 나타난 징조[夢兆], 축첩(畜妾) 등은 당시 제주 문화로 국한되지 않는 것이다. 유학자의 문집에 이와 같은 내용이 등장하는 것은 특별한 일일 수 있지만, 굳이 당시 제주에서만 벌어진 일은 아니기 때문이다. 그러므로 제주에 온 관리나 유배인과 달리 제주의 자연경관은 물론 풍속에 대해서도 특별히 언급하지 않은 이유는 변경붕이 제주 출신으로서 제주의 풍속이 낯설지 않았기 때문이라고 볼 수 있다.

「기해도해록」에서 언급되는 푸다시도 마찬가지다. 그는 원인을 아는 병과 원인을 모르는 병을 앓다가 낫게 된 경위를 밝히면서 두 번 모두 의원이 아닌 민간요법을 이용한 것으로 기록하였다. 이는 당시 의원이 부족했던 지방 상황을 여실하게 보여주는 것에 불과하다. 가령 그러한 행위가 반유학적인 제주의 풍속이라고 생각했다면 무엇이 문제인지, 그것을 어떻게 개선할 것인지를 구체적으로 기술했을 것이기 때문이다. 무속신앙이 제주 사람의 생활을 지배해온 일이라고 생각하였던 이들 가운데 대부분은 그 원인을 '단지 어리석고 깨어나지 못한 탓'으로 보았던 목민관이나 유배온 유학자이다.[17] 이들이 제주 사회를 무속신앙이 제주 사람의 생활을 완전히 지배하고 있다고 인식하고 기록했던 데 비해, 변경붕의 무속에 대한 인식과 기록은 일정 정도 거리를 두는 입장을 취하고 있다.

Ⅲ. 정착지 문화 이해하기

조선유학은 제주에서 계몽주의 교학이었다. 조선유학이 제주에서 대항담론으로 작동하려면 「탐라사적」에 등장하는 고려시대의 고당유 등과 같이 조선정부에 영향력을 끼칠 수 있는 인물이 필요하지만, 제주에는 그런 인물이 부족했다. 조선 초기에는 토착지배세력의 지위가 탐라국의 유제를 간직한 채 중앙에서 파견된 수령지배체제와 병존하였다. 그래서 다른 지역의 재지사족보다 월등한 권력을 가지고 있었다. 그런데 중앙에서 파견된 수령과 병립하여 영향력을 행사하는 과정에서 이중수탈 현상이 가중되자 명목상 토관이 사라진다. 그런데도 중앙정부는 지역주민을 효과적으로 다스리기 위해 토착지배세력의 영향력을 이용할 수밖에 없었다. 이렇게 해서 토착지배세력은 향교에서 유학을 배워 과거에 응시하여 양반이 될 기회를 독점하였다. 하지만 정작 조선유학에 대한 전문적인 이해는 부족했다. 왜냐하면 이들 대부분은 중앙으로 진출하여 벼슬하기보다는 향직(鄕職)을 맡아 지방정치에서 기존 지위를 유지하는 것을 선호했기 때문이다. 이것이 '불귀경직(不貴京職)' 경향이다.[18]

불귀경직의 경향은 계몽주의 교학으로서 제주의 조선유학이 다른 지역에서와는 달리 전개되는 요인이 된다. 변방의 섬 제주에서는 조선 개국 당시부터 학교가 세워지는 등 관(官) 주도의 교화활동으로 일찌감치 유학이 시작되었다. 제주목과 정의·대정현에 각각 하나씩 향교가 세워졌는데, 처음에는 제주목의 판관이 교수직(敎授職)을 겸직하다가 태종 18년부터는 별도로 교수를 임용하도록 하였다. 이후 세종과 성종대에는 각각의 향교에 교도(敎導)를 따로 두는 등 교수관 체제가 점차 강화되었다. 그리고 변두리의 유생을 위해 김녕(金寧)과 명월(明月)에는 따로 정사(精舍)를 두었고, 성(城) 내에는 향학당(鄕學堂)을 두었는데, 이것들은 사학(私學)에 해당된다. 이렇게 관학과 사학을 통해 조선유학이 집중적으로 교육되었지만, 향교가 과거시험 준비기관으로서 실질적인 기능을 하게 되었을 때조차도 제주 출신 과거 합격자의 거주지가 대부분 제주가 아닌 것으로 분석될 만큼 '불귀경직'의 경향이 강했다.[19]

면(面)의 호적을 관장하는 면사장이던 아버지에게 배운 변경붕은 정의 훈장으로 있다가 체직된 김명헌(金命獻)을 11살 때부터 스승으로 삼았는데, 1794년 마흔이 되어서야 도과에 합격하여 벼슬길에 나아가게 되었다. 그보다 이십 년 전인 1774년 약관의 변경붕은 도과에 응시하여 사수(寫手)에게 자신이 지은 부(賦)를 쓰게 하다가, 옆에서 친구가 베껴 쓰는 것을 보고 시험시를 찢고 나온 일이 있다. 과장에 있던 선비들이 비웃자 무과(武科)로 나아갈 생각을 잠시 하였으나, 아버지와 스승님이 두려워 그렇게 하지 못하였다고 밝혔다.[20] 그로부터 이십 년이 지난 뒤 순무어사(巡撫御史) 심낙수(沈樂洙)가 내도하여 실시한 도과에 응시하여 '관어해자난위수(觀於海者難爲水)'라는 논제(論題)에 1등으로 합격한 것이다. 그의 기억에 따르면 "평소에 글을 짓는 재주가 짧고, 논(論)은 애당초 규율이 어떤지도 몰랐으니 또 어찌 지은 글이 교묘한지 졸렬한지를 말할 수 있겠는가? 거친 말로 겨우 구성하여 백지로 내는 부끄러움을 요행히 면하였다."[21]

그가 과거에 급제한 일을 두고 "하늘이 내린 것이지 인력은 아니었다[實天授非人力也]."라고 한 것은 조선유학자로서 겸양의 덕을 나타내 보인 것이다. 그런데 「주자격물치지변(朱子格物致知辨)」, 「주자어류(朱子語類)」, 「예기(禮記)」, 「직방씨(職方氏)」, 「회암집(晦菴集)」, 「주자의 서책」, 「대학혹문(大學或問)」 등 주자의 논저나 유교경전을 비롯하여, 「율곡집(栗谷集)」, 「성학집요초(聖學輯要抄)」, 「농암집(農巖集)」, 「송자대전(宋子大全)」 등 조선유학자들의 논저를 문집에서 소개하고 있음에도 불구하고, 그것을 차록(箚錄)하는 데 그치고 있다는 것은 제주의 조선유학, 그리고 지방 유학자가 가진 한계라고 할 수밖에 없다. 당시 청나라에서 고증학이 중요하게 다루어진 만큼 차기체(箚記體)의 기록 방식은 중요한 지식 습득의 방법이었다. 그렇더라도 자신의 관점을 제시하거나 새로운 방향성을 제시하지 못한 것은 분명한 한계다. 하지만 「주자격물치지변」으로부터 시작하여 '율곡-우암-농암'의 학맥으로 이어지는 논저들을 차기한 것으로 보건대 당시 노론 시파의 학맥을 잇고 있는 것으로 짐작된다.[22]

「주자격물치지변」에서는 주자의 「격물치지변」을 차록한 뒤, 이황의 「답기명언(答奇明彦)」과 정도전의 「불씨잡변(佛氏雜辨)」 일부를 인용 또는 차록하였다. 「주자격물치지변」은 주자를 중심으로 권력과 학문의 정통성이 판가름 나던 조선유학에서 정통과 사이비를 가르던 중요한 문제를 다루고 있다. 그러므로 문집에서 신변잡기 내용을 마무리하는 「등과시몽조록(登科時夢兆錄)」에 이어서 「주자격물치지변」으로 차록을 시작한 것은 변경붕이 조선유학의 분기점을 명확하게 인지하고 있었음을 보여주는 근거가 된다. 그가 차록하고 있는 '사물의 당연지칙(當然之則)은 하늘이 부여해서 얻은 것이요, 사람이 능히 할 수 있는 것은 아니다'[23]라는 부분은 과거에 급제한 일을 두고 '하늘이 내린 것이지 인력은 아니었다.'를 연상시킨다. 주자가 격물치지보망장을 지은 까닭에 대해서는 '천하의 사물에 나아가서 이미 알고 있는 이치를 바탕으로 궁구함을 지극히 하며, 이로써 모든 사물의 이치를 깨달아서 나의 앎을 지극히 하는 것이 격물치지'라는 것을 강조하기 위한 것이라는 점을 분명히 한 것이다.[24] 변경붕은 「격물치지변」의 차기에 이어서 "사람이 학문을 하는 것은 마음과 이치뿐이다[人之所以爲學 心與理

而已"라는 퇴계 이황의 「답기명언(答奇明彦)」을 인용한 것은 이 점을 잘 알고 있었기 때문이라고 짐작된다.

변경붕이 인용한 퇴계 이황의 「답기명언」은 12년 동안 서신을 통해 사칠논변(四七論辯)을 벌인 고봉(高峯) 기대승(奇大升)에게 보낸 서신의 별지(別紙) 일부분이다. 이 서신에서 퇴계는 주자의 보망장에서 언급되고 있는 내용을 설명하였다.[25] 변경붕은 이 가운데서 일부분을 인용한 뒤, 이를 보충이라도 하듯이 삼봉(三峯) 정도전(鄭道傳)의 「불씨잡변(佛氏雜辨)」 가운데 '마음이 한 몸을 주재하지만 천하의 이치에 닿아 있고, 이치는 만물에 흩어져 있지만 한 사람의 마음을 벗어나지 않으니, 중리(衆理)의 묘(妙)를 알면 활연관통(豁然貫通)하게 된다'라는 내용을 옮겨두었다. 「주자격물치지변」에 이어서 「율곡집(栗谷集)」에서 『어록(語錄)』과 『성학집요(聖學輯要)』, 「답성호원(答成浩原)」을 섞어가며 차기한 것은 해당 부분이 율우논쟁(栗牛論爭), 곧 인심도심논변(人心道心論辯)과 관련되어 있기 때문이다. 1572년부터 아홉 차례에 걸친 서신왕래를 통해 전개된 인심도심논변에서 우계(牛溪) 성혼(成渾)은 이황과 주희의 「중용장구서」에 입각하여 논지를 편 데 비해, 이이는 노수신의 인심도심설과 나흠순의 『곤지기』에 입각하여 논의를 펴나갔다.

「주자격물치지변」과 「율곡집」이 사칠논변과 인심도심논변의 주요 논쟁점을 정리해둔 것이라면, 「성학집요초(聖學輯要抄)」에서는 「대학장구」를 학문적으로 심화시킨 율곡의 정치사상을 정리하고 있다. 『성학집요』는 율곡이 서문에서 밝히고 있듯이 『대학』을 기본으로 저술한 군주학, 정치학 교과서라고 할 수 있다.[26] 그러므로 「주자격물치지변」에서 파생된 사칠논변과 그것을 기반으로 『중용』을 인용한 인심도심논변에 이어 『대학』의 정치학적 재해석 및 학문적 심화를 이룬 것으로 평가되는 성학집요를 초록한 것은 그가 수기치인, 내성외왕(內聖外王)이라는 이중적 목표를 가진 조선 유학의 흐름을 잘 이해하고 있다는 근거가 된다. 변경붕은 「성학집요초」에서 1편 「통설(統說)」과 2편 「수기(修己)」를 차기한 데 이어 3편 「정가(正家)」와 4편 「위정(爲政)」을 오가며 차기하다가, 5편 「도통(道統)」에서 다시 2편 「수기」로 다시 돌아오는 식으로 차기하고 있다.

「정가」가 『대학』의 제가(齊家)를 세분화하여 실제로 가문에서 행해야 하는 핵심 사항을 정리한 것이라면 「위정」은 치국평천하(治國平天下)의 내용을 심화하여 시대정신의 인식과 국가경영의 실제를 적극적으로 제시한 것이므로 이 둘은 상호 발산과 수렴의 중층적 관계라고 볼 수 있다. 따라서 일상의 윤리와 상제례 등 「정가」의 차록 뒤에 임금이 치국평천하의 근원이라는 「위정」의 초록, 그리고 다시 일반 백성의 효가 하늘의 도를 행하는 것이 된다는 「정가」 부분과 관련하여 제사와 효에 관한 『예기』를 인용한 「정가」, 세자가 태학에 입학하는 것이 세 가지 선(善)을 모두 얻는 것이라는 「위정」으로 수렴과 발산의 방식이 중층적으로 연결되게끔 차록한 것으로 볼 수 있다. 「성현도통」은 본래 일상에서 중(中)을 체득하는 문제가 성학의 관건이었음을 밝히면서 수기와 치인, 그리고 전도의 문제임을 역설한 부분이다. 그러므로 이 부분에서는 덕(德)과 도(道)에서부터 인심과 천리(天理)의 교화에 대한 요약 후에 다시 「수기」로 돌아와서 「주자행장(朱子行狀)」에 언급된 거경(居敬)을 중심으로 한 주자의 모범과 「숙흥야매잠(夙興夜寐箴)」에 언급된 경계의 말과 공부순서에 관한 주자의 말을 차기하였다. 이것도 치국평천하가 수신의 문제로 다시 수렴되는 중층적 과정을 드러내는 것이라고 할 수 있다.

『성학집요』의 차록 뒤에는 농업생산의 기틀이자 모든 형식절차의 기준이 되는 절서를 새롭게 정리한 「절서책(節序策)」, 삶과 죽음의 문제를 천지만물의 이기로 설명한 「수요책(壽夭策)」, 왕도정치의 이상을 문답형식으로 정리한 「동호문답(東湖問答)」, 상례(喪禮)와 관련한 부분을 인용한 「해주향약(海州鄕約)」, 송강 정철, 구봉 송익필 등의 「제문(祭文)」과 우암 송시열의 「자운서원묘정비(紫雲書院廟庭碑)」 등을 초록하여 덧붙였다. 이는 『대학』

공부가 구체적인 일상생활의 정치에서 어떻게 구현되어야 하는가를 검토해본 것이라고 할 수 있다. 그리고「제가기술잡록(諸家記述雜錄)」등을 인용하여 율곡의 인물평을 소개한 다음,「전후변무장소(前後辨誣章疏)」를 비롯한 율곡의「사직제학소(辭直提學疏)」,「부배직제학사소(復拜直提學疏)」,「만언봉사(萬言封事)」,「답안응휴(答安應休)」등에서는 학문하는 법에 대한 부분을 다시 뽑아 정리하였다. 결국 수기에서 치인으로 발산되었다가, 치인에서 다시 수기의 공부론으로 수렴되는『대학』의 중층구조가 율곡의 글을 통해 재구성된 것이다.

이상으로 보건대 "성리학적인 글을 두루 차록하고 있지만 … 자신의 관점을 제시하거나 새로운 방향성을 제시하지 못한 것으로 … 이런 측면은 … 당시 제주도가 성리학에 관심이 있으면서도 그 깊이에 있어서는 어쩔 수 없는 한계가 있음을 … 동시에 제주도 지배층에 본격적으로 유교사상이 두루 퍼져가는 과정임을 의미한다."[27]라는 주장은 설득력이 있다. 물론 주자와 퇴계와 율곡 등의 성리학서를 두루 차록하였을 뿐 자신의 견해를 밝히지 못했다는 점에 방점을 찍으면 제주의 조선유학이 가지고 있는 일정 정도의 한계가 분명히 드러난다. 하지만 하나의 일관된 주제의식을 가진 글로 재구성할 구상 하에 차기한 것으로 본다면 이야기는 달라진다. 미완의 글이기는 하지만, 그 속에서 조선유학의 핵심 논쟁점과 전개 과정, 그리고 율곡학파의 견해 등이 일목요연하게 정리될 수 있는 기본적인 논리의 틀을 발견할 수 있기 때문이다.

Ⅳ. 이중문화 정체성

이주민은 자신의 고유한 원문화를 가지고 이주지에 들어가 원주민들과 관계 맺고 문화충격을 겪는 과정에서 원문화와 이주지 문화 사이에서 자신의 정체성을 재구성해간다. 이것을 이주민이 가지고 있는 '이중문화 정체성(bicultural identity)'이라고 하는데, 이주지의 가치나 사고방식에 적응하면서 그들의 원문화를 유지하려는 독자성을 가지는 것을 말한다. 여기서 말하는 독자성은 다른 문화와 구별되는 이주민이 가지고 있는 원문화의 유일하고도 특유한 성질을 뜻한다. 선행연구에 따르면 출신지의 문화가치와 이주지의 문화가치를 둘 다 높게 동일시하는 이주민은 이중문화 정체성을 지니고 있다고 판단할 수 있다. 이와 달리, 이주지의 문화가치를 높게 가지면서 출신지의 문화가치를 낮게 지니는 경우는 이주지의 정체성을 가지고 이주지의 문화가치에 동화된 사람으로 볼 수 있다. 반대로 출신지의 문화가치를 높게 가지지만 이주지의 문화가치를 낮게 가지고 있는 사람은 출신지 정체성을 고수하는 사람이다. 마지막으로 출신지의 문화가치와 이주지의 문화가치를 모두 낮게 동일시하는 경우는 주변화 정체성을 가지고 있는 사람이다.[28]

이중문화 정체성은 두 문화를 동일시하는 능력으로, 이중문화 정체성을 가진 개인은 본래 가치를 유지하면서 이주지에서 획득한 새로운 가치를 발전시키게 된다. 이중문화 정체성, 곧 주류문화(mainstream cultural)와 원문화(ethnic cultural)의 정체성을 관리하는 능력은 문화적 갈등(cultural conflict)과 문화적 거리감(cultural distance)의 구조로 설명되기도 한다. 문화적 갈등은 원문화와 이주지 문화가 충돌하는 것인데, 신경질이나 차별대우, 언어와 이문화 간의 관계에 대한 강요 등과 관련이 있다고 한다. 문화적 거리감은 이주지 문화와 중복되지 않으면서 일정한 거리를 두는 것인데, 언어적 어려움으로 이주문화에 적응하지 못하고 고립된 환경에서 살아가는 개인들과 관련된다.

이 두 가지 구조의 조합이 이주민의 두 가지 집단 형태를 만드는데, 한집단은 이중문화 정체성 수준이 낮은 집단으로 원문화 이주지 문화 사이에 갈등을 느끼고 저항하지만, 다른 한 집단은 이중문화 정체성 수준이 높은 집단으로 두 문화 사이에 복잡한 관계를 가지고 있다고 느끼지 않을뿐더러 이주지 문화를 저항의 대상으로 인식하지 않는다.[29]

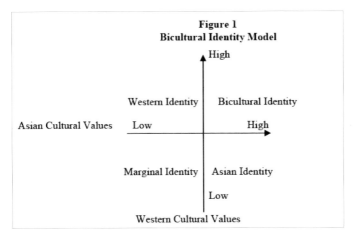

〈그림 1〉 이중문화 정체성 모형

변경붕은 제주 출신의 조선유학자로서 이중문화 정체성을 갖고 있다기 보다는 제주를 조선의 변방(邊方)으로 인식했던 것처럼 보인다. 그러므로 [그림 1. 이중문화 정체성 모형] 상으로는 좌상분면의 '출신지의 문화가치 보다 이주지의 문화가치를 높이 두는 쪽'에 속한다. 하지만 그렇게만 보기 에는 성급한 면이 없지 않다. 사실 그는 우상분면의 이중정체성을 가진 인 물일 수도 있다. 문집 가운데 이런 특징을 잘 드러내고 있는 것이 「잡록」 이다. 「잡록」에서는 제주 사회가 중앙에 비해 명분을 더 중시한다는 점과 1목2현에 각기 다른 규정이 통용되고 있다는 점으로부터 출발한다. 물론 변경붕은 중앙과 지방의 수직적 관계를 "경사는 순수의 근본이요, 순수는 경사의 지엽[京師卽巡遂之根本 巡遂爲京師之枝葉]"으로 전제하고, 지방에 서 명분을 내세우는 것이 중앙보다 심하다[然而遂遂之名分 甚於京師者]라 고 하였다.[30] 그러므로 제주 사회가 다른 지역보다 명분을 더 중시한다는 점을 말한 것은 아니지만, "탐라의 뛰어난 집안은 청금(靑衿)을 최고로 생각했다[耽羅之甲族 以靑衿爲最]"면서, 1738년[제주목]과 1761년[대정, 정의]에 시작된 청금 선발 규정이 각각 다르다고 한 것[31]으로 보건대, 대대로 벼슬 했던 집안이 드물었던 제주 사회에서 양반의 신분을 유지하면서 향촌 사회를 다스리는 것이 중요했다는 사실을 지적하고자 했던 것으로 짐작할 수 있다.

청금록은 청색의 옷깃을 가리키는 청금(靑衿)에서 나왔다. 과거 응시자인 거자(擧子)의 옷깃을 청금이라고 했는데, 나중에는 유생을 가리키는 말이 되었다. 청금록, 또는 청금안에는 유생과 선비의 명단이 기록되어 있다. 양반이 향교 청금록에 등록하고자 한 것은 향교에 이름이 등록되어 있지 않으면 과거에 응시할 수 없게 한 규정이 있었고, 청금록에 등록되어야 향촌의 양반으로서 확고한 지위를 인정받을 수 있었기 때문이다. 17세기 전반 인조 때 이후부터 향교에서 정원 내 교생인 액내교생(額內校生; 양반)과 정원 외 교생인 액외교생(額外校生; 서얼과 평민)이라는 호칭 대신 청금록에 등재되는 동재유생(東齋儒生)과 그렇지 않은 서재유생(西齋儒生)이라는 호칭을 사용하게 된 것도 이런 점이 반영된 것이다. 액내외로 구분되는 교생이라는 호칭보다는 청금록이 등재되는 동재유생이라는 호칭을 사용했기 때문에 서얼과 평민이 액내교생으로 입학하면서 서재유생이라는 호칭이 사용되었다.[32]

「잡록」에 따르면 제주목의 청금록은 1738년에 시작되었지만, 심재(心齋) 김석익(金錫翼)의 『심재집(心齋集)』에 따르면 영조 재위 시절인 1738년 이전에 없어졌다가 목사 홍중징(洪重徵)에 의해 다시 만들어졌다. 이때 각 향촌 사회에 운영이 맡겨졌기 때문에 선발과 운영 기준이 달랐던 것으로 추정된다. 변경붕이 청금록의 운용과 관련된 내용 가운데 특별히 청금유생을 뽑는 기준에 대해 문제 삼은 것은 그것과 관련된 상당한 갈등이 있었기 때문이다. 그는 "세가(世家)는 대대로 이어온 연원을 잃지 않을 것이고, 새로 들어오는 사람도 비록 적(籍)에서 벗어났더라도 선조가 뛰어나거나, 사람들을 지시하는 벌열이라면 지나치거나 미치지 못하는 폐단이 없을 것이며, 사람의 장단점을 논할 때도 위험하거나 편파적인 습속이 없어, 거의 중도에 맞아 마땅할 것이다[世家者 不失其直源之悠久 新進者 雖籍其外 先之烜爀 揮人閭閻 無過不及之弊 論人長短 無險與跛之習 庶幾次中而合宜也].”라고 하였다. 전처와 후처의 소생이 형제이지만 청금록에 들어가고 못 들어가는 경우가 있을 뿐 아니라, 청금록에 들어 있다가도 청금록에 들어 있지 않는 집안과 결혼하여 삭제되는 경우가 있었다. 이 경우 군역 및 세금 면제 등의 특권과 관련하여 격렬한 갈등이 일어난 것은 두말할 필요가 없다.[33]

그런데 그가 고향 제주에서 벌어지는 현실적인 갈등에 주목하여 특별히 여기에 대한 해법을 제시하려고 노력한 것으로 보기는 어렵다. 앞장에서 이미 언급한 바 있지만, 「잡록」에서 “돈독한 풍습이 달라져 빡빡해지고 넉넉한 풍습이 변하여 다투어 각박해졌다.”라고 한 것에서 구체적으로 밝히지는 않았으나 원문화에 대한 높은 수준의 정체성이 드러나 있기 때문이다. 동시에 문화정체성의 갈등을 능동적으로 관리하려고 하는 의지가 드러난다. 그가 이렇게 문화적 갈등과 문화적 거리감을 관리하는 이중문화정체성은 ‘꿈’을 통해서 원문화를 투사하는 데서 좀 더 구체적으로 드러난다. 어떤 사실을 두고 그것에 관한 ‘꿈’을 통한 예언과 전조들을 제시하고, 결과적으로 그 사실이 인간의 행위가 아니라 하늘의 행위였음을 강조하는 것은 조선 건국을 정당화하는 용비어천가(龍飛御天歌)에서도 확인된다. 용비어천가 총 125장 가운데 3장에서 109장이 역사를 꿈 등의 예언과 전조를 제시하여 신화화했다면, 110장부터 124장까지의 계왕훈은 앞의 방식과는 거꾸로 선대의 신화를 역사 속에서 구현하기를 당부하는 형식이다. 이것은 역사가 신화를, 신화가 역사를 만나는 방식이다.[34]

개인 문집의 내용을 두고 지나친 해석일 수도 있지만, 변경붕의 문집은 5대손인 변신흠의 「문집서(文集序)」에 이어서 「천제연동복택시몽조기(天

帝淵東卜宅時夢兆記)」가 제일 처음 수록되어 있다. 「천제연동복택시몽조기」는 아버지가 천제연 동쪽 언덕에 집터를 잡을 때 어머니가 꾼 할아버지 산소에 관한 꿈과 작은 돼지를 품에 안는 태몽으로 구성되어 있다. 집터는 정갈하고, 아이는 현달할 것이라는 몽조인데, 공교롭게도 그 마지막은 27세 때 부모님을 여의고 효도하지 못한 데 대한 아픔이 강조되고 있다.[35] 문집에서 꿈과 관련된 또 다른 서술은 「등과시몽조록(登科時夢兆錄)」에서 등장한다. 「등과시몽조록」은 두 번 과거시험에 응시했을 때 주변 인물이 꾼 꿈을 소개하면서 낙방했을 때도 꿈이 좋았다고 하지만 오히려 꿈의 내용대로 부모의 상을 당하게 되었고, 급제하였을 때는 이루 셀 수 없을 정도로 많은 사람이 꾼 꿈대로 급제하게 되었음을 밝힌다. 그리고 길흉화복은 하늘이 정한 것으로서 그 예조를 보여주지만, 사람의 마음이 안정되지 못하여 그것을 잘 알아차리지 못할 뿐이라고 결론 내린다.[36]

한편, 천연두가 회복되면서 원래 희었던 피부가 붉은 감색을 띠고 얼굴이 얽자 사람들이 오래 살 징조라고 말한 것을 두고 변경붕은 혈색이 명을 결정하는 것이 아니라 '타고 난 것(天賦)'이라고 기록하였다.[37] 하지만 간병하던 아버지의 정성을 강조하는 부분에서는 천연두 신이 있다면 아버지의 지극정성을 받아들일 수밖에 없었을 것이라고 한다.[38] 더구나 『논어』 「옹야」 편의 '귀신을 공경하되 멀리하고 충만하여 위에 있는 듯하다'라는 말을 빌렸지만, 실제로 천연두 신이 있는 것처럼 볼 수 있는 사례를 제시하기도 한다.[39] 하지만 그는 계절에 따라 병이 유행하는 것은 그 기운이 고르지 못해서 그런 것일 뿐이요, 푸닥거리할 때 '내 마음을 바로 할 뿐이다'라고 하는 말도 결국은 경성(敬誠)일 뿐이라고 하여 유학자로서의 합리성을 고수한다.[40]

「기해도해록」에서도 천둥 번개가 쳐서 돛대가 꺾이고 돛이 찢어지는 상황인데도 변경붕은 오히려 담담하다. "나는 나이도 어리고 아는 것도 없어, 살고 죽는 것이 어떤 일인지 생각지도 않았고, 여러 사람이 당황하며

어지러워하는 것을 묵묵히 바라보며 속으로 비웃을 뿐이었다."[41]라는 진술은 "내 나이 스물넷 때이니 기세를 말하자면 태산을 끼고 북해를 넘기에 무난한 기색이 있었고, 그 뜻을 궁구하자면 비록 용의 턱을 더듬고 호랑이 굴을 들어가도 두려운 뜻이 없었다."[42]라고 한 것과 일맥상통한다. 그의 이러한 태도는 아들이 풍랑을 만나 표류하게 되었다는 소식을 들었을 때 걱정하던 집안사람과는 달리 홀로 냉정을 유지하던 어머니의 태도와 같다.[43] 제주를 찾았던 이의 문집에서 대개 풍랑을 만나 혼비백산한 일을 제주와 관련된 첫 번째 인상적인 기억으로 서술하는 것에 비하면 상당히 덤덤하다. 당시 스물네 살 혈기로 가득 차 있던 자신을 묘사할 때 『맹자(孟子)』를 인용한 것이나, 어머니의 태도를 "아량(雅量)과 현덕(賢德)"으로 표현한 것도 상당히 유학적이다.

문집에서 제주 문화가 잘 나타나지 않는 것은 원문화인 제주문화가 이렇게 꿈이라든가 예조 등으로 투사되면서, 결론이 주류문화인 조선유학의 교훈으로 귀결되기 때문이다. 이 사이에는 어떤 긴장관계도 드러나지 않는다. 긴장관계가 드러나지 않기 때문에 사실상 원문화인 제주문화가 어떤 것인지 알아차릴 수 없지만, 그렇다고 해서 무속이나 축첩 등 다른 유학자들의 문집에 나타나지 않는 것을 제주 문화라고 치부할 수는 없다. 앞서 살펴본 내용을 토대로 살피자면, 「아시삼기사기」에 묘사된 제주 경관은 선경(仙境)이라기보다는 오히려 절제된 자연경관으로서, 세 번이나 물에 빠져 죽을 고비를 넘길 수밖에 없는 물을 중심으로 추억이 구성되고 있다. 「아시사적기」과 「문견록」, 그리고 「기해도해록」에서는 부친이나 체직된 김명헌에게 배울 수밖에 없었다는 점을 통해서 계몽주의 교학으로서의 조선유학이 제주에는 제대로 정착되지 못했음을 은연중에 드러내고 있다. 이러한 정황은 청금록을 다룬 「잡록」에서 아주 구체적으로 문제 제기되고 있다. 한편, 이와는 반대로 그가 주류문화인 조선유학의 주요 쟁점을 명확히 짚어내고 있음에도, 그것을 독자적인 수준으로 엮어내지 못한 것은 그가 신화를 역사로 만들어내는 데까지는 나아가지 못했음을 보여주는 것이라고 할 수 있다.

V. 뿌리내리는 터전

변경붕이 살았던 시대로부터 여러 세대가 지났고, 많은 일이 일어났다. 제주는 일재 변경붕이 제주 문화를 원문화로 하여 주류문화인 육지부문화와의 긴장과 갈등 관계를 통제하면서 이중문화 정체성을 확보해나가던 때와는 상황이 역전되었다. 국내 최대의 문화 이주지가 된 지 오래되었다. 2016년 가을, 제주에는 제주대학교 국어문화원 제주어센터가 주관하는 '2016하반기 제주문화로 배우는 제주어학교'가 열렸다. 제주 도민과 정착 이주민들을 대상으로 한 이 강좌에서는 '제주 이주민을 위한 제주어교실', '제주 문화로 배우는 제주어학교', '현장에서 배우는 제주어학교' 등 모두 3개 반이 운영되었다. 정착주민이 겪는 제주어 소통의 어려움을 풀어주기 위한 회화 중심의 교육으로 그 속에서 제주의 독특한 문화원형질을 캘 수 있는 현장교육이 이루어진 것이다.[44]

그런가 하면 제주도와 (재)제주테크노파크가 주관하는 '제주, 문화예술로 하나가 되는 축제'가 열렸다. "문화예술인과 창작자, 제주지역민을 위한 네트워킹 파티 및 스탬프 투어를 운영"한 것이다. 제주민예총이 10월 1일부터 3일까지 주최했던 프린지페스티벌과 연계하여, 지역문화예술인과 문화이주민, 문화예술 관련 기획자들이 문화예술로 하나가 되는 소통의 장으로 마련되었다.[45]

이러한 것으로 보건대, 지난 2014년 7월 1일 원희룡 제37대 제주도지사가 취임하면서 제주가 지닌 사람과 문화, 자연의 가치를 제대로 키운다면 현실이 될 것이라고 했던 "우리의 꿈"이 이루어진 듯하다. "문화협치를 통한 도민문화시대", "문화생태계 조성을 통한 '문화예술의 섬' 구현", "제주문화 정체성 확립을 통한 창조시대 발판 마련", "문화예술로 풍요롭게 행복한 제주 창조" 등의 과제가 현실화된 듯 제주에는 온통 '문화'의 바람이 분다.[46] 하지만 그 바람이 부는 한편에서는 "텃세로 갈등, 떠날 생각 많은 이주민"도 적지 않다. 2015년 11월 서귀포시가 도시민 유치를 위해 이주 예정자들을 대상으로 '예비귀농귀촌인 체험투어'를 실시했을 때, 일부 예정자는 지역 텃세에 몸살을 앓고 있는 귀농인의 현실에 실망하여 이주계획을 수정하기도 했다.[47]

2010년부터 경기가 활성화되고 인구가 증가하면서 활황국면에 들었던 제주 아파트를 중심으로 한 부동산 시장이 서울을 추월하기 시작했다. 2010년 이후 제주는 인구유출보다 유입이 많은 인구 순유입 증가세를 보이고 있는데 덕분에 심각한 주택난을 겪고 있다. 하지만 제주 주택가격 상승이 사실상 인구요인보다는 저금리기조에 의한 투자수요의 유입 때문이라는 연구 결과가 제출되기도 했다. 이 연구 결과에 따르면, 주택난은 유입인구보다는 기존주민의 주택수요 때문이다.[48]

이제 제주는 문화융성의 시대를 맞은 '문화예술의 섬'이라기보다는 "문화적으로 아노미 상태"에 놓여 있다.

> 섬이라는, 주변이라는 점을 인식하고 부족했지만 주어진 자연 속에서 수눌음과 조냥정신으로 이어져왔던 전통적 제주 사람들과 자본주의 최전선에서 치열하게 살다 때로는 쉬고 싶어, 때로는 돈을 벌기 위해 이주해오고 있는 이주민들이 짧은 기간에 뒤섞여 살고 있기 때문이다.[49]

자신을 '제주토박이'로 소개한 블로그의 주인은 "지극히 개인적이고 주관적인 관점에서 서술"했다는 단서를 달았지만 '문화브로커와 문화혁신자의 사이'라는 부제를 붙여「제주토박이의 관점에서 본 제주이주민 1, 2」를 연재하면서 제주를 "문화적으로 아노미 상태"라고 규정하였다.

그는 "2011년 이전 제주가 주변으로 인식될 때부터 제주로 이주한 사람들"을 "문화혁신자"라고 정의하고, 이들에 비해서 "제주의 문화와 제주 사람들에 대해 그 배경에 대한 깊이 있는 관심과 고찰 없이 제주 문화와 제주의 환경이 이들에 의해 왜곡과 과장, 일반화의 오류를 통해 대상화" 시키는 이들을 "문화브로커"라고 정의한다. 이들에게 "제주는 가치를 실현하기 위한 땅이라기보다는 상업화를 위한 대상의 땅일 뿐", "본래의 목적이 달성될 것 같지 않은 일말의 가능성이 보이면 언제라도 돌아가면 받아주는 '중심부'는 언제나 이들에게 기댈 곳"이 된다고 따끔하게 지적한다. 그리고 "특이한 것은 최근에는 문화혁신자로서의 먼저 정착한 문화관련 이주민과 문화브로커로서의 제주이주민들 사이에 문화패권과 관련된 갈등도 목격된다."라고 풍자한다. 하지만 이 날카로운 눈을 가진 제주토박이 블로거는 이렇게 말한다.

> 제주이주민이 중심부에서 경험한 역사적 경험과 문화적 맥락은 이들의 정체성과 가치관을 구성하였다. 이러한 복합적 정체성이 제주라는 특수성에 기반하여 어떤 내용으로 어떻게 표출되고 새롭게 구성될지를 예측하는 것은 간단치 않을 것이다. … 행정에서도 지속적으로 제주이주와 관련한 동향에 관심을 기울여야 할 이유 중 하나는 2016년 총선에서 모두의 예상을 깨고 더불어민주당이 제주에 배정된 3석을 모두 석권한 데에는 최근 대량으로 이주해오고 있는 이들 제주이주민이 어느 정도 일정한 역할을 했을 가능성이 있다는 점에 있지 않을까 한다.

이 장은 제주로 몰려든 정착주민이 상상했던 '그런 제주와 제주사람은 없다'는 제주의 역설에도 불구하고, 제주의 조선유학자가 이중문화 정체성을 가졌다는 모순된 전제로부터 출발했다. 제주의 역설을 극복하기 위해 모순된 전제를 상정한 것이다. 하지만 앞서 살펴본 대로 이것은 역설도, 그래서 모순도 아니다. 제주의 조선유학자 변경붕의 문집을 문자 그대로 보면 그는 제주가 이제 막 무속에서 유학으로 확산되는 시점에 전형적인 조선유학자로서의 삶을 산 인물이다. 그는 제주 문화라는 원문화를 조선유학이라는 이주지 문화와 지혜롭게 조절하면서 내적으로 발산과 수렴이라는 중층적 층위를 구축하였다.

이 중층적인 구조의 모델은 그가 조선유학을 이해하기 위해 이용했던 「주자격물치지변」으로부터 「성학집요초」에 이르기까지 관통되고 있는 『대학』 삼강령과 팔조목의 이념적 모델과 닮아있다. 그리고 이 모델은 오늘날 이중문화정체성 모형 가운데 원문화와 이주지 문화에 대한 이해가 높은 이중문화정체성과도 일치한다. 오늘날 "제주특별자치도 정착주민"이라는 조례상의 용어가 있음에도 불구하고 정착주민과 관련된 각종 정책에서는 "문화 이주민"이라는 용어가 일반적으로 사용되고 있다. 이러한 상황에서 제주가 이주지 문화를 어떻게 구축해나갈 것이며, 정착주민의 원문화를 어떻게 존중할 것인가를 다시 한번 고려해보아야 할 충분한 이유는 바로 여기에 있다.

제12장
주체의 교섭, 섬 정체성

Ⅰ. 정체성, 이동의 결과

철학에서 정체성(identity)은 "동일성(同一性)"이라는 개념과 연관되어 있다. 넓은 의미에서의 '동일성'은 시간적·공간적으로 다른 사물이 그 성질로 보아 구별할 수 없는 것을 의미한다. 시간적·공간적으로 다른 것인데도 불구하고 구분할 수 없으면 동일성을 가지고 있다고 판단하는 것이다. 이에 비해 하나의 사물이 그 자신과 같다는 좁은 의미의 동일성도 있다. 그런데 동일원리(同一原理)가 요구하는 '개념 내용의 동일성'을 제외하고는, 현실적으로 절대로 동일하다거나, 영구히 불변한 것은 없다. 여기서 말하는 동일원리란 '일정한 범위의 토론이나 논술에서는 각각의 개념이 동일한 의미로 사용되어야 한다'는 원리이다. 동일원리가 요구되는 까닭이 개념의 대상인 실재물(實在物)이 시시각각으로 변하여 동일한 상태를 유지하지 못하기 때문이라는 점도 전적으로 동일한 것은 없다는 것을 반증한다.

동일성이란 이렇게 '전적으로 동일하다는 것'이 아니라 '어떤 점에서 동일하다는 것'이므로 '그 밖의 차별성을 포함하는 것이면서 일시적인 것'이다. 탐라왕국과 제주 섬은 시간적으로 다르지만 한반도의 최남단에 위치한 가장 큰 섬이라고 하는 면에서는 구별되지 않고, 제주 섬을 '삶의 자리(Sitz im Leben)'로 하는 개인은 도민이라는 면에서는 동일성을 가지지만 각자가 처한 환경이나 상황, 가치판단에서는 다른 존재이다. 좁은 의미의 동일성이 적용되는 개인도 마찬가지다. 어제의 나와 오늘의 나는 생애를 통해 동일성을 유지하고 있지만, 생리적·심리적으로 시시각각으로 변하고 있으며, 결국은 소멸된다. 반대로 개체는 시시각각으로 변하고 있으며 결국은 소멸될 것이지만, 생애를 통해 동일성을 유지한다.

한자문화권에서 '정체성'에 해당하는 철학적 개념은 본성(本性)으로, 고자(告子)가 성(性)을 '생지위성(生之謂性)'이라고 한 것과 같은 의미다. 맹자의 성선설(性善說)도 각자가 '타고난 것'이라고 말하는 차원에서는 고자와 같은 맥락이다. 맹자는 여기서 한 걸음 더 나아가 "인간이라면 누구나 타고난 올바른 힘[明德]을 제대로 드러내어야 하고, 사람들과 가까이 지내어야 하는데[親民], 자기가 가장 잘 할 수 있는 데까지[至善] 이르러야 한다."[1] 라고 선언한다. 사회적 존재로서 인간에게 주어진 능력을 잘 발휘하여 사회화 과정을 잘 거쳐야 하며, 공적 생명을 잘 이루어내어야 한다는 점을 강조한 것이다. 이 선언은 사회적 욕구를 발산하면서, 그것을 수렴적으로 실현하는 쌍방향의 중층적 구조, 곧 『대학』의 관계망을 전제로 한다.[2]

이 구조는 "현존하는 각 지역의 정체성은 근대를 살아가는 현대인의 시각에서 재구성"되었고, "지역민은 현재 살아가고 있는 삶의 자리(Sitz im leben)에서 자기 지역의 정체성을 만들어 가고" 있다는 것과 일맥상통한다. 지금 목격하고 인식하며 이해하는 제주 정체성은 현대사회를 규정하는 근대성이 도민과 타자의 기억과 시선, 욕망을 구성하고 해체하며 재구성하면서 도민에게 영향을 끼친 결과이다. 따라서 본래 어떠했는지 알 수 없을 뿐 아니라, 어떤 요인에 의해 어떻게 변화해왔는지도 명확히 알 수 없다. 하지만 역설적으로 '지금 와서 구성되고 해체되며 재구성되었다'고 하는, 바로 그 지점에서 출발해볼 수 있다.

이 장은 이 순간에도 재구성되고 있는 '탐라 천년의 정체성'을 '잃어버린 기억'이라는 측면에서 검토해보는 데서 출발하고자 한다. 원형 그대로를 재현하고 있는지도 확신할 수 없지만, 그렇게 기억해서 재구성하는 과정이 실천적 의미를 가진다는 데 주목했기 때문이다. 다음으로, 역사 이후 제주 천년의 정체성은 언제나 그랬듯이 경계인의 시선에 초점을 맞출 수밖에 없다는 점에 주목하고자 한다. 타자(他者)인 중앙정부로부터 강요된 시선이지만, 내적 기율로 작동되면서 스스로 타자의 시선으로 볼 수밖에 없었던 이중적 시선이 동시적으로 존재했기 때문이다. 마지막으로는 꿈의 제주에 몰려드는 이주민과 현실 제주에 뿌리내리고 있는 도민의 욕망을 통해 오늘날 제주의 정체성을 검토해보고자 한다. 오늘날 제주의 정체성은 앞서 살펴본 모든 것을 포섭하는 것이지만, 그것과의 거리를 확인함으로써 근대성이 초래한 문제점을 도출할 수 있을 것이기 때문이다.

Ⅱ. 잃어버린 기억

2000년 2월 한국방송공사(KBS)에서는 프로그램 '역사스페셜'을 통해 '제주에 천년왕국이 있었다'라는 제목으로 제주 고대사를 다루었다. 조선 전기에 편찬된 시문집인 『동문선(東文選)』을 인용하여 고려시대에 제주가 외국이었다는 점을 밝히면서 시작한 이 프로그램은 삼양동(三陽洞) 선사 유적 발굴현장 답사를 통해 기원전후 1세기를 중심으로 한 고대 왕국의 존재 가능성, 그리고 부여(扶餘) 송국리(松菊里) 마을 유적과의 비교를 통한 고대 한국과의 교류 가능성을 제시하였다. 이어서 용담동(龍潭洞) 유적에서 발굴된 철제무기를 근거로 철기문화를 기반으로 한 국가가 있었으며, 삼국시대 왕성한 해상교류활동을 주도했던 이 해상왕국이 고려를 거쳐 조선시대 왕권을 반납하는 과정을 거쳐 막을 내리게 된다는 것을 전했다.[3]

3년 뒤인 2003년 10월에는 제주국제자유도시방송(JIBS)에서 추석특집 다큐멘터리 '탐라왕국 재조명(1부)'과 송년특집 다큐멘터리 '탐라왕국 제조명(2부)'를 통해 제주 고대사를 다루었다. 1부에서는 제주의 삼성신화(三姓神話)를 소개하면서 고산리(高山里)에서 출토된 신석기 유물이 단양(丹陽) 수양개(垂楊介) 유적의 유물보다는 러시아 아무르강(Amur River) 유적의 유물과 연관이 있다는 점을 근거로 고대 한국보다 앞선 독자적 문화를 구축하고 있었음을 암시했다. 이를 바탕으로 아무르강 일대 거주인의 제주 유입 경로를 탐색한 후, 용담동과 상모리(上摹里) 유적 답사를 통해 이들이 제주 선주민과 함께 탐라왕국을 형성했을 가능성을 제기하였다.[4]

'탐라왕국 재조명(2부)'에서는 외부에서 유입된 세력에 초점을 맞춘 1부와는 달리, 탐라왕국을 중심으로 한 교류 활동에 초점을 맞추었다. 주변국과의 교류가 활발했던 당(唐)나라 때의 역사서인 『당회요(唐會要)』를 인용해서 중국이 제주를 백제, 신라, 일본과 대등하게 대우하였음을 주의환기시키면서, 중국과 한국, 일본으로 이어지는 해상교역 기착지였다는 점을 삼양동 유적의 유물을 통해 밝혔다. 이어서 용담동 유적의 유물을 통해 금관가야와의 교류가 있었다는 점과 탐라왕국의 건국신화인 삼성신화를 통해 세 개의 부족사회가 통합된 왕국이었다는 점을 밝혔다. 이 시기 취락유적인 외도동(外都洞) 유적을 통해서는 탐라왕국이 선진적 수준의 문명을 구가했다는 점을, 황룡사 9층 목탑을 통해서는 삼국시대 탐라국의 위상이 높았다는 점을 밝혔다. 마지막으로 탐라국의 백제부흥 운동 가담 사실과 일본과의 교류, 한국 편입 과정 등을 밝히면서 이러한 사실들을 확인할 수 있는 역사 문헌과 고분(古墳)의 부재 등의 문제점을 제시했다.[5]

2부의 결말에서 "이러한 탐라국의 실체를 밝히는 것이 제주의 정체성을 찾는 길임을 다시 한번 강조"[6]한 것은 이 장의 주제와 긴밀하게 연결된다. 어떤 것의 정체성은 그것이 생겨날 때부터 가지고 있던 것이 우선 손꼽히기 때문이다. 제주에 우리가 알고 있었던 것과는 달리 훨씬 오래된 천년왕국이 있었고, 그것이 21세기를 열어젖히면서 다시 한번 이목을 끌던 탐라(耽羅, B.C.57~1402)라고 한다면, 그 시절을 제주의 정체성 가운데 첫 번째로 손꼽을 수 있다는 추정은 합리적이다. 더구나 지금은 그것이 무엇인지 모른다고 할 때, "제주인들의 정체성을 확립하고, 이것이 제주의 미래를 건설하는 원동력이 될 것"이기 때문에 "제주 고대사의 실체를 규명하는데 제주지역사회의 역량을 결집시켜야" 한다는 주장은 제주 도민의 입장에서 상당한 설득력을 가진다.[7]

이들 다큐멘터리에서는 몇 가지 주목할 점이 드러난다. 우선, 중앙방송에서 제작한 프로그램은 전국의 시청자를 대상으로 객관적인 역사적 사실을 전달하는 데 비중을 둔 데 비해, 지역방송에서 제작한 프로그램은 제주 도민을 대상으로 역사를 적극적으로 해석함으로써 자부심을 주는 내용에 비중을 두었다. 이러한 차이는 지역방송이 '지역의 관점'에서 바라보고 해석하는 프로그램, 곧 사회적 관점의 로컬리즘을 실현하는 데 초점을 맞추고 있는 데서 비롯된 것이다.[8] 그래서 지역방송에서 제작한 프로그램에서는 제주 고대사를 고대 한국과의 관계로 국한하지 않고 대륙과의 관계로 확장할 뿐 아니라, 고대 한국을 압도한 것으로 보이는 사실(史實)까지도 적극적으로 활용한다. 그런데 객관적 사실인 선사시대의 유적과 유물의 해석에서도 이렇게 '지역의 관점'이 작용할 수 있다면, 지역 공동체 안에서 전승되어온 구비자료의 전승과 채록 과정은 물론, 해석에서도 '지역의 관점'이 강하게 작용했고, 작용할 것이라는 점은 자명하다.

제주는 이러한 점에서 새로운 우리나라 고대 철학사상의 중심이라고 해도 손색이 없다. "기록 신화로서 그리스·로마의 신화가 중심이라면, 구비신화로서는 제주가 세계의 중심"[9]이기 때문이다. 특히 건국신화 위주의 한국신화가 세계적인 수준에 미치지 못한다고 할 때, 도민의 삶과 역사가 담겨 있고 고대사를 유추할 수 있는 근거 구술이 가득한 제주 신화는 "신화의 수도(首都)"라고 할만하다. "창세신화, 운명신화, 만물창조신화도 풍부하고, 공동체문화를 담보한 당신화, 동일 직업집단(혹은 조상 집단)의 조상신화가 있고, 우주와 개인을 잇는 다양한 신화체계가 존재"하기 때문이다.

이렇게 서사무가의 전승이 우리나라 다른 지역과는 다른 양상을 보이는 까닭 가운데 첫 번째로 손꼽히는 것은 고대에서 중세로의 시대적 전환 속에서 정치적 중심부와 정치적 입김이 쉽사리 미칠 수 있는 곳이 아닌 '섬이라는 지정학적 특성'이다.[10]

'섬'이 탐라 천년의 잃어버린 기억에서부터 오늘날 근대인의 욕망이 교차하는 삶의 자리에 이르기까지 공간적 동일성이 된다는 점은 제주 서사무가(敍事巫歌)의 세계관, 인간관, 윤리관을 검토하는 출발점이 된다. 제주 서사무가는 탐라 천년의 기억을 담은 심리적 동일성을 제공한다. 대표적 신화소인 천지개벽(天地開闢), 일월(日月)의 조정, 인간의 기원, 천부지모(天父地母)의 결합, 이승차지 경쟁 등은 우주본체론(세계관), 인성론(인간관), 실천론(윤리관) 등 철학사상의 분류에 대응된다.[11] 그런데 이런 시각에 따르면, 제주 서사무가는 신의 근본을 풀어내는 '무가 본풀이'로서 제주적인 독자성을 전제로 하면서도, 서사시가 가진 보편적 속성을 내포하고 있다는 점을 강조할 수밖에 없다.[12] 고대 한국과의 관계를 전제하면서도 때때로 고대 한국보다는 대륙과의 친연성이 더 있을 뿐 아니라 한때는 고대 한국을 압도하기까지 했다는 말하기 방식(narrative) 속에는 '섬의 독자성과 부속성'이 교묘하게 직조(織造)되고 있기 때문이다.

제주 서사무가의 또 한 가지 특징은 시간적 동일성과 관련되어 있다. 신과 사람의 관계와 세상이 이루어진 내력을 밝히는 원시 서사시, 건국의 내력을 밝히는 고대 서사시, 예사 사람을 주인공으로 하여 일상적 관심사를 다루는 중세 서사시 유형이 두루 분포하고 있는데, 각 유형이 혼합되어 있기도 하고, 시대에 따라 변형되기도 한다.[13] 구비전승의 일반적인 특징이기도 하지만, 독립 해상왕국이었던 기억을 잃어버리고 재구성하는 과정을 겪은 탓이기도 하다. 탐라 천년의 기억은 독자적인 왕국을 유지하던 시기에도 당시 중국과 한국 문헌에 기댈 수밖에 없었고, 고려말 조선초 한반도에 복속된 시기를 거쳐 조선 통치질서의 확립에 따른 교화 활동이 강화되던 시기에는 외부 환경의 변화에 따라 지속적으로 재구성되었기 때문에 '재현되는 그 시간'이 탐라 천년과 시간적 동일성을 확보하게 되었다.

이 점에 유의하면서 서사무가의 신화소를 철학적 주제와 관련하여 살펴보면, 가장 먼저 눈에 띄는 것이 우주본체론의 전형인 천지개벽의 신화소이다. 우리나라 신화가 세계창조 과정과 내력을 생략하고 건국 내력으로 건너뛰고 있는 이유 가운데 하나는 근대화과정에서도 탈(脫)중국이 요구될 정도로 동아시아 패권을 잡고 있던 중국과 경쟁 관계에 놓여 있었기 때문이다. 서사무가에 남아 있는 것과 같은 창세신화가 있었다고 하더라도, 고대국가 성립 연원부터가 중국과 경쟁 관계에 놓여 있었기 때문에 건국의 내력을 밝힌 신화가 강조되면서 전설이나 민담의 영역으로 흡수되거나, 외래의 용어와 내용으로 치환되는 과정에서 과감하게 생략되었을 것이라는 말이다.

이에 비해 제주는 "섬이라는 지정학적 특성 때문에" "부족공동체의 고유성을 강하게 지키며 당신본풀이를 유지할 수 있었고, 중세사회로의 전환 속에서도 고대 자기중심주의의 전통을 오랫동안 유지할 수" 있었기 때문에 천지개벽의 신화소를 남은 서사무가를 보존할 수 있었다. 그뿐만 아니라 "중세 국가의 직접적 통치를 받게 된 것은 고려 후반 혹은 조선 전반이기 때문에 상대적으로 중세 이념의 강요와 침투가 미약하고, 이런 까닭에 무속이 배척당하기보다는 무속 안에 유교와 불교를 포용하는 변화가 일어났다."[14] 중국과 경쟁 관계에 놓여 있었지만, 지속적인 교류를 통해 실시간으로 영향을 주고받을 수밖에 없었던 한국에 비해, 중세 이념의 강요와 침투가 지연될 수밖에 없었던 섬이었으며, 건국의 연원을 두고 새삼스레 고대 한국 또는 중국과 경쟁 관계에 놓여 있지도 않았기 때문이라고 할 수 있다.

천지개벽 신화소의 대표적인 예인 초감제에서도 이런 점이 확인된다. "천지혼합", "개벽", "자방", "축방", "인방", "갑자년 갑자월 갑자일 갑자시", "삼경", "청, 흑, 황(이슬)", "천지인황", "동-청", "서-백", "남-적", "중앙-황

(구름)", "천황, 지황, 인황(닭)", "갑을동방" 등 도교와 유교의 용어로 치환되었을만한 것을 빼면, 우선은 떡켜처럼 쌓여 있다가 그 틈이 벌어지면서 하늘과 땅이 만들어지게 되었다는 것, 다음으로는 한밤을 지나면서 하늘과 땅, 그리고 그 사이에서 내린 이슬이 합해지면서 사람이 만들어지게 되었다는 것, 마지막으로 닭이 울어 첫 아침이 열리듯이 세상이 만들어졌다는 것이 남는다. 천지창조가 이렇게 새벽의 정경으로 묘사되는 것은 "새벽이 닭의 울음과 함께 시작되었을 것이라는 상상의 반영"[15]이라고 분석할 수 있지만, 여기에는 탐라의 정체성이 사실상 없다.

창세신화가 남아 있지만, 탐라 천년의 기억을 특정할만한 요소를 찾기 어려운 까닭은 전승 과정에서 내륙과의 친연관계에 집중하였을 것이기 때문이다. 이 점은 서사무가에서 닭 토템사상, 조화와 대립의 이원적 틀, 천신족 남성과 지신족 여성의 결합, 일월 조정과 이승차지 내기의 정치철학적 요소 등을 분석해내는 데서도 공통적으로 발견된다.[16] 심지어 "한국신화의 원형을 그대로 담지하고" 있을 뿐 아니라, "생명관장의 신격에 대한 신화가 별도로 존재했을 가능성"을 확인할 수 있고, "서사무가 속의 여성 주인공이 지닌 자발성·능동성·적극성"이 돋보이며, "중국식으로 변하지 않은 순수 우리말 신격"이 등장한다는 점, 그리고 인간과 귀신, 짐승을 분별하면서, 현실 세계의 한계를 극복해야 한다는 점을 강조한다는 점 등에서도 상보적 관계가 강조된다.[17]

상보적 관계가 강조되는 까닭은 탐라 천년의 기억을 상기하고 재구성하는 과정에서 제주를 이국적(異國的)인 섬이기는 하나, 이국(異國)은 아닌 것으로 보는 관점이 지배적이었기 때문인 것으로 짐작된다. 지금 제주는 근대국민국가 대한민국이 출범하기 직전에 겪었던 제주4·3과 2006년 7월 고도의 자치권이 보장되는 특별자치도로 출범하여 지금에 이르고 있음에도 불구하고, 대한민국의 최남단 제주 섬과 그 주변도서를 포함하는 대한민국 정부의 행정구역으로 편재되어 있다. 따라서 "재래의 수렵민과 외래의 농경민이 결합되어 생산력을 발전시킨 토대 위에서 정치적인 통합을 이룩하고 "해상활동을 통해 힘을 키워 작지만 당당한 나라", 곧 "해상왕국"이라는 기억을 상기시켜, 고대 한국과의 차별성을 확보하면서 그 면면의 의미와 가치를 평가하기가 쉽지 않은 것이다.[18]

하지만 "신이 저지른 원죄 때문에 인간세계가 부정한 세상이 되었다고 하면서, 이 세계를 원천적으로 부정한 곳으로 보는 사고가 생겼고, 우리들 현실적 인간을 부정한 존재, 부도덕한 존재로 보는 사고와 직결된다."는 등과 같은 분석이 탐라 천년의 정체성과 어떻게 연관되는지는 해명되어야 한다. 마찬가지로 "우주와 자연과 인간세계가 서로 영향을 미친다는 생각처럼, 신이 인간에게 인간이 신에게 서로 영향을 끼치는 관계로 사유"했다는 것이 "반복과 순환의 사유가 깊숙이 내재되어 있다"라고 분석하는 근거와 의미도 좀 더 명확하게 제시되어야 한다.[19] 지금까지 채록되고 수집된 해상왕국 탐라 천년의 기억은 독자성에 초점이 맞출 때 선명해질 것이기 때문이다.

III. 경계인의 시선

천년을 유지해온 독립 해상왕국 탐라국은 조선 태종 2년(1402)에 탐라(耽羅) 성주(星主) 고봉례(高鳳禮)가 인부(印符)를 반납하고, 태종 4년 조선 정부에서 성주(星主)와 왕자(王者)의 직함을 좌도지관(左都知管)과 우도지관(右都知管)으로 개칭하면서 "실질적"으로 조선에 병합되었다. 탐라국 건국신화인 삼성신화(三姓神話)에 따르면 탐라국 기원은 기원전 2337년까지 올라가는데, 학계에서는 고후(高厚)가 신라에 입조(入朝)하여 당시 탐라국의 유력한 세 세력이 각각 성주와 왕자, 도내(徒內) 작호를 받은 때로 본다. 그간의 고고학적 발굴과 문헌사료 검토를 통해 서력기원을 전후하여 건국된 탐라국이 동아시아 주변국가와 교역한 자취가 입증되었기 때문이다. 이 기간은 한국과 중국의 고대왕국과의 관계에서 이중적 외교 정책을 독자적으로 펼쳐왔던 때이기도 하다. 복속 관계에 있는 왕조의 흥망성쇠를 같이 하면서도 거리두기에 힘썼기 때문이다.[20]

탐라국이 한국에 병합된 것은 조선왕조 때지만, 그 이름을 잃은 것은 고려왕조 때였다. 고려가 후삼국을 통일하면서 탐라국은 태조 21년(938) 12월에 태자(太子) 말로(末老)를 고려에 보내 조회하였다. 이후 상당 기간 교류 기록이 없다가, 현종 2년(1011) 9월에 탐라가 주군(州郡)의 예에 따라 주기(朱記)를 하사해주기를 요청하자 당시 지방통치를 강화해나가던 고려 정부가 허락하였다는 기록이 나온다. 이때 곧바로 편입되지는 않았고 숙종 10년(1105)에 군(郡)으로 개편되었다가, 의종 때에 이르러 현(縣)으로 강등 되었다. 현으로 강등된 이후 고려왕조와 결탁한 세력에 대한 반발로 반란 이 잦아지자 고려 정부는 현에서 군(郡)으로 회복시켰다가 고종 7년(1220) 에서 16년 사이에 제주(濟州)로 승격시켰다.[21]

이렇게 해서 고려에 복속된 제주는 남송과 일본을 잇는 바닷길의 요충 지였다. 그래서 원나라는 제주를 남송(南宋)과 일본 정벌의 전초·병참기지 로 활용하는 한편, 국립목장 가운데 하나를 설치 운영하는 등 제주 경영에 적극적으로 나섰다. 이로써 제주는 화주(和州, 함경남도 영흥)·서경(西京; 평안남도 평양)과 함께 몽골의 직할령이 되었다. 이후 원 간섭기 내내 제주 는 고려와 몽골을 여러 번 오가며 귀속되었다. 실질적으로는 고려와 몽골의 양국에 이중 귀속되는 처지였지만, 그 덕분에 상당수의 몽골족이 제주에 들 어와 정착하면서 목축업이 크게 성행하고, 인구 규모도 확대되는 등 크나큰 변화를 겪게 되었다. 해촌(海村)에 집중되었던 반농반어(半農半漁)의 생업활 동은 산촌의 발달과 함께 반농반목(半農半牧)을 포함하게 되었고, 인구 증 가에 따른 행정단위 개편과 법화사 중창 등이 수반되기도 했다.[22]

몽골족과 제주, 원나라와 고려의 만남이 이루어졌던 제주는 고려 공민

왕(恭愍王, 재위 1351~1374)의 반원정책이 단행되면서 격전지가 되었다. 원 제국을 밀어내고 대륙을 차지한 명(明)나라가 개입하면서부터 고려의 정벌 대상이 된 것이다. 제주 정벌군을 이끌고 입도한 최영(崔瑩)은 한 달 여간 목호(牧胡) 정벌 전투를 수행하였고, 이 과정에서 제주 사람의 많은 희생이 수반되었다. 제주 토착세력은 고려의 제주 관할에 참여해 목호 잔존세력과 그에 동조한 제주 사람을 단호하게 처단했다. 이로써 제주는 명실상부하게 고려에 재귀속되었고[23] 당시 국제적인 문화교섭을 이루어낸 제주의 정체성은 부정되고 잊히게 되었다.

개국 초기부터 중앙집권적 통치제제를 강화하고자 했던 조선 정부의 관료는 토착 지배세력인 토관마저도 "문맥을 제대로 이해하지 못하고 법률과 제도를 알지 못하는(不識字不知法制)" 이들로 낮추어 보았다. 그래서 교육을 내세워 토관의 명칭을 개정하는 등 토착세력을 지방통치 조직 안으로 정비하면서 유교적 통치질서를 확립하고자 하였다. 하지만 건국 초기에 파견된 제주목사는 토착세력과 관계 호전을 위해 노력할 수밖에 없는 처지였다.[24] 하지만 중앙집권체제에 실질적으로 편입된 태종 때부터 목사에게 권력이 집중되기 시작했고, 유교식 교화정책이 본격화되었다. 1목 2현에 각각 하나씩의 향교(鄕校)가 세워졌고, 변두리 유생을 위해 김녕과 명월에 따로 정사(精舍)를 두는가 하면 성(城) 내에는 향학당(鄕學堂)을 두는 등 사학(私學)을 설치하기도 했다. 조선후기로 접어들면서 이러한 교육기관은 과거시험 준비기관 및 대민 교육기관의 역할을 수행하게 되었다.[25]

관 주도의 교화 활동과 함께 제주로 유배온 인사의 활동도 변방 제주의 정체성을 국가질서 속에 편입시키는 데 한몫했다. 특히 제주는 조선시대 3등급의 유배지 가운데 가장 원지(遠地)에 해당하는 곳이었으므로, 정치와 학문 분야에서 상당한 영향력을 가진 사람이 유배되는 경우가 많았다. 조선시대 교육에서 중앙관직에서 밀려나 낙향한 인사나 유배된 인사의 활동이 차지하는 비중이 컸다는 점을 고려하면, 이들 유배인사가 당시 제주의 교육을 담당하는 데 큰 역할을 했다는 것은 의심할 여지가 없다. 문제는 제주를 절해고도의 유배지로 인식하였던 이들이 제주와 제주 사람에 대한 부정적인 시선을 그대로 드러냈다는 점이다. 제주 오현(五賢) 가운데 동계(桐溪) 정온(鄭蘊)과 우암(尤庵) 송시열(宋時烈) 등도 제주를 '죄를 지은 자가 살기 마땅한 곳', '바다에 들어온 지 9년이 되어 도깨비와 무리가 되었다.'는 식으로 표현하기도 했다.[26]

양란 이후 국가질서가 재편되는 과정에서도 조선의 국가질서가 제주에 아직 정착되지 않았다는 것은 18세기 초에 입도한 목사 이형상(李衡祥)의 신당(神堂)철폐 사건에서 확인된다. 『탐라기년(耽羅紀年)』에 따르면, 이형상 목사는 광양당 등 삼읍에 걸쳐 있는 음사(淫祀)와 절집[佛宇] 130여 개를 헐고 무당들 400여 명을 농사짓게 하였다고 하는데, 당시 제주 사람이 이 업적을 기려 공덕비를 세웠고, 순조 19년(1819)에는 유생이 진정하여 영혜사(永惠祠)에 배향된 일이 있다고 전한다.[27] 이형상 목사는 숙종 28년 (1702) 6월 경주부윤에서 전보되어 제주에 들어왔는데, 『탐라순력도』에서는 신당이 불타고 있는 그림에 1702년 12월 20일이라고 기록하였으므로 도임 6개월 만에 신당을 철폐한 것으로 짐작된다. 그런데 신당철폐 이전 6개월간 제주의례와 관련된 두 편의 장계를 올린 것으로 보건대, 신당철폐라는 조치는 무속신앙을 철폐하겠다는 것보다는 국가 질서 확립에 목적을 두고 있었음을 알 수 있다.[28]

음사(淫祀)는 형식과 내용, 주체 면에서 합당하지 않은 제사를 가리키는데, 조선시대 제주에 들어온 인사들은 제주 풍습 가운데서도 음사에 대한 기록을 많이 남겼다. 조선 왕조는 건국 이후로 정치 이데올로기인 유교를 확고히 하기 위해 불교, 무속과의 전면전을 펼쳐왔지만, 왕실에서부터 불교와 무속을 신앙했기 때문에 민간에서 사사로이 행해지는 의례에 대해서는 비교적 관대했다. 민간의 신앙과 의례 행위를 유교 의례 체제 속으로 끌어들여 원천적으로 봉쇄하는 것이 사실상 불가능했기 때문이다.[29] 유교는 지식인의 이성적 판단과 윤리적 실천을 전제로 하기 때문에 민간의 종교적 욕구를 수용한다는 것은 태생적으로 불가능하다. 하지만 이형상 목사가 목도한 제주의 상황은 이러한 차원을 넘어서 국가질서를 위협할 정도로 판단되었던 것이다.[30]

이와는 반대로 유산(遊山) 풍조가 급격하게 성행하면서 제주는 중국 전국(戰國)시대 이상향 가운데 하나인 영주(瀛洲)로 여겨지게 되었다. 전쟁 이후 기존질서가 무너지면서 다양한 내용의 국가재조론(國家再造論)이 나오자 적극적으로 현실에 참여하려는 지식인층과 현실에서 도피하여 안분자족(安分自足)하려는 지식인층이 모두 산(山)을 동경하여 그곳에서 수양하면서 노니는 풍조를 낳은 것이다. 이러한 풍조 속에서 한라산은 금강산, 지리산과 함께 신선이 산다는 이상향이 되었는데, 그 덕분에 배를 접안하기 힘들 정도로 거센 바람이 부는 절해고도 유배지인 제주도 영주십경(瀛洲十景)으로 상상되기에 이르렀다. 심지어 음사폐지를 통한 풍속 개량과 민중 교화를 주장했던 이형상 목사도 1694년 도임한 야계(冶溪) 이익태(李益泰)의 제주십경처럼 제주의 팔경을 손꼽을 정도였다.[31]

제주를 선경으로 묘사한 영주십경의 제목과 차례가 현재와 같은 형태로 정리된 것은 제주 사람 매계(梅溪) 이한우(李漢雨)에 의해서였다. 그런데 이한우의 시선에서는 제주에 부임했거나 유배된 외지사람의 시선이 발견된다. 그는 전주 이씨 계성군파의 입도조(入島祖) 이팽형(李彭馨)의 후손으로, 당시 제주에 유배와 있던 추사(秋史) 김정희(金正喜)와 제주목사로 부임했던 가은(嘉隱) 목인배(睦仁培) 등과 교유가 있었다. 그리고 평생 여덟 번씩이나 바다를 건너 과거를 보았다. 하지만 그는 제주 사람으로의 정체성을 늘 자각하고 있었다. 이러한 점을 감안할 때, 제주를 보는 외지인의 시선에 단순히 공감했다기보다는 외지인의 시선으로 제주를 봄으로써 제주를 '이중으로 낯선 공간'으로 재구축해내었다고 할 수 있다. 이한우의 일생 여정은 자신의 중심성을 보면서 타자의 중심성을 수용하는 시도였기 때

문이다.[32]

　이한우보다 한 세대 앞선 일재(一齋) 변경붕(邊景鵬)은 제주에서 유학을 배워 과거시험에 응시하면서 한양에 오가다가 늦은 나이에 급제하여 내직과 향직을 오갔던 인물이다. 그는 제주 사람이면서 제주적이지 않은 것을 내면적으로 잘 융합시킴으로써 전형적인 이중문화 정체성을 확보했다. 이것은 제주 문화라는 원문화를 조선유학이라는 이주지 문화와 조절하면서 내적으로 발산과 수렴이라는 중층적 층위를 구축함으로써 가능한 일이었다. 그는 조선유학에 대해 자신의 관점을 제시하거나 새로운 방향성을 제시하지 못하였고, 제주 문화에 대해서도 자연경관, 민간요법과 민간신앙, 양란 이후 사회경제현황, 주요 인물과 사적을 간략하게 서술하는 수준에 그치고 있다. 하지만 그가 살았던 시기가 제주 사회가 무속에서 유학으로 변동하는 시점이라는 점이 고려되어야 한다.[33]

　한편, 제주 정체성의 기층을 차지하는 민중의 삶에도 상당한 변화가 있었다. 양란 이후 사회경제적 모순이 심화되면서 민란이 전국적으로 빈발하였는데, 제주 민란은 그 목표가 조세 수취 구조의 개혁이나 관리의 교체가 아니라 조선 왕조를 부정하고 새로운 국가를 건설하는 데로 확장되었다.[34] 이 시기 제주 민란의 원인은 토착지배세력이나 중앙정부의 지배권에 대한 각각의 불만이라기보다는 이중지배구조를 공고하게 구축해나갈 것에 대한 우려로 볼 수 있다. 이것은 제주의 혼인관습이나 분가관습, 채무승계관습, 제사상속관습, 재산상속 관습 등이 조선 유학과 배치되지 않는 상태에서 변용된 데서도 확인된다.[35] 기층민중의 층위에서도 자신의 중심성을 보면서 타자의 중심성을 수용하는 경계인으로서의 시선이 수용된 것이다.

　제주 천년의 시선은 제주를 삶의 자리로 하는 제주 사람이 중앙정부에서 강요된 타자의 시선을 내면화하게 하였다. 탐라 천년과는 달리 독립국이 아닌 영토로 공식 역사 기록에 등장하지만, 조선 초기까지는 여전히 본국과는 분리된 자치지역으로 인식되었다. 이러한 인식은 제주를 경계 너머의 경계, 곧 절해고도의 유배지로 만들었는가 하면, 사실상 세상에 존재하지 않는 이상향인 영주(瀛洲)로 상상하게 했다. 바로 그곳에서 삶을 영위하고 있는 사람조차도 경관 가운데 한 요소로 배치시킬 수 있었던 까닭은 제주 사람에 대한 기본적인 이해와 공감이 없었기 때문이다. 그래서 풍속 개량과 민중 교화의 대상으로서 타자화, 경관화된 제주 사람을 국가 질서 안으로 포섭하려는 일방적인 시선과 엇갈리는 민중의 시선은 반란이라는 실천 행위로, 그와는 반대로 국가 질서 안에 포섭된 토착세력의 시선은 경계인으로서의 제주 보기라는 실천 행위로 드러났다는 동일성을 가진다.

IV. 근대인의 욕망

동아시아의 근대화는 서세동점(西世東漸) 세력에 의해 강제되었기 때문에 모더니즘(Modernism)과 같은 '인간 이성에 대한 신뢰'보다는 오리엔탈리즘(Orientalism)과 제국주의적 확장이라는 '근대적 욕망에 대한 자구책을 모색'하는 것이 우선이었다. 그러므로 외부로부터의 강제가 '자구책 모색이라는 내부의 자발적 태도'를 압도하고 있었다는 분석은 자구책 모색의 원인이 외부로부터의 강제였다는 점에서 동어반복에 지나지 않는다. 한족(漢族)의 마지막 제국 명(明)을 무너뜨리고, 다민족 통합정책의 일환으로 종교개방정책을 시행했던 청(淸)나라 황제 강희제(康熙帝)가 신앙의 순수성을 내세운 로마 교황청의 정책을 질책하면서 선교금지정책으로 돌아섰지만, 그로부터 150년 만에 선교권을 승인할 수밖에 없었던 것도 같은 맥락이다. 태평천국의 난 등으로 왕조의 해체가 가속화된 것은 영국과 프랑스 등 제국주의 무력을 앞세운 선교사의 선교가 원인이었기 때문이다.

청나라의 그리스도교 선교 자유화 이후에도 한동안 선교금지정책을 유지하던 조선 정부는 1876년 강화도조약(江華島條約; 朝日守護條規) 체결과 그에 따른 원산과 인천 개항, 1886년 조불수호통상조약 체결을 통해 선교 자유화 조치를 취했다. 이렇게 해서 박해의 시대를 견뎌낸 한말 천주교회는 개신교회와 함께 교세를 확장해나갔지만, 오히려 민중계층에서 천주교회 배척의 움직임이 빈발했다. 황사영백서사건(黃嗣永帛書事件, 1801) 이후 서양침략세력의 앞잡이로 인식되었던 조선 천주교회가 선교 자유화를 기점으로 세력화되면서 이들과 마찰을 빚었기 때문이다. 조선 천주교회가 박해시대를 견뎌내기 위해서 내세신앙을 강조해왔던 것도 한몫했다. 현세의 질서에 대한 개혁의식이 상대적으로 약화되면서 사회 개혁을 염원하던 민중으로부터 고립되었기 때문이다.

한국천주교회 박해시대에 가장 큰 사건 가운데 하나인 백서사건의 주인공 황사영(黃嗣永)의 부인 정난주(丁蘭珠)는 목포를 거쳐 제주 대정현으로 유배된 것으로 알려져 있다. 그런데 정난주를 비롯한 유배인의 선교활동은 없었던 것으로 보이는데, 뮈텔(Gustave Charles Marie Mutel) 주교가 "1866년 이전 이 섬에 몇몇 크리스찬들이 희소하게 살았으나 선교사들이 1899년에 이 섬에 들어갔을 때 그들의 자취나 기념될만한 흔적은 하나도 찾아볼 수 없었다."라고 보고했듯이 공식선교는 1899년에야 이루어졌다. 이때 파리 외방전교회의 페네(C. Peynet, 裵嘉祿)신부와 김원영(金元永) 신부가 파견되었는데, 이들은 제주 사람이 "거칠고, 다분히 미개하며, 타향인들을 불신하고, 무엇보다도 미신 행위에 열중"한다고 보았다.[36]

제주 선교에 나선 선교사의 이런 시선은 당시 서세동점의 첨병 역할을 했던 서양 선교사에게서 공통적으로 발견된다. 이들은 자신들의 주요 활동과 관심이 종교적인 포교에 있으므로 정치에 직접 관여하는 것은 본연의 임무에서 벗어난다고 생각했다. 하지만 이들 대부분은 선교지의 문화보다는 그리스도교의 우월성을 강조하며, 선교활동을 통해 '문명화의 사명'을 수행해야 한다고 생각했다. 그래서 치외법권적 지위를 적극적으로 활용하는가 하면, 필요한 경우에는 모국에 함포외교를 요구하는 등 정치적 영향력을 행사했다.[37] 이와 함께 뒤늦게 아시아 선교에 뛰어들어 사회복지시설, 학교, 병원의 운영을 통해 사회적 약자를 끌어들이는 데 성공한 개신교 선교사와 경쟁하였다. 이러한 선교방식에 위협을 느낀 지역민은 선교사가 의료와 복지라는 매우 유력한 무기를 가지고 공적 영역에서 경쟁하게 된 것으로 인식하고 선교사와 교회를 경계하였다.

이러한 위기감은 구교운동(仇敎運動)인 교안(敎案)의 발생으로 이어졌다. 그런데 천진교안(天津敎案, 1870)에서 확인되듯이 의혹 제기 수준에서 시작되었던 일을 서구 제국이 침략의 기회로 활용하면서 교회와 선교사는 외국 침략자의 구체적인 표상으로서 증오의 대상이 되었다. 제주에서 일어난 신축교안(辛丑敎案, 1901)도 이러한 배경을 가지고 있다. 신축교안의 표면적인 발생 원인은 궁내부(宮內府) 내장원(內藏院) 소속의 봉쇄관 강봉헌(姜鳳憲)이 천주교도 및 유배인과 결탁하여 탐학을 저질렀다는 것이다. 하지만 근본적인 원인은 프랑스와 일본 등 제국주의의 이해가 제주에서 충돌한 것이다. 국력확장을 위해 선교의 확대를 꾀했던 프랑스와 자국어민의 제주해역 조업을 추진하였던 일본의 욕망이 충돌한 것이다. 이것은 봉세관과 교회 등에 의해 벌어지는 이중착취를 벗어날 방안을 모색하던 제주 도민을 일본 정부와 어민이 지원했다는 사실에서도 확인된다.[38]

신축교안 발생과 후속 처리 과정에서 제주 사회는 평민(平民)과 교민(敎民)으로 양분되었지만, 그렇게 해서 불안해진 선교 환경으로 말미암아 선교사는 제주 도민의 목소리에 귀를 기울이게 되었다. 천주교회 측은 신축교안의 배상금 지연으로 발생한 이자를 도민의 요구에 따라 반환했고, 선교 사업의 한 방편으로 교육에 관심을 돌렸다. 당시는 조선 정부가 교육을 통해서 국권 상실의 위기를 극복하고자 노력했던 시기로, 학생 교육에 대한 제주 사회의 수요가 증대되자 제주군수는 물론, 개신교 선교사도 앞다투어 학교를 세우고 있었다. 이미 1903년부터 여학당을 운영하고 있던 천주교회는 신성여학교(晨星女學校)를 설립했다. 교육사업은 선교사의 문명화 사명에도 부합했을 뿐 아니라, 제주지역의 반응도 기대 이상이었다. 여기에 조선 지배의 정당성을 확보하기 위해 외국인 선교사의 기득권을 인정해준 일본의 지원으로 천주교회는 신축교안의 위기를 벗어날 수 있었다.[39]

경술국치(庚戌國恥) 당시만 하더라도 천주교회가 조선 정부보다는 문명국으로 생각했던 일제의 강제병합을 긍정적으로 인식했던 데 비해, 최익현(崔益鉉)과 김윤식(金允植), 박영효(朴泳孝)로 이어지는 근대 지식인의 제주유배를 통해 제주 사회에 개화사상이 보급되면서 1909년 제주의병운동, 1918년 법정사 항일운동, 1919년 제주 3·1운동 등 항일운동에 큰 영향을 끼쳤다. 이를 바탕으로 1920년대 접어들면서 애국계몽운동의 일환으로 제주신교육운동이 일어났으며, 제주 사람의 일본 진출에 따른 노동운동이 결합된 민족운동인 사회주의사상운동이 일어났다. 1930년대에는 대중적인 항일운동인 해녀항일운동이 일어났고, 이를 기점으로 제주 사람의 항일투쟁이 본격화되어 제주야체이카사건과 일본반제동맹활동 등이 일어났다. 1940년을 전후해서는 기존의 항일운동이 종교인의 항일운동과 외부항일운동이 상호 영향을 끼치면서 확장되었다.[40]

이러한 항일운동 정신은 제주4·3에 이어졌다. 제주4·3은 아직 제대로 된 이름을 가지고 있지 못하지만, 국가를 잃어버린 국민을 근대적 개인으로 계몽하려고 했던 일본 제국주의가 물러난 직후에 발생해서 남한단독정부수립을 통해 탄생한 반쪽짜리 근대국가가 냉전체제구축을 위해 수행했던 대리전이 종료된 후에야 끝났다. 제주4·3의 발생과 종료는 저항운동으로서의 성격을 잘 보여준다. 제주4·3을 이끌었던 이들은 경찰의 탄압중지, 남한의 단독선거와 단독정부수립 반대, 그리고 통일정부수립을 내걸었고, 새로 수립될 국가(정부)가 존재근거를 국가 형태에 대한 자유로운 상상과 기대를 폭력으로 제압하는 데서 찾으려는 것을 반대했다. 그 일환으로 1948년 5월 10일 시행된 국회의원 단독선거거부 운동 결과 단독선거가 무산된 유일한 지역이 제주였다. 동서냉전체제의 주변부인 대한민국의 주변

부였던 제주는 이렇게 해서 냉전체제의 경계지점으로서 중심의 자리에 들어섰다.[41]

제주4·3은 태동기에 있던 근대국가가 자행한 폭력이요, 그러한 폭력에 당당하게 맞선 제주 사람의 저항이었다. 1948년 8월 15일 수립된 대한민국정부는 이승만 전대통령이 선언했듯이 대한민국임시정부의 법통을 잇는 것이지만, 이전에는 없었던 근대국가 대한민국이 건국된 것이기도 하기 때문이다. 아직도 진영별로 논란이 되풀이되고 있지만, 이 점에서 '제1공화국의 성립이 하나의 악순환 구조가 성립하였음을 의미한다'는 지적은 적확하다. 식민지 역사를 제대로 청산하지 못한 채로 민족은 고사하고 국민으로부터도 정당성을 부여받지 못한 국가권력이 지속적으로 국민을 동원하면서도 정작 국민이 아닌 냉전 질서의 압도적인 규정력에서 정당성을 확보하고자 하였다는 사실은 외세에 의해 남북이 갈라질 수밖에 없었던 상황을 감안하더라도 "국가권력의 잘못"이 명백하기 때문이다.[42]

제주4·3은 발생 이후 40여 년 동안 국가가 기억의 공개를 억압해 온 "조용한 사건"이었지만, 이렇게 억압적인 상황이 오히려 다양한 형태의 기억투쟁을 불러일으켰다. 사건 직후에도 재일작가 김석범의 『까마귀의 죽음』(1957)이 발표되면서 외부에서 조용한 반향을 불러일으켰는데, 4·19혁명 직후 '4·3사건 진상규명동지회'의 활동을 기점으로 '제주도 양민학살 국회조사단'의 활동을 이끌어 내는 등 진상규명활동이 본격화되었다. 하지만 5·16 군사쿠데타로 진상규명 논의가 20여 년 동안 금지되었다. 이러한 상황에서도 현기영의 『순이 삼촌』(1978) 등이 기억투쟁을 이끌었는데, 1980년대 민주화운동과 함께 사적인 기억과 인식의 복권이 시작되었다. 1989년 5월 제주4·3연구소 발족, 1990년 4·3추모제 개최, 1992년 제주 4·3쟁점의 전국화 추진, 1993년 제주도의회 4·3특위 출범, 1997년 제주4·3 제50주년 기념사업 추진 범국민위원회 발족, 1999년 국회 4·3특별위원회 구성 및 제주4·3특별법 통과 등을 거쳐 2003년에『제주 4·3사건 진상보

고서』 채택 및 대통령의 공식사과가 있었다.[43]

제주4·3이 조용한 사건으로 억압되고 있던 시기에 제주4·3을 자행한 근대국민/민족국가는 제주를 타자(他者)에 의해 소비되는 대상으로 재구성했다. 1963년 '제주도건설연구위원회'가 설치되면서 시작된 제주 개발에 대한 논의가 이듬해인 1964년에는 '관광'을 기본 방향으로 한 '제주도 건설 종합계획'이 수립되면서 관광에 초점을 맞춘 개발로 집중되었기 때문이다. 1980년대에 들어서는 국민 관광을 기반으로 국제 관광 활성화를 도모한다는 목표 아래 제주 개발이 추진되었는데, 그 때문에 1994년 '제주도 종합개발계획' 수립 과정에서는 20년간 이어졌던 제주 개발의 문제점을 지적하는 전도민적인 특별법 제정 반대 운동이 일어나기도 했다. 이때 제기되었던 문제점은 중앙정부 또는 관(官) 주도의 하향식 개발계획에 의한 개발 추진, 외부 자본과 외재적 방법에 의존하는 개발 진행, 경제적 이익의 역외 유출 등 제주가 이중적으로 소외당하고 있다는 인식에 기초한 것이었다.[44]

제주특별자치도가 출범하고, 지방자치제도가 정착된 오늘날에도 제주가 삶의 공간이 아니라, 소비되는 공간으로서 이중적인 소외를 겪고 있다는 점은 달라지지 않고 있다. 제주항공을 비롯한 저비용항공사가 설립되어 제주 항공편이 확대된 2006년을 전후로 제주는 그동안 변방으로서 겪었던 타자의 설움을 한 번에 보상받는 '열풍'의 중심에 놓인 듯이 보였다. 2005년 제주가 '세계평화의 섬'으로 공식 지정되면서, 각종 국제회의와 정상회담이 이루어지는 동아시아 외교 중심이자 국제적 분쟁과 갈등을 예방, 해결하는 완충지대로 육성하는 다양한 정책이 시행되기 시작했다. 2006년에는 제주 올레 1코스가 개장되어 전국적으로 올레 열풍이 일어났고, 2010년에는 제주 이주 열풍이 일어났다. 그런데 이 열풍은 한국식 장기불황과 그것에 대처하려는 정부의 정책, 그리고 그 사이에서 갈등하고 있는 경제 주체들의 요구가 맞물린 결과이지, 제주가 말 그대로 중심에 놓인 것은 아니었다.[45]

근대에 각종 열풍의 중심에 선 제주는 개발 광풍으로 상실당한 시간과 공간이 '재현'되는 곳이다. '모던(Modern)', 곧 서양 근대는 동양을 계몽의 대상으로 전제함으로써 모던을 이식받는 대가를 당연히 치러야 한다는 제국주의적 욕망을 정당화했다. 제주처럼 모던과의 거리두기가 충분하면 할수록 더욱더 그 욕망은 적극적으로 드러났다. 그 욕망은 1960년대 미국이 한국에 근대화론을 전파하고, 근대화를 위한 물적, 인적, 심리적 기반 구축에 적극적으로 개입하면서 신흥산업국(NICs; Newly Industrializing Countries)으로 도약해야 한다는 내부적 욕망을 부추겼다. 모던과 그것이 이식된 우리의 욕망은 그동안 유지해왔던 삶의 방식이 이른바 IMF 사태를 온몸으로 겪으면서 해체되는 시점에 가장 강렬하게 표출되었다. 그리고 역설적으로 한 번도 중심을 차지한 적이 없었던 제주는 지금도 바로 "상실당한 시간과 공간을 재현하는 방식"으로, "지연된 개발의 광풍"을 겪고 있다.[46]

V. 경계 너머 경계

지금까지 제주 정체성 연구는 제주인의 고유한 자질인 '제주 정신'에 관한 연구와 제주문화 정체성에 대한 제주 도민의 인식과 공감 정도에 대한 설문조사 연구 등 두 가지 방향으로 크게 나뉜다. 제주 정신과 관련한 초기 연구에서는 긍정적인 측면으로 강인불패(불굴)의 정신, 근검·절약·수분(守分)의 정신, 자립·자위의 정신이, 부정적인 측면으로 열등의식, 배타심 등이 공통적으로 손꼽혔다. 이후 삼무(三無)정신과 함께 조냥정신에 대한 논의가 집중되었다. 도둑과 거지, 대문이 없다는 삼무정신은 석주명의 『제주도수필』에서 비롯된 것으로, 이후 정치적인 목적에 이용되면서 제주인의 정체성을 규범화시킨 것에 지나지 않는다는 비판이 일었기 때문이다. 이러한 비판 속에 제주 미래를 위한 진취적인 시대정신으로 개체적 대동주의와 자립주의를 엮어낸 해민(海民)정신이 제안되었지만, 환경결정론이 갖는 해석상의 오류와 이데올로기적 기제로 작용할 우려 때문에 비판되었다.[47]

이러한 비판을 기초로 소쉬르(F. de Saussure)의 언어기호학에 기댄 문화해독의 방법론을 활용하여 이른바 "제주문화문법 탐색을 통한 제주 정체성 검토"가 제안되기도 했다. 사회제도로서의 랑그(la langue; 언어)는 쉽사리 변치 않은 공시적(共時的) 성격을 가지고 있는데, 이것이 주류문화를 구조화시키는 문화 문법(cultural grammar)에 해당한다는 것이다. 이에 비해 빠롤(la parloe; 말)은 시대변화와 개성에 예민한 결합체적 사슬(syntagmatic chain)에 해당한다고 한다. 이렇게 볼 때 문화에는 문화문법, 결합체적 사슬, 문화문법과 결합체적 사슬이 얽혀서 존재하는 일상생활양식의 총체라는 세 층위가 있다. 이를 바탕으로 탐색한 제주문화문법은 평등성, 현세성, 합리성, 온정성(호혜성), 묘합성(융합성) 등인데, 이것과 결합체적 사슬이 잘 맞으면 새로운 문화 창조와 사회발전을 가져오지만, 그렇지 않으면 반대의 결과를 낳는다는 것이다.[48]

그런데 제주문화문법의 각 항에 대해서는 제주 정신에 대한 연구와 꼭 같은 비판의 여지가 있지 않나 하는 의구심을 지울 수가 없다. 제주의 무속신화, 가족제도, 의·식·주의 특성 등에 관한 기존의 연구를 재해석해서 도출했다 하더라도 그 자체가 일종의 이념형(ideal-type)으로서 기능한다고 한다면 선행연구에서 지적했던 환경결정론이 갖는 해석상의 오류와 이데올로기적 기제로 작용할 우려에다, 제주에서만 발견되는 고유성으로 검증할 수 있는 것인지 등에 대한 비판이 제기될 수 있기 때문이다.

이 장은 이러한 문제의식을 바탕으로 지금까지 제주의 철학사상과 관련되는 논의를 탐라와 제주, 그리고 현재라는 세 시대로 구분하고, 이들 각각을 잃어버린 기억, 경계인의 시선, 근대인의 욕망이라는 철학적 주제로 치환하여 검토해보았다. 서사무가에서 유추할 수 있다 하더라도 탐라의 역사는 잃어버린 기억으로서 지금도 재구성되고 있으며, 고려 왕조에 귀속되어 제주라는 이름을 가지게 된 이후에도 여전히 이국적(異國的)인 경관을 가지고 있는 타자(他者)로서 이중적 시선을 가질 수밖에 없었기 때문이다. 서구의 근대가 동양에 이식되던 서세동점의 시기, 이미 모던을 성취한 서구 근대인의 욕망과 그들이 이식한 모던을 기율화한 내부적 욕망이 부딪히는 각축장이 되었다. 이 세 주제가 제주의 공시/통시/현시로서 지금도 동시적으로 포개지고 있다는 것이 이 장의 출발점이다.

탐라 천년의 정체성은 고대 해양도서국가라는 지정학적 위치와 긴밀하게 연결되어 있다. 독립된 섬이라는 정체성은 탐라 천년의 잃어버린 기억에서부터 오늘날 근대인의 욕망이 교차하는 삶의 자리에 이르기까지 공간적 동일성이 되는데, 심지어 오늘날 그것을 뒷받침하는 제주 서사무가의 심리적 동일성을 유지하는 데도 큰 역할을 한다. 동아시아 여러 국가와 어깨를 나란히 했지만, 독립적 위치를 유지하고 있었다는 말하기 방식에서는 '섬의 독자성과 부속성'이 교묘하게 직조되고 있기 때문이다. 이러한 현상은 오늘날 서사무가를 해석하는 과정에서도 일어난다. 고대 한국과는 달리 천지개벽의 신화소가 남아 있을 수 있었던 이유는 중국과 경합 관계에 놓여 있지 않은 섬이었기 때문이요, 중세 이념의 강요와 침투가 지연될 수밖에 없었던 섬이기 때문이다. 이렇게 볼 때 탐라 천년의 기억은 고대 한국보다는 대만이나 오키나와와 지정학적 동일성을 확보하고 있다고 할 수 있다.

제주 천년의 정체성은 한국의 변방이라는 지역적, 심리적 경계와 긴밀하게 연결되어 있다. 고려 왕조에 복속된 변방의 섬은 남송과 일본을 잇는 바닷길의 요충지였으므로, 원제국의 직할령이 되어 이중귀속의 처지였지만, 그 덕분에 변방의 섬이라는 한계를 넘어서 활발한 문화교류의 장이 될 수 있었다. 하지만 원제국이 쇠퇴하고 고려 왕조의 지배력이 강화되면서 정벌의 대상이 되었고, 교류의 기억은 망각되었다. 이렇게 해서 탐라라는 이름을 버리고 제주로서 고려 왕조에 귀속되었지만, 국가경계를 넘은 경계로서의 독자성 유지의 요구는 지속되었다. 고려에 비해 강력한 중앙집권체제를 구축하고자 했던 조선 왕조는 이러한 독자성을 인정하지 않았을뿐더러 풍속 개량과 민중 교화 정책을 통해 국가질서 안으로 통합하고자 했다. 하지만 이와는 반대로 양란 이후 조선 유학자는 제주를 국가질서 밖의 이상향으로 상상했는데, 이런 시선이 제주 사람에게 반영된 결과가 영주십경이다.

현실 제주의 정체성은 서양 근대인 '모던'을 둘러싼 욕망의 실현과 긴밀하게 연결되어 있다. 동아시아의 근대는 모던의 욕망을 품은 유럽 제국주의자에 의해 강요되었는데, 그 선봉에는 천주교회의 선교사가 있었다. 이들은 의례논쟁을 겪으면서 신앙의 순수성에 매몰되었고, 선교 활동을 통해 문명화의 사명을 완수해야 한다는 생각에 빠져 있었다. 제국주의 국가의 욕망과 교회의 욕망이 '모던'이라는 명분을 만나면서 변방의 변방인 제주는 국가와 교회 양쪽으로부터 근대화의 대상으로 억압당하고 착취당하게 된다. 하지만 오랜 기간 변방으로서 소외되고 수탈당해온 제주 사람의 저항은 일제강점기를 거쳐 근대국민국가 대한민국이 출범하는 과정에서 제주 4·3으로 이어졌다. 태동기에 있던 국가권력이 자행한 폭력에 당당하게 맞선 제주 사람의 저항은 기억투쟁으로 이어졌으며, 개발독재에 이어 "지연된 개발의 광풍"을 겪고 있는 지금에도 이러한 저항은 이어지고 있다.

제주의 정체성, 곧 탐라 천년과 제주 천년에 이어, 오늘날까지 유지하고 있는 동일성은 도서국가로서의 독자성과 변방으로서의 부속성이 교직되고 있다는 점에서 찾을 수 있다. 이러한 정체성은 오키나와나 대만 등 고대 독립국 지위를 유지하다가 병합된 섬과 친연성을 가진다. 이들 섬이 병합 과정, 또는 서세동점시기에 강요된 모던과 그로부터 태동한 근대국민/민족 국가 수립 과정에서 유사한 아픔을 겪어야 했다는 점을 고려하면 이들 섬이 한국과 중국, 그리고 일본과 가지는 친연성보다는 이들 섬 사이의 친연성이 더욱 부각된다. 이러한 인식을 바탕으로 최근 오키나와나 대만 등과 제주의 역사, 문화, 철학사상에 대한 공동연구가 활발해지고 있다. 이러한

실천 행위를 통해 오늘날 제주는 고려시대에 복속된 이래 바다를 경계로
한 한국의 '경계 너머의 경계'로서 오래된 미래의 시간과 장소를 재현하는
실천의 장으로서 기능하고 있다. 이 점이 탐라와 제주, 현실 제주가 가진
동일성, 곧 오늘날 제주의 정체성이다.

주 석

제1장 섬[島]-공간의 개념적 접근

1 김지연, 오영재, 「웹툰에 있어서 서사구조에 따른 공간활용에 대한 비교분석: 국내외 웹툰사례를 중심으로」, 『한국영상학회 논문집』 10(3), 한국영상학회, 2012, 136-137쪽.

2 宗白華는 「중국과 서양화법의 연원과 기초를 논함(論中西畵法之淵源與基礎)」에서, "중국의 회화는 조감하는 원경으로 이루어지기 때문에 우러러 보거나 굽어볼 때 物象과의 거리가 서로 같다. 그러므로 장방형의 立軸 형식으로 위로부터 아래에 이르는 全景을 즐겨 그리는 경우가 많다. 몇 단계의 명암과 허실로 전체 화폭의 기운과 리듬을 구성한다. 서양의 회화는 마주 선 채 똑바로 앞을 바라보는 시각에서 이루어지기 때문에 입방형에 가까운 橫幅을 사용하여 가까운 곳으로부터 먼 곳에 이르는 실제 풍경을 재현하는 경우가 많고 빛과 그림자의 어우러짐으로 전체 화폭의 기운생동함을 구성한다."라고 한 바 있다(이승숙, 「미학적 사고로 본 시간과 공간에 대한 인식 연구 – 여백과의 관계를 중심으로」, 『한국디자인포럼』 16, 2007, 293쪽에서 재인용).

3 위의 논문, 294-295쪽.

4 기독교 문화 전통에서 'already, not yet'은 創造에서 終末로 이어지는 인간 역사를 설명하는 데 있어서 주요한 논리적 근거를 제공하는 개념이다. 신의 창조와 구원은 이미 이루어졌지만, 그것이 실현되려면 신앙, 곧 믿음의 실천이라는 구체적인 행위를 요청하기 때문이다.

5 볼노(Otto Friedrich Bollnow)는 『인간과 공간(Mensch und Raum)』에서 공간을 수학적 공간과 체험공간으로 구분하면서 우리의 논의 주제는 "측량 가능한 3차원의 수학적 공간"이 아니라, "그간 당연시해온 관점의 전환, 또 거의 주목받지 못한 삶의 근본으로 회귀를 전제하는" "체험공간(erlebter Raum)"이라고 주장한다. 그의 주장에 따르면 이 "체험공간"은 뒤르크하임(Graf Durckheim)의 "살아가는 공간(gelebter Raum)"이나 민코프스키(Hermann Minkowski)의 "살아온 공간(espace vécu)" 등과 같은 것을 가리키지만, '공간을 살아가는 것'은 아니라는 어법상의 문제로 체험공간이라는 표현을 사용한 것으로 말한다. 아울러 "생활공간(Lebensraum)"이라고 표현할 수도 있지만, 이 용어가 19세기 말엽부터 "생활의 확장을 위해 확보된 공간"이라는 협의로 사용되기도 하므로, 체험공간이라는 용

어를 쓴다고 주장한 바 있다. 그런데 그러한 것이 이미 수학적 공간과 구분되는 것이라면, 기독교 신학에서 이미 1917년 이래로 사용하고 있는 "삶의 자리(Sitz im Leben)"를 차용해도 좋겠다는 점에 착안하여 본문에서는 '삶의 공간'으로 표현했다. 본래 "삶의 자리"라는 용어는 독일의 개신교 신학자인 헤르만 군켈(Hermann Gunkel)이 1917년에 성서비평과정에서 텍스트의 의미가 그것을 생산한 공동체의 전형적인 삶과 긴밀하게 연결되어 있다는 뜻으로 사용한 용어이다. 볼노의 주장과 관련해서는 볼노, 이기숙 옮김, 『인간과 공간』, 에코리브르, 2011, 11-25쪽을 참조할 것.

6 *Τίμαιος* 48e-49a. 번역은 플라톤, 박종현·김영균 공동역주, 『플라톤의 티마이오스』, 서광사, 2000, 135쪽을 참조하였다. 이하 원문 뒤에 쪽수 표기는 위 번역본의 쪽수를 기준으로 한다.

7 관련된 논의는 김영균의 「플라톤에 있어서 생성과 공간(khōra)」(『철학』 62, 한국철학회, 2000, 55-81쪽)과 이경직의 「플라톤의 『티마이오스』에 나타난 공간 개념」(『철학』 87, 한국철학회, 2006, 7-31쪽)에서 확인해볼 수 있다. 이 두 논문은 이른바 형상과 그 모방 외에 '셋째 종류'로서 논의되고 있는 플라톤의 'χώρα' 개념이 아리스토텔레스 이후로 연구들의 관점에 따라 상당한 차이가 있음을 소개하면서, 이 개념이 본래부터 이중적 의미를 지니고 있다는 공통된 결론에 이르고 있다. 곧, 김영균이 공간적 측면과 구성적 측면의 이중성에 주목한 데 비해, 이경직은 이데아론과 기하학적 측면의 이중성에 주목하였지만, 플라톤이 이 둘 중 한 쪽에만 국한된 설명을 한 것은 아니라는 공통된 견해를 보인다.

8 서양에서는 전통적으로 地水火風의 4원소설, 중국에서는 木火土金水의 五行說이 주류를 이루었지만, 인도철학에서는 地水火風의 四大를 기본으로 하여 그것이 활동하는 장소로서 허공을 인정하는 경우(Ajita Kesakambalin)는 물론, 苦·樂·영혼 등을 포함하여 7요소를 인정하는 경우(Pakudha Kaccāyana), 7요소에 허공과 得·實·生·死를 포함하여 12요소를 인정하는 경우(Makkhali Gosāla) 등 다양하게 전개된 바 있다. 인도철학에서 특히 주목할 만한 점은 요소들이 펼쳐지는 장소로서 허공을 인정한다는 것이다.

9 *Τίμαιος* 49a.; 135-136쪽.

10 *Τίμαιος* 50b-c.; 140-141쪽.

11 김영균, 앞의 논문, 57-68쪽; 이경직, 앞의 논문, 9-10쪽.

12 김영균, 앞의 논문, 68-78쪽.

13 이경직, 앞의 논문, 25쪽.

14 볼노, 앞의 책, 33-34쪽.

15 플라톤의 '코라(χώρα)'가 관념적으로 '있음직한 것'으로 표현되는 데 비해, 아리스
    토텔레스의 '토포스(τοπος)'는 실제적으로 자리를 차지하고 있으므로 이 둘은 실
    제로 다르다. 하지만 공간이 실재한다고 생각한 점에서는 공통된다고 하겠다. 관
    련 논의는 〈안호영, 「공간은 어떻게 인식되는가?- 철학과 과학에서 본 공간」, 『새한
    영어영문학회 학술발표회 논문집』, 새한영어영문학회, 2007, 10쪽)을 참조할 것.

16 문정필은 독일 건축이론가인 반 데 벤(Van de Ven)의 『건축 공간론(space in
    architecture, 1976)』을 소개하면서, 이 책이 철학, 예술, 과학적 측면에서 공간
    적인 개념을 정립하여 근대 건축의 공간을 분석하였다는 점에서 건축공간에 대
    해 기준이 되는 패러다임을 잘 유지하였다고 평가하였지만, 『도덕경』11장의 노
    자사상으로 논의를 전개하면서도 본문에서 언급된 것들을 제대로 분석해내지 못
    하였다고 비판한 바 있다. 관련된 논의는 문정필, 「건축공간: 도덕경의 실증적
    해석 비판과 주역 해석의 보완-반 데 벤의 건축공간론을 중심으로」, 『동양사회
    사상』 26, 동양사회사상학회, 2012, 211쪽을 참조할 것.

17 위의 논문, 213-214쪽.

18 『道德經』25장: "有物混成 先天地生 寂兮寥兮 獨立不改 周行而不殆 可以爲天下
    母 吾不知其名 字之曰道 強爲之名曰大 大曰逝 逝曰遠 遠曰反 故道大 天大 地大
    王亦大 域中有四大 而王居其一焉 人法地 地法天 天法道 道法自然."

19 『道德經』6장: "谷神不死 是謂玄牝 玄牝之門 是謂天地根 綿綿若存 用之不勤."

20 『道德經』20장: "絶學無憂 唯之與阿 相去幾何 善之與惡 相去若何 人之所畏 不可
    不畏 荒兮其未央 衆人熙熙 如享太牢 如春登臺 我獨泊兮其未兆 如嬰兒之未孩 儽
    儽兮若無所歸 衆人皆有餘 而我獨若遺 我愚人之心也哉 沌沌兮 俗人昭昭 我獨昏昏
    俗人察察 我獨悶悶 澹兮其若海 飂兮若無止 衆人皆有以 而我獨頑似鄙 我獨異於人
    而貴食母."

21 『道德經』21장: "孔德之容 惟道是從 道之爲物 惟恍惟惚 惚兮恍兮 其中有象 恍兮
    惚兮 其中有物 窈兮冥兮 其中有精 其精甚眞 其中有信 自古及今 其名不去 以閱衆
    甫 吾何以知衆甫之狀哉 以此."

22 『道德經』28장: "知其雄 守其雌 爲天下谿 爲天下谿 常德不離 復歸於嬰兒 知其白
    守其黑 爲天下式 爲天下式 常德不忒 復歸於無極 知其榮 守其辱 爲天下谷 爲天下
    谷 常德乃足 復歸於樸 樸散則爲器 聖人用之 則爲官長 故大制不割."

23 이 절의 제목을 "비어-있음"이라고 한 것은 이렇게 '없는 것으로서 있는 것'을 풀
    어쓴 것이다. "잘라-깁기"와 "덜어-내줌"도 精緻한 철학적 개념이라기보다는 '빈

상태로 있음'과 마찬가지로 '떼 내어 덧붙임'이나 '덜어내서 실천해냄' 등으로 존
재론, 인식론, 실천론의 측면에서 두 가지 이항대립을 '-'로 지연시키면서 한 데
묶으려고 하는 의도를 가지고 구상한 표현이라는 점을 밝혀둔다.

24 *Τίμαιος* 52b.; 146쪽.
25 『道德經』14장: "視之不見 名曰夷 聽之不聞 名曰希 搏之不得 名曰微 此三者不可
致詰 故混而爲一."
26 이경직, 앞의 논문, 26-28쪽.
27 Johannes Hirschberger, 姜聲渭 역, 『서양철학사 (上)』, 以文出版社, 1988, 136쪽.
28 볼노, 앞의 책, 16쪽.
29 플라톤은 "각각의 것에는 지성에 의해서 알 수 있는 어떤 현상이 있다고 우리가
매번하는 것은 공연한 일이요, 이건 결국 실제로 말일 뿐 아무 것도 아닌지?(ἀλλὰ
μάτην ἑκάστοτε εἶναί τί φαμεν εἶδος ἑκάστου νοητόν, τὸ δ' οὐδὲν ἄρ' ἦν πλὴν λόγος:
Τίμαιος 51C.; 143쪽)"라고 하여, 形相에 대해 비판적인 논의를 역설적으로 소개
한 바 있다. 본문에서는 같은 의미로 '부질없는 진술'이라고 표현하였다.
30 金完洙, 「認識의 範疇的 考察: PLATON의 所論을 중심으로」, 『論文集』, 서울교
육대학교, 1976, 43쪽.
31 *Τίμαιος* 49b.; 136쪽.
32 *Τίμαιος* 49d.; 137쪽.
33 *Τίμαιος* 49e.; 138쪽.
34 *Τίμαιος* 51c.; 143쪽.
35 김영균, 앞의 논문, 66쪽, 각주 24.
36 *Τίμαιος* 51d.; 144쪽.
37 *Μένων* 80e.; 金完洙, 앞의 논문, 44쪽에서 재인용.
38 金完洙는 플라톤의 想起說을 설명하면서, 위와 같은 역설을 "認識論의 파라독스"
라고 표현한 바 있다. 관련 내용은 金完洙, 앞의 논문, 44-45쪽을 참조할 것.
39 위의 논문, 45쪽.
40 위의 논문, 45-46쪽.
41 위의 논문, 46-47쪽.
42 *Τίμαιος* 53a-55c.; 148-155쪽. 플라톤은 이 부분에서 4원소를 두 가지 삼각형으
로 설명하였는데, 이와 관련된 논의는 김춘미, 「플라톤의 티마이오스에 나타난
기본요소들의 공간성과 감각」, 『계간 낭만음악』 7(3)(통권 27호), 낭만음악사,
1995, 37-58쪽을 참조할 것.
43 이경직, 「플라톤의 『티마이오스』에 나타난 공간 개념」, 『哲學』 87, 韓國哲學會,

2006, 25-28쪽. 이경직은 여기에서 플라톤의 이데아를 수학적 이데아와 비수학적 이데아로 구분하고, 현대의 플라톤 연구들을 인용하여 이러한 구도를 전제로 한『티마이오스』의 모순된 공간 설명이 "모순 없는 인식을 모방함으로써 우리의 모순된 지식을 극복하는 데 있음"을 주의환기 시킨 바 있다.

44 『道德經』1장: "道可道非常道 名可名非常名 無名 天地之始 有名 萬物之母 故常無欲以觀其妙 常有欲以觀其徼 此兩者 同出而異名 同謂之玄 玄之又玄 衆妙之門."

45 『道德經』5장: "天地不仁 以萬物爲芻狗 聖人不仁 以百姓爲芻狗 天地之間 其猶橐籥乎 虛而不屈 動而愈出 多言數窮 不如守中."

46 『道德經』18장: "大道廢有仁義 慧智出有大僞 六親不和有孝慈 國家昏亂有忠臣."

47 앞에서 진술하였듯이 노자의 공간 이해는 플라톤과 아리스토텔레스의 공간이해와 유사한 면이 있다. 노자의 공간도 감각세계에서는 '없는 것'이지만, 감각세계의 생성과 변화가 일어나는 공간으로서 '있는 것'으로서 이것을 굳이 말로 표현하자면 '유형화된 비실재'라고 할 수 있기 때문이다. 그래서 여기에서는 노자와 플라톤의 존재론적 공간을 '비어-있음'으로 풀이하였다. 하지만 그렇다고 해서 노자의 이 공간이 실재하고, 道가 유형화될 수 있음을 의미하는 것은 아니기 때문에, 인식공간의 서술에서는 "모방물들의 감각세계에 '모순'을 떡밥으로 던진다."고 표현하였다. 이와 관련하여서 이종성은 「노자철학에 있어서 존재와 인식의 상관성」(『大同哲學』 제10집, 大同哲學會, 2000, 41-65쪽)에서, "노자는 존재와 인식의 부정과 긍정이라는 이중적 맥락에서 자신의 존재론적 사유를 전개한다. 이러한 측면에서 노자는 우주생성의 기원을 묻는 우주론 내지는 생성론적 세계관을 정립하기보다는 존재와 인식의 관계맺음의 방식 자체에 더 많은 관심을 갖는다는 의미에서 존재론적 사유를 개진하고 있다고 말할 수 있다."라고 주장한 것을 참고할 수 있다.

48 힘의 場, 또는 力場으로 번역될 수 있는 'field of force'는 19세기 초 영국의 패러데이(M. Faraday)에 의해 정초된 개념으로, 물체에 작용하는 힘이 물체의 위치 및 속도 등으로써 임의적으로 결정된다고 할 때의 공간을 말한다. 칸트는 공간이 이미 주어져 있는 것으로 생각하는 뉴튼의 절대주의를 따르면서도, 공간에 대한 선험적 관념성을 통해 공간이 일종의 그릇과 같은 절대적 실재물이라는 생각을 극복하려고 했다. 그 결과 칸트의 선험적 공간은 실체가 아니라 실체를 인식할 수 있는 직관의 순수형식을 뜻하게 되었다. 곧, 공간 자체는 심성의 주관적인 제약이지만, 동시에 경험되는 공간적 표상은 객관적 타당성을 지니는 것으로 이해되었다. 이를 위해서는 힘의 실재성을 긍정해야 하는데, 뉴튼의 물리학에서는

'원격력'에 대한 해명이 제대로 이루어지지 못했다. 그러던 것이 패러데이에 의해 제시되고, 맥스웰에 의해 정리된 전자기장 이론으로 극복되었다. 이와 관련된 논의는 안호영, 앞의 논문, 11-13쪽을 참조할 것.

49 위의 논문, 17쪽.

50 위의 논문, 17-18쪽.

51 위의 논문, 18쪽.

52 안호영은 위의 논문에서 아인슈타인과 베르그송의 공간 개념을 '장이론과 흐름이론'으로 한 데 묶어 소개하면서, 아인슈타인이 베르그송의 흐름으로서의 공간 개념을 깊이 이해하지 못하였지만 아인슈타인과 현대물리학에 바탕을 둔 시간과 공간의 장이론이 베르그송의 흐름이론과 일맥상통하는 면이 있다고 평가했다(13-17쪽). 이러한 평가를 바탕으로 현대적인 공간관의 특징 가운데 하나를 "시간의 공간화를 삶의 요청으로 이해하는 베르그송의 철학"으로 손꼽았다(18쪽).

53 장세용, 「공간과 이동성, 이동성의 연결망: 행위자-연결망 이론과 연관시켜」, 『역사와 경계』 84, 부산경남사학회, 2012, 277-278쪽. 장세용은 이동성을 사유하는 이론적 출발점으로는 포스트모던 공간성의 개념으로부터 시작하여 모두 네 가지를 소개한 바 있다. 본문에서는 두 가지만 소개하였는데, 인간과 비인간의 요소로 구성된 잡종의 이동 사회기술체계를 탐색하는 과학기술과의 결합, 사회적 연결망의 위상학(topology)이 복잡한 형식의 패턴과 그것의 변화와 연관되는 것 등에 대해서는 해당 부분을 참고할 것.

54 David Harvey, 박영민 옮김, 「공간에서 장소로, 다시 반대로-포스트모더니티의 조건에 대한 성찰」, 『공간과 사회』 5, 한국공간환경학회, 1995, 35쪽.

55 위의 논문, 53쪽.

56 동양적 사유를 서양의 합리적 사유에 대비시켜 '直觀的'이라거나 '神秘的'이라고 하는 것 자체가 오리엔탈리즘에서 비롯된 오해이다. 같은 맥락에서 '현세 중심적'인 孔孟사상에 비해 老莊사상이 '초월적'이라고 대비시키는 것도 노자의 주요 명제를 혹은 신비주의로, 혹은 소극적 처세술로 잘못 이해하는 것과 같은 문제점을 가지고 있다. 儒家에서도 漢代 이후 천인상관설 등을 통해 이른바 신학화 되는 경향이 드러나듯이, 道家에서도 道敎로 조직되는 과정에서 신학화 되는 경향이 드러났을 뿐이다. 특히 老莊사상에서는 自然, 곧 本性으로 돌아가기를 주장하였을 뿐이므로, '自然'이나 '道'를 초월적인 것으로 논의하기는 어렵다.

57 앞서 살펴본 『道德經』 25장에는 "人法地 地法天 天法道 道法自然"이라고 하여, 각각의 존재가 본받아야 할 위계가 체계적으로 제시되어 있다. 물론 天地人을 三

才, 세계의 기본적인 구성요소라고 할 때 플라톤의 4원소가 생성 변화하는 과정을 설명한 것과도 동일한 맥락에서 이해할 수 있다. 하지만 중국철학의 전통에서는 天地 사이에 있는 '살아 있고 지각하며 실천하는 존재'로서 인간이 우주적 질서인 中庸을 실천해내는 방식인 誠을 실현하는 주체로 정의된다. 이러한 점을 고려할 때 인간이 본받아야 할 땅, 땅이 본받아야 할 하늘, 하늘이 본받아야 할 길은 사실상 인간이 추구해야 할 질서로서 人道가 天文地理에 이미 각각 그러한 모습[自然]으로 있음을 뜻하는 것으로 볼 수 있다.

58 『道德經』 11장: "三十輻共一 當其無 有車之用 埏埴以爲器 當其無 有器之用 鑿戶牖以爲室 當其無 有室之用 故有之以爲利 無之以爲用."

59 『道德經』 2: "天下皆知美之爲美 斯惡已 皆知善之爲善 斯不善已 故有無相生 難易相成 長短相較 高下相傾 音聲相和 前後相隨 是以聖人 處無爲之事 行不言之敎 萬物作焉而不辭 生而不有 爲而不恃 功成而不居 夫唯不居 是以不去."

60 볼노, 앞의 책, 39쪽.

61 『論語』 「衛靈公」 28장에는 "人能弘道 非道弘人."이라고 해서 인간의 실천적 면을 강조하는 구절이 나온다. 전통적으로 이 구절은 인간의 실천을 요구하는 것으로 해석되어 왔는데, 앞서 살펴보았듯이 노자의 『도덕경』에 제시된 道의 여러 가지 특성을 고려한다면, 그것 자체가 인간을 완성시켜주는 특이한 시공간을 가리키는 것은 아니다. 오히려 인간의 실천이 이루어짐으로써 존재, 인식, 실천의 면에서 확장되는 '삶의 공간'으로 볼 수 있다.

62 이 점에 대해서는 사실상 다양한 의견이 가능하다는 점을 인정한다. 왜냐하면 2008년 10월 최진실의 사망으로 촉발된 사이버모욕죄 제정 논의가 이루어졌으나 논의 수준에서 그쳤기 때문이다. 현재 사이버공간에서의 명예훼손은 2001년 1월 16일에 〈정보통신망 이용촉진 및 정보보호 등에 관한 법률(법률 제6360호)〉이 제정될 당시의 명예훼손 관련 규정(제61조)을 모태로 한 〈법률 제11690호 (2013.3.23.)〉의 제70조(벌칙)과 형법 제307조 명예훼손, 그리고 형법 311조의 모욕죄 등에 근거하여 처벌된다. 그럼에도 불구하고 실제로 이 공간에서 각종의 피해가 발생하여, 그것을 바로잡을 필요가 있다는 점을 생각할 때 이 공간이 상상의 공간은 아니라는 점에서 본문과 같이 서술한 것이다.

63 『道德經』 19장: "絶聖棄智 民利百倍 絶仁棄義 民復孝慈 絶巧棄利 盜賊無有 此三者以爲文不足 故令有所屬 見素抱樸 少私寡欲."

64 박영민, 「르페브르의 실천전략과 사회공간」, 『공간과 사회』 9, 한국공간환경학회, 1997, 212쪽.

제2장 한라산 인문학 공간의 개념적 검토

1 최준호는 『계몽의 변증법』에서 사용된 문화산업(culture industry)이라는 용어를 오늘날 'cultural industries'로 바꾸어 사용하는 까닭을 본문과 같이 분석하였다. 관련 내용은 최준호, 「문화산업에 의해 물화된 몸과 그 비판으로서의 아도르노의 몸」, 『철학연구』 36, 고려대학교 철학연구소, 2008, 217쪽 각주 1을 참조할 것.

2 위의 논문, 217-218, 220-228쪽.

3 윤철수, 「중국 여유법, 요동치는 관광시장 "새판 짠다"」, 『헤드라인 제주』 2013. 10. 09. 기사 http://www.headlinejeju.co.kr/news/articleView.html?idxno=191514 (2024. 06. 06. 검색)

4 이윤정, 「제주 이주 경험담 '제주, 살아보니 어때' 출간한 홍창욱씨 "섬살이는 로망과 냉혹한 현실 공존"」, 『경향신문』 2015. 11. 04. 기사 http://news.khan.co.kr/kh_news/khan_art_view.html?artid=201511042122475&code=100100 (2024. 06. 06. 검색)

5 김경희의 「자연과의 공생을 통한 인문 공간 구상」(『헤세연구』 30, 한국헤세학회, 2013, 244-247쪽)에 따르면, 푸코(Michel Foucault)의 '헤테로토피아(Heterotopia)' 와 르페브르(Henri Lefebvre)의 '공간의 생산(Raumproduktion)'은 다양한 가치가 중첩되는 다층적 공간으로서, 여러 공간이 서로 겹치거나 침투하는 과정을 거쳐 배치되고 재조정됨으로써 생성된다. 탈근대적 공간인 헤테로토피아는 존재하면서도 존재하지 않기 때문에 역동적(力動的)인 공간이라는 역설이 성립되는 곳이다. 지금껏 우리가 논의해왔던 공간의 인문학은 이렇게 새로운 국면에 접어들었다. 물론, 인문학적 공간은 하비(David Harvey)가 푸코의 헤테로토피아 개념을 비판했듯이 '인문학적 공간을 위한 인문학적 공간'으로서 말장난에 불과할 수도 있고, 소자(Edward W. Soja)가 비평했듯이 '좌절감을 불러일으킬 만큼 불완전하고, 엇갈리고, 일관성이 없다'고 할 수 있다. 관련 내용은 장세룡, 「헤테로토피아: (탈)근대 공간 이해를 위한 시론」, 『大丘史學』 95, 대구사학회, 2009, 306쪽을 참조할 것.

6 2016년 6월 이른바 '정운호게이트'와 관련된 홍만표 변호사가 검찰수사를 받으면서 세계 7대 자연경관 선정이 다시 세간의 주목을 받은 일이 있었다. 홍만표 변호사는 'KT 노동인권 보장과 통신 공공성 확보 공동대책위원회'(공동대표 양한웅 허영구, 아래 KT공대위)가 2012년 3월 15일 특정경제범죄가중처벌등에관한법률위반(사기) 혐의로 고발한 이석채 KT회장 사건을 수임하여 무혐의 처분을

받아낸 바 있다. 관련 내용은 김시연, 「KT '무늬만 국제전화',,, 왜 001 못버렸나」,
『오마이뉴스』 2012.03.15.기사 http://www.ohmynews.com/NWS_Web/view/at_
pg.aspx?CNTN_CD=A0001709258 (2024.06.05.검색)을 참조할 것. 제주 7대 자
연경관 선정과 관련한 논란에 대해서는 김치완, 「瀛洲十景으로 본 朝鮮 儒學者의
仙境 인식과 그 태도」, 『大同哲學』 59, 大同哲學會, 2012, 131-155쪽을 참조할 것.

7 김치완, 「화엄(華嚴)의 세계관을 차용한 제주문화공간 분석」, 『耽羅文化』 51, 제
   주대학교 탐라문화연구원, 2016, 123-124쪽.

8 손명철, 「제11차 정기학술답사 제주도의 문화와 자연 경관」, 『문화역사지리』 11,
   한국문화역사지리학회, 1999, 221-222쪽.

9 김치완, 「한국학의 전통에서 본 제주 바람: '바람, 흐름'의 철학적 접근」, 『耽羅文
   化』 43, 제주대학교 탐라문화연구소, 2013, 101-133쪽.

10 김치완, 「화엄(華嚴)의 세계관을 차용한 제주문화공간 분석」, 121쪽.

11 이진희의 「유네스코 3관왕 제주도의 관광개발전략」(『제주관광학연구』 18, 제주
   관광학회, 2015, 4-17쪽)에 따르면, 생물권보전지역은 1971년 '인간과 생물권 계
   획(Man and the Biosphere Programme)' 국제조정이사회가 개최한 MAB총회에
   서 제안되어 생물다양성 보전과 지속가능한 발전 사이의 조화라는 목표를 달성하
   기 위해 지정된 각국의 대표적 육상 및 해양 생태계를 가리킨다. 세계자연유산은
   유네스코가 1972년 인류의 문화유산을 보존하기 위해 채택한 '세계 문화 및 자연
   유산 보호협약'에 따라 지정한 자연유산을 가리킨다. 세계지질공원은 1989년 국
   제지질과학연맹(IUGS)이 지질명소를 도입하여 지질목록을 작성한 이래 2004년
   유네스코와 유럽지질공원네트워크가 세계지질공원의 연계를 추진하고, 2006년
   벨파스트 총회에서 재정립이 표명된 '지질장소, 지질유산, 지질명소를 포함하는
   집합체'를 가리킨다.

12 이진희(18-28쪽)에 따르면, 1등급(핵심환경자원지역)은 제주도 전체면적에서 531.68
   ㎢(28.91%)로 주로 한라산지역, 오름 및 안덕, 남원지역 주변의 곶자왈 지역, 해
   안경관지, 하천지역 등이다. 2등급(환경자원지역)은 219.97㎢(11.96%)로 주로 한
   라산의 중산간지역을 도너스 형으로 둘러싼 지역이다. 3등급(자원관리지역)은
   443.4㎢(24.11%)로 한라산의 구릉지 지역으로, 자원의 기능에 영향을 주지 않는
   범위내에서 환경친화적 개발 및 관리가 가능한 지역이다. 4등급(개발관리지역)은
   428.82㎢(23.32%)로 원칙적으로 개발이 가능한 한림·대정읍, 구좌·성산읍 주변
   의 저지대지역 및 해안지역이다. 5등급(개발관리지역)은 215.14㎢(11.7%)로 남북
   의 개발지, 산업지 등과 인접지역을 대상으로 한다.

13 위의 논문, 29쪽.

14 조보영, 「제주관광 해법찾기…도민이 웃어야 발길이 모인다」, 『미디어제주』 2016. 05.17. 기사 http://www.mediajeju.com/news/articleView.html?idxno=184305 (2024. 06.06. 검색)

15 김치완, 「화엄(華嚴)의 세계관을 차용한 제주문화공간 분석」, 126-129쪽.

16 김치완, 「瀛洲十景으로 본 朝鮮 儒學者의 仙境 인식과 그 태도」, 『大同哲學』 59, 大同哲學會, 2012, 147쪽.

17 김치완, 「한국학의 전통에서 본 제주 바람: '바람, 흐름'의 철학적 접근」, 101-133쪽.

18 정진선, 「제주도 신화의 장소성과 경관의 변화」, 『로컬리티인문학』 14, 부산대학교 한국민족문화연구소, 2015, 231-256쪽.

19 위의 논문, 235쪽.

20 김치완, 「主體와 他者의 二重 視線으로 본 濟州의 朝鮮儒學」, 『동서철학연구』 69, 한국동서철학회, 2013, 211-231.

21 김시홍·김홍일, 「복합문화공간의 소통적 특성에 관한 연구 – 후기구조주의적 사유를 중심으로」, 『대한건축학회 학술발표대회 논문집 – 계획계』 31(1), 대한건축학회, 2011, 65쪽.

22 정진선, 「제주도 신화의 장소성과 경관의 변화」, 『로컬리티인문학』 14, 부산대학교 한국민족문화연구소, 2015, 244-245쪽.

23 박규택·하용삼·배윤기, 「(탈)중심화 경관의 해석을 위한 틀: 권력, 주체성, 수행성」, 『한국지역지리학회지』 16(4), 한국지역지리학회, 2010, 356쪽.

24 정진선, 앞의 논문, 232쪽.

25 김재범, 「제주 인구 증가율 전국 평균 미달」, 『제주일보』 2009.01.12. 기사 http://www.jejunews.com/news/articleView.html?idxno=244435 (2024.06.06. 검색)

26 주미령, 「제주 인구 65만 명 돌파」, 『국민일보』 2016.06.01. 기사 https://www.kmib.co.kr/article/view.asp?arcid=0010664641 (2024.06.06. 검색)

27 위의 기사.

28 이상철·김석준·김준표, 「제주도민의 문화생활과 문화의식 실태」, 『탐라문화』 37, 제주대학교 탐라문화연구소, 2010, 517-556쪽.

29 위의 논문, 543-547쪽.

30 허남설, 「관광객 몸살·이주민 갈등…제주도 '아, 옛날이여' EBS '하나뿐인 지구'」, 『경향신문』 2015.06.18. 기사: http://news.khan.co.kr/kh_news/khan_art_view.html?artid=201506181841075&code=960801 (2024.06.06. 검색)

31 김치완, 「'카미노'와 '올레'를 중심으로 본 문화콘텐츠로서의 길[道]」, 『인문콘텐츠』 30, 인문콘텐츠학회, 2013, 57-60쪽.

32 김영범, 「알박스(Maurice Halbwachs)의 기억 사회학 연구」, 『사회과학연구』 6(3), 1999, 577쪽.

33 신행철, 「제주사회의 갈등과 도민통합 미래제주를 위한 제언」, 『제주도연구』 39, 제주학회, 2013, 207쪽.

제3장 섬 이동 설화의 모빌리티

1 지표현상의 변이와 관련된 전설은 물적 증거가 있으므로, 전파분포에 따라 분류할 때에는 전국적으로 널리 분포되어 있어 민담과 가까우나 증거물이 있는 廣布傳說에 해당한다. 최근 로컬리티와 관련된 전설의 연구는 각 지역에 분포된 광포전설을 위주로 이루어지고 있다. 이에 비해 이주노가 「韓國과 中國의 陷湖型 傳說 비교 연구」에서 중국의 전설을 歷陽型, 한국의 전설을 廣浦型으로 대비시킨 廣浦傳說도 있다(『中國文學』 77, 韓國中國語文學會, 2013, 199-220쪽). 이 유형은 국지적인 함몰과 뒤이은 홍수의 모티브를 지니고 있는 함호형 전설로, 그 명칭은 함경남도 정편군 선덕면 광포에서 유래되었는데, 비슷한 모티브를 가진 설화는 전국적으로 분포하고 있으나 주로 서해안 일대에 많이 분포되어 있다. 중국의 『述異記』 등에 나타는 '歷陽湖陷沒傳說'과 유사하며, 일본의 '高麗島 관련 설화' 등에서도 유사성을 발견할 수 있다.

2 권도경, 「부산 광포전설과 로컬리티」, 『港都釜山』 27, 부산광역시 시사편찬위원회, 2011, 1-37쪽; 권태효, 「거인설화적 관점에서 본 산이동설화의 성격과 변이」, 『口碑文學硏究』 4, 한국구비문학회, 215-249쪽; 김문태, 「'浮來島' 전승의 원초적 의미와 습합양상-고대전승을 중심으로 한 공시적 고찰」, 『반교어문연구』 1, 반교어문연구회, 1988, 59-77쪽; 김정하, 「동아지중해 교류형 스토리텔링 시론-한국 고대설화를 중심으로」, 『동북아문화연구』 33, 2012, 153-168쪽; 이영수, 「인천 지역의 산이동 설화 연구」, 『비교민속학』 35, 비교민속학회, 2008, 477-508쪽; 정인진, 「〈목섬〉 설화의 전승 양상과 전승 의미」, 『청람어문학』 9, 청람어문학회, 1993, 141-165쪽; 조석래, 「떠내려 온 섬(島) 전설 고찰」, 『진주교육대학논문집』 29, 진주교육대학교, 1985, 23-36쪽; 최래옥, 「산이동설화의 연구」, 『관악어문연구』 3, 서울대국문학과, 1978, 487-540쪽; 한미옥, 「'山 移動' 설화의 전승

의식 고찰」, 『남도민속연구』 8, 남도민속학회, 2002, 169-186쪽; 玄丞桓, 「섬 이동 설화 고－비양도 전설을 중심으로」, 『濟州島研究』 7, 제주도연구회, 1990, 318-322쪽; 玄丞桓, 「飛揚島 說話의 樣相과 國土浮動觀」, 『탐라문화』 11, 1991, 1-16 쪽(이상 저자명 가나다순임).

3 이 장에서는 기존 연구에서 다루어졌던 구비전승을 분류, 소개하는 과정을 생략하고, 각각의 전승에서 공통적으로 논의되고 있는 모티브를 철학적 주제의식에 따라 검토하는 방식으로 논의를 진행하고자 한다.

4 『도덕경』 40장에는 "反者道之動 弱者道之用 天下萬物 生於有 有生於無"라는 구절이 나온다. 기독교의 "Creatio ex nihilo"와 유사하게 보이지만, 道의 작용에 대한 역설로 볼 수 있으므로, 有無의 관계도 같은 맥락에서 이해할 수 있다. 따라서 없음에서 있음이 생겨났다는 말은 인식론적으로 해석되어야 한다.

5 오늘날 대부분의 철학자는 이런 방식으로 동양과 서양을 대비시키려는 개념틀을 지지하지 않는다. 해당 주제를 단순화시키면 어떤 형태로든 대립되는 한 쌍의 담론구조를 만들어낼 수 있기 때문이다. 쉽게 말하면 그렇게 보고자 하는 대로 보이기 때문에 설득력이 부족하다는 것인데, 이 장에서도 이런 비판에 동의하는 관점을 유지하고자 함을 알려둔다. 다만, 주제의 전개를 위해 일부분 비교될 수 있는 바에 대해서는 제한적으로 언급함을 미리 밝혀둔다.

6 이와 관련하여서는 이유진, 「한국철학사 속의 단군신화 연구: 단군신화의 철학적 연구와 한국철학사 속의 단군신화 記述의 비교 대조」, 『철학·사상·문화』 14, 동국대학교 동서사상연구소, 2012, 1-63쪽을 참조할 것. 이 연구에 따르면, 李楠永의 경우 「思想史에서 본 檀君神話」에서 단군신화에서 '기원을 묻지 않는 大全的 세계관'이라는 관념을 추출한 바 있다고 한다.

7 任晳宰, 「우리 나라의 天地開闢神話」, 『比較民俗學』 7, 비교민속학회, 1991, 113쪽. 任晳宰는 이와 관련하여 몇 가지 채록 자료를 소개하면서 "우리의 天地開闢神話는 과거에 어떤 書册에도 실린 바가 없어서 古書籍을 통해서만 지식의 공급을 받아오던 종래의 지식인들의 지식 속에는 이것이 들어 있지 않기 때문"(113쪽)에 "해방 후 수많은 백과사전이 쏟아져 나왔는데 이 天地開闢神話는 아무데도 소개되어 있지 않고 어떤 事典에는 우리 나라에는 建國神話는 있어도 天地開闢神話는 없다고 妄言하게까지 되었다."라고 주장했다. 하지만 희랍과 중국 등 다른 나라의 창조신화와 비교하여 볼 때 '天과 地는 이미 되어 있는 것으로 보고 있다.'고 분석하였다(142-143쪽). 이 장에서 창조와 관련된 논의가 과감히 생략되었다고 하는 것은 세계가 어떻게 해서 만들어지게 되었는가를 구체적으로 언

급하지 않았다는 의미이므로, 任晳幸의 분석과 다르지 않다.

8 이유진, 앞의 논문, 16쪽.

9 완전한 창조주가 창조한 세상이 불완전하다는 것은 창조주가 완전하다는 敎義(Dogma)를 비판할 빌미를 제공한다. 이 문제는 일신교 대부분이 직면하고 해결해야만 하는 것으로서, 각 종교에서는 이에 대한 다양한 접근이 시도되었다.

10 일반적으로 풍수와 도참을 동양 전통의 術法으로 이해하는 경우가 많다. 이와 관련된 논의는 이진삼, 박상만, 「道詵의 裨補思想 연구─풍수·도참·음양·오행·밀교 사상 비교를 중심으로」, 『韓國思想과 文化』, 한국사상문화학회, 2010, 489-492쪽을 참조할 것. 하지만 風水는 오늘날의 인문지리학, 圖讖은 과거 또는 현재 상황을 바탕으로 미래사회의 모습을 예측하고, 그 모델을 제공하는 미래학에 해당하는 것으로 볼 수 있다.

11 『고려사』에는 고려 태조인 왕건의 탄생과 고려 개국, 그리고 「훈요십조」에 이르기까지 道詵의 풍수 비보 사상에 기초한 기사가 많이 등장한다. 관련 내용은 이진삼과 박상만의 논문을 참조할 것.

12 관련 내용은 이진삼, 박상만, 앞의 논문, 487-489쪽의 선행연구 분석을 참조할 것.

13 이 장의 모티브를 제공한 제주도 한림읍 소재 비양도 설화에서도 확인되듯이 '섬의 이동-여성의 발견 및 행위─섬의 정지'는 그러한 지표현상이 일어난 내력을 풀이하는 것으로 완료된다. 그 이후의 평가는 설화 향유자의 몫이다. 비양도 설화의 이해를 돕기 위해 현승환이 정리한 비양도 설화를 옮겨둔다. 이하 내용은 현승환, 위의 논문, 318-319쪽에서 옮겨 온 것이다. "제주도 북제주군 한림읍 비양도에는 다음과 같은 전설이 있다. 아주 오랜 옛날 비양도는 중국 쪽으로부터 조류에 떠내려 한림읍 앞바다에까지 와서 떠돌며 다니고 있었다. 이때, 임신한 해녀가 바다에 들어가 해초를 캐다가, 난데없는 큰 섬이 떠오는 것을 발견했다. 해녀는 이상히 생각하여 이 섬에 올라가 잠시 쉬다가, 소변이 보고파지자 그 자리에서 그냥 소변을 보아 버렸다. 그러자, 이상하게도 떠 흐르던 섬이 그 자리에 딱 멈추어 버렸다. (또는 임신한 여인이 큰 섬이 떠오는 것을 발견하고 〈야, 저기 섬이 떠온다〉고 소리치며 손가락질을 하였다. 그러자 이상하게도 떠내려오던 섬이 그만 그 자리에 멈춰버렸다) 그 후론 아무리 조류가 세어도 섬이 움직이지 않게 되었다. 이 섬이 바로 지금의 비양도라 한다."

14 김성도는 「소쉬르 사상의 미완성과 불멸성-소쉬르 사유의 인식론적 스타일에 대하여」에서 소쉬르가 방대한 저작을 남기지도 않았으며, 자필본도 완성된 사상적 건축과 거리가 멀지만, 그의 후세 학자들과 사상가들에 의해서 이른바 "불명성"

이 가능케 되었다고 평가한 바 있다(『기호학연구』 21, 한국기호학회, 2007, 129-130쪽). 이 평가에 따르면 "소쉬르의 형이상학적 혁명은 언어기호의 자의성 원리에 기초한 가치 이론을 통하여 재현의 고전적 패러다임을 해체했다는 데"(144쪽) 의의가 있으며, 비록 그의 "사유 체계와 글쓰기에서 나타나는 미완성은 소쉬르가 착상한 자신의 사상적 기획의 본질로부터 도달할 수밖에 없었던 하나의 숙명적 결과였다"(153쪽)고 하더라도, 이를 통해서 자신을 해체하고, 나아가 근대정신을 해체했다고 할 수 있다.

15 공자의 '述而不作'이라는 선언에서도 확인되듯이, 오늘날에 이르러서는 공자가 『易』의 十翼을 편저하지는 않은 것으로 알려져 있다. 하지만 전통적으로 十翼은 공자가 쓴 것으로 假託되었다.

16 고립어에서는 낱말이 형태상의 변화 없이 글 가운데 나타나고, 다른 낱말과의 문법적 관계가 어순에 의해 표시된다. 물론 虛辭가 있기는 하지만, 조사와 어미 등이 없어서 하나의 문장이 다의적으로 해석될 수 있다. 따라서 논리학이 발달하기 어렵다는 것이 일반적인 평가이다. 이와 관련된 논의는 康惠根, 「중국 문자의 특성과 중국인의 사유」, 『중국어문학논집』 37, 중국어문학연구회, 2006, 7-28쪽을 참조할 것.

17 『周易』 「繫辭」 上 12: "子曰 書不盡言 言不盡意 然則聖人之意 其不可見乎 子曰 聖人立象以盡意 設卦以盡情僞 繫辭焉以盡其言 變而通之以盡利 鼓之舞之以盡神."

18 『論語』 「子路」: "子路曰 衛君待子而爲政 子將奚先 子曰 必也正名乎 子路曰 有是哉 子之迂也 奚其正 子曰 野哉由也 君子於其所不知 蓋闕如也 名不正 則言不順 言不順 則事不成 事不成 則禮樂不興 禮樂不興 則刑罰不中 刑罰不中 則民無所錯手足 故君子名之必可言也 言之必可行也 君子於其言 無所苟而已矣."

19 이와 관련되는 논의는 이재권, 「魏晉玄學에 있어서 眞理와 言表의 關係에 관한 論辨(Ⅰ)-言不盡意論을 중심으로」, 『湖西文化硏究』 7, 충북대학교 중원문화연구소, 1988, 125-148쪽과 이재권, 「魏晉玄學에 있어서 眞理와 言表의 關係에 관한 論辨(Ⅱ)-無名論을 중심으로」, 『湖西文化硏究』 8, 충북대학교 중원문화연구소, 1989, 147-162쪽을 참조할 것.

20 『孟子』 「滕文公」 下: "孔子成春秋 而亂臣賊子懼."

21 오연주, 「비트겐슈타인의 철학이념과 방법」, 『동서사상』 7, 경북대학교 동서사상연구소, 2009, 115-154쪽.

22 이와 관련된 논의는 정인진, 「〈목섬〉 설화의 전승 양상과 전승 의미」, 『청람어문학』 9, 청람어문학회, 1993, 141-165쪽을 참조할 것.

23 이와 같은 관점에 대해서는 한미옥, 「'山 移動' 설화의 전승의식 고찰」, 『남도민속연구』 8, 남도민속학회, 2002, 169-186쪽을 참조할 것.

24 이와 관련된 논의는 감영희, 「신도와 여인금제 – 여성제사의 전통과 금기를 중심으로」, 『日本文化研究』 22, 동아시아일본학회, 2007, 7-25쪽을 참조할 것.

25 문순덕은 「세시풍속에 나타난 제주 여성 속담」에서 세시풍속에 나타난 여성 관련 속담을 정리하였는데, "여성들이 생활의 주체가 아니라면 굳이 그들의 행동에 제약을 가할 필요가 없었을 것이다. 여성들의 도움으로 살아가는 자신들의 처지를 위장하기 위해서, 아니면 남성들의 체면을 살리기 위해서 여성들은 보잘 것 없고, 하는 일이 그렇게 중요하지도 않다고 짓누른 것이다."라고 주장한 바 있다 (『泮橋語文研究』 14, 반교어문학회, 2002, 48쪽).

26 현승환, 앞의 논문, 321쪽. 최근 로컬리티와 관련하여 지표현상에 관한 廣布傳說 연구결과에 따르면, 산이동전설의 분포는 지형적 특수성에 따라 차이가 있을 뿐 아니라 그 모티브에서도 차이를 보이고 있으므로 당시의 사회문화적, 경제적 배경과 무관하지 않은 것으로 볼 수 있다(권도경, 「호남권 광포전설의 전승양상과 로컬리티」, 『인문학연구』 44, 조선대학교 인문학연구소, 131-165쪽). 같은 맥락에서 현승환의 분석은 상당한 설득력을 가지는 것으로 평가할 수 있다.

27 강동수, 「근대의 자연 공간과 인식 공간」, 『哲學研究』 116, 대한철학회, 2010, 2-3, 27쪽.

28 노마디즘과 관련된 논의는 이진경, 「노마디즘과 이동의 문제」, 『진보평론』 31, 진보평론, 2007, 269-285쪽을 참조할 것.

29 위의 논문, 271쪽.

30 위의 논문, 274쪽.

31 위의 논문, 276쪽.

32 위의 논문, 281쪽. 들뢰즈(Gilles Deleuze)와 가따리(Pierre-Félix Guattari)에 따르면, 유목민은 이주민과는 달리 '움직이지 않는 자'이다. 이주민이 어떤 땅을 이용하여 그것을 다 쓰고 나면 불모의 땅을 버리고 다른 땅을 찾아가는 데 반해, 유목민은 불모가 된 땅에 달라붙어 거기서 살아가는 법을 창안하는 자이기 때문이다.

33 이진경은 위의 논문에서 노동력과 대중의 이동을 '흐름'이라고 표현하고, 공간을 '흐름의 공간'으로 표현한 바 있다.

34 위의 논문, 285쪽.

35 박영민, 「르페브르의 실천전략과 사회공간」, 『공간과 사회』 9, 한국공간환경학

회, 1997, 212쪽.

36 이와 관련된 분석은 정인진, 앞의 논문, 143-159쪽을 참조할 것.

37 이와 관련된 논의는 김치완, 「瀛洲十景으로 본 朝鮮 儒學者의 仙境 인식과 그 태도」, 『大同哲學』 59, 대동철학회, 2012, 131-155쪽을 참고할 것.

38 서정범의 『국어어원사전』(보고사, 2003)에 따르면 섬은 물속에 솟아있는 땅이라는 어원을 가지고 있다. 따라서 '멈추어 서다'라는 것과는 큰 관련성이 없는 것으로 볼 수 있지만, 이 연구의 논리구조 상 '선다'라는 행위와 관련 있는 것으로 논의되어도 좋겠다는 제안 수준에서 위와 같이 서술한 것임을 밝혀둔다.

제4장 유학의 공간 담론과 문화 공간

1 강승남, 「"더 큰 제주, 세계 중심의 제주 만들겠다"」, 『제민일보』 2014.07.01.기사 http://www.jemin.com/news/articleView.html?idxno=337791 (2024.06.06.검색)

2 「인수위, '협치'의 定義부터 정립하라」, 『제주매일』 2014.06.13.사설 http://www.jejumaeil.net/news/articleView.html?idxno=117062 (2024.06.06.검색)

3 오승은은 거버넌스를 인용문과 같이 정리하면서 국정운영에 참여하는 행위자의 다양성, 계층제적 기구 존재 여부, 공적 영역과 사적 영역의 구분, 권력의 집중과 분산, 문제의 수준 등에서 전통적인 국정운영방식인 '통치(government)'와 비교된다고 주장했다. 그리고 제솝(Jessop)의 주장을 빌려 우연적 필연성, 사회의 복잡성, 구조적인 모순, 전략적 딜레마, 모호한 목표들의 공존이라는 다섯 가지 원인 때문에 거버넌스가 실패할 수 있음을 주지시켰다. 네트워크를 유지하기 위한 다소의 중심핵(core)으로서 이른바 정부가 중심역할을 담당하는 메타 거버넌스의 필요성과 역할을 소개하면서, '그럼에도 불구하고, 거버넌스는 분명 공공부문의 성과를 높일 수 있는 하나의 도구'이며, '그 자체가 목적이며, 상반된 이해와 가치가 정책과 사업의 운영지침과 소유권으로 전환하는 과정이며 결과'라는 점을 강조했다. 관련 내용은 오승은, 「거버넌스론에 관한 제 접근」, 『연세행정논총』 29, 연세대학교 행정대학원, 2006, 51, 69-70쪽을 참조할 것.

4 이진경, 「근대적 생명정치의 계보학적 계기들-생명복제시대의 생명정치학을 위하여」, 『시대와 철학』 18(4), 한국철학사상연구회, 2007, 73-75, 98-101쪽.

5 아감벤은 그리이스어에서 '생명'을 뜻하는 두 단어 조에(ζωή)와 비오스(βίος)가 가리키는 것이 다르다는 점에 착안하여 이를 구분하는 것으로부터 생명정치학을

전개해나갔다. 물론 그의 생명정치학을 두고 인간이 동물처럼 다루어지는 사태에 집중하다보니 생명권력이나 생명정치의 본질적 문제를 이해하지 못했다고 비판하는 경우도 있다. 하지만 아감벤이 정치공간을 사적 생명 공간(οἶκος)과 공적생명 공간(πόλις)으로 구분한 것에 착안하여 『중용』과 『대학』의 담론공간을 분석해보고자 한다.

6 Aihwa Ong의 논의는 『사회운동』 74에 실린 『예외로서의 신자유주의: 시민권과 주권의 변이들(Aihwa Ong, *Neoliberalism as Exception: mutations in citizenship and sovereignty*, Duke University Press, 2006)』의 서문인 '예외로서의 신자유주의, 신자유주의에 대한 예외(Neoliberalism as Exception, Exception to Neoliberalism)'를 참조한 것임을 밝혀둔다.

7 朱熹, 『中庸章句』 「序」: "其曰 天命率性則道心之謂也 其曰 擇善固執 則精一之謂也 其曰 君子時中 則執中之謂也."

8 朱熹, 『中庸章句』 12장: "君子之道費而隱 夫婦之愚 可以與知焉 及其至也 雖聖人亦有所不知焉. 夫婦之不肖 可以能行焉 及其至也 雖聖人亦有所不能焉. 天地之大也人猶有所憾 故君子語大 天下莫能載焉. 語小 天下莫能破焉 詩雲 鳶飛戾天 魚躍於淵 言其上下察也 君子之道 造端乎夫婦 及其至也 察乎天地."

9 朱熹, 『中庸章句』 1장: "中也者 天下之大本也."

10 李澤龍은 "그동안 『중용』은 주희의 영향으로 주로 수덕론(修德論), 보다 구체적으로는 '도덕적 형이상학'에 초점을 맞추어 독해되어 왔다. 그러나 『중용』의 세계관은 수덕론에 근거한 왕위론[聖人帝王論] 역시 강하게 내포하고 있다. 『중용』의 최종 방점은 이것에 있을 수 있다. 『중용』에 대한 열린 독법이 요구된다."라고 주장하였는데, 열린 독법에 대한 취지에는 공감하지만 성인제왕론이 선진유가의 전통과 맞아떨어진다고 하더라도 주희가 『중용』을 표장한 까닭에 대해 좀더 주의할 필요가 있다. 관련 내용은 李澤龍, 「『中庸』의 世界觀 - '천(天)·귀신(鬼神)·명(命)'에 대한 관점을 중심으로」, 『儒敎思想文化硏究』 51, 韓國儒敎學會, 2013, 5-38쪽을 참조할 것.

11 朱熹, 『中庸章句』 1장: "道也者 不可須臾離也 可離非道也 是故君子戒愼乎其所不睹 恐懼乎其所不聞 莫見乎隱 莫顯乎微 故君子愼其獨也 喜怒哀樂之未發 謂之中 發而皆中節 謂之和."

12 朴商煥, 安營擢, 「『中庸』에 나타난 物我一體의 世界觀」, 『民齋學論叢』 11, 民齋學會, 2011, 308쪽.

13 위의 논문, 309-316쪽 참조.

14 김기현, 「『대학』의 주석 및 이해와 송명 신유학의 가치 설정간의 관계에 관한 해석학적 연구 – 주자학과 양명학을 중심으로」, 『東洋哲學研究』 26, 동양철학연구회, 2001, 229-237쪽 참조.

15 朱熹, 『朱子語類』 권14: "某要人先讀大學 以定其規模 次讀論語 以立其根本 次讀孟子 以觀其發越 次讀中庸 以求古人之微妙處."

16 김기현, 앞의 논문, 237-240쪽 참조.

17 임옥균, 「주자와 일본 고학파의 『대학』 해석」, 『동양철학연구』 61, 동양철학연구회, 2010, 307-314 참조.

18 朱熹, 『大學章句』 「序」: "大學之書 古之大學所以教人之法也 蓋自天降生民 則既莫不與之以仁義禮智之性矣. 然其氣質之稟或不能齊 是以不能皆有以知其性之所有而全之也. 一有聰明睿智能盡其性者出於其間 則天必命之以為億兆之君師 使之治而教之 以復其性."

19 朱熹, 『大學章句』 「經」 1章: "大學之道 在明明德 在新民 在止於至善. 知止而後有定 定而後能靜 靜而後能安 安而後能慮 慮而後能得. 物有本末 事有終始. 知所先後則近道矣. 古之欲明明德於天下者 先治其國. 欲治其國者 先齊其家. 欲齊其家者 先修其身. 欲修其身者 先正其心. 欲正其心者 先誠其意. 欲誠其意者 先致其知. 致知在格物. 物格而後知至. 知至而後意誠. 意誠而後心正. 心正而後身修. 身修而後家齊. 家齊而後國治. 國治而後天下平. 自天子以至於庶人 壹是皆以修身為本. 其本亂而末治者 否矣. 其所厚者薄 而其所薄者厚 未之有也." 이 가운데 '親民'은 본래 『大學章句』에서 주자가 '新民'으로 고쳤다. 이 연구의 맥락으로는 '親民'이 거버넌스와 가까우나, 삼강령과 팔조목의 구조를 유지하기 위해 주자의 설을 따랐다.

20 丁海王, 「朱熹의 三綱領·八條目의 의미와 문제」, 『한국민족문화』 45, 부산대학교 한국민족문화연구소, 2012, 171-203쪽 참조.

21 孔子, 『論語』 「里仁」: "子曰 參乎 吾道一以貫之. 曾子曰 唯. 子出 門人問曰 何謂也. 曾子曰 夫子之道 忠恕而已矣."

22 이영수, 「니체의 "위버멘쉬"(초인)에 대한 원형(元型) 탐색」, 『철학논총』 58, 새한철학회, 1009, 340쪽.

23 朱子, 『朱子語類』 권62: "問 不睹不聞與愼獨何別. 曰 上一節說存天理之本然 下一節說遏人欲於將萌."

24 고대로, 「제주 '문화융성시대' 졸속·부실 우려」, 『한라일보』, 2014.10.10.기사 http://www.ihalla.com/read.php3?aid=1412866800477244073 (2024.06.06.검색) 참조.

제5장 화엄의 공간 담론과 문화 공간

1 서영표, 「추상적 공간과 구체적 공간의 갈등: 제주의 공간이용과 공간구조의 변화」, 『공간과 사회』 24(1)(통권 47호), 한국공간환경학회, 6쪽.

2 위의 논문, 같은 쪽.

3 김치완, 「섬[島]-공간의 철학적 접근: 플라톤과 노자의 '공간' 개념 검토를 중심으로」, 『탐라문화』 45, 제주대학교 탐라문화연구원, 2014, 120-147쪽. 플라톤 이전의 서양철학에서 공간은 '생성과 존재가 펼쳐지는 場'으로 여겨졌다. 하지만 인도철학에서처럼 '있는 것'으로 취급되지는 않았다. 플라톤은 생성과 변화가 이루어질 뿐 아니라 그러한 것들에 關與(μέθεξις)하고 '있는 것'인 공간을 '코라(χώρα)'라고 불렀다. 그런데 코라는 존재의 자리를 차지하지 못했기 때문에 實在함에도 불구하고 '있음직한 것'으로 규정되는 데 그쳤다. 공간이 존재의 자리를 차지하고 '있는 것'이 된 것은 아리스토텔레스의 공간 개념인 '토포스(τοπος)'에 이르러서였다. 토포스는 어떤 사물이 존재하는 바깥에서 구획한 경계, 또는 "둘러싸는 외피에 의해 경계가 정해지는 빈 곳"이라는 존재의 자리를 차지하게 되었다. 존재의 자리를 차지한 토포스는 흔히 생각하듯이 나란히 펼쳐져서 이곳과 저곳이 구획되어지는 面이 아니라, "작은 공간이 큰 공간 속에 들어 있는 식으로 서로 겹치거나 둘러싸" 있는 것으로 묘사되었다. '있음직한 것'이건 겹겹이 쌓인 형태로 있는 것이건, 그도 아니라면 '비어-있는 것'이건 공간을 정의하는 것은 녹록치 않다. 왜냐하면 우리말에서 공간을 가리킬 때 '비어(無)-있음(有)'이라고 하는 것도 말 그대로라면 '없음이 있다'는 의미론적 형용모순이다. 그래서 플라톤은 자신의 설명을 '庶出的 推論(λογισμῷ τινι νόθῳ)'으로, 노자는 '말할 수 없는 것(不可致詰)'으로 표현했다. '서출적'이라든가, '말할 수 없는 것'이라는 등의 표현에는 '생소하고 익숙하지 못한(ἀτόπου καὶ ἀήθους)' 것을 표현한다는 자각이 포함되어 있다.

4 서영표, 앞의 논문, 39-41쪽.

5 2013년과 2014년 동아시아 해항도시 국제학술회의에서 발표된 「섬[島]-공간의 철학적 접근: 플라톤과 노자의 '공간' 개념 검토를 중심으로」와 「추상적 공간과 구체적 공간의 갈등: 제주의 공간이용과 공간구조의 변화」는 철학과 사회학 분야에서 제주라는 공간의 "현실을 되돌아볼 수 있는 이론적 출발점을 찾으려는 시도"(서영표, 앞의 논문, 40쪽)로 볼 수 있다. 「섬[島]-공간의 철학적 접근: 플라톤과 노자의 '공간' 개념 검토를 중심으로」에서는 공간에 대한 그리스와 중국의 형이상학적 개념틀을 동원하여 섬이 '아직 펼쳐지지 않은 육지' 곧 아직 삶의 현장

으로 온당하게 자리매김하지 못하였지만, 오늘날을 해양의 시대라고 한다면 그 실천적 행위를 통해 삶의 현장으로 자리잡을 수 있음을 주장하였다. 「추상적 공간과 구체적 공간의 갈등: 제주의 공간이용과 공간구조의 변화」는 르페브르의 개념틀을 이용해서 제주라는 공간의 희망은 그곳이 담론적 실천의 공간이 되는 지점에서 발견된다는 점을 주장하였다.

6 박만원, 연규욱, 「시진핑 정부가 키울 새 먹거리는…빅데이터·IOT·신에너지車·문화산업－中 GDP 50% 넘는 서비스산업…규제완화·대외개방 정책 펼듯」, 『매일경제』 2015.10.26.기사 http://news.mk.co.kr/newsRead.php?no=1018163&year=2015 (2024.06.06.검색)

7 'layer'의 사전적 의미는 '1.(하나의 표면이나 여러 표면 사이를 덮고 있는) 막층/겹/켜], 2.(시스템 등의 일부를 이루는) 층[단계]'이다. 이 연구에서는 특별히 컴퓨터 그래픽 프로그램에서 여러 개의 소스 이미지를 사용할 때 각각의 소스들을 따로따로 관리하여서 서로 침범하거나 오염시키지 않도록 하는 기능을 하는 이미지 개체를 가리키는 레이어(layer)에 주목하고, 이것을 층위(層位)로 번역하여 사용하였다. 실제 삶의 공간에서는 이미지 개체들이 이른바 합성된 형태이지만, 각각의 층위가 켜켜이 쌓여 있는 것으로 가정한다면 개념적으로 이 층위를 분리하여 검토하는 일도 가능할 것이라는 데 착안하였다.

8 '문화지도', 특히 '동아시아문화지도'와 관련된 논의는 김남희 외, 「〈아시아문화지도〉의 개념 정립에 관한 연구」, 『글로벌문화콘텐츠』 1, 글로벌문화콘텐츠학회, 2008, 123-146쪽; 김상철 외, 「문화지도－지도를 매체(media)로 한 문화의 이해와 표현」, 『글로벌문화콘텐츠』 1, 글로벌문화콘텐츠학회, 2008, 147-172쪽; 김상헌 외, 「아시아문화지도 문화분류체계와 기반기술 연구」, 『글로벌문화콘텐츠』 1, 글로벌문화콘텐츠학회, 2008, 173-203쪽 등을 참조할 수 있다. 이와 관련된 논의는 본문에서 詳述할 것이지만, 이 연구의 전제가 김상헌의 「아시아문화지도 문화분류체계와 기반기술 연구」의 아래와 같은 내용임을 밝혀둔다. "'문화지도'라는 틀을 통해 아시아 문화를 접근하고자 한다는 것은 이미 의미적으로 '아시아 문화는 이것과 저것과 또 가른 것들의 복잡한 조합이다'라는 시각을 포함하고 있는 것이다. 이것은 '아시아 문화란 무엇이다'라고 한 마디로 규정하지 않겠다는 태도이며, 아시아 문화를 하나의 일관되고 통일적인 전체로 파악하지 않겠다는 의도를 전제로 하고 있는 것이다."(176쪽)

9 여기서 말하는 현상과 본질이라는 개념은 서양철학의 형이상학적 개념이 아니라, 오늘날 우리가 사물을 파악할 때 일상적으로 사용하는 개념으로서 하나의 사물

이 가진 다양한 층위 가운데 표층과 심층, 개인과 타자, 자존과 관계 등으로 이분한 개념임을 밝혀둔다.

10　李成珪, 「中華思想과 民族主義」, 『철학』 37, 한국철학회, 1992, 31쪽.

11　권중달은 「중심부의 논리: 중화사상－이춘식 『중화사상』(교보문고, 1998년) 서평」(『동아시아 문화와 사상』 6, 동아시아문화포럼, 2001, 237쪽)에서 『중화사상』의 저자 이춘식이 "중국의 제도와 정책은 모두 중화사상에 뿌리를 두고 만들어진 것이라고 이해한 것이다. 그리하여 저자는 '유학의 정치사상이야말로 바로 중화사사의 본질이었다고 할 수 있다'라는 말로 이 책의 맨 끝을 마무리하고 있다."라고 지적하면서 "중국과 그 왕을 원심(圓心)으로 하여 수많은 원을 그려 가면서 세계의 전부를 포함시키고" 있는 것이 중화사상을 보충하는 天下사상이라고 요약하였다. 이렇게 본다면 유가철학 또는 유가의 정치철학은 중화사상과 같은 것으로 취급되어야 하겠지만, 본문에서는 철학적 개념으로서의 천명과 왕도 개념을 夏華族 중심의 문화지배논리로서의 천명과 왕도개념과 구분하였다.

12　李成珪, 앞의 논문, 32쪽.

13　권중달, 앞의 논문, 238-239쪽.

14　李成珪, 앞의 논문, 33쪽.

15　李成珪는 「中華思想과 民族主義」(위의 논문, 34-47쪽)에서 '중국'이란 개념은 ⑴ 王의 直轄地, ⑵춘추시대 중국 내 夷狄國(吳·越·楚)에 대비되는 周왕실과 동맹세력, ⑶禹貢九州와 일치하는 전국시대 7雄의 세력, ⑷정치적 통합의 대상으로서 만주, 신강, 몽고, 티벳을 포함한 淸朝의 전지배영역, ⑸최고의 이상적인 문명이 구현된 공간으로서 禮教문화가 구현된 영역 등 다층적 의미를 가지고 있다고 지적한 바 있다.

16　여기서 말하는 동아시아문화지도 상의 표기라는 것은 실제 지도상의 표기를 가리키는 것이지만, 그렇게 표기되게끔 했던 제주 사람을 포함한 동아시아인의 표상에 중점을 두고 있다. 따라서 이하에서 한국과 중국, 그리고 일본의 고지도에 표기된 시기와 위치 등에 대해서 서술하는 것은 그것을 통해서 동아시아인의 표상을 검토하려는 데 목적이 있다.

17　『北史』 권94, 列傳82, 倭國: "明年上遣文林郎裵世淸使於倭國 度百濟 行至竹島 南望羅國 經都斯麻國 迥在大海中 又東至一支國 又至竹斯國 又東至秦王國 其人同於華夏 以爲夷洲 疑不能明也 又經十餘國 達於海岸 自竹斯國以東 皆附庸於倭."

18　오상학, 「중국 고지도에 표현된 제주도 인식의 변천」, 『문화역사지리』 25(2), 2013, 3-4쪽.

19 위의 논문, 12쪽.

20 김상철 외, 앞의 논문, 154쪽.

21 지도상 표기가 필요하지 않을 정도의 변방이라고 볼 수도 있지만, 중화주의적 관점에서 중국 고지도에 표기된 주변국은 종속국 취급을 받았던 것이라고 할 때 표기가 되지 않았다는 것은 독립국으로서의 지위를 유지하였던 것이라는 역설이 성립될 수 있다.

22 이승록, 「제주인구 월1100명 증가 '핫플레이스'」, 『제주의 소리』 2015.06.28.기사 http://www.jejusori.net/?mod=news&act=articleView&idxno=163900 (2024.06.06.검색)에 따르면, 1987년 인구 50만명에서 2013년 6월 60만명으로 10만명이 증가하는 데 26년이 걸렸다. 그 구체적인 내용을 살펴보면 다음과 같다. 2015년 6월 발표된 통계청의 '2015년 5월 국내인구이동' 자료에 따르면 5월 제주로 순이동한 인구는 1100여명(순이동률 0.18%)에 달하는데, 2014년 월 1000명 수준이던 것에서 월별 평균 100명씩 늘어나고 있는 셈이다. 특히 서울(-0.12%), 부산(-0.1%), 대구(-0.2%), 광주(-0.6%), 울산(-0.03%) 등 대도시에서 순유출이 일어나는 것과 다른 양상이다. 이렇게 순이동률이 높아진 것은 2010년을 기점으로 하는데, 2009년까지 1,015명이 순유출되다가 2010년 437명이 순유입하면서 인구가 늘어나기 시작한 것이다. 이후 제주 순이동 인구는 2011년 2,243명, 2012년 4,876명, 2013년 7,823명, 2014년 1만 1,112명으로 집계되었다. 팬데믹의 영향으로 2018년까지 꾸준히 증가하던 제주 순이동율이 주춤하였지만, 아직도 국내 다른 지역에 비해서는 순이동율이 높은 편에 속한다.

23 양정필, 「근대 교통수단의 발달과 제주 '섬' 인식의 변화」, 『섬과 바다의 인문학(〈인문도시지원사업〉 "인문주간" 학술대회논문집)』, 제주대학교 탐라문화연구원, 2015, 79-93쪽. 여기서 양정필은 제주 열풍의 원인을 본문에 언급한 두 가지로 분석하면서 (2)를 (1)의 요인으로 주장하였다. 그리고 2015년 기준 귀촌가구(3만 3442가구) 가운데 서울 근교인 경기(1만149가구, 30.3%)와 충북(4,238가구, 12.7%)에 이어 제주도로 이동한 가구가 3,568가구(19.7%)로 3위를 차지했다는 점을 그 근거로 제시했다. 그러나 (1)의 결과가 (2)일 수도 있고, (1)과 무관한 제3의 요인 때문에 (2)가 발생하고, (2)의 결과로 (1)과 다른 인식의 변화가 이루어졌지만 (1)을 그 결과인 것처럼 호도하는 것일 수도 있다는 점도 고려되어야 한다.

24 김치완, 「카미노와 올레를 중심으로 본 문화콘텐츠로서의 길」, 『인문콘텐츠』 30, 인문콘텐츠학회, 2013, 49-65쪽. 여기서 2009년 통계치를 사용한 까닭은 이 해가 제주 순이동율이 증가한 2010년의 한 해 전이기 때문이다.

25 글로벌 금융위기를 성공적으로 회복하자 외환위기의 아픈 기억이 있던 정부는 금융시장 변동성과 자본유출입을 완화할 목적으로 균형재정회복 정책을 펼쳤지만, 오히려 장기불황의 터널로 빠져들게 되었다. 이명박 정부에 이어 박근혜 정부에서도 '창조경제'를 야심차게 내세워 이를 정면돌파하려고 했지만, 대내외적으로 경기회복이 늦어지고 있는 점을 감안하여 경제성장률을 낮게 설정하였고, 그 결과 2015년에는 2.6%로 낮춰 잡았다. 당시 관련 기사에서 예견한 것처럼 아베노믹스를 내세운 일본의 경제성장률이 한국 경제성장률을 역전하지는 않았으나 한국경제는 차이나쇼크와 엔저·원고 등에 의해 긴 불황의 터널을 지나고 있었다. 이와 관련된 내용은 ダイヤモンド・オンライン編集部, 「韓國經濟急減速の眞實「强い韓國」はどこへ行ったのか?－向山英彦・日本総合研究所上席主任研究員に聞く」, 『ダイヤモンド社のビジネス情報サイト』, 2015.04.23.기사 http://diamond.jp/articles/-/70569?page=4 (2024.06.06.검색)를 참조할 것.

26 이영웅, 「제주도, 개발 광풍을 넘어 생명과 평화의 섬을 꿈꾸다」, 『환경과 생명』, 2008년 겨울호(통권 58호), 2008, 140-141쪽. 1967년의 '제주도 특정 지역 건설 종합 계획조사'에 따른 국가 투자 사업으로의 격상을 거쳐 1970년의 '제주도 종합개발 10개년 계획', 1973년의 '제주도 특정 지역 관광 종합개발계획'이 수립되어 공항과 항만 확장, 도로와 통신시설 확충 등 관광 기반시설이 확충되기 시작하면서 본격적인 개발로 이어졌다. 1985년에는 '특정지역 제주도 종합개발계획'이 수립되어 3개 관광단지 및 14개 관광지구 지정과 기본 개발 방향에 대한 구상이 제시되는 한편, 제주도 지방정부 차원에서도 관광개발을 통한 지역사회 개발을 목표로 한 '제주도 종합개발계획'이 수립되었다.

27 강승남, 「"더 큰 제주, 세계 중심의 제주 만들겠다"」, 『제민일보』 2014.07.01.기사 http://www.jemin.com/news/articleView.html?idxno=337791 (2024.06.06.검색) 참조.

28 이소진, 「예산·사업 확대…현장 체감은 '글쎄'」, 『제민일보』 2015.07.21.기사 http://www.jemin.com/news/articleView.html?idxno=366243 (2024.06.06.검색)

29 대표적인 주장으로는 제주도가 하나의 완결된 독자적인 문화체계를 가지고 있다는 주장, 한국문화의 옛형태를 간직하고 있다는 주장, 한반도를 중심으로 한 주변사회이면서 개방된 문화를 가지고 있다는 주장 등을 들 수 있다.

30 김치완, 「제주에서 철학하기 試論: 로컬리티 담론과 제주학 연구 현황 검토를 중심으로」, 『耽羅文化』 39, 제주대학교 탐라문화연구소, 2011, 177-213쪽.

31 김성수, 「지역특권화와 문화 화석화를 넘어서－타자의 시선으로 본 제주학」, 『耽

羅文化』33, 제주대학교 탐라문화연구소, 2008, 13-15쪽.

32 이후 탐라문화연구원의 중점연구소지원사업 및 인문한국지원사업 신청 주제들
도 비슷한 관점을 가지고 있는 것으로 분석된다. 2008년도 중점연구소지원사업
에서는 연구분야가 '인류학'으로, 과제명은 '음식문화의 탈근대적 패러다임 모색'
으로 신청되었고, 2009년도 인문한국지원사업에서는 연구분야가 인문/어문, 사
회/예술/체육, 자연/공학, 의약학/농수해/복합학으로, 아젠다명은 '음식을 연구
하여 21C 문명과 사람을 살린다 - 섬·제주·동아시아 음식문화 탐구'로 신청되었
으며, 2010년도 인문한국지원사업에서는 소형, 해외지역연구분야로, '태평양: 미
크로네시아 권역(마리아나제도, 캐롤라인제도, 마셜제도)+쿠로시오 권역(오키나
와, 대만, 필리핀)'을 대상권역으로, 연구과제명은 '태평양의 해양인문연구 - 미크
로네시아·쿠로시오 권역에서 사람과 문명의 이동'으로 신청된 바 있다. 2011년
도 학제간 융합연구지원사업에서는 2010년도까지의 신청내용을 바탕으로 한 '제
주도와 쿠로시오해역의 해양 융합연구'로 신청되었고, 2014년도 대학중점연구소
지원사업에서는 '국문학, 한국현대사, 동양철학일반'의 학제간 연구로, '되살림의
인문학: 치유와 재생의 인문학적 공간과 상상력'이라는 연구과제로 신청된 바 있
다. 사업계획서는 신청 단계에서 제안서 정도의 의미를 가진다는 점을 인정해야
하겠지만, 2007년부터 2014년까지의 신청 아젠다를 보면 '탐라'는 있지만 '탐라
의 정체성'은 명확히 드러나지 않았고, 동아시아는 있지만 그것으로 묶을 수 있
는 주제어는 드러나지 않는다. 이러한 점에서 탐라문화연구원이 2019년 「쿰다로
푸는 제주 섬의 역사와 난민」을 주제로 인문사회연구소 지원사업에 선정된 것은
이주의 섬, 난민의 섬으로 제주 정체성을 모색한 결과로 볼 수 있다.

33 이윤정, 「제주 이주 경험담 '제주, 살아보니 어때' 출간한 홍창욱씨 "섬살이는 로
망과 냉혹한 현실 공존"」, 『경향신문』 2015.11.04.기사 http://news.khan.co.kr/
kh_news/khan_art_view.html?artid=201511042122475&code=100100 (2024.06.
06.검색) 이 기사에는 2009년 11월에 제주로 이주한 이른바 문화이주민인 홍창
욱씨가 제주에 정착하면서 제주도 주민과 이주민을 넘나들며 인터뷰한 내용을
출간한 도서를 소개하고 있다. 이 기사에서 눈길을 끄는 것은 "홍씨는 '박범준씨
가 제주살이는 〈자발적 유배〉라고 말하는 것이 가장 인상 깊었다'며 '제주도 이
주민이 많아지면서 지역주민과 섞이지 못하는 문제, 비싸지는 집값, 고정 수입을
얻기 힘든 점 등 다양한 문제들을 짚어냈다'고 했다."라는 내용이다. 제주도 이주
민이 많아지면서 파생된 다양한 문제들을 제주도에 먼저 이주하여 정착한 이의
관점에서 정리했기 때문이다. 하지만 제주 토박이의 관점에서는 이보다 더 큰 문

제가 있다. 제주 이주민이 제주의 역사문화적 배경을 이해하지 못한 채, 자신이 이미지화한 제주의 시뮬라크르를 내세워 오히려 제주 토박이를 가르치려든다는 것이다. 제주도 토박이의 피해의식일 수도 있겠지만, "지역주민과 섞이지 못하는 문제"라고 기사에서 언급하는 것과 같은 문제다.

34 서영표, 앞의 논문, 40쪽.

35 남상호, 「화엄종의 相卽圓融의 방법」, 『陽明學』 25, 한국양명학회, 2010, 303쪽.

36 불교에서 '법계'라는 개념은 六根(眼耳鼻舌身意 등 여섯 감각기관), 六境(色聲香味觸法), 六識(眼耳鼻舌身意 등 육근이 육경을 인식하는 것)의 十八界 가운데 意根의 대상을 가리키는 말로, 모든 사물을 가리킨다. 화엄종에서 말하는 법계는 『화엄경』의 「여래상해품」과 「입법계품」에서 사용된 개념인데 법장 이후로 眞如 또는 일체 현상을 가리키는 말이 되었다. 이와 관련된 내용은 남상호, 위의 논문, 311쪽을 참조할 것.

37 徐海基, 「징관의 화엄법계관 — 법계 이해의 세 가지 유형」, 『중앙승가대학교 교수 논문집』 10, 중앙승가대학교, 2003, 235-237쪽.

38 남상호, 앞의 논문, 311-312쪽.

39 위의 논문, 같은 쪽.

40 위의 논문, 314-316쪽. 4조 징관의 설명은 본문의 순서대로 同時具足相應門, 廣狹自在無碍門, 一多相容不同門, 諸法相卽自在門, 秘密隱顯具成門, 微細相容安立門, 因陀羅網境界門, 託事顯法生解門, 十世隔法異成門, 主伴圓明具德門에 해당한다.

41 위의 논문, 316-317쪽. 남상호는 육상에 대해서 總相은 '만유는 하나의 體', 別相은 '만유의 차별적 각부분', 同相은 '각 부분의 상호통일적 조화', 異相은 '각 부분의 자기 정체성', 成相은 '각 부분간의 통일체적 관계형성', 壞相은 '각 부분이 일체적 관계를 가졌어도 자기 정체성을 유지함' 등으로 부기하여 설명하였다. 주의를 기울인 흔적이 역력한 내용이지만, 총상과 별상, 동상과 이상, 별상과 괴상이라고 하는 것이 각각 전체와 부분, 동질성과 차이성, 통합성과 독자성으로 對句를 이루고 있는 점이 명확하게 나타나지 않아 본문에서는 수정 인용하였다.

42 전영숙, 「화엄사상의 가족치료적 함의」, 『철학논총』 50, 새한철학회, 2007, 388-389쪽. 전영숙은 화엄법계연기사상이 가족치료의 체계론적 관점과 유사하다는 점에 착안하여, 화엄의 보살정신과 선지식이 가족치료적 함의를 지닌다는 결론에 이르렀다. 이러한 관점에서 법장의 육상원융론을 가족과 가족구성원이라는 점에서 비교하면서, 본문과 같이 설명하였다.

제6장 동학과 근현대 담론 공간

1 1990년대 이른바 IMF사태로 한국사회가 겪었던 경험에 대해서는 김치완, 「문화적 형식으로 '재현'된 2010년대 근대해항도시 제주의 표상」, 『도서문화』 48, 목포대학교 도서문화연구원, 2016, 159-163쪽을 참조할 것.

2 허은, 「1960년대 미국의 한국 근대화 기획과 추진 – 주한미공보원의 심리활동과 영화」, 『한국문학연구』 35, 동국대학교 한국문학연구소, 2008, 199-200쪽.

3 위의 논문, 204쪽.

4 위의 논문, 203쪽.

5 이 논의와 관련해서는 김치완, 「茶山學으로 본 實學과 近代 개념에 대한 비판적 접근」, 『역사와 실학』 52, 역사실학회, 2013의 3장 〈近代 – 서양 중세와 동아시아 근대의 '사이'〉를 참조할 것.

6 정연태, 「일제의 한국 지배에 대한 인식의 갈등과 그 지양 – 한국 근대사 인식의 정치성」, 『역사문화연구』 53, 한국외국어대학교 역사문화연구소, 2015, 3-4쪽.

7 1990년대 미국의 육군대학원에서 '현재 처한 상황이 제대로 파악되지 않아 즉각적이고 유동적인 대응태세와 경계심이 요구되는 상태'를 가리켜 'VUCA', 곧 '변동성(volatility), 불확실성(uncertainty), 복잡성(complexcity), 모호성(ambiguity)'라고 하였는데, 최근 4차산업혁명과 관련하여 'VUCA시대'라는 신조어가 유행하고 있다. 본문에서 '불안정하고 복잡하며 모호하다'고 표현한 것은 '미래의 기대에 따라 현실의 판단이 영향을 받고, 현실의 판단에 따라 과거의 사실이 다양하게 해석된다'는 점에 착안 혁이다. 곧 '과거-현재-미래'가 인식 범주에서만이 아니라, 실질적으로 불안정하고 복잡하며 모호한 양상을 띠게 되었다는 점에 주목한 것이다.

8 정연태, 앞의 논문, 8쪽.

9 관련 논의는 김동택, 「대한제국기 근대국가형성의 세 가지 구상」, 『21세기 정치학회보』 20(1), 21세기정치학회, 2010, 100쪽을 참조할 것.

10 김성배, 「한국의 근대국가 개념 형성사 연구 – 개화기를 중심으로」, 『國際政治論叢』 52(2), 한국국제정치학회, 2012, 8, 14-18쪽. 김성배의 주장에 따르면, "삶의 공간으로서 정치공동체를 의미하는 전통적 국가 개념"에 "서양으로부터 근대가 전파되는 과정에서 근대 국가 개념이 침투해 들어"와서 오늘날 우리가 사용하는 "국가라는 용어로 정착"되었다고 한다. 그리고 19세기 중후반 이후 근대국가개념의 형성과정은 최소한 전통적 국가 개념과 서양의 주권국가 개념이 혼재하던 단계에서 주권국가와 국민국가 개념을 수용하는 단계를 거쳤으며, 여기에 국가유

기체설의 영향을 받아 실체적 국가 개념이 추가됨으로써 근대국가 개념이 정착되는 단계에 이르렀다고 한다.

11 김동택, 앞의 논문, 99쪽.

12 김성배, 앞의 논문, 18-31쪽.

13 김동택은 "이런 측면에서 보면 대한제국의 쇠퇴는 불가피했는지도 모르겠다. 그러나 그것은 근대 국가형성을 추구하지 않았기 때문(제임스 팔레 1993)이 아니라 즉 근대로의 이행이 부재했기 때문이 아니라 바로 그것으로 인해 초래된 것이었다."(116쪽)라고 주장했다.

14 김용휘, 「동학의 사상과 운동으로 본 치유와 통합」, 『원불교사상연구원 학술대회집』, 원광대학교 원불교사상연구원, 2016, 38쪽.

15 소병철, 「지리산권 동학농민혁명에 나타난 이상사회의 비전」, 『동학학보』 35, 동학학회, 2015, 275쪽.

16 윤순갑, 「西歐의 衝擊과 外壓에 대한 發想의 諸形態-韓末의 思想的 狀況을 中心으로」, 『한국동양정치사상사연구 2(2), 한국동양정치사상사학회, 2003, 91-94쪽. 윤순갑은 천주교 신자의 발상은 역사적으로 발현되지는 못했다고 단정하였지만, '한국천주교'라는 신흥종교운동 형태로 발현되었다고 보는 것이 옳다.

17 위의 논문, 102-105쪽. 윤순갑은 동학도와 천주교도가 자연스러운 종교적 심상을 가진 것으로 분석하였으나, 이렇게 보면 사회변혁론의 의미가 약화된다.

18 정연태, 앞의 논문, 22-26쪽.

19 '중심'과 종속적 개념을 가진 '지방'으로서의 특성이 담론화 되어버리거나, 그러한 경계를 벗어나도록 구상하면 지역이라고 하는 용어가 가리키는 대상이 모호해지기 때문이다. 관련 내용은 김치완, 「제주에서 철학하기 試論-로컬리티 담론과 제주학 연구 현황 검토를 중심으로」, 『탐라문화』 39, 제주대학교 탐라문화연구소, 2011의 〈Ⅱ. 로컬리티 담론의 비판적 검토〉를 참고할 것. 이하 내용 가운데 로컬리티 담론과 관련된 부분은 해당 장의 서술을 보태고 기운 것이다.

20 'hic et nunc'는 '여기 지금'으로 번역되어야 하지만, '현(現)-장(場)'이라는 말에 맞추기 위해 '지금-여기'로 번역했다. 이하 '현(現)-장(場)'은 '현-장'으로 표기한다. 출전인 성서에서는 'Et nunc hic'으로 표기되어 있다. 이와 관련된 논의는 위의 논문 각주 10을 참고할 것.

21 로컬리티 담론에 대해 비판하는 이들은 로컬리티 담론이 여전히 글로벌/로컬이라는 이원론에 기초하고 있는 듯이 보인다고 주장한다. 그리고 국가나 로컬 상부의 구조 내에서 발생하는 사회·경제적 공간의 변이를 설명하는 데는 유용할 수

있지만, 구체적인 '현-장'의 문제를 해결할 수 있는 실천방안을 제시하지 못한다는 점에서 수사학적 개념에 불과하다고 비판하기도 한다. 로컬리티 담론이 기대고 있는 포스트모더니즘 자체가 모더니즘에 대한 대립항으로 정립되었다고 할 때의 한계를 동일한 맥락에서 노출시키고 있다는 것이다. 하지만 로컬리티 담론에서는 중심을 로컬로 이동해서 새로운 중심/주변의 관계를 구축하자는 것이 아니다. 같은 맥락에서 중심과 구별되는 로컬의 구체적 특수성을 과장할 필요도 없다.

22 윤순갑, 앞의 논문, 102-103쪽.

23 조지형, 「東學의 西學·西洋에 대한 인식의 변화 양상」, 『교회사연구』 34, 한국교회사연구소, 2010, 94쪽.

24 윤순갑, 앞의 논문, 103쪽. 윤순갑은 당시 민간신앙의 기반인 도참이나 비기, 그리고 진인출현설 등을 '민중의 무의식적 가치관에 뿌리를 둔 근원적인 종교전통'이라고 규정하고, 이러한 것들이 현실적인 고통이 가중될수록 강화되다가 최제우라는 "종교적 천재"를 통해 동학사상으로 결실을 맺었다고 분석하였다.

25 조지형, 앞의 논문, 같은 쪽.

26 위의 논문, 95-114쪽. 조지형은 최제우의 서학과 서양에 대한 인식의 변화 추이를 『동경대전』과 『용담유사』 소재 개별 작품들을 통해 분석하고, 득도한 지 2년이 지난 뒤에야 '동학'이라고 명명한 것은 서학에 대항하기 위한 것이 아니라 자신의 도가 서학과는 다르다는 서학과의 차별성을 강조하기 위한 맥락에서 사용하고 있음을 알 수 있는 근거라고 주장했다. 하지만 당시 천주학, 천주교, 西學, 邪學이라는 용어가 혼용되었는데도 굳이 '洋學'과 '西學'을 병칭하면서 '도는 같지만 이치는 그렇지 않다(道則同也 理則非也)'고 하면서 '동방에서 태어나 동방에서 얻었으니 도는 비록 천도이지만 학은 동학이라고 한다(吾亦生於東 受於東 道雖天道 學則東學)'고 한 것을 두고 대항적 담론으로서가 아니라 구분하기 위한 것이었다고 분석하는 데는 무리가 있다.

27 『東經大全』「布德門」 "至於庚申 傳聞西洋之人 以爲天主之意 不取富貴 攻取天下 立其堂 行其道"

28 유장근, 「절충과 충돌: 근대 중국의 기독교」, 『대구사학』 73, 대구사학회, 2003, 101-103쪽. 개신교 선교사들은 당시 기존종교는 물론 태평천국과 같은 '기독교계 신흥종교'와 경쟁하는 단계에 들어섰다. 당시 민중들, 특히 빈민층이 문화적 응주의와 이식주의를 결합한 절충주의적 선교 결과에 따른 교의로 무장한 '기독교계 신흥종교'에 깊이 빠져 있었기 때문이다. 이 점에 주목한 개신교 선교사들은 사회복지시설, 학교, 병원의 운영에 중점을 두어 유례없는 성공을 거두었다.

29 위의 논문, 105-110쪽.

30 동학이 유학적 전통에 반대한다고 할 때는 당시의 중심에서 탈피하는 '현-장'을 가지지만, 한국적 전통의 맥락에 있다고 할 때는 역사의 중심을 유지하는 '현-지'을 가진다. 이념적으로 볼 때 로컬리티 담론은 중심과 주변이라는 공간 틀에서 벗어나야 한다. 이것은 공간성을 벗어나야 한다는 것이 아니라, 그 공간에서 벌어진 사건들의 종합으로서 시간틀까지 포괄된 상태가 되어야 함을 의미한다. 오늘날 로컬리티 담론 공간에서 동학이 생명력을 다시 발휘할 수 있다고 한다면 바로 이런 점에서다.

31 정남영, 「커먼즈 패러다임과 로컬리티의 문제」, 『로컬리티인문학』 14, 부산대학교 한국민족문화연구소, 2015, 92쪽.

32 최현 외, 『공동자원의 섬 제주 1 땅, 물, 바람』, 진인진, 2016, 35쪽.

33 최현은 위의 책에서 'commons'를 공용자원으로 번역하고 계속해서 다음과 같이 관련 개념을 정의하려고 시도하였다. "공공재 또는 공개재는 public goods를 가리키며 경합성이 없고 배제가능성도 없는 자원을 의미하며, 자연자원 또는 인공시설 중에서도 너무나 풍부하기 때문에 누구나 무료로 for free 사용할 수 있는 자유재와 거의 같은 의미로 사용된다. 공유자원은 common property resources로 다수의 사람이 공동으로 소유권을 가지고 함께 이용하는 자연자원 및 인공시설을 의미한다. 공동자원 또는 공동관리자원은 common pool resources를 가리키며 '잠재적인 사용자를 배제하는 것이 사회적으로 용인되지 않고, 한 주체의 사용량이 증가함에 따라 다른 사용자들이 사용할 수 있는 양이 감소하는 자연적 자원이나 인공시설'이다."(38쪽)

34 정남영, 앞의 논문, 93쪽.

35 위의 논문, 94쪽.

36 최현 외, 앞의 책, 36쪽.

37 한국철학사상연구회, 『문화와 철학』, 동녘, 1999, 269쪽.

38 정남영, 앞의 논문, 92-94쪽. 정남영은 볼리어(David Bolier)의 말을 빌려, "커먼즈는 '자원+공동체+일단의 사회적 프로토콜들'이다. 이 셋은 통합된, 상호 연관된 전체를 이룬다."라고 정의하면서, 커먼즈 패러다임이 단순한 양적 크기의 확대에만 의미가 있는 것이 아니라, 전통적 커먼즈와 최신의 테크롤로지가 만나고 물리적 차원이 잠재적 차원과 결합되는 등 근대적 패러다임을 벗어나는 여러 가지 시도 자체에 의미가 있다고 평가했다.

39 윤석산, 「동학의 공공성과 21세기 생활공동체의 전망」, 『한국언어문화』 60, 한

국언어문화학회, 2016, 192-195쪽.

40 위의 논문, 200쪽.

41 노태구, 「東學의 共同體原理와 統一理念」, 『한국정치학회보』 30(2), 한국정치학회, 1996, 88쪽. 여기에서는 조용일의 「孤雲에서 찾아본 水雲의 思想的 系譜(『한국사상』 9, 신명문화사, 1968)」를 다음과 같이 소개하였다. "동학에서 말하는 '開接', '罷接'이라는 '接'은 물론이요, 동학교단의 조직체계에 있어 '接主'라는 것도 결국은 孤雲의 '接化群生'에서 나온 것이 아닐 수 없다. 그렇다면 '包'란 어디서 나온 것일까? 나는 이를 孤雲이 말한 花郎道의 '包含三敎'의 '包'에서 나온 것이요, 동학은 儒佛仙 三敎를 包含한 道요 敎이므로 마땅히 이들 三敎의 信者들을 모두 包攝하지 않으면 안된다고 하는 뜻에서 동학교단의 조직상 사용되었으리라고 생각한다." 논리적 비약이 느껴지지만, 接과 包가 가지고 있는 字意에 주안점을 두면 이렇게 해석될 여지가 전혀 없는 것은 아니다.

42 위의 논문, 88-92쪽.

43 정남영, 앞의 논문, 96쪽.

44 위의 논문 102쪽.

45 위의 논문, 105-108쪽.

46 위의 논문, 91-92쪽. 네그리는 '탈근대', 곧 포스트 모던이라는 용어를 시기를 구분할 때나 그 밖의 제한된 의미로만 사용하고, 가치가 온전히 부여된 용어로는 대안근대라는 용어를 사용했다. 근대적 '보편'과 그것을 넘어서는 '특이성'의 적대를 중요하게 여겼기 때문이다.

47 이와 관련된 논의는 김용휘의 「동학의 사상과 운동으로 본 치유와 통합」, 『원불교사상연구원 학술대회』, 원광대학교 원불교사상연구원, 2016, 35-46쪽과 그 토론문인 조성환의 「동학으로 동학을 치유한다 – 「동학의 사상과 운동으로 본 치유와 통합」을 읽고」, 『원불교사상연구원 학술대회』, 원광대학교 원불교사상연구원, 2016, 47-48쪽을 참조할 것.

제7장 제주 여성 연구의 시선 가로지르기

1 권귀숙, 「제주 해녀의 신화와 실체: 조혜정 교수의 해녀론을 중심으로」, 『한국사회학』 30, 한국사회학회, 1996, 228쪽.

2 梁重海, 「사랑을 통해 본 濟州女性의 氣質」, 『지방행정』 16, 대한지방행정공제

회, 1967, 112-115쪽. 양중해는 『탐라지』 등 고문헌에서 '三多'라고 한 것은 風多·雨多·石多였으나 雨多 대신 女多가 끼어들게 된 이유를 알 수 없다고 밝힌 바 있다.

3 김준형, 「문헌에 기록된 제주의 세 여인과 문학적 형상화 양상」, 『溫知論叢』 17, 온지학회, 2007, 62쪽.

4 李元鎭, 『耽羅誌』 「風俗」: "女多男少. 僧皆作家寺傍 以畜其妻子. 雖行乞者 並畜妻妾. 且公私運販之船絡繹不絶 海路險遠 屢致漂沒. 故州人以生女爲重."(본문의 한글 번역은 김영길 역주, 『국역 증보탐라지』, 제주특별자치도·제주문화원, 2016을 따름).

5 석주명, 『濟州島隨筆－濟州島의 自然과 人文』, 寶晉齋, 1968, 109, 112쪽.

6 崔溥, 『漂海錄』 1488년 윤정월 13일: "我州邈在大海中, 水路九百餘里, 波濤視諸海尤爲洶暴, 貢船商舶, 絡繹不絶, 漂沒沈溺, 十居五六. 州人不死於前, 則必死於後, 故境中男墳最少. 閭閻之間, 女多三培於男. 爲父母者, 生女則必曰: '是善孝吾者.' 生男則皆曰: '此物非我兒, 乃鯨鼇之食也.' 我等之死, 如蜉蝣出沒, 雖在平日, 亦豈以死於牖下爲心哉."

7 김치완, 「문화적 형식으로 '재현'된 2010년대 근대해항도시 제주의 표상」, 『島嶼文化』 48, 목포대학교 도서문화연구원, 2016, 169쪽.

8 송태현, 「신화와 문화콘텐츠－제주신화 '자청비'를 중심으로－」, 『인문과학연구』 22, 강원대학교 인문과학연구소, 2009, 135-136쪽.

9 류지석, 「로컬리톨로지를 위한 시론-로컬, 로컬리티, 로컬리톨로지」, 『한국민족문화』 33, 부산대학교 한국민족문화연구소, 2009, 139-140쪽. 로컬, 로컬리티, 로컬리톨로지에 대한 정의는 지금도 이루어지고 있다는 점을 고려해야 하겠지만, 사회과학 영역에서는 본문과 같이 정의하고 있다.

10 제주의 큰 굿에서 불리는 신화는 창세무가, 곧 본풀이라고 하여야 할 것이다. 그런데 제주의 여신과 관련된 이야기 가운데 설문대할망이야기 등 신화적 특성을 충분히 구비하고 있지만 전설의 형태로 남아 있는 경우도 있다. 허남춘은 「설문대할망과 여성신화－일본·중국 거인신화와의 비교를 중심으로(『탐라문화』 42, 제주대학교 탐라문화연구소, 2013, 103쪽)」에서 이 점에 착안하여 "신화, 전설, 민담을 아우르는 설화란 용어를 쓴다."라고 한 바 있다.

11 이수자, 「농경기원신화에 나타난 여성인식과 의의」, 『이화어문논집』 11, 이화여자대학교 이화어문학회, 1990, 147-148쪽.

12 백선기, 김소라, 「지배담론과 대항담론: 동성애에 대한 '매스미디어'와 '게이 커

뮤니티'의 담론관계를 중심으로」, 『커뮤니케이션학연구』 6, 한국커뮤니케이션학회, 1998, 80-83쪽.

13 여기서 말하는 도교는 불교의 수입에 따라 조직화된 중국도교와 그 영향을 받은 한국도교를 총칭한 것이다. 이에 비해 무속은 중국도교의 영향을 받은 한국도교를 뺀 전통사상을 가리킨다. 그리고 유학이 민주화 이전 보수적 가치의 토대를 이루던 것으로 상상되었다고 표현한 까닭은 개발독재를 끌어온 군부의 가치와 유학은 아무런 연관성이 없기 때문이다.

14 별신굿의 경우는 적극적이고 전폭적인 방식보다는 유교식 제의형태와 지배담론을 일정 부분 수용하면서 그것을 역으로 이용하는 전략을 사용했다는 점을 고려해야 한다. 관련 내용은 조정현, 「별신굿의 대항제의적 성격과 축제적 연행구조」, 『한국무속학』 21, 한국무속학회, 2010, 342, 346-348쪽을 참조할 것.

15 임재해, 「굿문화의 정치 기능과 무당의 정치적 위상」, 『비교민속학』 26, 비교민속학회, 2004, 286-290쪽.

16 인도부파불교에서는 五障說, 곧 여성은 天帝釋, 魔王, 梵天王, 轉輪聖王, 佛이 될 수 없다고 주장하였다. 중국에서도 불교 수용 후 一闡提의 성불 가능성 여부와 관련한 논란이 제기되는 등 여성차별주의적 태도가 있었다. 하지만 남성이 되어서 성불한다는 變成男子說 외, 남녀의 性差는 空으로서 평등하기 때문에 여인의 몸 그대로 성불하다는 現身成佛說이 제기되고, 이러한 생각을 반영한 경전이 만들어졌다. 우리나라에서도 고려시대 승려에 의해 수용되고 적극적으로 주장된 바 있다. 관련 내용은 김영미, 「高麗末 女身性佛論과 그 영향」, 『한국사상사학』 41, 한국사상사학회, 2012, 165-200쪽을 참조할 것.

17 『孟子』 「梁惠王」 下 5: "老而無妻曰鰥 老而無夫曰寡 老而無子曰獨 幼而無父曰孤 此四者 天下之窮民而無告者 文王發政施仁 必先斯四者"

18 이화형, 「한국 전근대 여성의 주체적 삶의 양상 고찰－젠더 연구적 관점을 중심으로－」, 『비교문화연구』 31, 경희대학교 비교문화연구소, 2013, 20-21쪽.

19 위의 논문, 28쪽.

20 『論語』 「陽貨」 25의 "子曰唯女子與小人 爲難養也 近之則不遜 遠之則怨"을 공자가 여성을 폄하했다는 주장을 강력하게 뒷받침하는 전거로 삼아, 결국 유학이 남존여비의 전근대적 지배이데올로기라고 비판하는 이들도 많다. 하지만 김세서리아, 「탈경계 시대, 여성주의적 유교는 가능한가?」, 『시대와 철학』 28권 1호, 2017, 43-77쪽에서 언급되고 있듯이 이런 비판 "전략은 '유교'의 실체를 인정하는 것일 수 있으며, 그리하여 '유교'를 쉽게 부숴버리거나 균열을 일으킬 수 없는 단단한

것으로 남겨두는 결과를 초래하게" 되며, 결국은 여성을 피해자로 남겨두는 결과에 이른다(70쪽).

21 이수자, 앞의 논문, 149쪽.

22 강진옥, 「한국민속에 나타난 여성상의 변모 양상 – 바람직한 여성상 모색을 위한 시론」, 『한국민속학』 제27집, 한국민속학회, 1995, 7-16, 41쪽.

23 관련 연구로는 李成俊, 「설문대할망說話研究 – 特徵과 變移過程을 中心으로 – 」, 『國文學報』 10, 제주대학 국어국문학회, 1990, 54-80쪽과 문영미, 「설문대할망 설화 연구」, 연세대학교 교육대학원 석사학위논문, 1998 등을 들 수 있다.

24 문영미, 앞의 논문, 75쪽.

25 각 분야 대표적인 논문으로는 김정이, 「제주 설화의 생태학적 인식」, 제주대학교 한국학협동과정 석사학위논문, 2009; 김소윤, 「한국 거인설화를 기반으로 한 스토리텔링/컨셉디자인 연구: '제주도 설문대 할망 전설'을 중심으로」, 국민대학교 테크노디자인전문대학원 석사학위논문, 2010; 원맹, 「한·중 마고설화 비교 연구」, 세명대학교 대학원 석사학위논문, 2013 등을 손꼽을 수 있다.

26 梁重海, 앞의 글, 112-115쪽.

27 강성의, 「제주도 개발과정에서의 여성의 경제활동의 변화」, 『濟州島研究』 12, 제주학회, 1995, 120쪽.

28 위의 논문, 126-131쪽.

29 위의 논문, 132-136쪽.

30 위의 논문, 139-143쪽.

31 관련 자료는 위의 논문, 166쪽을 참조할 것. 제주특별자치도 연도별해녀현황에 따르면 2016년에는 30-49세 12명, 50세 이상 3,993명으로 집계되고 있다. 2000년 이후로는 30세 미만 해녀는 한 명도 없는 것으로 집계된다.

32 권귀숙, 앞의 논문, 228-229쪽.

33 유철인, 「물질하는 것도 머리싸움: 제주 해녀의 생애이야기」, 『한국문화인류학』 31-1, 한국문화인류학회, 1998, 97쪽.

34 권귀숙, 앞의 논문, 229-231쪽.

35 위의 논문, 233-238쪽.

36 위의 논문, 240-241쪽.

37 관련 내용은 김미진, 「제주도 여성속담의 이중성」, 『영주어문』 16, 영주어문학회, 2008, 43-66쪽을 참조할 것.

38 관련 내용은 안미정, 「제주해녀에 대한 이미지와 사회적 정체성」, 『濟州島研究』 15, 제주학회, 1998, 153-193쪽을 참조할 것.

39 박찬식, 「제주 해녀의 역사적 고찰」, 『역사민속학』 19, 한국역사민속학회, 2004, 135-164쪽.

40 위의 논문, 160쪽.

41 이런 문제의식을 가진 대표적인 연구논문이 안미정, 「해방 전후 제주 잠수(해녀)들의 부산 정착의 사회사적 고찰: 지역간 경계를 넘은 이동과 갈등을 중심으로」, 『탐라문화』 37, 제주대학교 탐라문화연구소, 2010, 437-479쪽이다.

42 위의 논문, 473-475쪽.

43 드라마는 KBS1에서 2010년 3월 6일부터 6월 13일까지 토·일 30회차 드라마로 방영된 〈거상 김만덕〉이고, 논문은 조도현, 「〈萬德傳〉에 나타난 여성성의 의미 탐색」, 『인문학연구』 84, 충남대학교 인문과학연구소, 2011, 101-121쪽이다. 1994년에 발표된 이신복, 〈채제공의 「만덕전」 연구, 『漢文學論集』 12, 근역한문학회, 1994, 633-649쪽; 부영근, 「만덕전과 관련 한시가 지닌 지역문학적 가치」, 『영주어문』 18, 영주어문학회, 2009, 35-59쪽 등이 이전에 발표되었는데, 2011년에 4편, 2012년, 2013년, 2014년, 2017년에 각 한 편씩의 김만덕 관련 논문이 발표되었다.

44 관련 연구는 양성국·김봉현, 「김만덕의 기업가 정신에 대한 연구」, 『경영사학』 27(2), 한국경영사학회, 2012, 235-258쪽 등을 참고할 것.

45 안숙현, 「TV사극에서 '거상(巨商)' 콘텐츠의 영웅 스토리텔링 개발방안」, 『인문콘텐츠』 20, 인문콘텐츠학회, 2011, 177쪽.

46 본문의 인용문은 김영순, 「'강인한 제주여성' 담론에 관한 비판적 연구」, 성공회대학교 NGO대학원 실천여성학전공 석사학위논문, 2013, 75쪽을 참조할 것.

47 권귀숙, 「제주 4·3의 사회적 기억」, 『한국사회학』 35(5), 한국사회학회, 2001, 202쪽.

48 위의 논문, 201쪽.

49 위의 논문, 199-203쪽.

50 김성례, 「국가폭력의 성정치학 – 제주 4·3 학살을 중심으로」, 『흔적』 2, 문화과학사, 2001, 272-273쪽.

51 정현백, 「테러, 전쟁 그리고 여성」, 『한국여성신학』 48, 한국여신학자협의회, 2002, 69-74쪽.

52 김성례, 앞의 논문, 274-277쪽.

53 권귀숙, 앞의 논문, 2001, 223쪽.

54 김성례, 앞의 논문, 287-289쪽.

55 김치완, 「섬 이동 설화에 대한 철학적 검토」, 『열린정신 인문학 연구』 15(1), 원광대학교 인문학연구소, 2014, 64-70쪽.

56 김성례, 앞의 논문, 291쪽.

57 권귀숙, 「4·3의 기억과 젠더 이미지 − 4·3 영상 다큐멘터리를 중심으로」, 『아시아여성연구』 43(2), 숙명여자대학교 아시아여성연구소, 2004, 267-268쪽.

58 김성례, 「여성주의 구술사의 방법론적 성찰」, 『한국문화인류학』 35(2), 한국문화인류학회, 2002, 56-57쪽.

59 이희영, 「구술사와 여성주의의 오래된 동맹과 과제: 『여성주의 역사쓰기: 구술사연구방법』 이재경 외 저, 아르케, 2012」, 『여성학논집』 30(1), 이화여자대학교 한국여성연구원, 2013, 263-268쪽.

60 유철인, 「구술된 경험 읽기: 제주 4·3관련 수형인 여성의 생애사」, 『한국문화인류학』 37-1, 한국문화인류학회, 2004, 33쪽.

61 위의 논문, 34-35쪽.

62 차옥숭, 「제주도 신화와 제주도 여성의 정체성」, 『宗敎硏究』 49, 한국종교학회, 2007, 2쪽.

63 김정숙, 「제주신화에 내재된 다문화요소」, 『교육과학연구』 18(1), 제주대학교 교육과학연구소, 2016, 43-72쪽.

64 나경수, 「한국 기록신화의 상징 해석과 역사 인식」, 『국어교과교육연구』 21, 국어교과교육학회, 2012, 7-41쪽.

65 위의 논문, 34, 35-36쪽.

66 위의 논문, 34쪽.

제8장 여신신앙의 변용 양상 가로지르기

1 『三國遺事』 卷3, 塔像 「洛山二大聖觀音 正趣調信」: "昔義湘法師始自唐来還 聞大悲眞 身住此海邊崛內 故因名洛山 盖西域寶陁洛伽山 此云小白華乃白衣大士眞身住處 故借此名之 齋戒七日浮座具晨水上 龍天八部 侍從引入崛內 叅禮空中出水精念珠一貫給之湘領受而退 東海龍亦献如意寶珠一顆師奉出 更齋七日乃見眞容 謂曰於座上山頂雙竹湧生 當其地作殿宜矣 師聞之出崛 果有竹從地湧出 乃作金堂塑像而安之 圓容麗質儼若天生 其竹還没 方知正是眞身住也"

2 배금란, 「『삼국유사』 「낙산 이대성 관음 정취 조신」 조의 서사적 특징: 낙산 관음성지의 상징적 의미를 중심으로」, 『불교학보』 91, 동국대학교 불교문화연구원, 2020, 82쪽.

3 『華嚴經』「入法界品」 28: "見其西面巖谷之中 泉流縈映 樹林蓊鬱 香草柔軟 右旋 布地"

4 배금란, 앞의 논문, 82쪽.

5 위의 논문, 80-81쪽.

6 위의 논문, 81쪽.

7 蘇恩愛,「新羅 文武王代의 洛山 觀音信仰」, 『한국학논총』 30, 국민대학교 한국학 연구소, 2008, 47-48쪽.

8 송화섭,「동아시아 해양신앙과 제주도의 영등할망·선문대할망」, 『탐라문화』 37, 제주대학교 탐라문화연구소, 2010, 206-210쪽.

9 한태식,「관세음보살 사상에 관한 연구」, 『정토학연구』 17, 한국정토학회, 2012, 16-18쪽.

10 우리나라 탱화에서는 33관음이 주로 그려지는데, 弗像圖彙에서는 "楊柳觀音 龍 頭觀音 持經觀音 圓光觀音 遊戲觀音 白衣觀音 蓮臥觀音 瀧見觀音 施藥觀音 魚籃 觀音 德王觀音 水月觀音 一葉觀音 靑頸觀音 威德觀音 延命觀音 衆寶觀音 岩戶觀 音 能靜觀音 阿耨多羅觀音 阿摩提觀音 葉衣觀音 琉璃光觀音 多羅尊觀音 蛤蜊觀 音 六時觀音 普悲觀音 馬郎婦觀音 合掌觀音 一如觀音 不二觀音 持蓮觀音 灑水觀 音" 등으로 나눈다. 관련 내용은 김용덕,「觀音菩薩信仰의 說話化樣相과 意味硏究」, 『한국언어문화』 30, 한국언어문화학회, 2006, 25쪽을 참조할 것.

11 위의 논문, 26-27쪽.

12 정호영, 『『섭대승론』의 삼신설(三身說)」, 『불교연구』 33, 韓國佛敎硏究院, 2010, 104쪽.

13 천축의 秣羅矩吒國의 남쪽 바다에 면해서 秣剌耶山이 있다. … 말랄야산의 동쪽 에는 布呾洛迦山이 있다. 산길은 위험하고 암곡은 가파른데 산꼭대기에 연못이 있다. 그 물은 거울처럼 맑은데 이 물이 흘러내려 큰 강을 이룬다. 두루두루 흘러 내리며 산을 감싸고 20겹[匝]으로 돌아서 남해로 들어간다. 연못 옆에는 돌로 만 들어진 天宮이 있는데 관자재보살이 오가며 머무는 곳이다. 보살을 뵙기를 원하 는 자는 목숨을 돌보지 않고 물을 건너고 산을 오른다. 그 험난함을 무릅쓰고 도 달하는 자는 또한 매우 적다. 그리고 산 아래에 사는 사람이 지극한 마음으로 뵙 기를 청한다면 어떤 때는 자재천의 형상으로 또는 어떤 때는 숯을 바른 외도의 모습으로 나타나서 그 사람을 위로하며 그 소원을 들어준다.(『대당서역기』 제10 권, 중인도·동인도·남인도(17개국)) 관련 내용은 박은경,「한중 보타관음의 불교 적 영성과 孫行者 이미지」, 『석당논총』 76, 2020, 39-41쪽을 참조할 것.

14 한태식,「관세음보살 사상에 관한 연구」,『정토학연구』17, 한국정토학회, 2012, 50-51쪽.

15 김용덕, 앞의 논문, 43-44쪽.

16 차차석,「관음신앙의 중국적 變容과 그 문화적 특징」, 정토학연구 18, 한국정토학회, 2012, 136-138쪽.

17 송화섭, 앞의 논문, 189-190쪽.

18 차차석, 앞의 논문, 139-140쪽.

19 위의 논문, 141-142쪽.

20 趙顯高,「동아시아 관음보살의 여신적 성격에 관한 시론」,『동아시아고대학』7, 동아시아고대학회, 2003, 63-67쪽.

21 송화섭, 앞의 논문, 190-191쪽.

22 위의 논문, 192쪽.

23 위의 논문, 192-196쪽.

24 차차석, 앞의 논문, 145쪽.

25 위의 논문, 146-147쪽.

26 송화섭, 앞의 논문, 188쪽.

27 위의 논문, 204-205쪽.

28 김용덕, 앞의 논문, 25, 27-46쪽.

29 宋貞和,「中國 女神의 特徵에 대한 小考」,『동아시아고대학』7, 동아시아고대학회, 2003, 8-9쪽.

30 권오경,「동아시아 곡신신화(穀神神話) 연구－한국의 관련 신화와의 비교를 겸하여」,『어문학』102, 한국어문학회, 2008, 205-207쪽.

31 宋貞和, 앞의 논문, 19-21쪽.

32 위의 논문, 22-23쪽.

33 趙顯高, 앞의 논문, 66-68쪽.

34 金台植,「고대 동아시아 西王母 신앙 속의 仙桃山聖母」,『문화사학』27, 한국문화사학회, 2007, 396쪽.

35 나희라,「西王母 神話에 보이는 古代中國人의 生死觀」,『종교학연구』15, 서울대학교종교학연구회, 1996, 146-147쪽.

36 『산해경』「대황서경」에 실린 기사를 발췌 인용한 것이다.

37 金台植, 앞의 논문, 398-400쪽.

38 권오경, 앞의 논문, 205-207쪽.

39 김지영,「한중신화 속의 여산신형상」,『남명학연구』47, 경상대학교 경남문화연

구원, 2015, 180-190쪽.

40 金台植, 앞의 논문, 401쪽.

41 위의 논문, 401-402쪽.

42 위의 논문, 402쪽.

43 위의 논문, 402쪽.

44 『三國遺事』卷 第五 感通 第七 仙桃聖母隨喜佛事: "神母本中國帝室之女 名婆蘇 早得神仙之術歸止海東久而不還 父皇寄書繫足云 随鳶所止爲家 蘇得書放鳶飛到此 山而止 遂来宅爲地仙 故名西鳶山 神母久據玆山鎭祐邦國靈異甚多 有國已来常爲 三祀之一 秩在群望之上 … 又國史史臣曰 軹政和中嘗奉使人宋 詣佑神舘有一堂設 女仙像 舘伴學士王黼曰 此是貴國之神, 公知之乎 遂言曰 古有中國帝室之女泛海抵 辰韓 生子爲海東始祖 女爲地仙長在仙桃山 此其像也 又大宋國使王襄到我朝祭東 神聖母文校勘 有娠賢肇邦之句 今能施金奉佛爲含生開香火作津梁 豈徒學長生而囿 於溟濛者哉."

45 허남춘, 「성모·노고·할미란 명칭과 위상의 변화 – 지리산과 한라산의 여성신을 중심으로」, 『한국무속학』 29, 한국무속학회, 2014, 122-125쪽.

46 최경선, 「한국 가톨릭 신심 유형과 그 역사·문화적 배경 – 개항기~일제 강점기를 중심으로」, 『인간연구』 7, 가톨릭대학교 인간학연구소, 2004, 161-163쪽.

47 이상웅, 「로마가톨릭교회의 마리아론에 대한 비판적 고찰」, 『개혁논총』 32, 개혁 신학회, 2014, 100-118쪽.

48 위의 논문, 103쪽.

49 宣君星, 「第2次 Vatican 公議會의 마리아 敎理」, 『女性問題硏究』 16, 대구효성가 톨릭대학교 사회과학연구소, 1988, 186-188쪽.

50 김보록, 「마리아께 대한 온전한 신심」, 『신학전망』 78, 광주가톨릭대학교 신학연 구소, 1987, 152쪽.

51 宣君星, 앞의 논문, 185-195쪽.

52 이상웅, 앞의 논문, 104쪽.

53 위의 논문, 120쪽.

54 김보록, 앞의 논문, 147-150쪽.

55 차기진, 「박해기 한국 천주교회 순교자들의 성모신심」, 교회사학 3, 수원교회사 연구소, 2006, 212-213쪽.

56 위의 논문, 213쪽.

57 위의 논문, 214-215쪽.

58 위의 논문, 216쪽.

59 위의 논문, 220쪽.

60 김정숙, 「조선후기 서학수용과 여성관의 변화」, 『한국사상사학』 20, 한국사상사학회, 2003, 49쪽.

61 차기진, 앞의 논문, 224-225쪽.

62 옛적에 한 과부 있어, 세 아들을 잘 가르쳐 어려서부터 성모 공과를 배워 익히게 할 새, 날마다 경계하여 가로되, "너희들이 먼저 매괴 한 꿰미를 외우고 후에 나가 놀라"하더니, 하루는 세 아들이 한가지로 글 읽으러 가다가 맏아들이 물가 다리 위에서 실족하여 물에 빠져 종적이 없는지라. 두 아우가 급히 집에 돌아와 고하니, 그 모친이 듣고 태연히 성모상 앞에 꿇어 빌어 가로되, "내 자식을 이미 성모께 부탁하여 바쳤으니, 오늘날에 데려가시든지 살려 주시든지 오직 성모의 명을 들을 따름이오니, 어찌 감히 어기며 원망하오리까?" 빌기를 마친 후에 가보니, 아들이 물 위에 떠 있다가 뛰놀며 모친을 부르는지라, 이끌어 언덕에 올리고 그 죽지 아니한 연고를 물은즉 대답하여 이르되, "우리 집에 공경하는 바 성모께서 물 위에 밝히 나타나서 나를 붙들어 잠기기 아니하게 하신고로 죽지 아니하였노라"하니, 보고 듣는 자가 그 기이함을 일컫지 아니할 이 없어, 다 성모의 은혜를 감사하여 공경하고 그 보우하심을 바라더라(김정숙, 앞의 논문, 68-69쪽에서 재인용).

63 성령이 "저희에게 모든 재능과 성덕과 은총을 내려주시오나 성모마리아를 통하여, 성모마리아가 원하시는 사람들에게, 성모마리아가 원하시는 때에, 성모마리아가 원하시 는만큼, 성모마리아가 원하시는 방법으로, 베풀고 계심을 제가 아옵니다."는 부분에 대한 한국천주교회의 문제제기이다. 관련 내용은 박준양, 「레지오 마리애 선서문에 대한 논쟁: 그 교회사적 의미와 신학적 전망」, 『교회사연구』 56, 한국교회사연구소, 2020, 281-319쪽을 참조할 것.

64 최소영, 「섭리하고 해방하는 한국 여신의 모습」, 『한국여성신학』 7, 한국여신학자협의회, 1991, 31쪽.

제9장 문화적 재현 가로지르기

1 한국문학평론가협회, 『문학비평용어사전』, 국학자료원, 2006.

2 황인성, 「'기억'으로서의 영화 〈지슬〉과 〈지슬〉이 구성하는 '기억'의 의미에 대하여」, 『스피치와 커뮤니케이션』 23, 한국소통학회, 2014, 352-353쪽.

3 위의 논문, 355-357쪽.

4 이 논의와 관련하여서는 황정아의 「지나간 미래와 오지 않은 과거 – 코젤렉과 개념사 연구 방법론」, 『개념과 소통』 13, 한림과학원, 2014, 113-136쪽을 참조할 수 있다. 황정아의 연구에 따르면, 코젤렉은 근대 초기가 갖는 특성을 검토하면서 '지나간 미래'라는 용어를 사용하였는데 "당시 세대들의 미래에서 드러나는 측면, 간단히 말해서 지나간 미래", 곧 "과거가 미래에 대해 생각한 바 … 현재의 시점에서 이미 지나간 미래"라는 의미로 사용되었다. 이 연구에서 재현을 '지나간 미래의 발굴 형식'이라고 하는 정의한 것은 (1) 시간이 모든 공간에 동시적으로 작용하지 않는다는 점에서 어느 곳에서는 이미 완료된 과거가 다른 곳에서는 미래의 일로 지연하여 발생할 수 있다는 측면, (2) 과거가 객관적으로 이미 발생한 사건들이지만 그것들이 체화되어 기억되는 재현 과정에서 소급 작용하는 기대가 개입됨으로써 사실상 완료되지 않고 열려 있다는 두 가지 면을 함축한다.

5 '이재수의 난'은 관점에 따라서 民亂 또는 校案, 敎難 등 다양하게 불린다. 역사 용어로는 〈이재수의 난〉이라고 불러야 할 것이나, 동명의 영화가 개봉된 바 있으므로 이하 본문에서는 〈이재수의 난〉은 영화를, 〈신축교안〉은 해당 사건을 가리킬 때 사용하기로 한다.

6 이효인, 「해방기 〈봉화 烽火〉(1946)와 〈이재수의 난〉(1999) 비교 연구」, 『현대영화연구』 22, 한양대 현대영화연구소, 2015, 108-109쪽. 이효인은 1947년 해방 직후에 미완성인 채로 발표된 시나리오 작품 〈봉화 烽火, 일명 제주도 이재수 난〉을 소개하면서도 "'이재수의 난'이 예술 형식으로 표현된 것은 제주 출신 작가 현기영의 『변방에 우짖는 새』(1983)가 처음이었다."라고 단정했다. 〈봉화〉가 4회 연재된 후 미완성인 채로 끝났기 때문일 것이다. 관련되는 내용은 위의 글, 113-118쪽을 참조할 것.

7 박재영, 「전통사회와 외래종교의 문화충돌 – '이재수의 난'을 중심으로」, 『慶州史學』 36, 경주사학회, 2012, 147-148쪽.

8 권용기, 「'이재수의 亂'? 아님 '難'」, 『한국역사연구회회보』 36, 한국역사연구회, 1999, 50-51쪽.

9 박찬식, 「〈이재수의 난〉:사실성과 상징성 사이의 표류〉」, 『역사비평』, 역사비평사, 1999, 376-379쪽.

10 조인숙, 「역사의 영화적 복원-〈이재수의 난〉의 재해석」, 『영화연구』 15, 한국영화학회, 1999, 341-346쪽.

11 김시무, 「박광수 감독의 영화세계-분단시대의 작가정신 혹은 역사의식」, 『공연과 리뷰』 71, 현대미학사, 2010, 41쪽.

12 이효인, 앞의 논문, 118-119쪽. 이효인의 분석에 따르면, 박광수 감독은 1980년 대 군사정권 아래에서 민주화를 지향하는 영화적 활동의 두 가지 흐름, 곧 상업 영화계와 청년운동집단의 흐름을 자기만의 스타일로 묶으려고 했다. 이 분석에 따르면 감독의 시선은 '거리두기'를 특징으로 하는 것으로 볼 수 있다.

13 김시무, 앞의 논문, 43쪽.

14 안교성, 「신축교안의 재해석: 제국주의, 기독교 선교, 그리고 지역주의의 각축장」, 『서양사연구』 50, 한국서양사연구회, 2014, 205-206쪽.

15 김병태, 「명말청초 '전례논쟁'의 선교사적 이해」, 『한국기독교와 역사』 28, 한국 기독교역사연구소, 2008, 172쪽.

16 김병태는 위의 논문(174쪽)에서 "1616년과 1622년 두 차례에 걸쳐 남경의 예부 (禮部) 관리 심각이 주도한 남경교안이 발생하였다."라고 하였는데, 〈박종우, 『중 국 종교의 역사 - 도교에서 파룬궁까지』, 살림, 2006, 64쪽〉 등에서는 "예부시랑 심최(沈漼)"로 표기하고 있으므로 여기에 따랐다.

17 김혜경, 「16~17세기 동아시아 예수회의 선교 정책: 적응주의의 배경을 중심으로」, 『신학과 철학』 17, 서강대학교 신학연구소, 2010, 42-43쪽.

18 유장근, 「절충과 충돌: 근대 중국의 기독교」, 『대구사학』 73, 대구사학회, 2003, 102-104쪽. 아이러니하지만 당시 태평천국의 주요 지도자는 민간에서 널리 유행 하던 巫俗과 신흥 그리스도교의 결합을 경험했던 이들로 알려져 있다.

19 위의 논문, 105-110쪽. 1870년에 일어난 천진교안은 교회의 고아원 경영에 대한 지역사회의 의혹 제기에 대응하는 과정에서 프랑스 영사가 발포하여 벌어진 인 명상해사건이 발단이었다.

20 조광, 『조선후기 사회와 천주교』, 경인문화사, 2010, 459-486쪽. 선교 자유 이후 조선의 교안 발생 유형과 관련하여서는 박찬식의 『한국 근대 천주교회와 향촌사 회』, 재단법인 한국교회사연구소, 2007, 54-61쪽을 참고할 수 있다.

21 안교성, 앞의 논문, 211-212쪽. 안교성은 당시의 상황을 다음과 같이 정리하였 다. 이때 "중국은 청일전쟁 이후 이미 한 발 물러서고" 있었고, "영국과 러시아는 전략적 관점에서 남해 특히 제주도에 대한 관심을 보였지만, 신축교안에 직접적 으로 관련되지는 않았다. 미국은 … 아시아지역에서는 주로 필리핀에 관심을 가 지면서 한국에 대해 점차 소극적 태도를 보이기 시작하였다. … 결국 신축교안의 주요당사자는 프랑스와 일본이었다. 프랑스는 일차적 당사자였지만 … 한국에 관한 관심은 주로 종교와 경제 등에 그쳤다. 반면 일본은 이차적 당사자이었지 만, 오히려 그 관심은 정치, 경제 등에 걸쳐 광범위하였다."

22 권용기, 앞의 논문, 48-49쪽.

23 안교성, 앞의 논문, 212-220쪽.

24 위의 논문, 227-234쪽.

25 조인숙, 앞의 논문, 346-349쪽.

26 이영재, 「DOSSIER1-이재수의 난, "역사는 감정을 가지고 있다. (박광수 Interview with 정성일, 이영재)」, 『KINO』 1999. 6월호, 키노네트, 1999, 166쪽.

27 박찬식, 앞의 논문, 379쪽. 박찬식은 〈이재수의 난〉이 민란의 주체인 제주민의 시각에서 바라보려는 일관된 역사의식을 드러내지 못했기 때문에 변방에서 발생했던 20세기 초 근대화과정의 비극 정도로 치부해버린 것이 아닌가 하고 반문한 바 있다.

28 조인숙, 앞의 논문, 355쪽.

29 이영재, 앞의 논문, 165쪽.

30 제주4·3사건진상규명 및 희생자 명예회복위원회, 『제주4·3사건 진상조사보고서』, 2003, 536쪽. 여기에서는 4·3을 "제주4·3사건"으로 호명하면서 "1947년 3월 1일 경찰의 발포사건을 기점으로 하여, 경찰·서청의 탄압에 대한 저항과 단선·단정 반대를 기치로 1948년 4월 3일 남로당 제주도당 무장대가 무장봉기한 이래 1954년 9월 21일 한라산 금족지역이 전면 개방될 때까지 제주도에서 발생한 무장대와 토벌대 간의 무력충돌과 토벌대의 진압과정에서 수많은 주민들이 희생당한 사건."이라고 정의했다. 이하에서는 미완의 '4·3'과 공식문헌에 기록된 '제주4·3사건'을 구분하여 쓴다.

31 관련된 오멸 감독의 인터뷰 내용은 다음과 같다. "제작 방식에 대한 이견으로 초기에 다투고 나왔던 나는 〈지슬〉을 만들면서 〈끝나지 않은 세월〉의 의미를 되살리고 싶었다. 후원계좌를 열고 제작발표회를 가지는 등 김경률 선배의 제작 방식을 똑같이 재연한 건 그래서다. 선배의 제작 방식과 나의 연출 방식이 만나면 그 자체로 좋은 일이라고 보았다."「〈지슬-끝나지 않은 세월 2〉 오멸 감독」, 『웹진 NextPlus』. http://www.artpluscn.or.kr/NextPlus_webzine/81/NextPlus_webzine_81_13.html 2024년 6월 기준 이 웹진은 인터넷에서 확인되지 않으나, 연구논문 작성 당시 인용문과 같이 인터뷰한 사실을 확인했음을 알려 둔다.

32 김정호, 김학민, 「〈지슬〉의 스타일 분석: 배리 솔트의 통계적 분석을 중심으로」, 『한국콘텐츠학회논문지』 14(10), 한국콘텐츠학회, 2014, 486-487쪽.

33 박경훈, 「박경훈의 제주담론-영화 '지슬'을 보다」, 『제주의 소리』 2012.11.29. 기사 http://www.jejusori.net/?mod=news&act=articleView&idxno=123139 (20204.06. 06.검색)

34 강준상, 「〈지슬: 끝나지 않은 세월 2〉 4·3과 제주도민, 그리고 세계시민」, 『월간 한국노총』 2013년 5월호(493호), 한국노동조합총연맹, 2013, 48쪽.

35 김지아, 「'지슬' 성공…극장이 도왔다」, 『매일경제』 2013.04.14. 기사 http://news. mk.co.kr/newsRead.php?sc=&year=2013&no=285535 (20204.06.06. 검색)

36 변성찬, 「오멸감독론」, 『독립영화』 43, 한국독립영화협회, 2013, 82쪽.

37 김정호, 김학민, 앞의 논문, 503쪽.

38 위의 논문, 489쪽. 4·3을 다룬 작품은 황인성, 앞의 논문, 349쪽과 권기숙, 앞의 논문, 137-157쪽을 참조할 것.

39 제주4·3사건진상규명 및 희생자 명예회복위원회, 『제주4·3사건 진상조사보고서』 「서문」, 2003.

40 이하의 내용은 『제주4·3사건 진상조사보고서』의 내용을 요약 정리한 것이나, 광범위한 내용을 요약 정리한 것이므로 구체적인 인용 및 참고 쪽수를 밝히지 않았다.

41 李敬南, 「靑年運動半世紀」, 『京鄕新聞』 1987.01.28.

42 권명아, 「정동의 과잉됨과 시민성의 공간」, 『서강인문논총』 37, 서강대학교 인문과학연구소, 2013, 138-139쪽.

43 변성찬, 앞의 논문, 80쪽.

44 「〈지슬 – 끝나지 않은 세월 2〉 오멸 감독」, 앞의 글, 같은 곳.

45 장우진, 「설화, 땅, 그리고 모성에 대한 그들의 이야기, 〈지슬 – 끝나지 않은 세월 2〉」, 『현대영화연구』 17, 한양대 현대영화연구소, 2014, 120-121쪽.

46 「〈지슬 – 끝나지 않은 세월 2〉 오멸 감독」, 앞의 글, 같은 곳.

47 장우진, 앞의 논문, 111-113쪽.

48 「〈지슬 – 끝나지 않은 세월 2〉 오멸 감독」, 앞의 글, 같은 곳.

49 이윤종, 「젠더화된 속물성과 동물성 – 〈화차〉와 〈건축학개론〉을 중심으로」, 『石堂論叢』 63, 동아대 석당전통문화연구원, 2015, 114쪽.

50 강익모, 「공간이 주는 기억의 재생: 건축학 개론을 중심으로」, 『한국엔터테인먼트산업학회논문지』 6(3), 한국엔터테인먼트산업학회, 2012, 21쪽.

51 안숭범, 최혜실, 「멜로영화 스토리텔링의 신화 구조 분석에 관한 시론 – 〈건축학개론〉을 중심으로」, 『인문콘텐츠』 27, 인문콘텐츠학회, 2012, 91쪽.

52 이화정, 「〈건축학개론〉 이용주 감독, "스무 살의 나에 대한 반성문"」, 『씨네21』 2012.04.05. 기사. http://www.cine21.com/news/view/?mag_id=69456 (20204. 06.06. 검색)

53 언숭범, 최례실, 앞의 논문, 95-98쪽.

54 권은선, 「신자유주의 시대의 문화상품-1990년대를 재현하는 향수/복고 영화와

드라마」, 『영상예술연구』 25, 영상예술학회, 2014, 35쪽.

55 위의 논문, 35-36쪽.

56 「〈건축학개론〉 이용주 감독, "스무 살의 나에 대한 반성문"」, 앞의 글. 이와 관련하여 감독은 이렇게 술회했다. 〈내가 가진 관심사 중에 사랑에 대한 관심이 시들해졌고 사랑에 대한 시선이 바뀐 거다. 초고를 본 봉준호 감독에게 2006년에 수정한 시나리오를 보여줬을 때도 벌써 봉 감독님이 눈치 채더라. "너도 나이 먹었구나."… 멜로 제작을 안 하는 게 답답했다. 충무로엔 멜로가 없다. 혹자는 드라마에서 다 보여주니 굳이 영화까지 멜로를 할 이유가 있냐고 했다. 내 생각은 달랐다. 내가 봐서 재밌는 거 하면 되지 않을까 싶었다.〉

57 강익모, 앞의 논문, 22쪽.

58 이현정, 「1991~2010년 신문기사 분석을 통해 살펴본 한국 우울증 담론의 변화와 그 문화적 함의」, 『한국문화인류학』 45(1), 한국문화인류학회, 2012, 62-72쪽.

59 황경숙, 「IMF 사태와 한국사회변화」, 『시민교육연구』 30, 한국사회과학교육학회, 2000, 357-358쪽.

60 위의 논문, 358쪽.

61 조명래, 「한국의 도시지식에 관한 고찰－1980년 후반 이후의 도시상황을 중심으로」, 『공간과 사회』 32, 한국공간환경학회, 2009, 92, 98-100쪽.

62 위의 논문, 103-110쪽.

63 황경숙, 앞의 논문, 359-368쪽.

64 권은선, 앞의 논문, 35-40쪽.

65 고은애, 「영화 〈건축학개론〉의 장소성과 공간 서사」, 인하대학교 대학원 한국학과 한국문화콘텐츠 전공 문학석사학위논문, 2014, 35-43쪽.

66 「〈건축학개론〉 이용주 감독, "스무 살의 나에 대한 반성문"」, 앞의 글.

67 'Commercial Treaty Between The United States And China, Signed at Shanghai, 8th October, 1903', *The Directory & Chronicle for China, Japan, Corea, Indo-China, Straits Settlements, Malay States, Siam, Netherlands India, Borneo, The Philippines, &c.－with which are incorporated "The China Directory", and "The Hongkong Directory and Hong List for The Far East" for the year 1912*, The Hongkong Daily Press Office, Pg.184 : Art. III.-Citizens of the United States may frequent, reside, and carry on trade, industries and manufactures, or pursue any lawful avocation, in all the ports or localities of China which are now open or may hereafter be opened to

foreign trade and residence; and, within the suitable localities at those places which have been or may be set apart for the use and occupation of foreigners, they may rent or purchase houses, places of business and other buildings, and rent or lease in perpetuity land and build thereon.

68 손정목, 「開港場·租界制度의 槪念과 性格－韓半島 開港史의 올바른 認識을 위하여」, 『韓國學報』 8(1), 일지사, 1982, 2쪽.

69 김주관, 「공간구조의 비교를 통해 본 한국개항도시의 식민지적 성격－한국과 중국의 개항도시 비교를 중심으로」, 『한국독립운동사연구』 42, 독립기념관 한국독립운동사연구소, 2012, 250-251쪽.

70 위의 논문, 251-252쪽. 이 연구에 따르면, 한국에서는 이미 개항장의 개설을 경험했고 이를 바탕으로 경제적 발전의 계기를 마련했던 제국주의 일본에 의해, 중국보다는 35년, 일본보다는 23년 늦은 1877년에 체결된 釜山港租界條約으로 부산이 개항되었다. 이후 1908년 청진이 개항될 때까지 원산(1882)·인천(1883)·목포(1897)·진남포(1897)·군산(1899)·성진(1899)·마산(1899)·용암포(1904) 등 모두 10개의 항구에 개항장이 설치되었다. 그리고 1910년 한일강제합병 이후 일본이 1914년 새로운 행정조직을 개편하면서 공식적으로 철폐되었다.

71 李萬烈, 「일제 식민지 근대화론 문제 검토」, 『한국독립운동사 연구』 11, 독립기념관 한국독립운동사연구소, 1997, 302쪽.

72 허은, 「1960년대 미국의 한국 근대화 기획과 추진－주한미공보원의 심리활동과 영화」, 『한국문학연구』 35, 동국대 한국문학연구소, 2008, 201-202쪽. 여기에서는 케네디 정권의 대표적인 근대화 이데올로그였던 로스토우가 1964년에 역설했던 저개발지역에서 '근대사회' 건설을 위한 '대게릴라전(counterinsurgency)'의 필요성을 소개하였다. 여기에 따르면 근대화 초기 단계에서 가장 경계해야 할 '과도기적 전염병'이 공산주의인데, 이 게릴라전에서 외부인(미국)이 독자적으로 싸워 승리할 수 없다고 강조하면서 현지인이 궁극적으로 책임져야 한다고 주장한다. 로스토우의 주장이 제기되기 십여 년도 훨씬 전에 일어났던 제주4·3과 관련하여 볼 때 시사하는 바가 크다.

제10장 사유의 교섭, 보유론

1 2009년 신종 독감의 세계적 대유행(Influenza Pandemic) 당시 세계보건기구

(WHO)에서 사회적 거리두기라는 용어를 처음으로 규정하기 시작했다. 우리나라에서는 2020년 2월말 대한예방의학회 코로나19 대책위원장인 기모란 교수가 '사회적 거리두기' 캠페인을 제안하면서 널리 쓰이게 되었다. 한편, 세계보건기구(WHO)는 사회적으로 연결되어 있지만 물리적으로만 거리를 둔다는 것을 강조하는 의미로 '물리적 거리두기(physical distancing)'라는 표현을 권장하기도 했다.

2 임철영, 「'K방역' 외교 나선 강경화... 해외 공관장과는 '포스트 코로나' 논의」, 아시아경제, 2020.05.15.기사 https://view.asiae.co.kr/article/2020051508464791777 (20204.06.06.검색)

3 김군수 외, 「포스트 코로나 19, 뉴노멀 시대의 산업전략」, 『이슈&진단』 제411호, 경기연구원, 2020, 1-25쪽.

4 네이선 울프, 강주헌 옮김, 『바이러스 폭풍의 시대』, 김영사, 2015, 153-155, 223-277쪽.

5 이정덕, 「대항해시대는 과연 세계사의 전환기인가?」, 『열린전북』 148, 열린전북, 2012, 22-23쪽.

6 포르투갈은 페르시아만 입구의 호르무즈와 인도의 고아에 무역 기지를 설치하고, 그곳을 발판으로 다시 동쪽으로 진출하여 말레이반도의 요지인 말라카를 1511년에 점령했다. 1557년에는 중국의 마카오에 무역 거점을 확보하였고, 이보다 앞선 1543년에는 2명의 포르투갈인이 큐슈(九州) 남쪽에 있는 섬인 타네가시마(種子島)에 표착하였다.

7 김혜경, 「16-17세기 동아시아 예수회의 선교 정책: 적응주의의 배경을 중심으로」, 『신학과 철학』 17, 서강대학교 신학연구소, 2010, 5쪽.

8 위의 논문, 12-25쪽.

9 로마 가톨릭교회는 로마교회를 중심으로 한 통일성과 신앙의 순수성을 강조하였기 때문에 문화 이식주의적 선교 방침인 'Tabula rasa' 원칙을 고수했다. 중세 신학에서 Tabula rasa는 범죄 이전의 순수한 상태를 가리키는 용어로, '비어 있는 판(白紙)'을 의미했다. 서세동점시기에는 현지의 문화를 백지 상태로 만들어, 교회의 신앙을 이식해야 한다는 선교방침을 가리키는 용어가 되었다. 학계에서는 정복주의적 선교방침, 제국주의적 선교방침 등 다양한 용어를 사용하고 있는데, 이 연구에서는 예수회의 적응주의적 선교방침과 대구를 이루는 차원에서 특별한 경우를 제외하고는 이식주의적 선교방침으로 통일한다.

10 崔基福, 「儒教와 西學의 思想的 葛藤과 相和的 理解에 關한 研究-近世의 祭禮問題와 茶山의 宗教思想에 關聯하여, 성균관대학교 동양철학과 박사학위논문,

1989, 11쪽. 유럽인은 유럽 중심적 사고방식과 문화적 우월의식을 가지고 있었으므로 타문화와 사상에 대해 경시적이고 배타적이었다. 이것을 뒷받침하는 서구 그리스도교의 신념도 "교회 밖에는 절대 구원이 없다."는 것이었다.

11 이상규, 「마테오 리치의 중국선교」, 『역사신학논총』 17, 한국복음주의역사신학회, 2009, 152-153쪽.

12 崔基福, 앞의 논문, 10쪽. 인도와 동인도제국에 대한 선교관할권을 받은 포르투갈은 예수회를 지원했고, 스페인은 도미니꼬회와 프란치스꼬회를 지원했는데 이들 수도단체의 포교활동은 국가간의 경쟁이 합쳐져 서로 경쟁적인 양상을 띠었다. 예수회의 적응주의 선교 관련 논의를 이끌어 나가는 데는 하비에르와 리치 외에 일본 선교에 나섰던 알렉산드로 발리냐노(Alessandro Valignano)의 역할도 컸다. 이와 관련된 논의는 최영균, 「알렉산드로 발리냐노의 일본선교와 동아시아 적응주의」, 『교회사연구』 53, 한국교회사연구소, 2018, 7-49쪽을 참조할 것.

13 당시 고아를 점령한 포르투갈은 노예시장을 개설하고, 인도인의 교당을 파괴하였을 뿐 아니라, 1567년에는 포르투갈인에게 고용된 인도인들이 그리스도교로 개종하도록 법제화하였다. 이러한 비인도적 처사에 당시 예수회 선교사들은 포르투갈 총독부에 항의하였지만 개선되지 않았고, 현지인들에게 선교사는 식민주의의 앞잡이로 인식될 수밖에 없었다.

14 이상규, 앞의 논문, 156쪽.

15 신현승, 「명대 말기 학술공동체와 정치 네트워크 연구-동림과 복사를 중심으로-」, 『유학연구』 50, 충남대학교 유학연구소, 2020, 345-370쪽.

16 이봉호, 「마테오 리치(利瑪竇)와 예수회 선교사들의 선교의 성격-문명의 전파와 수용의 관점에서-」, 『한국철학논집』 55, 한국철학사연구회, 2017, 394쪽.

17 위의 논문, 395쪽.

18 崔基福, 앞의 논문, 15쪽.

19 김치완, 「주자학 전통에서 본 茶山의 인간관 연구」, 부산대학교 대학원 철학과 박사학위논문, 2005, 31-33쪽.

20 끌레멘스 11세의 훈령은 1715년의 칙서 Ex illa die와 중국의례논쟁의 종지부를 찍은 1742년 베네딕또 14세의 칙서 Ex quo singulari에서 그대로 유지되었다. 관련된 논의는 崔基福, 앞의 논문, 27-32쪽을 참조할 것.

21 이봉호는 앞의 논문에서 문명의 전파와 수용에는 전파자의 입장과 전략, 수용자의 태도가 구분되어야 한다는 김영식의 주장을 소개한 바 있다. 전파자의 입장에서는 전파 대상의 문명과 사상을 차용하거나 전유하는 단계를 거쳐, 자신의 사상

과 문화를 적응시키거나 편입시켜 토착화하는 과정을 거친다. 수용자는 전파자의 사상을 고립시키거나, 저항하고 거부하는 등의 태도를 가진다. 이 과정에서 외래사상과 문화는 전통 사상과 문화를 변화시키고, 전통사상과 문화 역시 외래사상과 문화를 변화시킨다(이봉호, 앞의 논문, 379쪽). 이 장에서는 이것을 '상호주의'라고 하는 관점에서 수용하였다.

22 교안은 아편 전쟁 후 중국에서 일어난 반기독교 운동을 가리키는 용어이다. 천주교회 쪽에서는 박해(迫害)라는 용어를 사용하지만, 이 연구에서는 중립적 태도를 유지한다는 의미에서 역사 용어인 교안을 주로 사용하였음을 알려둔다.

23 김병태, 「명말청초 '전례논쟁'의 선교사적 이해」, 『한국기독교와 역사』 28, 한국기독교역사연구소, 2008, 172-175쪽.

24 유장근, 「절충과 충돌: 근대 중국의 기독교」, 『대구사학』 73, 대구사학회, 2003, 99-109쪽.

25 김혜경, 앞의 논문, 8-9쪽.

26 崔基福, 앞의 논문, 27-31쪽.

27 위의 논문, 32쪽. 이 점은 강희제가 북경 주재 선교사에게 한 말에서도 확인된다. "당신들은 당신네 종교를 파괴하였으며, 많은 서양인을 상해하였다. 비단 현재뿐만 아니라 과거의 모든 서양인의 업적이 당신들로 인하여 치명적 상처를 받게 되었다. 이것은 天主의 의사는 아닐 것이니, 천주는 항상 인간이 선행을 하도록 이끌기 때문이다."

28 유장근, 앞의 논문, 101-103쪽.

29 위의 논문, 103-104쪽.

30 위의 논문, 105-110쪽.

31 조광, 『조선후기 사회와 천주교』, 경인문화사, 2010, 459-486쪽.

32 박찬식, 『한국 근대 천주교회와 향촌사회』, 재단법인 한국교회사연구소, 2007, 54-61쪽. 교안의 유형은 대립구도, 원인, 전개양상에 따라 다양한 형태를 보이고 있어서 유형화하는 것이 쉽지 않은데, 발생지역은 이른바 환황해권에 집중되어 있다.

33 위의 책, 66-78쪽.

34 박찬식, 「韓末 天主教會의 성격과 '教案'」, 『교회사연구』 11, 한국교회사연구소, 1996, 250-275쪽.

제11장 로컬의 교섭, 이중정체성

1 『周易』「經上」: 觀卦 六四 觀國之光 利用賓于王 象曰 觀國之光 尙賓也.

2 김치완, 「화엄(華嚴)의 세계관을 차용한 제주문화공간 분석」, 『耽羅文化』 51, 제주대학교 탐라문화연구원, 2016, 122-123쪽.

3 오윤정 외의 「제주지역 정착이주민의 생활만족도 및 삶의 질 변화연구」(『2014한국정책학회 하계학술대회집』, 한국정책학회, 2014, 297-298쪽)에 따르면 구약성서에 자주 등장하는 '이주민'을 표현하는 단어인 '게르'를 빌려 쓴 이주민 연구는 오래 전부터 활발하게 진행되었다. 우리나라에서는 이주민의 사전적 정의가 '다른 곳으로 옮겨 가서 사는 사람 또는 다른 지역에서 옮겨 와서 사는 사람'인데, 제주에서는 '정착주민'이라는 용어를 조례에서 사용하였다. 이하에서는 조례에서 '제주특별자치도 정착주민'이라고 지칭한 대상을 가리킬 때는 '정착주민'이라고 쓴다.

4 변경붕의 생애는 김새미오의 「『일재 변경붕 문집』에 나타난 18~19세기의 제주 사회 성격에 관한 일고 – 유교사회로의 변화 양상을 중심으로」, 『영주어문』 20, 영주어문학회, 2010, 95-102쪽을 참조할 것.

5 『邊景鵬文集』「兒時三奇事記」: "拏山之陽 有大川名天帝淵也 千仞絕壁之下 作無底大壑 天一生水渾■…■ 上潭也 南注至海 又有中下二潭 皆成萬丈瀑布 四圍危險 人莫敢窺 ■…■ 惟上潭傍於路邊 人或近岸府視 則蒼壁削立 綠水淵洞 危危凜凜 ■■隕…■ 目先眩而不可正視 匍匐而退." 이하 『邊景鵬文集』은 변경붕(2010)의 원문과 번역문을 참조하여 인용한다. 해당 문헌에서는 찢겨서 원문이 훼손된 글자는 '■'로, 판독이 어려운 경우는 '□'로 구분하여 표기하고 있으므로, 인용도 해당 활자본의 표기에 따랐다.

6 『邊景鵬文集』「己亥渡海錄」: "其時痘疾遍滿州府 兩縣則姑未及焉 余以未痘 不有懼意 傲遊一望後 乘雪徒步 歸觀家庭 又轉往大靜鄕校 則風雪不休 道途不通 與番生數人 伴臥冷齋 寒栗遍體 徹宵不寐 忽夢登于高樓 與小艾女子合歡 而覺泄精可盈 掬 因戰成疾 一飮全廢 百節皆疼 居此寒齋 勢難救調."

7 『邊景鵬文集』「己亥渡海錄」: "一夕 熟火弸中 聲如渴馬 勇如怒虎 乍躍乍仆 人不堪持鎭 急求月經三四件 淸水飮盡然后始定也." 문집의 한글 번역에서는 "급히 월경한 피를 세 네 번 구하여, 물을 적셔 다 마시게 한 다음에야 비로소 진정되었다."라고 하였는데, 월경수(月經水)를 가리키므로 "급히 월경한 피가 묻은 옷을 서너 벌 구하여, 물을 적셔 다 마시게 한 다음에야 비로소 진정되었다."로 고쳐야

한다.

8 권복규, 황상익, 「조선 전기 역병에 대한 민간의 대응」, 『의사학』 8(1), 대한의사학회, 1999, 29쪽.

9 『邊景鵬文集』 「己亥渡海錄」: "昔在庚寅 二王孫謫于大靜縣 病死于塞洞末最正家 過數月後 余讀書于武廳 寄食于宋家 時維三月陰雨未晴 日幾夕 將就食于宋家 當門 則籠木之臭 擁臭 對飯則不潔之氣 反胃 因推食而反于書室 如是凡三月矣 主人怪其 廢食 勸我還家."

10 『邊景鵬文集』 「己亥渡海錄」: "先公始不信其言 所費不大 急於焦悶 依其言施之 其 夕 一靈者 手搖叢鈴 口招地藏菩薩之說 不可勝紀 及當子夜 瞋目高聲 比逐鬼魅 以 明刀亂刺肢體 則毛髮盡竪 以大豆猛□□瓢□ 則聲若霹靂 一靈 手執上覆之衣 揮 揮逐逐 出門而去 余昏困入睡 朝旣盈矣 思食之念 遽然而生 精神明快 兩竪無根矣 世之云 鬼者 正人不取云 巫者識者遠斥 鬼不殺人 巫不活人 理則然也."

11 푸다시의 제차와 관련된 내용은 김새미오, 앞의 논문, 106-107쪽을 참조하였다.

12 『邊景鵬文集』 「甲寅乙卯慘凶時說」: "其月二十七日 天色猝然慘淡 海波遽爾訊怒 日將夕矣 獰風怪雨 起自東南 左旋而復周 壞新造之屋 拔連抱之木 天地震蕩 日月 晦冥 人民慌惻 坐而待朝 朝旣盈矣 醎雨霏霏者半日 繼出太陽而曝之 登高望遠 則 靑變爲黑 黃變爲赤 觸目蕭然 劫灰若爾 顧其嘉禾 則非惟絶穗 并拔根而去 墻壁頹 壓 男女失所 木石顚倒 道途不通 鳥雀於食糜鹿於殘 此其天之降割 物先人而失其常 性也 自其翌朝 衆人喪魄 食而不飽 期於必死面之相顧 生氣蕭索矣 計其私蓄 則三 邑之內 只有數三家 顧其公廩 則一月之間 難濟丐乞戶 於是邑宰州牧 盡停捧糴之 政 僉同請粟之議 直啓于朝廷 請米二萬包 聖上震驚 先允一萬五千包 行會完營使之 趂時運送而其時差使員 不知民急於呼吸 欲齊船載而輻輳 遲延新歲 阻海不運 則流 民之餓殍 自十月始 而其冬風雪月 恒栗烈陪常 或有杜門不出 閉戶盡列者 或有扶老 携幼 流死四方者 甚至於夫婦紾臂而爭食 父子不恤而圖生 向陽之隅 傍道之壑 連枕 繼踵 無非僵屍也 一日之程 行人目見之屍 殆過二三十也 故馬不驚而人不惡焉 至乙 卯正月晦日 載米三十船 并泊于禾北·朝天浦 浦窄而水退 灘險而風起 折檣破舸者 五■ 艘所載數千包 皆失于海中 此天實爲之 且何及矣 自玆以後 捐瘠比前少減 麥 秋大登 子遺有賴焉 乙卯以前 合人口十萬餘名 乙卯以後合人口 三萬餘名 理之否泰 物之盛衰 於此可見矣."

13 『邊景鵬文集』 「耽羅事蹟」: "托羅(侔口語) 托 大也 羅 天也 以日月星辰羅於天 故 以羅爲天 如新羅斯羅之謂也 牟羅 牟侔也 高良夫■…■姓皆指天而爲姓 乙那者 疑 當時尊美之稱 如赫居世·金閼智之謂也 乙者 如乙豆·乙巳(巴)之類 網羅四方曰羅"

386 제주 섬 공간 가로지르기: 트드멍, 도투멍, 쿰으멍

14 『耽羅紀年』에서는 "혹 이르기를 을(乙)은 을두(乙豆), 을파(乙巴)와 같은 종류요, 나(那)는 거서나(居西那)와 같은 종류로서 임금을 높여 부르는 칭호라 한다. 또 이르기를, 을나는 신라의 혁거세의 칭호와 같은 것이라 하니, 모두 방언으로 임금이라는 말이다[或曰乙如乙豆乙巴之類 那如居西那之類 尊君之稱 又曰乙那如新羅赫居世之稱 蓋鄉言王也]."라고 하였다. 관련 내용은 박종성, 「제주지역 '삼을나 전승'과 '천지왕본풀이'」, 『정신문화연구』 22(2), 한국학중앙연구원, 1999, 121-149쪽을 참조할 것.

15 이와 관련된 내용은 김새미오, 앞의 논문, 95-96쪽을 참조할 것. 여기서는 변경봉의 문집과 현용준의 『제주도 전설』을 인용하여 부친에 대한 변경봉의 서술내용과 『제주도 전설』의 내용이 상충되는 이유를 '당시 사람들의 부러움'으로 추정했다.

16 『邊景鵬文集』 「雜錄」: "淳厚之風 漓而及歸漓薄 寬容之俗 變而競爲刻深."

17 제주 무속과 관련된 외지인의 인식에 관해서는 현길언, 「역사적 사실과 문학적 인식 − 李衡祥목사의 神堂 철폐에 대한 인식」, 『耽羅文化』 2, 제주대학교 탐라문화연구소, 1983, 95-129쪽을 참조할 것.

18 김치완, 「主體와 他者의 二重 視線으로 본 濟州의 朝鮮祥儒學」, 『동서철학연구』 69, 한국동서철학회, 2013, 220-222쪽.

19 金眞英의 「조선초기 '濟州島'에 대한 인식과 정책」(『韓國史論』 48, 서울대학교 국사학과, 2002, 92-96쪽)에 따르면, 제주도에 본격적인 문무외방별시가 시행되기 시작한 인조 이전까지의 사마방목, 문과방목에 수록된 제주도 출신 인물은 총 40인인데, 이 가운데 제주도 거주 비율은 5%에 불과한 것으로 분석되었다. 합격자의 성씨도 高氏와 梁氏가 95%를 차지하는 것으로 분석되었다.

20 『邊景鵬文集』 「己亥渡海錄」: "昔於甲午冬 設島科 科題曰賜號星主 余年十八 入場 董構賦句 使寫手書之 幾畢視之 則乃友印而書也 不勝憤恚 手裂名紙而出 滿屋之士 笑其狂癡也 因觀得中武科者 不堪健羨 遂欲投筆執弓 畏其父師而不敢也."

21 『邊景鵬文集』 「甲寅年設科時說」: "余素短於屬文 而至於論 初不知矩律之如何 更何言製綴之巧拙乎 董構荒蕪之辭 幸免曳白之恥."

22 김새미오, 앞의 논문, 102-103쪽.

23 『邊景鵬文集』 「朱子格物致知辨」: "天道流行 造化發育 凡有聲色貌象 而盈於天地之間者 皆物也 旣有是物 則其所以爲是物者 莫不各有當然之則 而自不容已 是皆得於天之所賦 以非人之所能爲也."

24 김유곤, 「한국유학의 『대학』 체재에 대한 이해(1) − 『대학장구』와 『고본대학』의

체재를 개정한 학자를 중심으로」,『儒教思想文化硏究』43, 한국유교학회, 2011, 173-174쪽.

25 『退溪先生文集』卷18 書「答奇明彦」: "蓋先生說見於補亡章或問中者 闡發此義 如 日星之明 顧晃雖常有味其言 而不能會通於此耳 其說曰 人之所以爲學 心與理而已 心雖主乎一身 而其體之虛靈 足以管乎天下之理 理雖散在萬物 而其用之微妙 實不 外一人之心."

26 신창호,「修己의 측면에서 본『大學』에서『聖學輯要』로의 학문적 심화」,『東洋 古典硏究』43, 동양고전학회, 2009, 63-85쪽.

27 김새미오, 앞의 논문, 103쪽.

28 조민경·김렬(「한국 다문화사회에 있어서 이주민의 이중문화 정체성과 사회문화 적응의 관계」,『대한정치학회보』18(2), 대한정치학회, 2010, 268-269쪽)은 미국 University of the Pacific의 Qingwen Dong, Dean Phillip Gundlach, & John C. Phillips 등이 연구한 "The Impact of Bicultural Identity on Immigrant Socialization through Television Viewing in the United States"를 인용하여 이 중문화정체성을 정의하고 있다. 따라서 원 연구에서는 Asian Cultural Values와 Western Cultural Values가 비교되고 있는 것을 출신국 문화가치와 이주국 문화 가치로 수정하여 논의를 전개하였다. 이 연구에서는 육지부와 제주 섬을 원문화 와 이주사회문화로 대비시키고 있으므로 이에 따라 재수정하였음을 밝혀둔다. [그림 1] 이중문화 정체성 모형은 〈Qingwen Dong, Dean Phillip Gundlach, & John C. Phillips, "The impact of bicultural identity on immigrant socialization through television viewing in the United States.", Intercultural Communication Studies 15, 2006, p.64〉에서 인용한 것이다.

29 위의 논문, 269쪽.

30 『邊景鵬文集』「雜錄」: "我國專尙名分 故以維持上下 故雖天之降夷 無異貴賤 其習 俗之粹駁 聞見之敬肆 上下自別 貴賤懸殊者 罔非自何及長所敎養之如何耳 京師卽 巡逐之根本 巡逐爲京師之枝葉 然而逐逐之名分 甚於京師者 此其好廣袖之弊 至於 金釘愛纖腰之流 及於餓死者然也."

31 『邊景鵬文集』「雜錄」: "耽羅之甲族 以靑衿爲最 而濟州則自乾隆戊午始焉 兩邑則 自乾隆辛巳始焉 而三邑之選棟靑衿之規 初各不同."

32 한국역사연구회,『조선시대 사람들은 어떻게 살았을까 1』, 청년사, 2005, 65쪽.

33 김새미오, 앞의 논문, 109-113쪽.

34 용비어천가의 신화와 역사 부분은 최연식·이승규,「용비어천가(龍飛御天歌)와 조

선 건국의 정당화-신화와 역사의 긴장」, 『한국동양정치사상사연구』 7(1), 한국
동양정치사상사학회, 2008, 249-268쪽을 참조할 것.

35 『邊景鵬文集』 「天帝淵東卜宅時夢兆記」: "因往卜宅處觀之 則基址甚淨 棟樑咸具
而見少猪自南而來 體毛最姸 面目可愛 遽爾跟踣入懷 逐驚讀■■■■而闕而鷄未
唱矣 自此有娠 生不肖子 丙子年庚子月丁亥日丁未時■…■ 其夢兆論此命甲日 丙
子應日影之照壙 丁亥屬小猪之入懷 墓蔭旒■…■福 生得此子 後必顯達 余齒才三
九 俱失怙恃 每追思其夢兆之言 不覺哀成誦■…■永抱風樹不停之痛也 ■…■."

36 『邊景鵬文集』 「登科時夢兆錄」: "蓋人之吉凶禍福 固非天之所定 神之先告 惟人莫
知於未形 或追悟於已□ 將興之禎祥 將亡之妖孼 豈不章章乎 甚明之理乎 若彼夢寐
昧昧之難明之事 禽獸微微無知之物 皆於吾身上吉凶禍福 無不先示徵而後合符焉
是知無所爲而爲不期然而然者也 至若煩夢不見眞實 春夢無有昭靈 其故何也 夫心
思官也 私思妄念 千緒萬端 則爲厥心病 病逐失其虛靈之體用 故雖有奇異之徵·亂雜
之兆 無異南柯之虛誕矣 且逢春節則陰陽氤氳 品物發生 于時人之精神 亦與天地元
氣 乘降飛揚 故其睡鄕之紛擾 莫有端緒 竟歸亡羊之域 是皆有夢而無驗也 若無夢之
人有夢 則眞 以其靜安然后能慮也 無爲之人有夢 則實者以其公明然后能通也."

37 『邊景鵬文集』 「己亥渡海錄」: "元無血色 皆慮短夭矣 及經痘疾 全體赤紺 面部纛完
皆云壽徵 凡人之壽夭長短 自有天賦 則豈以血色之如何 判彭殤於前後也哉?"

38 『邊景鵬文集』 「己亥渡海錄」: "世人皆言痘神明靈 按簿而行 以司禍福云 余嘗不信
迫余爲痘也 先公彈其止慈之情 不計嚴沍 侵晨沐浴 淨器汲水 薦于設位之前 則依然
心目之間 白髮老丈 儼坐床上 暖然若嘉納虔誠焉."

39 『邊景鵬文集』 「己亥渡海錄」: "方其危餒時 耳邊爛聞搗壤之聲 其後聞之 則果其日
二十里外 窆葬矣 才及收斂老丈 若有言曰 吾今徙去某家 翌日某家 女果痛臥 終不
起焉 女之母 已經痘之人也 慎其女不淑 足踏設位 詬罵痘神 而其母忽再發痘 不數
日凶終 又喪其次女 以此觀之 人言不可誣也 聖人曰 敬鬼神而遠之 又曰洋洋如在其
上 誠不可瀆神也 又不可慢神也."

40 『邊景鵬文集』 「己亥渡海錄」: "蓋疾病時 設神有無似近虛誕 然而天行時疾也 是其
氣之不平而然也 屈伸往來者 鬱而不散 結爲形影 有時而存沒 理或然也 除禳有要道
曰 正吾心而已 正心之方 曰敬誠而已 敬誠 則有神可誠 無神可諧 毋論有病與否 敬
誠二字 不可斯須去心也."

41 『邊景鵬文集』 「己亥渡海錄」: "忽一塊黑雲 自西北起 疾飛如電 梢工覘知蒼皇 而幕
天席海 無可奈何 須臾吼怒之聲 猶隔自天 大風振作 雨雪雜沓 萬頃怒浪 起如泰山
之接天 打若迅雷之擊物 檣竹中折 帆席盡碎 滄波往來於篷囪 人物出入乎龍宮 人皆

判死 號哭徹天 爭以胡繩縛身於版楫 以爲不失屍身之計."

42 『邊景鵬文集』「己亥渡海錄」: "余時年二十四 言其氣 則雖夾泰山超北海而無難色 究其志 則雖雖探龍頷蹈虎穴而無懼意."

43 『邊景鵬文集』「己亥渡海錄」: "蓋當初遇風漂蕩之時 擧家聞其音 莫不驚懼咨嗟 而 獨先妣少無憂色曰 "終爲吾子則生 不爲吾子則死 焦慮何益 及聞晚(免)危之信 亦無 喜色 人皆服其雅量 而稱其賢德之所庇也."

44 주미령, 「제주문화의 원형질, 제주어로 배운다」, 『국민일보』 2016.09.05. 기사 https://www.kmib.co.kr/article/view.asp?arcid=0010908490 (2024.06.06. 검색)

45 이기봉, 「제주, 문화예술로 하나가 되는 축제! 제주테크노파크, 네트워킹 파티 스 탬프 투어 진행」, 『제주도민일보』 2016.09.28. 기사 http://www.jejudomin.co.kr /news/articleView.html?idxno=77501 (2024.06.06. 검색)

46 김치완, 「화엄(華嚴)의 세계관을 차용한 제주문화공간 분석」, 『耽羅文化』 51, 제 주대학교 탐라문화연구원, 2016, 11-12쪽.

47 신관호, 「텃세로 갈등 떠날 생각 많은 이주민」, 『제주신문』 2015.11.19. 기사 http:// www.jejupress.co.kr/news/articleView.html?idxno=58076 (2024.06.06. 검색)

48 정수연・강지협, 「제주도 주택가격 상승, 이자율효과인가? 인구효과인가?」, 『鑑定 評價學 論集』 15(2), 韓國鑑定評價學會, 2016, 31-47쪽.

49 「제주토박이의 관점에서 본 제주이주민 1」 『브런치스토리』 게시글 https:// brunch.co.kr/@jasonsungilkang/8 (2024.06.06. 검색)

제12장 주체의 교섭, 섬 정체성

1 朱熹, 『大學章句』 經 1章: "大學之道 在明明德 在親民 在止於至善."

2 김치완, 「유학의 공간 담론과 문화공간의 재생」, 『문화와 융합』 38(2), 한국문화 융합학회, 2016, 19-24쪽. 『대학』의 구조는 공적 영역의 출발점을 사적 영역, 곧 修身에 두면서, 그 밑바탕에 格物, 致知, 誠意, 正心을 깔아둠으로써 治國하고 平 天下하는 정치지도자에서부터 修身하고 齊家하는 일반 서민에 이르기까지 누구 나가 각각의 층위에서 구현해야 할 의무를 修身으로 수렴한다.

3 정재엽・최낙진, 「중앙방송과 지역방송의 TV 다큐멘터리 비교 연구: '제주 고대 사', '탐라순력도'의 이야기 전개 및 내레이션 분석」, 2010, 197쪽.

4 위의 논문, 198쪽.

5 위의 논문, 198-199쪽.

6 위의 논문, 199쪽.

7 위의 논문, 206쪽. 탐라 고대사가 『탐라국왕세기(耽羅國王世紀)』 등 고씨 문헌자료에 지나치게 의존하고 있다는 비판적 입장에서는 탐라국 기원을 탈해왕 즉위 때 사신을 보낸 서기 58년으로 보기도 한다.

8 위의 논문, 209-210쪽.

9 허남춘, 「제주 서사무가에 담긴 과학과 철학적 사유 일고찰 – 일반신본풀이를 중심으로」, 2008, 91쪽.

10 위의 논문, 92-93쪽.

11 김헌선, 「구비문학과 철학의 상관성」, 2001, 70쪽.

12 허남춘, 「제주도 본풀이의 원시·고대·중세 서사시적 특징과 변모」, 『탐라문화』 38, 제주대학교 탐라문화연구소, 2011, 159쪽.

13 위의 논문, 159-160쪽.

14 허남춘, 「제주 서사무가에 담긴 과학과 철학적 사유 일고찰 – 일반신본풀이를 중심으로」, 93쪽.

15 위의 논문, 22쪽.

16 위의 논문, 24-34쪽.

17 허남춘, 「제주 서사무가와 한국 신화의 관련성 고찰」, 『탐라문화』 21, 제주대학교 탐라문화연구소, 2000, 36-38쪽.

18 허남춘, 「제주 서사무가에 담긴 과학과 철학적 사유 일고찰 – 일반신본풀이를 중심으로」, 94-95쪽.

19 위의 논문, 106-116쪽.

20 김치완, 「主體와 他者의 二重 視線으로 본 濟州의 朝鮮儒學」, 『동서철학연구』 69, 한국동서철학회, 2013, 213-214쪽.

21 김창현, 「高麗의 耽羅에 대한 정책과 탐라의 동향」, 『한국사학보』 5, 고려사확회, 1998, 311-338쪽.

22 김일우, 「고려후기 濟州·몽골의 만남과 제주사회의 변화」, 『한국사학보』 15, 고려사학회, 2003, 46-65쪽.

23 위의 논문, 65쪽-70쪽.

24 오수정, 「조선 초기 제주 통치 체제 고찰」, 『濟州島研究』 50, 제주학회, 2018, 269-270쪽.

25 김치완, 「主體와 他者의 二重 視線으로 본 濟州의 朝鮮儒學」, 218-219쪽.

26 김치완, 「한국학의 전통에서 본 제주 바람 – '바람, 흐름'의 철학적 접근」, 『탐라

문화』 43, 제주대학교 탐라문화연구소, 2013, 119-122쪽.

27 김치완, 「主體와 他者의 二重 視線으로 본 濟州의 朝鮮儒學」, 217쪽.

28 김새미오, 「병와 이형상의 제주지방 의례정비와 음사철폐에 대한 소고」, 『大東漢文學』 63, 대동한문학회, 2020, 126쪽. 이때 올린 장계는 「제주청사전변통장(濟州請祀典變通狀)」과 「제주청사전변통장[재도](濟州請祀典變通狀再度)」로, 제주지역에서 불가능한 의례는 폐지하고, 가능한 의례는 공식화해달라는 취지를 담았다.

29 조성윤·박찬식, 「조선후기 제주지역의 지배체제와 주민의 신앙」, 『탐라문화』 19, 제주대학교 탐라문화연구소, 1998, 204-205쪽.

30 위의 논문, 207쪽.

31 김치완, 「瀛洲十景으로 본 朝鮮 儒學者의 仙境 인식과 그 태도」, 『大同哲學』 59, 대동철학회, 2012, 137-148쪽.

32 김치완, 「梅溪 李漢雨의 '낯선 공간'으로서 瀛洲」, 『역사민속학』 49, 한국역사민속학회, 2012, 73-100쪽.

33 김치완, 「제주의 조선유학자 변경붕(邊景鵬)의 이중문화정체성」, 『문화와 융합』 39(3), 한국문화융합학회, 2017, 11-36쪽.

34 일반적으로 제주 민란이라고 하면 1862년에 세 차례 걸쳐 일어난 민란을 말하지만, 여기서는 1896년 무술민란(방성칠의 난)의 모티브를 활용하였다. 다만, 방성칠은 호남사람이지만, 제주에서 새로운 국가 건설이라는 꿈을 꿀 수 있었던 데는 제주의 정체성이 한몫한 것으로 볼 수 있을 것이다.

35 김치완, 「主體와 他者의 二重 視線으로 본 濟州의 朝鮮儒學」, 224-225쪽. 제주도의 전통적인 관습이 조선 유학과 배치되지 않은 상태에서 변용되었다고 하는 것은 민중들의 자발적인 실천이었다기보다는 중앙에서의 요구와 토착 세력의 수용이 접점을 찾은 것이라고 할 수 있을 것이다.

36 김선필·김치완, 「한말 천주교회 조선인 성직자의 제주 문화 인식」, 『문화와 융합』 40(2), 한국문화융합학회, 2018, 145-146쪽.

37 위의 논문, 142쪽. 1891년 대구교안이 발생하자 뮈텔주교는 프랑스공사에게 요청하여 극동함대 소속 군함을 제물포로 이동시킨 일이 있다.

38 김치완, 「문화적 형식으로 '재현'된 2010년대 근대해항도시 제주의 표상」, 『島嶼文化』 48, 목포대학교 도서문화연구원, 2016, 146-147쪽. 신축교안 당시 일본 어민이 무기를 공급했고, 일본 정부는 프랑스 선교사들의 영향력을 약화시킬 목적으로 제주에 파견할 승려를 모집하는 등 국가 주도의 정책을 기획했다.

39 김선필, 「종교와 지역 사회의 공존 – 20세기 전반 천주교 선교사들의 제주 문화

인식을 중심으로 — 」, 『宗教研究』 80(1), 한국종교학회, 2020, 43-78쪽.

40 심옥주, 「일제강점기 제주 독립운동의 지형과 독립유공자 현황 분석」, 『한국독립
    운동사연구』 46, 독립기념관 한국독립운동사연구소, 2013, 337-345쪽.

41 김치완, 「유가(儒家) 역사관으로 본 부마민주항쟁과 제주4·3」, 『문화와 융합』
    41(6), 한국문화융합학회, 2019, 1052-1053쪽.

42 위의 논문, 1028-1031쪽.

43 양정심, 「제주4·3의 기억투쟁, 평화와 인권운동 연대하기」, 『한국법과인권교육
    학회 학술대회집』, 한국법과인권교육학회, 2019, 148-155쪽.

44 김치완, 「화엄(華嚴)의 세계관을 차용한 제주문화공간 분석」, 124쪽.

45 위의 논문, 122-123쪽.

46 김치완, 「문화적 형식으로 '재현'된 2010년대 근대해항도시 제주의 표상」, 166-
    168쪽. 모던을 모델로 해서 따라잡는 '追隨的 근대화'와 이에 역행하는 '반동적
    요인'을 제거하는 '對抗的(counter) 근대화'의 병행 추진도 이중적 자기 소외로
    볼 수 있다.

47 강봉수, 「제주정체성으로써 '제주정신'에 대한 연구 성과와 제주문화문법」, 『濟
    州島研究』 50, 제주학회, 2018, 187-194쪽.

48 위의 논문, 202-218쪽.

참고문헌

1. 단행본

四書五經 上中下(1987), 北京市中國書店.

Johannes Hirschberger, 姜聲渭 역,『서양철학사 (上)』, 以文出版社, 1988.

김영길 역주,『국역 증보탐라지』, 제주특별자치도·제주문화원, 2016.

박종우,『중국 종교의 역사 - 도교에서 파룬궁까지』, 살림, 2006.

박찬식,『한국 근대 천주교회와 향촌사회』, 재단법인 한국교회사연구소, 2007.

서정범,『국어어원사전』, 보고사, 2003.

석주명,『濟州島隨筆-濟州島의 自然과 人文』, 寶晉齋, 1968.

오토 프리드리히 볼노, 이기숙 옮김,『인간과 공간』, 에코리브르, 2011.

윤민구,『한국천주교회의 기원』, 국학자료원, 2002.

李民樹 譯,『周易』, 乙酉文化社, 1992.

제주4·3사건진상규명 및 희생자 명예회복위원회,『제주4·3사건 진상조사보고서』,
        2003.

조 광,『조선후기 사회와 천주교』, 경인문화사, 2010.

朱熹, 黎靖德輯(民國75), 朱子語類, 文津出版社.

최현 외,『공동자원의 섬 제주 1 땅, 물, 바람』, 진인진, 2016.

플라톤, 박종현·김영균 공동역주,『플라톤의 티마이오스』, 서광사, 2000.

한국문학평론가협회,『문학비평용어사전』, 국학자료원, 2006.

한국역사연구회,『조선시대 사람들은 어떻게 살았을까 1』, 청년사, 2005.

한국철학사상연구회, 철학, 문화를 읽다, 도서출판 동녘, 2014.

한국철학사상연구회,『문화와 철학』, 동녘, 1999.

2. 논문

Aihwa Ong,「예외로서의 신자유주의, 신자유주의의 예외」,『사회운동』통권74호
        (Aihwa Ong, 2006. Neoliberalism as Exception: mutations in citizenship
        and sovereignty, Duke University Press)

David Harvey, 박영민 옮김,「공간에서 장소로, 다시 반대로 - 포스트모더니티의 조
        건에 대한 성찰」,『공간과 사회』통권 제5호, 한국공간환경학회, 1995.

Qingwen Dong, Dean Phillip Gundlach, & John C. Phillips(2006), "The impact of bicultural identity on immigrant socialization through television viewing in the United States.", Intercultural Communication Studies 15, 63-74.

감영희, 「신도와 여인금제-여성제사의 전통과 금기를 중심으로」, 『日本文化研究』 제22집, 동아시아일본학회, 2007.

강동수, 「근대의 자연 공간과 인식 공간」, 『哲學研究』 제116집, 대한철학회, 2010.

강봉수, 「제주정체성으로써 '제주정신'에 대한 연구 성과와 제주문화문법」, 『제주도 연구』 50집, 제주학회, 2018.

강익모, 「공간이 주는 기억의 재생: 건축학 개론을 중심으로」, 『한국엔터테인먼트산 업학회논문지』 6(3), 한국엔터테인먼트산업학회, 2012.

강준상, 「〈지슬: 끝나지 않은 세월 2〉 4·3과 제주도민, 그리고 세계시민」, 『월간 한국 논총』 2013년 5월호(493호), 한국노동조합총연맹, 2013.

강진옥, 「한국민속에 나타난 여성상의 변모 양상-바람직한 여성상 모색을 위한 시 론」, 『한국민속학』 제27집, 한국민속학회, 1995.

康惠根, 「중국 문자의 특성과 중국인의 사유」, 『중국어문학논집』 37, 중국어문학연구 회, 2006.

고은애, 「영화 〈건축학개론〉의 장소성과 공간 서사」, 인하대학교 대학원 한국학과 한 국문화콘텐츠 전공 문학석사학위논문, 2014.

권귀숙, 「4·3의 기억과 젠더 이미지-4·3 영상 다큐멘터리를 중심으로」, 『아시아여 성연구』 43(2), 숙명여자대학교 아시아여성연구소, 2004.

권귀숙, 「제주 4·3의 사회적 기억」, 『한국사회학』 35(5), 한국사회학회, 2001.

권귀숙, 「제주 해녀의 신화와 실체: 조혜정 교수의 해녀론을 중심으로」, 『한국사회학』 제30집, 한국사회학회, 1996.

권기숙, 「4·3의 대항기억과 영상」, 『제주도연구』 24, 제주학회, 2003.

권도경, 「부산 광포전설과 로컬리티」, 『港都釜山』 제27호, 부산광역시 시사편찬위원 회, 2011.

권도경, 「호남권 광포전설의 전승양상과 로컬리티」, 『인문학연구』 제44집, 조선대학 교 인문학연구소, 2012.

권명아, 「정동의 과잉됨과 시민성의 공간」, 『서강인문논총』 37, 서강대 인문과학연구 소, 2013.

권복규, 황상익, 「조선 전기 역병에 대한 민간의 대응」, 『의사학』 8(1), 대한의사학회, 1999.

권오경, 「동아시아 곡신신화(穀神神話) 연구−한국의 관련 신화와의 비교를 겸하여」, 『어문학』 102, 한국어문학회, 2008.

권용기, 「'이재수의 亂'? 아님 '難'」, 『한국역사연구회회보』 36, 한국역사연구회, 1999.

권은선, 「신자유주의 시대의 문화상품−1990년대를 재현하는 향수/복고 영화와 드라마」, 『영상예술연구』 25, 영상예술학회, 2014.

권중달, 「중심부의 논리: 중화사상−이춘식 『중화사상』(교보문고, 1998년) 서평」, 『동아시아 문화와 사상』 제6호, 동아시아문화포럼, 2001.

권태효, 「거인설화적 관점에서 본 산이동설화의 성격과 변이」, 『口碑文學硏究』 4, 한국구비문학회, 1997.

김경희, 「자연과의 공생을 통한 인문 공간 구상」, 『혜세연구』 30, 한국혜세학회, 2013.

김군수 외, 「포스트 코로나 19, 뉴노멀 시대의 산업전략」, 『이슈&진단』 411, 경기연구원, 2020.

김기현, 「『대학』의 주석 및 이해와 송명 신유학의 가치 설정간의 관계에 관한 해석학적 연구−주자학과 양명학을 중심으로」, 『東洋哲學硏究』 26, 동양철학연구회, 2001.

김남희 외, 〈아시아문화지도〉의 개념 정립에 관한 연구」, 『글로벌문화콘텐츠』 1, 글로벌문화콘텐츠학회, 2008.

김동택, 「대한제국기 근대국가형성의 세 가지 구상」, 『21세기 정치하회보』 20(1), 21세기정치학회, 2010.

김명희, 「종교간 대화의 모델로서 마태오 리치의 적응주의−『천주실의』에 나타난 그리스도교와 유·불·도(儒佛道)의 대화」, 『한국조직신학논총』 39, 2014.

김문태, 「'浮來島' 전승의 원초적 의미와 습합양상−고대전승을 중심으로 한 공시적 고찰」, 『반교어문연구』 1, 반교어문연구회, 1988.

김미진, 「제주도 여성속담의 이중성」, 『영주어문』 16, 영주어문학회, 2008.

김병태, 「명말청초 '전례논쟁'의 선교사적 이해」, 『한국기독교와 역사』 28, 한국기독교역사연구소, 2008.

김보록, 「마리아께 대한 온전한 신심」, 『신학전망』 78, 광주가톨릭대학교 신학연구소, 1987.

김상철 외, 「문화지도−지도를 매체(media)로 한 문화의 이해와 표현」, 『글로벌문화콘텐츠』 1, 글로벌문화콘텐츠학회, 2008.

김상헌 외, 「아시아문화지도 문화분류체계와 기반기술 연구」, 『글로벌문화콘텐츠』

제1집, 글로벌문화콘텐츠학회, 2008.

김새미오, 「병와 이형상의 제주지방 의례정비와 음사철폐에 대한 소고」, 『大東漢文學』 63, 대동한문학회, 2020.

김새미오, 「『일재 변경붕 문집』에 나타난 18~19세기의 제주사회 성격에 관한 일고—유교사회로의 변화 양상을 중심으로」, 『영주어문』 20, 영주어문학회, 2010.

김선필, 「종교와 지역 사회의 공존 — 20세기 전반 천주교 선교사들의 제주 문화 인식을 중심으로—」, 『종교연구』 80(1), 한국종교학회, 2020.

김선필·김치완, 「한말 천주교회 조선인 성직자의 제주 문화 인식」, 『문화와 융합』 40(2), 한국문화융합학회, 2018.

김성도, 「소쉬르 사상의 미완성과 불멸성—소쉬르 사유의 인식론적 스타일에 대하여」, 『기호학연구』 21, 한국기호학회, 2007.

김성례, 「국가폭력의 성정치학—제주 4·3 학살을 중심으로」, 『흔적』 2, 문화과학사, 2001.

김성례, 「여성주의 구술사의 방법론적 성찰」, 『한국문화인류학』 35(2), 한국문화인류학회, 2002.

김성배, 「한국의 근대국가 개념 형성사 연구—개화기를 중심으로」, 『國際政治論叢』 52(2), 한국국제정치학회, 2012.

김성수, 「지역특권화와 문화 화석화를 넘어서—타자의 시선으로 본 제주학」, 『耽羅文化』 제33호, 제주대학교 탐라문화연구소. 2008.

김세서리아, 「탈경계 시대, 여성주의적 유교는 가능한가?」, 『시대와 철학』 28(1), 2017.

김시무, 「박광수 감독의 영화세계—분단시대의 작가정신 혹은 역사의식」, 『공연과 리뷰』 71, 현대미학사, 2010.

김시홍·김홍일, 「복합문화공간의 소통적 특성에 관한 연구—후기구조주의적 사유를 중심으로」, 『대한건축학회 학술발표대회 논문집—계획계』 31(1), 대한건축학회, 2011.

김영균, 「플라톤에 있어서 생성과 공간(khōra)」, 『哲學』 62, 한국철학회, 2000.

김영미, 「高麗末 女身性佛論과 그 영향」, 『한국사상사학』 41, 한국사상사학회, 2012.

김영범, 「알박스(Maurice Halbwachs)의 기억 사회학 연구」, 『사회과학연구』 6(3), 1999.

김영순, 「'강인한 제주여성' 담론에 관한 비판적 연구」, 성공회대학교 NGO대학원 실천여성학전공 석사학위논문, 2013.

金完洙, 「認識의 範疇的 考察: PLATON의 所論을 중심으로」, 『論文集』, 서울교육대학교, 1976.

김용덕, 「觀音菩薩信仰의 說話化樣相과 意味研究」, 『한국언어문화』 30, 한국언어문화학회, 2006.

김용휘, 「동학의 사상과 운동으로 본 치유와 통합」, 『원불교사상연구원 학술대회집』, 원광대학교 원불교사상연구원, 2016.

김유곤, 「한국유학의 『대학』 체재에 대한 이해(1)-『대학장구』와 『고본대학』의 체재를 개정한 학자를 중심으로」, 『儒教思想文化研究』 43, 한국유교학회, 2011.

김일림, 「한국 관음신앙과 4대 관음성지의 지리적 해석」, 『한국사진지리학회지』 28(1), 한국사진지리학회, 2018.

김일우, 「고려후기 濟州·몽골의 만남과 제주사회의 변화」, 『韓國史學報』 15, 고려사학회, 2003.

김정숙, 「제주신화에 내재된 다문화요소」, 『교육과학연구』 18(1), 제주대학교 교육과학연구소, 2016

김정숙, 「조선후기 서학수용과 여성관의 변화」, 『한국사상사학』 20, 한국사상사학회, 2003.

김정하, 「동아지중해 교류형 스토리텔링 시론-한국 고대설화를 중심으로」, 『동북아문화연구』 33, 2012.

김정호, 김학민, 「〈지슬〉의 스타일 분석: 배리 솔트의 통계적 분석을 중심으로」, 『한국콘텐츠학회논문지』, 14(10), 한국콘텐츠학회, 2014.

김주관, 「공간구조의 비교를 통해 본 한국개항도시의 식민지적 성격-한국과 중국의 개항도시 비교를 중심으로」, 『한국독립운동사연구』 42, 독립기념관 한국독립운동사연구소, 2012.

김준형, 「문헌에 기록된 제주의 세 여인과 문학적 형상화 양상」, 『溫知論叢』 17, 온지학회, 2007.

김지연, 오영재, 「웹툰에 있어서 서사구조에 따른 공간활용에 대한 비교분석: 국내외 웹툰사례를 중심으로」, 『한국영상학회 논문집』 10(3), 한국영상학회, 2012.

김지영, 「한중신화 속의 여산신형상」, 남명학연구 47, 경상대학교 경남문화연구원, 2015.

김진성, 「『大學』의 經典 解釋學的 研究」, 『儒教思想研究』 25, 韓國儒教學會, 2006.

김창현, 「高麗의 耽羅에 대한 정책과 탐라의 동향」, 『韓國史學報』 5, 고려사학회, 1998.

김춘미, 「플라톤의 티마이오스에 나타난 기본요소들의 공간성과 감각」, 『계간 낭만
　음악』 7(3)(통권 27호), 낭만음악사, 1995.
김치완, 「'카미노'와 '올레'를 중심으로 본 문화콘텐츠로서의 길[道]」, 『인문콘텐츠』
　30, 인문콘텐츠학회, 2013.
김치완, 「茶山學으로 본 實學과 近代 개념에 대한 비판적 접근」, 『역사와 실학』 52,
　역사실학회, 2013.
김치완, 「梅溪 李漢雨의 '낯선 공간'으로서 瀛洲」, 『역사민속학』 39, 한국역사민속학
　회, 2012.
김치완, 「문화적 형식으로 '재현'된 2010년대 근대해항도시 제주의 표상」, 『도서문
　화』 48, 목포대학교 도서문화연구원, 2016.
김치완, 「섬 이동 설화에 대한 철학적 검토」, 『열린정신 인문학 연구』 15(1), 원광대
　학교 인문학연구소, 2014.
김치완, 「섬[島]-공간의 철학적 접근: 플라톤과 노자의 '공간' 개념 검토를 중심으로」,
　『탐라문화』 제45호, 제주대학교 탐라문화연구원, 2014.
김치완, 「瀛洲十景으로 본 朝鮮 儒學者의 仙境 인식과 그 태도」, 『大同哲學』 59, 대
　동철학회, 2012.
김치완, 「유가(儒家) 역사관으로 본 부마민주항쟁과 제주4·3」, 『문화와 융합』 41(6),
　한국문화융합학회, 2019.
김치완, 「유학의 공간 담론과 문화공간의 재생」, 『문화와 융합』 38(2), 한국문화융합
　학회, 2016.
김치완, 「제주에서 철학하기 試論: 로컬리티 담론과 제주학 연구 현황 검토를 중심으
　로」, 『耽羅文化』 39, 2011.
김치완, 「제주의 조선유학자 변경붕(邊景鵬)의 이중문화정체성」, 『문화와 융합』 39(3),
　한국문화융합학회, 2017.
김치완, 「주자학 전통에서 본 茶山의 인간관 연구」, 부산대학교 대학원 철학과 박사
　학위논문, 2005.
김치완, 「主體와 他者의 二重 視線으로 본 濟州의 朝鮮儒學」, 『동서철학연구』 69, 한
　국동서철학회, 2013.
김치완, 「카미노와 올레를 중심으로 본 문화콘텐츠로서의 길」, 『인문콘텐츠』 30,
　2013.
김치완, 「한국학의 전통에서 본 제주 바람 - '바람, 흐름'의 철학적 접근」, 『탐라문화』
　43호, 탐라문화연구원, 2013.

김치완, 「화엄(華嚴)의 세계관을 차용한 제주문화공간 분석」, 『탐라문화』 51, 탐라문화연구원, 2016.

金台植, 「고대 동아시아 西王母 신앙 속의 仙桃山聖母」, 『문화사학』 27, 한국문화사학회, 2007.

김헌선, 「구비문학과 철학의 상관성」, 『口碑文學硏究』 13, 한국구비문학회, 2001.

김혜경, 「16~17세기 동아시아 예수회의 선교 정책: 적응주의의 배경을 중심으로」, 『신학과 철학』 17, 서강대학교 신학연구소, 2010.

나경수, 「한국 기록신화의 상징 해석과 역사 인식」, 『국어교과교육연구』 21, 국어교과교육학회, 2012.

나희라, 「西王母 神話에 보이는 古代中國人의 生死觀」, 『종교학연구』 15, 서울대학교 종교학연구회, 1996.

남상호, 「화엄종의 相卽圓融의 방법」, 『陽明學』 25, 한국양명학회, 2010.

노태구, 「東學의 共同體原理와 統一理念」, 『한국정치학회보』 30(2), 한국정치학회, 1996.

梁重海, 「사랑을 통해 본 濟州女性의 氣質」, 『지방행정』 16, 대한지방행정공제회, 1967.

류지석, 「로컬리톨로지를 위한 시론 – 로컬, 로컬리티, 로컬로지」, 『한국민족문화』 33, 부산대학교 한국민족문화연구소, 2009.

李萬烈, 「일제 식민지 근대화론 문제 검토」, 『한국독립운동사 연구』 11, 독립기념관 한국독립운동사연구소, 1997.

李成珪, 「中華思想과 民族主義」, 『철학』 37, 한국철학회, 1992.

문순덕, 「세시풍속에 나타난 제주 여성 속담」, 『泮矯語文硏究』 14, 반교어문학회, 2002.

문영미, 「설문대할망 설화 연구」, 연세대학교 교육대학원 석사학위논문, 1998.

문정필, 「건축공간: 도덕경의 실증적 해석 비판과 주역 해석의 보완 – 반 데 벤의 건축공간론을 중심으로」, 『동양사회사상』 26, 동양사회사상학회, 2012.

문창우, 「기억의 대립과 토착문화 인식 – 김원영 신부의 「修身靈藥」을 중심으로」, 『신학전망』 163, 광주가톨릭대학교 신학연구소, 2008.

박규택·하용삼·배윤기, 「(탈)중심화 경관의 해석을 위한 틀: 권력, 주체성, 수행성」, 『한국지역지리학회지』 16(4), 한국지역지리학회, 2010.

朴商煥, 安營擢. 「『中庸』에 나타난 物我一體의 世界觀」, 『民齋學論叢』 제11집, 民齋學會, 2010.

박영민, 「르페브르의 실천전략과 사회공간」, 『공간과 사회』 9, 한국공간환경학회, 1997.

박은경, 「한중 보타관음의 불교적 영성과 孫行者 이미지」, 『석당논총』 76, 2020.

박일영, 「『수신영약』(1900)의 종교학적 의미」, 『종교연구』 31, 한국종교학회, 2003.

박재영, 「전통사회와 외래종교의 문화충돌‒'이재수의 난'을 중심으로」, 『慶州史學』 36, 경주사학회, 2012.

박종구, 「유학신학(儒學神學)의 가능성에 대한 조직신학적 성찰: 『천주실의』(天主實義)의 재발견」, 『신학과 철학』 17, 서강대학교 신학연구소, 2010.

박종성, 「제주지역 '삼을나전승'과 '천지왕본풀이'」, 정신문화연구 22(2), 한국학중앙연구원, 1999.

박준양, 「레지오 마리애 선서문에 대한 논쟁: 그 교회사적 의미와 신학적 전망」, 『교회사연구』 56, 한국교회사연구소, 2020.

박찬식, 「〈이재수의 난〉:사실성과 상징성 사이의 표류〉」, 『역사비평』, 역사비평사, 1999.

박찬식, 「1901년 제주민란에 나타난 敎弊와 '物故者'」, 『역사민속학』 27, 역사민속학회, 2008.

박찬식, 「韓末 天主敎會의 성격과 '敎案'」, 『교회사연구』 11, 한국교회사연구소, 1996.

배금란, 「『삼국유사』 「낙산 이대성 관음 정취 조신」 조의 서사적 특징: 낙산 관음성지의 상징적 의미를 중심으로」, 『불교학보』 91, 동국대학교 불교문화연구원, 2020.

배요한, 「『수신영약』에 관한 연구‒제주지역의 천주교와 토착종교의 만남이라는 관점에서」, 『장신논단』 46(4).

백선기, 김소라, 「지배담론과 대항담론: 동성애에 대한 '매스 미디어'와 '게이 커뮤니티'의 담론관계를 중심으로」, 『커뮤니케이션학연구』 6, 한국커뮤니케이션학회, 1998.

변성찬, 「오멸감독론」, 『독립영화』 43, 한국독립영화협회, 2013.

서영표, 「추상적 공간과 구체적 공간의 갈등: 제주의 공간이용과 공간구조의 변화」, 『공간과 사회』 24(1)(통권 47호), 한국공간환경학회, 2014.

徐海基, 「징관의 화엄법계관‒법계 이해의 세 가지 유형」, 『중앙승가대학교 교수 논문집』 10, 중앙승가대학교, 2003.

선군성, 「第2次 Vatican 公議會의 마리아 敎理」, 『여성문제연구』 16, 대구효성가톨릭대학교 사회과학연구소, 1988.

소병철, 「지리산권 동학농민혁명에 나타난 이상사회의 비전」, 『동학학보』 35, 동학학회, 2015.

蘇恩愛, 「新羅 文武王代의 洛山 觀音信仰」, 『한국학논총』 30, 국민대학교 한국학연구소, 2008.

손명철, 「제11차 정기학술답사 제주도의 문화와 자연 경관」, 『문화역사지리』 11, 한국문화역사지리학회, 1999.

손정목, 「開港場·租界制度의 槪念과 性格－韓半島 開港史의 올바른 認識을 위하여」, 『韓國學報』 8(1), 일지사, 1982.

宋貞和, 「中國 女神의 特徵에 대한 小考」, 『동아시아고대학』 7, 동아시아고대학회, 2003.

송태현, 「신화와 문화콘텐츠－제주신화 '자청비'를 중심으로－」, 『인문과학연구』 22, 강원대학교 인문과학 연구소, 2009.

송화섭, 「동아시아 해양신앙과 제주도의 영등할망·선문대할망」, 『탐라문화』 37, 제주대학교 탐라문화연구소, 2010.

신창호, 「修己의 측면에서 본 『大學』에서 『聖學輯要』로의 학문적 심화」, 『東洋古典研究』 43, 동양고전학회, 2009.

신행철, 「제주사회의 갈등과 도민통합 미래제주를 위한 제언」, 『제주도연구』 39, 제주학회, 2013.

신현승, 「명대 말기 학술공동체와 정치 네트워크 연구－동림과 복사를 중심으로－」, 『유학연구』 제50집, 충남대학교 유학연구소, 2020.

심옥주, 「일제강점기 제주 독립운동의 지형과 독립유공자 현황 분석」, 『한국독립운동사연구』 46, 2013.

안교성, 「신축교안의 재해석: 제국주의, 기독교 선교, 그리고 지역주의의 각축장」, 『서양사연구』 50, 한국서양사연구회, 2014.

안미정, 「'열린' 바다 위의 분쟁: 식민지 관행과 해양자유론의 재고찰」, 『일본학』 34, 동국대학교 일본학연구소, 2012.

안미정, 「국경이 놓인 오사카 재일한인 여성의 가족과 친족」, 『지방사와 지방문화』 13, 역사문화학회, 2010.

안미정, 「식민지시대 한·일해역의 자원과 해녀의 이동」, 『한국민족문화』 58, 부산대학교 한국민족문화연구소, 2016.

안미정, 「오사카 재일(在日) 제주인 여성의 이주와 귀향」, 『탐라문화』 32, 제주대학교 탐라문화연구소, 2008.

안미정, 「해방 전후 제주 잠수(해녀)들의 부산 정착의 사회적 고찰: 지역 간 경계를 넘은 이동과 갈등을 중심으로」, 『탐라문화』 37, 제주대학교 탐라문화연구소, 2010.

안미정, 「해항도시의 이주자-부산시 해녀 커뮤니티의 존재양상」, 『역사와 경계』 89, 부산경남사학회, 2013.

안숙현, 「TV사극에서 '거상(巨商)' 콘텐츠의 영웅 스토리텔링 개발방안」, 『인문콘텐츠』 20, 인문콘텐츠학회, 2011.

안승범, 최혜실, 「멜로영화 스토리텔링의 신화 구조 분석에 관한 시론-〈건축학개론〉을 중심으로」, 『인문콘텐츠』 27, 인문콘텐츠학회, 2012.

안호영, 「공간은 어떻게 인식되는가?-철학과 과학에서 본 공간」, 『새한영어영문학회 학술발표회 논문집』, 새한영어영문학회, 2007.

양정심, 「제주4·3의 기억투쟁, 평화와 인권운동 연대하기」, 『제주대학교 인권심포지엄』, 한국법과인권교육학회, 2019.

양정필, 「근대 교통수단의 발달과 제주 '섬' 인식의 변화」, 『섬과 바다의 인문학(〈인문도시지원사업〉 "인문주간" 학술대회논문집)』, 제주대학교 탐라문화연구원, 2015.

오상학, 「중국 고지도에 표현된 제주도 인식의 변천」, 『문화역사지리』 25(2), 2013.

오수정, 「조선 초기 제주 통치 체제 고찰」, 『濟州島研究』 50, 제주학회, 2018.

오승은, 「거버넌스론에 관한 제 접근」, 연세행정논총 29, 연세대학교 행정대학원, 2006.

오연주, 「비트겐슈타인의 철학이념과 방법」, 『동서사상』 7, 경북대학교 동서사상연구소, 2009.

오윤정 외, 「제주지역 정착이주민의 생활만족도 및 삶의 질 변화연구」, 2014한국정책학회 하계학술대회집, 한국정책학회, 2014.

유장근, 「절충과 충돌: 근대 중국의 기독교」, 『대구사학』 73, 대구사학회, 2003.

유철인, 「구술된 경험 읽기: 제주 4·3관련 수형인 여성의 생애사」, 『한국문화인류학』 37-1, 한국문화인류학회, 2004.

유철인, 「물질하는 것도 머리싸움: 제주 해녀의 생애이야기」, 『한국문화인류학』 31-1, 한국문화인류학회, 1998.

윤석산, 「동학의 공공성과 21세기 생활공동체의 전망」, 『한국언어문화』 60, 한국언어문화학회, 2016.

윤순갑, 「西歐의 衝擊과 外壓에 대한 發想의 諸形態-韓末의 思想的 狀況을 中心으

로」, 『한국동양정치사상사연구』 2(2), 한국동양정치사상사학회, 2003.

이경직, 「플라톤의 『티마이오스』에 나타난 공간 개념」, 『哲學』 87, 한국철학회, 2006.

이봉호, 「마테오 리치(利瑪竇)와 예수회 선교사들의 선교의 성격 – 문명의 전파와 수용의 관점에서 –」, 『한국철학논집』 55, 한국철학사연구회, 2017.

이상규, 「마테오 리치의 중국선교」, 『역사신학논총』 17, 한국복음주의역사신학회, 2009.

이상웅, 「로마가톨릭교회의 마리아론에 대한 비판적 고찰」, 『개혁논총』 32, 개혁신학회, 2014.

이수자, 「농경기원신화에 나타난 여성인식과 의의」, 『이화어문논집』 11, 이화여자대학교 이화어문학회, 1990.

이승숙, 「미학적 사고로 본 시간과 공간에 대한 인식 연구 – 여백과의 관계를 중심으로」, 『한국디자인포럼』 16, 2007.

이영수, 「인천 지역의 산이동 설화 연구」, 『비교민속학』 35, 비교민속학회, 2008.

이영수, 「니체의 "위버멘쉬"(초인)에 대한 원형(元型) 탐색」, 『철학논총』 58, 새한철학회, 2009.

이영웅, 「제주도, 개발 광풍을 넘어 생명과 평화의 섬을 꿈꾸다」, 『환경과 생명』, 2008년 겨울호(통권 58호), 2008.

이영재, 「DOSSIER1 – 이재수의 난, "역사는 감정을 가지고 있다.(박광수 Interview with 정성일, 이영재)」, 『KINO』 1999. 6월호, 키노네트, 1999.

이유진, 「한국철학사 속의 단군신화 연구: 단군신화의 철학적 연구와 한국철학사 속의 단군신화 記述의 비교 대조」, 『철학·사상·문화』 14, 동국대학교 동서사상연구소, 2012.

이윤종, 「젠더화된 속물성과 동물성 – 〈화차〉와 〈건축학개론〉을 중심으로」, 『石堂論叢』 63, 동아대 석당전통문화연구원, 2015.

이재권, 「魏晉玄學에 있어서 眞理와 言表의 關係에 관한 論辨(Ⅰ) – 言不盡意論을 중심으로」, 『湖西文化研究』 7, 충북대학교 중원문화연구소, 1988.

이정덕, 「대항해시대는 과연 세계사의 전환기인가?」, 『열린전북』 148, 열린전북, 2012.

이종성, 「노자철학에 있어서 존재와 인식의 상관성」, 『大同哲學』 10, 大同哲學會, 2000.

이주노, 「韓國과 中國의 陷湖型 傳說 비교 연구」, 『中國文學』 77, 韓國中國語文學會, 2013.

이진경, 「노마디즘과 이동의 문제」, 『진보평론』 31, 진보평론, 2007.

이진경, 「근대적 생명정치의 계보학적 계기들 – 생명복제시대의 생명정치학을 위하여」, 『시대와 철학』 18(4), 한국철학사상연구회, 2007.

이진삼, 박상만, 「道詵의 神補思想 연구 - 풍수·도참·음양·오행·밀교사상 비교를 중심으로」, 『韓國思想과 文化』, 한국사상문화학회, 2010.

이진희, 「유네스코 3관왕 제주도의 관광개발전략」, 『제주관광연구』 18, 제주관광학회, 2015.

李澤龍, 「『中庸』의 世界觀 - '천(天)·귀신(鬼神)·명(命)'에 대한 관점을 중심으로」, 『儒敎思想文化研究』 51, 韓國儒敎學會, 2013.

이현정, 「1991~2010년 신문기사 분석을 통해 살펴본 한국 우울증 담론의 변화와 그 문화적 함의」, 『한국문화인류학』 45(1), 한국문화인류학회, 2012.

이화형, 「한국 전근대 여성의 주체적 삶의 양상 고찰 - 젠더 연구적 관점을 중심으로 -」, 『비교문화연구』 31, 경희대학교 비교문화연구소, 2013.

이효인, 「해방기 〈봉화 烽火〉(1946)와 〈이재수의 난〉(1999) 비교 연구」, 『현대영화연구』 22, 한양대학교 현대영화연구소, 2015.

이희영, 「구술사와 여성주의의 오래된 동맹과 과제: 『여성주의 역사쓰기: 구술사 연구방법』 이재경 외 저, 아르케, 2012」, 『여성학논집』 30(1), 이화여자대학교 한국여성연구원, 2013.

任晳宰, 「우리 나라의 天地開闢神話」, 『比較民俗學』 7, 비교민속학회, 1991.

임옥균, 「주자와 일본 고학파의 『대학』 해석」, 『동양철학연구』 61, 동양철학연구회, 2010.

임재해, 「굿문화의 정치 기능과 무당의 정치적 위상」, 『비교민속학』 26, 비교민속학회, 2004.

임헌규, 「朱子의 『中庸』 해석에 관한 고찰」, 『東洋古典研究』 55, 東洋古典學會, 2014.

장세룡, 「헤테로토피아: (탈)근대 공간 이해를 위한 시론」, 『大邱史學』 95, 대구사학회, 2009.

장세용, 「공간과 이동성, 이동성의 연결망: 행위자 - 연결망 이론과 연관시켜」, 『역사와 경계』 84, 부산경남사학회, 2012.

장우진, 「설화, 땅, 그리고 모성에 대한 그들의 이야기, 〈지슬 - 끝나지 않은 세월2〉」, 『현대영화연구』 17, 한양대 현대영화연구소, 2014.

전영숙, 「화엄사상의 가족치료적 함의」, 『철학논총』 50, 새한철학회, 2007.

정남영, 「커먼즈 패러다임과 로컬리티의 문제」, 『로컬리티인문학』 14, 부산대학교 한국민족문화연구소, 2015.

정수연·강지협, 「제주도 주택가격 상승, 이자율효과인가? 인구효과인가?」, 『鑑定評價

學 論集』15(2), 韓國鑑定評價學會, 2016.

정연태, 「일제의 한국 지배에 대한 인식의 갈등과 그 지양-한국 근대사 인식의 정치
　　성」, 『역사문화연구』53, 한국외국어대학교 역사문화연구소, 2015.

정인진, 「〈목섬〉 설화의 전승 양상과 전승 의미」, 『청람어문학』9, 청람어문학회,
　　1993.

정재엽·최낙진, 「중앙방송과 지역방송의 TV 다큐멘터리 비교 연구: '제주 고대사',
　　'탐라순력도'의 이야기 전개 및 내레이션 분석」, 『사회과학연구』21(4), 출남
　　대학교 사회과학연구소, 2010.

정종득, 「박해시대 순교자와 성모공경의 전통」, 『교회사학』3, 수원교회사연구소,
　　2006.

정진선, 「제주도 신화의 장소성과 경관의 변화」, 『로컬리티인문학』14, 부산대학교
　　한국민족문화연구소, 2015.

丁海王, 「朱熹의 三綱領·八條目의 의미와 문제」, 『한국민족문화』45, 부산대학교 한
　　국민족문화연구소, 2012.

정현백, 「테러, 전쟁 그리고 여성」, 『한국여성신학』48, 한국여신학자협의회, 2002.

정호영, 「『섭대승론』의 삼신설(三身說)」, 『불교연구』33, 韓國佛敎硏究院, 2010.

조명래, 「한국의 도시지식에 관한 고찰-1980년 후반 이후의 도시상황을 중심으로」,
　　『공간과 사회』32, 한국공간환경학회, 2009.

조민경·김렬, 「한국 다문화사회에 있어서 이주민의 이중문화 정체성과 사회문화적응
　　의 관계」, 『대한정치학회보』18(2), 대한정치학회, 2010.

조석래, 「떠내려 온 섬(島) 전설 고찰」, 『진주교육대학논문집』29, 진주교육대학교,
　　1985.

조성윤·박찬식, 「조선후기 제주지역의 지배체제와 주민의 신앙」, 『탐라문화』19, 탐
　　라문화연구소, 1998.

조성환, 「동학으로 동학을 치유한다-「동학의 사상과 운동으로 본 치유와 통합」을
　　읽고」, 『원불교사상연구원 학술대회』, 원광대학교 원불교사상연구원, 2016.

조인숙, 「역사의 영화적 복원-〈이재수의 난〉의 재해석」, 『영화연구』15, 한국영화
　　학회, 1999.

조정현, 「별신굿의 대항제의적 성격과 축제적 연행구조」, 『한국무속학』21, 한국무속
　　학회, 2010.

조지형, 「東學의 西學·西洋에 대한 인식의 변화 양상」, 『교회사연구』34, 한국교회사
　　연구소, 2010.

趙顯高, 「동아시아 관음보살의 여신적 성격에 관한 시론」, 『동아시아고대학』 7, 동아시아고대학회, 2003.

차기진, 「박해기 한국 천주교회 순교자들의 성모신심」, 『교회사학』 3, 수원교회사연구소, 2006.

차옥숭, 「제주도 신화와 제주도 여성의 정체성」, 『宗敎硏究』 49, 한국종교학회, 2007.

차차석, 「관음신앙의 중국적 變容과 그 문화적 특징」, 『정토학연구』 18, 한국정토학회, 2012.

최경선, 「근·현대 한국천주교회의 성모신심 - 한국 마리아신심 - 1800년대말부터 현재까지」, 『교회사학』 3, 수원교회사연구소, 2006.

최경선, 「한국 가톨릭 신심 유형과 그 역사·문화적 배경 - 개항기~일제 강점기를 중심으로」, 『인간연구』 7, 가톨릭대학교 인간학연구소, 2004.

崔基福, 「儒敎와 西學의 思想的 葛藤과 相和的 理解에 關한 硏究 - 近世의 祭禮問題와 茶山의 宗敎思想에 關聯하여, 성균관대학교 동양철학과 박사학위논문, 1989.

최래옥, 「산이동설화의 연구」, 『관악어문연구』 3, 서울대국문학과, 1978.

최소영, 「섭리하고 해방하는 한국 여신의 모습」, 『한국여성신학』 7, 한국여신학자협의회, 1991.

최연식·이승규, 「용비어천가(龍飛御天歌)와 조선 건국의 정당화 - 신화와 역사의 긴장」, 『한국동양정치사상사연구』 7(1), 한국동양정치사상사학회, 2008.

최준호, 「문화산업에 의해 물화된 몸과 그 비판으로서의 아도르노의 몸」, 『철학연구』 36, 고려대학교 철학연구소, 2008.

한길연, 「18세기 문제작 〈옥원재합기연〉 연작의 재해석 - "타자의 서사"와 "포월의 미학"을 중심으로」, 『고전문학연구』 48, 한국고전문학회, 2015.

한미옥, 「山 移動 설화의 전승의식 고찰」, 『남도민속연구』 8, 남도민속학회, 2002.

한태식, 「관세음보살 사상에 관한 연구」, 『정토학연구』 17, 한국정토학회, 2012.

허남춘, 「설문대할망과 여성신화 - 일본·중국 거인신화와의 비교를 중심으로」, 『탐라문화』 42, 제주대학교 탐라문화연구소, 2013.

허남춘, 「성모·노고·할미란 명칭과 위상의 변화 - 지리산과 한라산의 여성신을 중심으로」, 『한국무속학』 29, 한국무속학회, 2014.

허남춘, 「제주 서사무가에 담긴 과학과 철학적 사유 일고찰 - 일반신본풀이를 중심으로」, 『국어국문학』 148, 국어국문학회, 2008.

허남춘, 「제주 서사무가와 한국 신화의 관련성 고찰」, 『탐라문화』 21, 탐라문화연구소, 2000.

허남춘, 「제주도 본풀이의 원시·고대·중세 서사시적 특징과 변모」, 『탐라문화』 38, 탐라문화연구원, 2011.

허 원, 「淸末의 敎案 終息論」, 『인문과학연구』 12, 서원대학교 미래창조연구원, 2003.

허 은, 「1960년대 미국의 한국 근대화 기획과 추진 - 주한미공보원의 심리활동과 영화」, 『한국문학연구』 35, 동국대 한국문학연구소, 2008.

현길언, 「역사적 사실과 문학적 인식 - 李衡祥목사의 神堂 철폐에 대한 인식」, 『耽羅文化』 2, 제주대학교 탐라문화연구소, 1983.

玄丞桓, 「飛揚島 說話의 樣相과 國土浮動觀」, 『탐라문화』 11, 1991.

玄丞桓, 「섬 이동 설화 고 - 비양도 전설을 중심으로」, 『濟州島研究』 7, 제주도연구회, 1990.

황경숙, 「IMF 사태와 한국사회변화」, 『시민교육연구』 30, 한국사회과학교육학회, 2000.

황용연, 「空의 公을 共으로: 공간적 지평에서 본 한국적 근대화에 대한 민중신학적 비판시도」, 『시대와 민중신학』 6, 제3시대그리스도교연구소, 2000.

황인성, 「'기억'으로서의 영화 〈지슬〉과 〈지슬〉이 구성하는 '기억'의 의미에 대하여」, 『스피치와 커뮤니케이션』 23, 한국소통학회, 2014.

황정아, 「지나간 미래와 오지 않은 과거 - 코젤렉과 개념사 연구 방법론」, 『개념과 소통』 13, 한림과학원, 2014.

3. 기사 및 온라인 자료

'Commercial Treaty Between The United States And China, Signed at Shanghai, 8th October, 1903', The Directory & Chronicle for China, Japan, Corea, Indo-China, Straits Settlements, Malay States, Siam, Netherlands India, Borneo, The Philippines, &c.-with which are incorporated "The China Directory", and "The Hongkong Directory and Hong List for The Far East" for the year 1912, The Hongkong Daily Press Office.

「제주4·3사건에 대한 대통령 공식사과 발표문(2013.10.31.)」

「인수위, '협치'의 定義부터 정립하라」, 『제주매일』 2014.06.13.사설
    http://www.jejumaeil.net/news/articleView.html?idxno=117062 (2024.06.

06.검색)

「제주토박이의 관점에서 본 제주이주민 1」『브런치스토리』 게시글
　　　https://brunch.co.kr/@jasonsungilkang/8 (2024.06.06.검색)

ダイヤモンド・オンライン編集部, 「韓國經濟急減速の眞實 「强い韓國」 はどこへ行っ
　　　たのか?-向山英彦・日本総合研究所上席主任研究員に聞く」, 『ダイヤモンド社
　　　のビジネス情報サイト』, 2015.04.23.기사
　　　http://diamond.jp/articles/-/70569?page=4 (2024.06.06.검색)

강승남, 「"더 큰 제주, 세계 중심의 제주 만들겠다"」, 『제민일보』 2014.07.01.기사
　　　http://www.jemin.com/news/articleView.html?idxno=337791 (2024.06.06.
　　　검색)

고대로, 「제주 '문화융성시대' 졸속·부실 우려」, 『한라일보』, 2014.10.10.기사
　　　http://www.ihalla.com/read.php3?aid=1412866800477244073 (2024.06.06.
　　　검색) 참조.

김재범, 「제주 인구 증가율 전국 평균 미달」, 『제주일보』 2009.01.12.기사
　　　http://www.jejunews.com/news/articleView.html?idxno=244435 (2024.06.06.
　　　검색)

김지아, 「'지슬' 성공…극장이 도왔다」, 『매일경제』 2013.04.14.기사
　　　http://news.mk.co.kr/newsRead.php?sc=&year=2013&no=285535 (20204.06.
　　　06.검색)

박경훈, 「박경훈의 제주담론-영화 '지슬'을 보다」, 『제주의 소리』 2012.11.29.기사
　　　http://www.jejusori.net/?mod=news&act=articleView&idxno=123139
　　　(20204.06.06.검색)

박만원, 연규욱, 「시진핑 정부가 키울 새 먹거리는…빅테이터·IOT·신에너지車·문화
　　　산업-中 GDP 50% 넘는 서비스산업…규제완화·대외개방 정책 펼듯」, 『매
　　　일경제』 2015.10.26.기사
　　　http://news.mk.co.kr/newsRead.php?no=1018163&year=2015 (2024.06.06.
　　　검색)

신관호, 「텃세로 갈등 떠날 생각 많은 이주민」, 『제주신문』 2015.11.19.기사
　　　http://www.jejupress.co.kr/news/articleView.html?idxno=58076 (2024.06.
　　　06. 검색)

윤철수, 「중국 여유법, 요동치는 관광시장 "새판 짠다"」, 『헤드라인 제주』 2013.10.
　　　09.기사

http://www.headlinejeju.co.kr/news/articleView.html?idxno=191514 (2024.06.06. 검색)

이기봉, 「제주, 문화예술로 하나가 되는 축제! 제주테크노파크, 네트워킹 파티 스탬프 투어 진행」, 『제주도민일보』 2016.09.28. 기사
http://www.jejudomin.co.kr/news/articleView.html?idxno=77501 (2024.06. 06. 검색)

이소진, 「예산·사업 확대⋯현장 체감은 '글쎄'」, 『제민일보』 2015.07.21. 기사
http://www.jemin.com/news/articleView.html?idxno=366243 (2024.06.06. 검색)

이윤정, 「제주 이주 경험담 '제주, 살아보니 어때' 출간한 홍창욱씨 "섬살이는 로망과 냉혹한 현실 공존"」, 『경향신문』 2015.11.04. 기사
http://news.khan.co.kr/kh_news/khan_art_view.html?artid=20151104212 2475&code=100100 (2024.06.06. 검색)

이화정, 「〈건축학개론〉 이용주감독, "스무살의 나에 대한 반성문"」, 『씨네21』 2012. 04.05. 기사.
http://www.cine21.com/news/view/?mag_id=69456 (2024.06.06. 검색)

조보영, 「제주관광 해법찾기⋯도민이 웃어야 발길이 모인다」, 『미디어제주』 2016.05. 17. 기사
http://www.mediajeju.com/news/articleView.html?idxno=184305 (2024.06. 06. 검색)

주미령, 「제주 인구 65만 명 돌파」, 『국민일보』 2016.06.01. 기사
https://www.kmib.co.kr/article/view.asp?arcid=0010664641 (2024.06.06. 검색)

주미령, 「제주문화의 원형질, 제주어로 배운다」, 『국민일보』 2016.09.05. 기사
https://www.kmib.co.kr/article/view.asp?arcid=0010908490 (2024.06.06. 검색)

찾아보기

가

나

다

라

마

바

사

초출일람

제1장 섬[島]-공간의 개념적 접근
이 글은 2013년 동아시아 해항도시 국제학술회의에서 발표한 원고를 깁고 보태어 탐라문화연구원 학술지 『탐라문화』 45(2014)에 「섬[島]-공간의 철학적 접근－플라톤과 노자의 '공간' 개념 검토를 중심으로」라는 제목으로 실은 논문이다.

제2장 한라산 인문학 공간의 개념적 검토
이 글은 한국문화와융합학회 학술지 『문화와 융합』 38(6)(2016)에 「한라산 인문학 공간 개념에 대한 검토」라는 제목으로 실은 논문이다.

제3장 섬 이동 설화의 모빌리티
이 글은 2013년 목포대학교 도서문화연구원 주최로 여수에서 열린 제2회 전국 해양문화학자대회에서 발표한 원고를 학술논문으로 발전시켜 원광대학교 인문학연구소 학술지 『열린정신 인문학연구』 15(1)(2014)에 「섬 이동 설화에 대한 철학적 검토」라는 제목으로 실은 논문이다.

제4장 유학의 공간 담론과 문화 공간
이 글은 한국문화융합학회 학술지 『문화와 융합』 38(2)(2016)에 「유학의 공간 담론과 문화 공간의 재생」이라는 제목으로 실은 논문이다.

제5장 화엄의 공간 담론과 문화 공간
이 글은 2015년 제주대학교 탐라문화연구원 주최로 제주에서 열린 2015 동아시아 해항도시 국제학술회의에서 발표한 「동아시아문화지도에서 제주문화공간의 위치와 층위(層位, Layer): 화엄(華嚴)의 세계관을 차용한 "포개진 공간(multi-layered Space)" 試論」을 깁고 보태어 제주대학교 탐라문화연구원 학술지 『탐라문화』 51(2016)에 「화엄(華嚴)의 세계관을 차용한 제주문화공간 분석」이라는 제목으로 실은 논문이다.

제6장 동학과 근현대 담론 공간

이 글은 2017년 개최된 한국철학사상연구회 춘계학술대회의 발표문을 깁고 보태어 대동철학회 학술지 『大同哲學』 81(2017)에 「로컬리티와 커먼즈 담론 공간에서 본 동학(東學)」이라는 제목으로 실은 논문이다.

제7장 제주 여성 연구의 시선 가로지르기

이 글은 2017년 제주대학교 탐라문화연구원과 박물관이 공동으로 주최한 학술대회 '제주 여성사 연구의 회고와 미래 전망'에서 발표한 내용을 깁고 보태어 대동철학회 학술지 『大同哲學』 92(2020)에 「제주 여성 연구의 시선(視線)에 대한 철학적 검토」라는 제목으로 실은 논문이다.

제8장 여신신앙의 변용 양상 가로지르기

이 글은 한국문화와융합학회 학술지 『문화와 융합』 42(10)(2020)에 「문화교류를 통한 한국 여신신앙의 변용 양상」이라는 제목으로 실은 논문이다.

제9장 문화적 재현 가로지르기

이 글은 2016년 목포대학교 도서문화연구원이 개최한 동아시아 해항도시 학술회의에서 발표한 원고를 깁고 보태어 목포대학교 도서문화연구원 학술지 『島嶼文化』 48(2016)에 「문화적 형식으로 '재현'된 2010년대 근대해항도시 제주의 표상」이라는 제목으로 실은 논문이다.

제10장 사유의 교섭, 보유론

이 글은 역사실학회 학술지 『역사와 실학』 73(2020)에 「環황해권 天主敎 敎案으로 본 補儒論的 西學의 의의와 한계」라는 제목으로 실은 논문이다.

제11장 로컬의 교섭, 이중정체성

이 글은 한국문화와융합학회 학술지 『문화와 융합』 39(3)(2017)에 「제주의 조선 유학자 변경붕(邊景鵬)의 이중문화정체성」이라는 제목으로 실은 논문이다.

제12장 주체의 교섭, 섬 정체성

이 글은 2020년 제주학연구센터 제4회 제주학대회 학술대회에서 발표한 원고를 깁고 보태어 동국대학교 동서사상연구소 학술지『철학·사상·문화』34(2020)에 「제주 정체성과 근대성에 대한 철학의 문제들」이라는 제목으로 실은 논문이다.

이상의 논문을 쿰다난민기획총서에 싣기 위해 깁고 보태었다.